S.F.
V.

Romane von gestern – heute gelesen

Band 2 1918–1933

Herausgegeben von
Marcel Reich-Ranicki

S. Fischer

2. Auflage: 6.–8. Tausend
Für diese Zusammenstellung und das Vorwort:

Umschlaggestaltung: Buchholz/Hinsch/Walch
Satz: Fotosatz Otto Gutfreund, Darmstadt
Druck und Einband: Clausen & Bosse, Leck
Printed in Germany 1989
ISBN 3-10-062911-6

Inhalt

Anhang

Die behandelten Romane sind nach den Erst-Erscheinungsdaten geordnet, bei den postum erschienenen Büchern nach dem Todesjahr des Autors.

Vorwort

Wer von der Kultur in der Zeit der Weimarer Republik spricht, ist nur selten bereit, auf das Wort von den »Goldenen zwanziger Jahren« zu verzichten. Wer es gebraucht, muß zwar nicht unbedingt mit Widerspruch, aber doch mit Skepsis rechnen. Es sei nicht alles Gold, was glänzt, und auch damals habe man nur mit Wasser gekocht – heißt es. Projizieren wir also nicht manches, was wir im Kulturleben unserer Zeit suchen und vermissen, in das Bild der Epoche, die dem »Dritten Reich« unmittelbar voranging? Wo enden die Fakten, wo beginnen die Mythen? Was ist Wirklichkeit und was nur Wunschbild und Legende? Besteht tatsächlich Anlaß, von einer Blüte der deutschen Literatur zwischen dem Ersten Weltkrieg und der nationalsozialistischen Machtübernahme zu sprechen? Wer so fragt – und es sind keineswegs überflüssige Fragen –, ist gut beraten, sich zunächst und vor allem den überlieferten Texten zuzuwenden. Was ist denn in diesem kurzen Zeitabschnitt in deutscher Sprache erschienen?
Rilke publizierte 1923 seine *Duineser Elegien* und die *Sonette an Orpheus*, Stefan George 1928 den Band *Das neue Reich*. Als wichtigste Lyriker der jüngeren Generation galten Gottfried Benn, dessen *Gesammelte Schriften* 1922 gedruckt wurden, und Bertolt Brecht, dessen *Hauspostille* 1927 vorlag. Originelle Kabarettverse und Gebrauchslyrik auf hoher Ebene schrieben Joachim Ringelnatz (*Kuttel Daddeldu*, 1920) und Erich Kästner (*Herz auf Taille*, 1928; *Lärm im Spiegel*, 1929; *Gesang zwischen den Stühlen*, 1932). In politischer Hinsicht reichte das Spektrum der Poesie von dem Kommunisten Johannes R. Becher (*Maschinenrhythmen*,

1926) bis zu dem Österreicher Josef Weinheber (*Von beiden Ufern*, 1923; *Boot in der Bucht*, 1926), in dem die Nationalsozialisten einen der Ihren erkannten.

Auch an neuen Bühnenwerken war kein Mangel. Hugo von Hofmannsthal verfaßte die Lustspiele *Der Schwierige* (1921) und *Der Unbestechliche* (1923). Als legitimer Nachfolger der klassischen Dramatiker wurde Gerhart Hauptmann gefeiert, der mit dem Schauspiel *Vor Sonnenuntergang* (1932) noch einmal einen großen Erfolg erzielte. Zugleich meldeten sich jüngere Stückeschreiber zu Worte: Carl Zuckmayer (*Der fröhliche Weinberg*, 1925; *Der Hauptmann von Köpenick*, 1930), Ödön von Horváth (*Geschichten aus dem Wiener Wald*, 1931; *Glaube, Liebe, Hoffnung*, 1932; *Kasimir und Karoline*, 1932) und, allen voran, Bertolt Brecht, dessen Weg in der Weimarer Republik vom *Baal* (1922) über die *Dreigroschenoper* (1928) bis zur *Heiligen Johanna der Schlachthöfe* (1932) führte.

Und die Novelle, in der schon manche eine literarische Form der Vergangenheit sehen wollten? Arthur Schnitzler veröffentlichte *Casanovas Heimfahrt* (1918), *Fräulein Else* (1924) und *Spiel im Morgengrauen* (1927), Robert Musil *Drei Frauen* (1924), Leonhard Frank die Liebesgeschichte *Karl und Anna* (1927), Franz Werfel den *Tod des Kleinbürgers* (1927). Die zwanziger Jahre waren eine Blütezeit auch des Essays (von Ernst Jünger bis Walter Benjamin und Egon Friedell), der Kritik und des Feuilletons (Alfred Kerr, Karl Kraus, Alfred Polgar, Kurt Tucholsky).

Wie aber war es damals um die beliebteste, die erfolgreichste, die unzweifelhaft wichtigste Form der Weltliteratur der Neuzeit bestellt, um den Roman also? Unser Band bietet Aufsätze über 48 Romane, die zwischen 1918 und 1933 erschienen sind. Was zunächst auffällt, ist der simple Umstand, daß die zentralen Werke der deutschen Epik unseres Jahrhunderts nahezu alle aus diesem nur vierzehn Jahre umfassenden Zeitabschnitt stammen: Thomas Manns *Zauberberg* ebenso wie Döblins *Berlin Alexanderplatz*, Kafkas *Prozeß* und *Schloß* ebenso wie die ersten beiden Bände von Musils *Mann ohne Eigenschaften*.

Ob Thomas Mann oder Döblin, Kafka oder Musil – sie bemühten sich in den zwanziger Jahren auf sehr unterschiedliche Weise um die Erneuerung der deutschen Prosa. Von innovatorischen Bestrebungen zeugen auch solche Romane wie Hermann Hesses *Steppenwolf*, Hans Henny Jahnns *Perrudja* oder Lion Feuchtwangers *Erfolg*. Andererseits sind viele Schriftsteller (und zwar ungeachtet ihrer politischen Anschauungen) eindeutig der literarischen Tradition verpflichtet – so Hermann Stehr (*Der Heiligenhof*), Arnold Zweig (*Der Streit um den Sergeanten Grischa*), Ina Seidel (*Das Wunschkind*) oder Joseph Roth (*Radetzkymarsch*).

In politischer Hinsicht ist der Bogen denkbar weit gespannt – er reicht von Hans Grimms häufig genanntem und selten gelesenem Roman *Volk ohne Raum*, einem Werk, dem im »Dritten Reich« eine nahezu mythische Bedeutung zugesprochen wurde und dessen Titel der nationalsozialistischen Propaganda als Schlagwort diente, bis zu den (sehr erfolgreichen) Romanen von Theodor Plievier, Erich Maria Remarque und Erik Reger, die man, wie die meisten hier kommentierten Bücher, 1933 verboten und verbrannt hat. Schließlich sollte man nicht vergessen, daß in den letzten Jahren der Weimarer Republik viele später hochgeschätzte Autoren ihren literarischen Weg begonnen haben, so Anna Seghers und Hermann Broch, so Hans Fallada, Ödön von Horváth und Marieluise Fleißer.

Vom Anspruch auf Vollständigkeit kann keine Rede sein: Nicht alle bemerkenswerten Romane dieser Epoche konnten berücksichtigt werden, aber alle, die wir berücksichtigt haben, sind bemerkenswert. Doch was charakterisiert die deutsche Literatur, zumal den deutschen Roman, zwischen 1918 und 1933? Wie ließen sich ihre Besonderheiten und Eigentümlichkeiten mit wenigen Worten andeuten? Die einfache Frage stößt sofort auf Schwierigkeiten. Zunächst bieten sich die vertrauten literarhistorischen Kennmarken an. Man könnte also sagen: vom Expressionismus bis zur Neuen Sachlichkeit. Nur wäre mit einer derartigen Formel nicht eben viel gesagt.

Alfred Döblin, der im Bereich der Prosa als einer der führenden Expressionisten galt, wollte schon 1918 von solchen Vokabeln nichts wissen: »Spricht man vom Expressionismus, so bezeichnet man den Wagen nach einem Rad.« Sehr merkwürdig: In späteren Jahren war fast allen hervorragenden Vertretern des Expressionismus daran gelegen, nicht für Expressionisten gehalten zu werden. »Expressiv – was ist nun das und was ist der Expressionismus? Gab es ihn überhaupt?« – so Gottfried Benn im Jahre 1955.

Aber so unkar, verschwommen und fragwürdig der Terminus »Expressionismus« auch ist, so hat er doch eine gewisse Berechtigung und mag trotz allem nützlich sein. Von der Benennung »Neue Sachlichkeit« kann man dies beim besten Willen nicht sagen: Was offenbar ein wissenschaftlicher Begriff sein wollte, hat sich nur als ein dubioses Schlagwort erwiesen, mit dem fast willkürlich sehr verschiedene Autoren und Werke unter einem gemeinsamen Dach vereint werden sollten – vom *Aufstand der Fischer von St. Barbara* der Anna Seghers bis zu Erich Kästners *Fabian*. Auch der gegen Ende der Weimarer Republik aufkommenden Bezeichnung »Magischer Realismus« kann man schwerlich größere Exaktheit und Zuverlässigkeit nachrühmen.

Gerade die bedeutenderen Romane aus der Zeit der Weimarer Republik lassen die geringe Verwendbarkeit der gängigen literarhistorischen Zuordnungen und Einstufungen erkennen: Die Werke von Thomas Mann, Kafka und Musil sprengen alle Grenzen, und Döblins *Berlin Alexanderplatz* ist ein universaler Roman, der sich schon deshalb keiner Richtung zurechnen läßt, weil er alle Richtungen vereint – vom Naturalismus über den Expressionismus bis zur Neuen Sachlichkeit.

Nein, machen wir uns nichts vor – sämtliche Etiketten und Formeln haben ihren Usprung meist in einer Verlegenheit, die so symptomatisch wie aufschlußreich ist: Diese Vokabeln ermöglichen weder eine einigermaßen sinnvolle und ergiebige Kennzeichnung der damaligen Literatur und ihrer Tendenzen noch eine überzeugende Zusammenfassung einzelner Schriftsteller in Gruppen und Schulen.

Denn wie wir es auch drehen und wenden mögen: Die deutsche Literatur zwischen 1918 und 1933 läßt sich nicht auf einen Nenner bringen, sie widersetzt sich immer aufs neue den klassifizierenden Bemühungen der Literaturhistoriker. Möglicherweise ist einer der Gründe in der Tatsache zu sehen, daß wir es mit einer Übergangszeit zu tun haben. In ihr verwirklichen sich alle wesentlichen Bestrebungen der vorangegangenen Epoche: Was immer in der deutschen Literatur seit dem Beginn des Naturalismus von Bedeutung war, erreicht in dieser kurzen Periode einen neuen Höhepunkt, wird vollendet oder doch auf neuartige Weise fortgesetzt und abgewandelt. Zugleich ist dies aber die Epoche der bahnbrechenden Schriftsteller gewesen, die die nächsten Jahrzehnte angeregt und geprägt haben: Was immer die Literatur nach 1945 zu leisten imstande war, hat letztlich seinen Keim und Ursprung, sein Modell und Vorbild in dieser großen Übergangszeit.

Vielseitig und vielschichtig, unruhig und dynamisch, vital und impulsiv, schillernd und widerspruchsvoll, wandlungsfähig und experimentierlustig, keine Grenzen respektierend und über alle Grenzen tretend – so bietet sich uns die Literatur zwischen den deutschen Katastrophen. Zugespitzt gesagt: Nichts charakterisiert sie besser als der Umstand, daß sie sich in ihrer Gesamtheit eben nicht charakterisieren läßt. Für sie mag gelten, was Brecht in einem erst postum veröffentlichten »Psalm« bekannt hat: »Wer immer es ist, den ihr sucht: ich bin es nicht«.

Aber spricht das gegen den deutschen Roman, gegen die deutsche Literatur zwischen 1918 und 1933? Spricht etwa gegen sie die verblüffende und fast verwirrende Vielzahl der Möglichkeiten, die sie gefunden hat, um ihre Zeit zu sichten und darzustellen? Die außerordentlichen Schwierigkeiten, die sie jenen bereitet, die eine übersichtliche Ordnung zu schaffen versuchen – wovon zeugen sie eigentlich? Wohl von der Skala, der Originalität und der Lebenskraft dieser Literatur.

Frankfurt am Main
im Juli 1989

Marcel Reich-Ranicki

Die Einsamkeit der Gottsucher

Peter Demetz über Hermann Stehr: *Der Heiligenhof* (1918)

Die Stehr-Ausgabe, die ich mir hier in Amerika von den Regalen meiner Universitätsbibliothek holte, war dieselbe, die ich damals in Europa las, anno neununddreißig oder vierzig, verlegt bei Paul List, Leipzig, mit dem Vermerk »149–150. Auflage der Gesamtedition«. Die altertümlich gotischen Lettern, der Leinenrücken mit Schwarz und Gold, das Holzpapier an meinen Fingerkuppen erinnern mich an späte Pubertät, an Sommerhitze und an einen verzweifelten Versuch, mich vor der Welt des totalen Staates in einen Roman wie in eine Höhle zu verkriechen.

Ich las und las, auf den Brettern einer Badeanstalt an der Moldau, und wenn ich mir ins Gedächtnis zurückrufe, was ich damals in Hermann Stehrs *Heiligenhof* zu finden glaubte, so war's die Geschichte des »hügelheiligen« Mädchens Helene, die (blind seit ihrer Geburt) tiefer in die Welt sah als alle Sehenden und die geplagten Menschen verzauberte zu Güte, Glück und Einsicht – ehe sie, in ihrer plötzlich wilden Liebe zu Peter Brindeisener, vom feindlichen Nachbarhof, wieder sehend wurde und lieber den Tod suchte, als ihre Seele in Welt, Geschichte, Lebensbegierden und materielle Minderung zu verstricken.

Julia und Romeo, nicht so sehr auf dem Dorfe zwischen Emmerich und Wesel als in einer von allem Menschlichen ungetrübten Natur, flimmernd, singend, wehend, dämmernd, und dann die schattige Kühle des Teiches, auf seiner Oberfläche als ihr letztes Zeichen ein »rotseidenes Umschlagtuch«, und die Vision eines närrisch weisen Kräutersammlers, der sie ruhen sieht, drunten. Diese Liebesgeschichte einer absoluten

Seele war's, die sich dem Siebzehnjährigen unvergeßlich einprägte, aber seine Lektüre war vom Widerstand gegen den Autor zerrissen, als ob Reinheit vom Schmutz nicht zu unterscheiden wäre.

Ich hatte meine Schwierigkeiten mit Stehr, denn ich wußte nicht, wohin er eigentlich gehörte. Seine westfälische Erbhofbauernwelt war wie der Reichsschrifttumskammer zuliebe geschrieben, aber der lädierte Bauer Andreas Sintlinger war kein richtiger Blut-und-Boden-Held; dann wieder schmeckte das Ganze nach Kaviarfaschismus für Edelnazis, und doch vermochte ich mich des Eindrucks nicht zu erwehren, daß in dem Buch ein unruhiger Sektierer rumorte, hungrig nach großen Antworten auf die letzten Fragen der Menschheit, wie die Epiker Skandinaviens und Rußlands. Das Buch saugte und zerrte an mir, so kann ich's nur sagen, und mir war übel zumute, als ich mehr über Stehr wissen wollte und an Hans Christoph Kaergels Aufsätze geriet, die mir den Schlesier Stehr prompt als echten Künder deutschen Volkstums priesen.

Als Hermann Stehrs *Der Heiligenhof* kurz nach der Abdankung des Kaisers und der Ausrufung der Republik in zwei Bänden auf dem Buchmarkt erschien (1918), war nicht von Scholle und Volkstum die Rede, sondern von epischer Größe, Tiefe des Blickes und dichterischer Leidenschaft. Stehr war damals ein etablierter Autor des S. Fischer Verlages; seine ersten Geschichten waren nach der Jahrhundertwende in der *Neuen Rundschau* erschienen, und Hugo von Hofmannsthal war einer der ersten gewesen, der sich zu einem Überschwang antwortender Gefühle bekannte, in welchen ihm Hermann Bahr und später Martin Buber und Max Tau als eifrige Stehr-Leser folgten. »Hier ist etwas gemacht aus der Dunkelheit und den Tiefen des Lebens aller Kreaturen«, schrieb der junge Hofmannsthal, »hier reißt es uns in Tiefen, in denen wir nie waren.«

Die ersten wichtigen Rezensionen des *Heiligenhof*, die von Moritz Heimann in der *Neuen Rundschau* (1918) und eine andere von Arnold Zweig in der *Weltbühne* (1919), waren darauf angelegt, den Epiker und Nonkonformisten Stehr (eine intolerante Schulbehörde hatte ihn, den aufsässigen Lehrer, in ein ödes Nest versetzt) als einen bedeutenden Erzähler, Denker oder gar Menschenlenker zu charakterisieren. Moritz Heimann, der den jungen Stehr für den S. Fischer Verlag entdeckt hatte, sprach von der »halluzinatorischen Mächtigkeit« und der »überwältigenden Wirklichkeit des Buches« und hob jene »tiefste und seltenste Genialität hervor«, die »Mächte und Erscheinungen des Lebens in ihrem Gesetz, das heißt in ihrer Menschlichkeit, so durchfühlt..., daß jeder... in dem Vorgestellten und in der Vorstellung sich selbst wiedererkennt«.

Arnold Zweigs langer Aufsatz war womöglich noch enthusiastischer gestimmt: Stehr, so betonte er kategorisch, »ist die stärkste dichterische Kraft, die heute in Deutschland am Werke ist«. Zweig entwickelte zum ersten Male das kritische Motiv vom Mystiker, nicht Naturalisten, das dann eine Generation lang weiterwirkte, aber er sah zugleich auch die irdische Dichte des *Heiligenhof*, die »ungemeine Unablösbarkeit der Gestalten aus der Atmosphäre des Ganzen, bei aller ihrer selbständigen Lebendigkeit«, das »Unabreißende dieses Lebens«, in welchem »noch die geringste dieser Gestalten... eindringlich gesehen ist... in jedem ihrem Augenblick«.

Das Entscheidende dieser ersten Rezensionen ist die deutliche Neigung, das Geistige des Menschen in Landschaft und Natur zu begreifen, ohne es Natur und Landschaft zu unterwerfen; der Akzent liegt noch lange nicht auf Bauerntum oder Volksstamm, sondern (wie Arnold Zweig sagt) auf dem »menschlichen Kampf – und menschlichen Wohlwillen«. Der Geist ist nicht zu Hause in der Natur, und schon gar nicht in Blut und Scholle allein; und das Westfälische (so könnte ich heute sagen) ist nichts als eine Art Verfremdungseffekt, der die besondere Einsamkeit der Gottsucher und Grübler nur noch deutlicher konturiert.

Die Gründe, die Stehr bewogen, seinen spekulativen Bauern in Westfalen zu lokalisieren, waren die gleichen, die Brecht dazu drängten, seinen jungen Buchhändler und den philosophierenden Holzhändler, im *Dickicht der Städte,* nach Chicago zu versetzen – Gründe einer Kunst, die darauf bedacht war, besondere Charaktere in ihrer Ungeborgenheit und Differenzqualität zu zeigen. Im *Heiligenhof* sollten die Menschen, wie Zweig als erster Kritiker hervorhob, von der Landschaft abstechen, nicht in sie zurücksinken.

Anstatt der Liebesgeschichte finde ich heute die Erfahrung des grüblerischen Bauern und seines Doppelgängers Faber im Kern des Romans, und sie sind es, mitsamt den Wiedertäufern, Vagabunden, Häuslern, Sonderlingen und plebejischen Gottsuchern, die sich zahlreich und überwältigend vor die Augen des Lesenden schieben. Daran ist eine Dissonanz in Stehrs Sprache schuld, die ich heute genauer höre als in meiner ersten Lektüre.

Stehr erzählt die Geschichte der Liebenden leider in der angestrengt poetisierten Sprache jener verwitternden Neuromantik, die schon in Gerhart Hauptmanns *Versunkene Glocke* vom Kitsch nicht zu unterscheiden war, selbst wenn man diesen Kitsch *nouveau art* nennen wollte. Zu viele »Lichter stehen in himmlischer Höhe«, zu viele »Sterne klingen in die Welt«, zu oft kommt uns das Lenlein »im wundersamen Spiele ihres schwebenden Ganges« entgegen (auch wenn sie nicht des Glücks genösse, durch ihre »Säfte, reif, süß, und voller Macht« für »mütterliche Geschäfte« auserlesen zu sein).

Diese Marzipan-Poesie für Kleinbürger kontrastiert scharf mit dem ruhelosen und vulkanischen Idiom, in dem der Erzähler metaphysischer Erfahrungen habhaft werden will;

und zusammen mit Andreas Sintlinger und den Querhovener Wiedertäufern befinde ich mich plötzlich in einer *chiaroscuro*-Welt heftiger Gebärden, unzähmbarer Gefühlsausbrüche, markanter Gesten, melodramatischer Zuspitzungen und gedrängter Massen.
Das Bild einer Landstreicherin, die über dem Tod ihres Lebensgefährten den Verstand verliert, zeichnet er folgendermaßen: »...aus dem Grund drüben tauchte langsam ein wirklich furchtbares Frauengesicht; fahlweiß, vor Verzweiflung irr, totenkopfmager, mit großen blauen Augen, die wie Stahlbuckel unter einer hohen Stirn durch zerzaustes, lohblondes Haar funkelten, schön, aber tierisch wild und verzweifelt zum Entsetzen.« Und so begraben die religiösen Schwärmer, gegen den Willen des Dorfpfarrers, einen der ihren: Sie trugen »den Sarg mit ihrem toten Freunde hinaus unter die Bäume. Es war ein unheimlicher Leichenzug. Schweigend, gesenkten Hauptes, zu zweien und dreien nebeneinander, mit krampfhaft verschlungenen Händen, so gingen sie dahin. Viele der Männer trugen eine Hacke oder eine Schaufel auf der Schulter. In dem frühjährlichen Abenddunkel, das alles greller und schwankender zugleich macht, sahen sie selber wie Schatten aus, die ihrem eigenen zerbrochenen Leben folgten. An der Spitze des Zuges wurde ein Kreuz getragen, wie eben aus dem Busch gebrochen, das Querholz mit Stricken festgebunden.«
Die völkischen Deuter Stehrs, die ihn zum Reichspropheten degradierten, haben verschwiegen, daß der *Heiligenhof* eine expressionistische Geschichte von starrköpfigen und feuerseeligen Ketzern erzählt, die allein im Widerstand gegen Staat, Bürokratie, Erziehungssystem und Glaubenshierarchie zu sich selber finden; die Welt da draußen, in den großen Städten, mag ihren mechanischen Gang weitergehen, aber nicht in den versteckten Katen und Dörfern, wo es eines einzigen Atemzuges aus dem Munde einer jungen blinden Seherin

bedarf, um die alte, noch aus den Zeiten der Konventikel und der Bundschuhrebellion fortschwelende Glut zu neuen Bränden zu entfachen.

Die Ordnung der Charaktere verrät viel von Stehrs Anschauung der Gesellschaft; die polemisch charakterisierten Figuren repräsentieren den Staat und gedankenfeindliche Hierarchie, so der sittenlose Regierungsrat, der Aktuar, der dogmatisch inquisitorische Kantor Liborius; die Figuren dagegen, denen des Erzählers mitempfindende Sympathie gilt, sind alle unstete Sucher, Spinner, Landstreicher, Spunddreher, Fuhrleute, Scherenschleifer, Wiedertäufer, Gottsucher – Figuren, wie sie der junge Maxim Gorki zu gleicher Zeit an der Wolga hätte zeichnen können, wenn sie nicht der westfälischen Hinterwelt entstammten.

Der Bauer Sintlinger und der rast- und ortlose Rebell Faber sind dabei nur wider Willen, nur zuzeiten Väter und Anführer dieser halbartikulierten Protestbewegung; sie beide glauben, wie Meister Eckhardt im frühen vierzehnten Jahrhundert, an den bedingungslosen Vorrang der Individuation vor aller Gemeinschaft, und wo immer der Gottesfunke im einzelnen brennt, und ob's auch nur ein Spundhobler oder Bauer ist, dort ist Würde, Menschenheiligkeit und eine Spontaneität, die sich federleicht über den Zwang der Rituale und Regeln erhebt.

Merkwürdig: In dieser Epik, die sich so bäuerlich gibt, ist es gar nicht der Bauer Sintlinger, sondern der in Bergarbeiterstreiks und Berliner Vorstadtdemonstrationen erfahrene Intellektuelle Faber, der tiefer ins Weltgetriebe sieht als alle anderen. Faber, das Antlitz gezeichnet von einer furchtbaren Narbe (der Säbelhieb eines Polizisten hat ihm einst in Moabit fast den Schädel zerspalten), ist Andreas Sintlinger an spekulativer Einsicht immer wieder weit voraus, und Faber ist es auch, der den trostlosen Sintlinger nach dem Selbstmord seiner Tochter durch eine vielleicht allzu apodiktische Predigt, knapp vor Schluß des letzten Kapitels, in ein tätiges Leben zurückführt. »Die unbegrenzte Liebe der Menschen zueinander ist die einzige Offenbarung des Gottes in uns und des Weltgottes, die ein und dasselbe sind.«

Als Leser des *Heiligenhof* bin ich noch immer, solange ich Vergangenheit wirklich bewältigen will, anstatt sie auf ideologische Poster zu reduzieren, unmittelbar konfrontiert mit den komplizierten Verhältnissen der deutschen Kulturgeschichte. Wir haben leider die Gewohnheit entwickelt, das metaphysische Element der neueren Literatur und den NS-Irrationalismus in einen brodelnden Eintopf zu werfen; und Stehrs völkische Gönner, und unsere berechtigte Abneigung gegen sie, haben uns die notwendigen Unterscheidungen nicht erleichtert. In der englischen Literaturwelt werden die mystischen Visionäre und Schriftsteller mit fortdauerndem Respekt und mit kritischer Leidenschaft gelesen, von William Blake bis John Cowper Powys, aber der deutsche Leser ist nicht einmal mehr willens, es mit Hans Erich Nossack oder der unvergleichlichen Elisabeth Langgässer aufzunehmen, von ihren Vorgängern ganz zu schweigen.

Ich kann natürlich im politischen Fall Stehr (der mit dem Gerhart Hauptmanns eine zumindest entfernte Ähnlichkeit aufweist) diese oder jene Stellung beziehen, an seine Freundschaft mit Walther Rathenau erinnern oder, umgekehrt, an seine spätere Lebensbeschreibung, in welcher er dem Regime (1934) einen Schritt entgegenkam oder so tat als ob; andere wieder werden mit Nachdruck darauf hinweisen, daß Stehr sich nicht zur Parteimitgliedschaft drängen ließ und den Literaturkontrolleuren den geforderten Ahnennachweis demonstrativ verweigerte.

Entscheidender noch scheint mir die Frage zu sein, was er in seinen Erzählungen und Romanen seit der Jahrhundertwende schrieb, und ein so zwiespältiges und expressionistisch glühendes Buch wie der *Heiligenhof* zwingt mich rasch, genauer über die Tradition nachzudenken – gerade über jene abgründig deutschen Mischungen von Mystik und Nonkonformismus, Subjektivität und Revolte, Tiefe und Provinzialität, die wir lieber verdrängen als analysieren. »Laßt mich mit den Bekehrern in Ruh. Ihre leiblichen Brüder sind die Totschläger«, sagt der mystische Sintlinger, und ich frage mich, ob es nach unseren historischen Erfahrungen, den alten und den neuen, nicht an der Zeit ist, das lange Schweigen über den Epiker kritisch zu brechen.

Unendliche Lust an der privaten Revolte

Horst Krüger über Hermann Hesse:
Demian (1919)

Dieses Buch – es ist unerläßlich, dies im voraus zu bekennen – hat mich in der Nazizeit wie kein anderer deutscher Roman bewegt und getroffen. Als ich mir den schmalen, hellblauen Band im Jahr 1937 in einer Berliner Buchhandlung vom bescheidenen Taschengeld kaufte, war ich achtzehn – genau im richtigen Alter dafür. Er war leicht zu lesen. Mit seiner zartverschwebenden, romantisierenden Sprache zog er mich aus der häßlichen Wirklichkeit des nationalsozialistischen Alltags in eine lichtere, reinere Welt. Er führte mich in das Labyrinth der eigenen Innerlichkeit, wo die Landschaft der Seele blühte: wild und schön, einsam und voller Sehnsüchte.

Emil Sinclairs Entwicklungsgeschichte empfand ich sofort als meine Geschichte, mit achtzehn liest man ja alles ganz subjektiv, nur auf sich selber bezogen. Ich spürte: hier wird deine Sache verhandelt, deine Not aufgeklärt. Vor allem enthielt das Buch eine klare Botschaft. Sie hieß: Glaube nicht den Mächtigen dieser Welt. Der Bürger lügt. Geh deinen eigenen Weg. So wie du bist, bist du richtig. Eine neue Menschlichkeit ist im Entstehen, und du, dich der bösen Welt draußen entziehend, trägst schon ihr Adelszeichen. Demians Freundeskuß am Ende des Romans war für mich wie die sakramentale Einweihung in diesen geheimen Orden der Erwählten.

Zugegeben: das alles mag heute ziemlich verstiegen und reichlich weltfremd anmuten – damals traf diese Botschaft genau das hilflose Lebensgefühl einer bürgerlichen Jugend, die sich in Deutschland, aus welchen Gründen auch immer, der Naziideologie entzogen hatte. Ihre Zahl war nicht groß, aber es gab sie überall: auf den Gymnasien und in den Landschulheimen des Reiches, aus der bündischen Jugend und dem deutschen Pfarrhaus kommend. Man las dort George, auch Rilke. Noch bis in den Kreis der deutschen Widerstandsbewegung um den Grafen Stauffenberg dürfte diese Botschaft vom geheimen Adel der wenigen Erwählten wirksam gewesen sein – warum? Man konnte so überleben. Man konnte mitmachen und sich doch heraushalten.

Ein Trost- und Ratbüchlein für die politisch Vereinsamten war uns der *Demian*, ein Vademecum für lauter verwundete Seelen. Als 1942 der Vertrieb von Hesse-Büchern in Deutschland eingestellt wurde, waren vom *Demian* immerhin 91 000 Exemplare verkauft. Schon damals hatten die klassischen Hesse-Titel weit höhere Auflagen. *Demian* war unter Hesses großen Erfolgsbüchern immer so etwas wie eine Geheimbotschaft für eine Elite: kein Buch für jedermann.

Dies mag auch der Grund gewesen sein, warum Hesse das Buch ursprünglich nicht unter seinem Namen erscheinen ließ. Als der Roman (nach einem Vorabdruck in der *Neuen Rundschau*) im Sommer 1919 bei S. Fischer in Berlin zum erstenmal erschien, trug er noch den Titel: *Demian. Die Geschichte einer Jugend von Emil Sinclair.* Hesse, der mit dem *Peter Camenzind*, mit *Gertrud, Knulp, Rosshalde*, vor allem mit dem Schülerroman *Unterm Rad* längst ein etablierter Autor war, wollte mit dem Pseudonym Emil Sinclair (ein enger, republikanischer Freund Hölderlins hieß Isaak von Sinclair) testen, ob diese neue Botschaft für die wenigen auch ohne seinen berühmten Namen wirksam würde. Der Erfolg stellte sich sofort ein, nicht nur im Verkauf. Dem unbekannten Verfasser wurde der Fontane-Preis zuerkannt, den Hesse aber zurückgab. Immerhin: 16 000 Exemplare wurden unter diesem Pseudonym eines Unbekannten verkauft. Danach hat sich der Urheber zu seinem schönen Schmerzenskind offen bekannt.

War dieses Versteckspiel (das der alte Samuel Fischer mit erstaunlicher Noblesse mitzuspielen bemüht war) nur eine wunderliche Marotte dieses schwäbischen Einzelgängers? Die Vorgeschichte der Entstehung gibt Antwort auf diese Frage. Tatsächlich ist *Demian* das privateste, intimste Buch Hesses. 1916 war sein Vater gestorben. Der Tod löste beim Sohn, der an einer deutlich neurotischen Vaterfixierung litt, plötzlich eine so tiefe, depressive Erkrankung aus, daß er sich zu einer Psychotherapie entschloß. Von Mai bis November 1916 fuhr der inzwischen in Bern lebende Dichter wöchentlich einmal nach Luzern, um sich bei einem Schüler C. G. Jungs analytisch behandeln zu lassen.

Diese sechzig Sitzungen (pro Sitzung 10 Fr. damals) müssen, was ziemlich einmalig in der modernen Literatur sein dürfte, einen vollen Erfolg gezeitigt haben. Hesse jedenfalls fühlt sich danach befreit, verjüngt, zu neuen Werken inspiriert. Im Oktober, November schreibt er in wenigen Wochen den *Demian* in einem Zug nieder, noch völlig unter dem Einfluß der Therapie. Man muß auch heute kein Fachmann sein, um in diesem »Entwicklungsroman« die kaum verschleierte Geschichte einer Psychoanalyse zu erkennen. »Wo Es war, soll Ich werden«, hat Freud das Ziel seiner Therapie definiert. Das genau ist auch der Inhalt des *Demian*. Aus einem von neurotischen Ängsten beherrschten Kinder-Es wird mit Demians kritischer Führung ein junges Ich, das in den geistigen Kämpfen der Zeit reifend zu sich selber findet. Der Individuationsprozeß eines Einzelgängers wird erzählt. Es blüht die stolze Blume »Eigensinn«, zuletzt.

Große Erfolge stellen sich in der Literatur ein, wenn ein Buch, so persönlich und subjektiv es auch konzipiert sein mag, zugleich den Nerv der Epoche, den Zeitgeist trifft. *Demian* war in diesem Sinn von Anbeginn ein Volltreffer. Der Roman traf die aus dem Ersten Weltkrieg verstört heimkehrende Jugend Europas wie ein Pfeil, mitten ins Herz sozusagen.

Warum trug die alte Ordnung der bürgerlichen Moral nicht

mehr? Woran sollte man sich nach dem Chaos des Krieges und den Wirren der Revolution noch halten? Welche Leitbilder waren zerbrochen, welche galt es jetzt aufzurichten? Hesse ging auf diese tiefsten Existenznöte ein, indem er seinen eigenen Weg leidenschaftlicher Individuation beschrieb. Im Grunde war es ein spätbürgerlich-anarchistischer Extremindividualismus, der hier als Heil verkündet wurde. Und gerade weil diese Verkündigung so poetisch-allgemein, so pietistisch-tief und zugleich so romantisch verklärt erzählt wird, sprach sie jeden an. Sie paßte für alle Bürgerkinder. Die Schwäche des Romans, seine Ungenauigkeit, seine schillernde Gefühligkeit, war im Grunde seine Stärke. Jeder erkannte sich in Demians Spiegelbild – wie nicht?

Heute liest man das schöne Trostbuch der Jugend natürlich mit anderen Augen. Es stört mich am *Demian* nun vor allem sein Mangel an Gesellschaft. Die kleinstädtische Idylle einer schwäbischen Theologenwelt ist mir zu unpolitisch, zu innerlich ums eigene Seelenheil besorgt. Wenn man bedenkt, daß zur gleichen Zeit Thomas Mann an seinen *Betrachtungen eines Unpolitischen* arbeitete, Heinrich Mann seinen *Untertan* eben abgeschlossen hatte, so wird deutlich, wie engbrüstig und protestantisch vereinzelt, wie »weltarm« Demians Geschichte ist.

Es stört mich heute auch die Komposition. Die ersten Kapitel wirken zu betulich und bubenhaft verträumt. Sie stehen in einem offenkundigen Mißverhältnis zum letzten Kapitel, das unter dem Titel »Anfang vom Ende« den Ausbruch des Ersten Weltkriegs beschreibt und die neuerliche Begegnung von Emil Sinclair und Demian im Feld. Dieses im Grunde wichtigste Kapitel ist aber nur flüchtig hingetuscht, kaum eine Skizze, nur lyrisches Wortgeklingel. Die Automatik, mit der, im ganzen Roman, der Seelenführer Demian immer prompt in den Augenblicken der Krise auftaucht, dann wieder abgeschoben wird, ist mir heute als poetisierender Trick suspekt.

So glatt erzählt sich ein Schicksal nicht. Daß Demian als lichte Führergestalt verehrt wird, mag die Zeitgenossen Hitlers mißtrauisch machen, mich nicht. Demian war kein Führer zum Völkischen, sondern zum radikalen Individualismus. Im übrigen gehört der Traum vom strahlenden Helden zum Grundmuster spätbürgerlicher Kultur. Man findet ihn von Richard Wagner bis Stefan George immer wieder.

Weiter: Stilfragen machen mir das Buch heute streckenweise unerträglich. Immer wieder gibt es neuromantische Ergüsse, die sich nun wie Schwulst lesen: »Ich fühlte die Tränen – wie unendlich lange hatte ich nicht mehr geweint! – unaufhaltsam in mir aufquellen und mich überwältigen. Heftig wandte ich mich von ihr weg, trat an das Fenster und blickte mit blinden Augen über die Topfblumen hinweg.« Es sind aber nicht nur die Topfblumen, die mein Lesergefühl kränken. Die zentrale Gestalt der Frau Eva, Demians Mutter, ist, bei Licht gesehen, blanker Kitsch. Was soll man von einer Frau halten, die dem Leser so vorgeführt wird: »Sie erhob sich und ging durch die Gartendämmerung voraus. Groß und fürstlich schritt die Geheimnisvolle zwischen den schweigenden Bäumen, und über ihrem Haupt glommen klein und zart die vielen Sterne.« Soll so nicht die Marlitt geschrieben haben? Ich vermute es.

Und doch ist damit das letzte Wort über diesen Roman noch nicht gesprochen. Schält man nämlich all die weichen Schalen ab, schneidet man auch die faulen Stellen heraus, vergißt man die Schludrigkeiten, die einem in zwei Monaten hingeworfenen Roman immer anhaften werden, so bleibt ein Kern, der verständlich macht, warum dieses Buch bis heute nicht unterging. Nicht nur der *Demian*, fast alle Romane Hesses haben ja inzwischen auf dem Umweg über Amerika seit Ende der sechziger Jahre eine Renaissance erlebt, die einmalig ist in der Geschichte der deutschen Literatur. Sie sind Kultbücher der westlichen Jugend geworden. Wenn man der Verlagsauskunft glauben darf, sind Hesses Bücher heute in einer Weltauflage von 60 Millionen verbreitet. Allein vom *Demian* sind eine Million in der deutschen Ausgabe verbreitet. Monatlich gehen jetzt noch vom *Demian* etwa 5000 Exemplare als Taschenbücher über deutsche Ladentische – wie das?

Ich vermute: Jugend ist ein Zustand von verblüffender Identität. Nur an der Oberfläche verändert sich ihr Bild. In der Tiefe hat sie immer mit denselben Konflikten zu kämpfen. Ein Kind erwacht aus der frühen Geborgenheit im Elternhaus. Es spürt, daß sich Ichwerdung ankündigt, aber nicht gelingt. Erste Extraversionen, dann neue Introversion. Phasen der Depression, der Zerrissenheit, dann Protesthaltungen, dann neue, stürmische Bindungsversuche mit idealen Verklärungen. Und ob das nun Mao oder Ché, Jesus oder Marx heißt – Jugend muß immer mit ihrem frischen Ich durch diesen Himmel, durch diese Hölle eigener Idealbildungen hindurch. Man nennt das auch geistige Pubertät.

Kein Schriftsteller hat dieses Abenteuer der Pubertät bis ins hohe Alter so exzessiv und ausschließlich behandelt wie Hesse. Gerade seine Unreife, seine Leidenseligkeit, seine unendliche Lust an der privaten Revolte macht seinen Charme, seine Gegenwärtigkeit, auch seinen anhaltenden Erfolg aus. In seinem schönen Chaos kann sich der Pubertierende wiedererkennen. Wer will sich schon einordnen und anpassen mit siebzehn? Es sind die Besten mit Sicherheit nicht.

Liest man den *Demian* unter diesem entwicklungspsychologischen Aspekt noch einmal, so gewinnt das Buch wieder. Es bietet dann ein Psychogramm der Pubertät, das mit Hellsicht und ganz ungewöhnlicher Sensibilität den Phasenverlauf eines erwachenden Ichs nachzeichnet: die verlorene Kinderunschuld zunächst, die Angst vor der erwachenden Sexualität, die neue Vereinsamung, die Suche nach ersten Bindungen im Objektiven – und wie dann über Angst, Wut und Aggression sich langsam und unter Schmerzen ein Ich zu bilden beginnt. Hesse erweist sich als Meister der Jugendpsychologie, wenn er dem *Demian* das Motto vorausstellt: »Ich wollte ja nichts als das zu leben versuchen, was von selber aus mir herauswollte. Warum war das so sehr schwer?« Die Frage stellt sich in jeder Generation neu. Es ist schwer, aus dem Kindertraum ins Reich der Erwachsenen hineinzuwachsen. Und manche schaffen es nie.

Also *in summa*? Kein Stück großer Literatur, kein Meisterwerk aus den frühen zwanziger Jahren. Sehr wohl aber ein hilfreiches Jugendbuch, das bleiben wird, noch sehr lange. Ich würde es jedem Fünfzehnjährigen noch heute auf seinen Tisch legen: Nimm und lies: sieh dich in diesem Spiegel! Mit fünfundzwanzig allerdings sollte man es vergessen. Die Literatur hat dann Werke von anderem Rang zu bieten.

Verdun ist keine Taube

Ludwig Harig über Fritz von Unruh: *Opfergang* (1919)

War ich noch zu jung, als ich Fritz von Unruhs *Opfergang* zum ersten Mal in die Hand bekam, darin blätterte, darin las, darin etwas entdeckte, das ich skandalös fand, als undeutsch und defätistisch auffaßte? Doch glaubte ich nicht auch, eine beklemmende Wirklichkeit hinter den Sätzen, eine schauerliche Wahrheit zwischen den Wörtern herauszulesen, die mich für Augenblicke verstört haben mußten? Ich war zu jung, um beim Lesen in diesem Buch eine klare Vorstellung von Krieg und Greuel zu gewinnen, doch alt genug, um eine dunkle Ahnung von körperlicher Verstümmelung, von seelischer Verödung, von geistiger Zerstörung zu bekommen. Den großen, theatralischen Begriffen dieser Zeit, zu abstrakt, um Leib und Seele und Geist in heftigen Tumulten zu erfassen, fuhren Bilder sinnlicher Wahrnehmung dazwischen, die mich auf seltsame Weise erregten, ja aufwühlten, ohne daß ich verstanden hätte, was in diesen Bildern tatsächlich vorging.

Es war wohl im Mai 1940, mein Großvater gerade gestorben, der Frankreich-Feldzug im Gange, ich selbst noch nicht dreizehn Jahre alt, als ich das rostrote Buch, in schönen Lettern gedruckt, in Großvaters Bücherschrank entdeckte. Ich erinnere mich, außer an Einband, Druck und eine Photographie, die einen Kavalleristen zeigte, der sein Pferd am Halfter hielt, nur an einen Satz, den ich mir aus dem Buch herausschrieb und den ich sofort wiederentdeckte, als ich *Opfergang* jetzt wiederlas: »Ohne es mir verübeln zu wollen, möchte ich bekennen, daß ich lieber in den Hallen Platons verschieden wäre als mit der Aussicht auf eine mir ziemlich fremde Stadt, die ich nur einmal aus dem Munde eines Israeliten vernommen hatte, der mir neue Kochherde ›Verdun‹ anpries und behauptete, ›Verdun‹ sei seit Menschengedenken der beste Bratofen.«

Was war das für ein Satz, und was mochte dahinterstecken? Sonst las ich von der »Hölle« Verdun, von »Stahlbad« und »Feuerwalze«; Bratofen, das schien mir banal, entwürdigend, doch war ich unserem Bratofen in der Küche schon einmal zu nahe gekommen, und so regte sich in mir das dumpfe Gefühl, daß es sich vielleicht auch mit dem Heldentum anders verhalten müßte, als es die vaterländischen Filme vorspiegelten, die damals in den Kinos liefen, auch die Verdun-Romane von Beumelburg, Zöberlein, J. M. Wehner, die heroischen Tagebücher von Ernst Jünger, die ich in den kommenden Kriegsjahren las. Das Gefühl war dumpfer als dumpf, weniger als eine Ahnung, nur ein augenblicklicher Reflex, der längst abgeklungen war, als wir Halbwüchsige selbst Waffen in die Hand bekamen. Ein Franz Schauwecker feierte vergossenes Heldenblut als Sekt des Todes, so etwas fing an, uns zu gefallen, der Stachel der frühesten Lektüre hatte wohl nicht tief genug gesessen.

Heute, beim zweiten Wiederlesen von *Opfergang,* fallen mir Dinge auf, die mir vor sieben Jahren noch entgangen waren, alles liest sich bei Fritz von Unruh anders: »Der Hauptmann zerfetzt bis auf den Kopf. Der Kopf aber schaute, vom Regen weißgewaschen, aus zersplittertem Leib. Andere Leute waren gleichfalls so zerrissen, daß ein Soldat, der hinzulief – ›Die kriegen wir nicht mehr für ein Grab zusammen, das ist ja das reinste Mosaikgemälde‹ –, weiterkroch.« Mosaikgemälde, Bratofen, später »Von den Knochen fällt uns das Fleisch«, was Mutter sagte, wenn ihr ein Braten zu lange in der Röhre geschmort hatte: das waren Vergleiche, scheußlich und außergewöhnlich und zugleich von einer bodenlosen, tiefernsten Komik, daß mir heute noch, beim Vergewissern dieser Bilder, der kindliche Angstschweiß im Nacken gefriert.

Etwas in diesem Buch ist anders als in allen anderen Kriegsromanen.
Während dort der verlorene Krieg gerechtfertigt, der betrogene Soldat verherrlicht, der Heldentod glorifiziert werden sollte (selbst Remarques *Im Westen nichts Neues,* ein pazifistischer Erfolgsroman der zwanziger Jahre, verklärt ja die häßliche Kehrseite des Kriegs), nimmt sich Fritz von Unruh der Leiden des geschundenen Frontsoldaten auf eine Weise an, die ich sonst nirgends in der Antikriegsliteratur wiederfinde, weder in Georg von der Vrings *Soldat Suhren* noch in Arnold Zweigs *Erziehung vor Verdun.* Was hier anders ist, ist die Sprache, es ist die bis zum Alleräußersten, bis zum Zerreißen, bis an die Grenze des Erträglichen gespannte expressive Sprechweise des Dichters, der den äußeren Auftrag als inneren begreift.
Im Februar 1916 von der Obersten Heeresleitung beauftragt, den von General Falkenhayn »zum Weißbluten der französischen Streitkräfte« geplanten Generalangriff auf die Festung Verdun zu beschreiben, »um der Heimat den Ernst der Lage zu schildern und um die Truppe beim Portepee zu fassen«, wie es Auftraggeber Major Nicolai formulierte, lieferte der Dichter ein zugleich schonungsloses und visionäres Bild vom Untergang gequälter, verstümmelter, schließlich getöteter Menschen ab, das den Autor vor ein Kriegsgericht brachte. »Im Felde, vor Verdun, Frühjahr 1916« heißt es am Ende des seiner Mutter gewidmeten Buches, doch schon vor der Widmung, nach dem Innentitel, kann man lesen: »Das Erscheinen dieses Buches, das im Sommer 1916 vollendet vorlag, wurde bis zum Winter 1918 durch die Zensur verhindert. – Von dem Buch ist als 5. Band der Collection de la Revue Européenne eine französische Ausgabe unter dem Titel *Verdun* erschienen.« Es war das erste Verdun-Buch, das geschrieben worden war, von Unruh las das Manuskript dem Kronprinzen vor, ein Militärgericht verbot die Veröffentlichung, der

Gerichtsherr schickte den Autor auf ein Himmelfahrtskommando, der Kronprinz zerriß das Urteil.
Fritz von Unruh, 1885 als Sohn eines späteren Generals geboren, als Zwölfjähriger Kadett im Kadettenkorps von Plön, als Sechzehnjähriger zum Duzfreund des jüngsten Sohnes von Kaiser Wilhelm II. bestimmt, 1911 freiwillig aus der Armee ausgeschieden, als er nicht auf die Aufführung seines Dramas *Offiziere* verzichtet, spricht in *Opfergang* die pathetische Sprache des Expressionismus: das ist es, was die besondere Ansprache seines Buches ausmacht. Von Unruh wendet sich an den Zeitgenossen, an den Deutschen, an seinesgleichen, aber auch an alle Menschen dieser Welt, er ruft aus: »O Mensch!«, wie es die jungen expressionistischen Dichter um Herwarth Walden schon ein halbes Jahrzehnt zuvor ausgerufen hatten, als sie ihre Hoffnung auf eine neue Menschheit, eine neue Humanität jenseits von Kadavergehorsam und Hurrapatriotismus ausdrücken wollten. Fritz von Unruh sagt: »Wir«, er sitzt im gleichen Zug wie die Personen seiner Erzählung auf dem Weg zur Front, ein Lehrer und ein Kellner, ein Kriegsfreiwilliger und ein Tambourgefreiter, denen sich bald andere hinzugesellen, ein Schauspieler, ein Vikar; und die Protagonisten sind es, einfache Leute, die sich in dieser Sprache anreden.
»O, Du Koch, ... mir ist's, als sollte ich England gebären.« ruft einer den Kellner an; »O Cäsar Schmidt aus Görlitz, sende mir deinen Humor, in mir rumort es wie eine Tragödie!« ein anderer den Schauspieler; »O Bengelchen, wie sieht mir doch die ganze Welt so anders aus!« ein dritter den Freiwilligen. »Menschen! Menschen! Bestien sind wir!« hören wir. »Im Blutkrampf wälzt sich die Menschheit.«
Das erinnerte mich beim Wiederlesen an die frühe Lektüre kurz nach dem Krieg, an das Entdecken der expressionistischen Lyrik, an die Verse der Frühgefallenen, an Alfred Lichtenstein: »Die Sonne fällt zum Horizont hinab. / Bald wirft

man mich ins milde Massengrab«, an Ernst Stadler: »Vielleicht würden uns am Abend Siegesmärsche umstreichen, / vielleicht lägen wir irgendwo ausgestreckt unter Leichen.« Bei Stadler folgen die Verse: »Aber vor dem Erraffen und vor dem Versinken / würden unsre Augen sich an Welt und Sonne satt und glühend trinken.« Fritz von Unruh aber schaut eine schönere hiesige Welt in der Zukunft, der Opfergang vor Verdun, von dem er erzählt, ist kein Opfergang für Kaiser und Reich, sondern ein Opfergang für eine bessere friedliche Menschheit, er spricht vom Gerichtstag; Vizefeldwebel Clemens, im Zivilberuf Lehrer, schreit dem Hauptmann ins Gesicht, »... und seine Stimme füllte sich mit geheimer Macht: ›Verträgt unser Herz nur Hergebrachtes, daß wir ängstlich werden, sobald wir den Atem der Schöpfung fühlen! Hauptmann, sind wir unwert, nach Klarheit zu ringen, ehe wir in das Jenseits gehen? Sollen wir Sklaven bleiben immer und ewig? Schreitet Seele nicht vorwärts durch die Jahrhunderte? Sollen uns Skelette beherrschen? Entwurzeln wir nicht Bäume, in denen die Maden nisten, und dürfen nicht Grenzen abschütteln, die uns beengen? Glaubt Ihr, die Jugend da vorne stürbe umsonst? Ihr heller Geist blute für Ländererwerb? Ahnt Ihr nicht endlich, daß wir in heiliger Gemeinschaft sterben? In des Geistes, in eines Volkes ernster Verbrüderung? Was kümmern uns Festungen oder Länder!«
Das ist das glühende Pathos des Utopisten, das Credo des Weltverbesserers, seine Geschöpfe sind erzählte Geschöpfe, die erst in dieser besonderen Sprache des Dichters ihr wahres Menschsein als Verzückte erfahren, ihren eigentümlichen Glücksrausch als Sprachgeschöpfe erlangen. *Opfergang* ist das Dokument dieses erzählten Menschen, Fritz von Unruh hält im Erzählen den letzten Augenblick fest, in dem eine ekstatische Jugend, die sterben muß, noch aber prall von Leben ist, sich einer Hoffnung auf Veränderung gewiß zu sein glaubt.

Daher auch die einige Male wiederkehrende Metapher von Verdun, das keine Taube sei, die ich lange nicht entschlüsseln konnte, bis sich mir, immer den Vergleich vom Bratofen im Kopf, endlich in der letzten Wiederholung »Verdun ist keine Taube, wenn Du auch Deinen Schlund wie ein Wolf aufgesperrt hältst«, das Bild aufdrängte, Verdun sei wahrhaftig nicht die gebratene Taube, die dem hoffnungsvollen, doch untätigen Weltveränderer in den Mund fliegt. »Wir blasen neuen Odem«, sagt von Unruh. Das alles gibt es ein Jahrzehnt später nicht mehr, die Kriegsromane der zwanziger Jahre sprechen die Sprache der Neuen Sachlichkeit, sind Protokoll- und Reportageromane, wie Ludwig Renns *Krieg* und Edlef Koeppens *Heeresbericht,* doch sind sie näher an der Realität?

Fritz von Unruhs *Opfergang* mag heute viele Leser abschrekken: vergessene Wortbildungen wie Blütenjubel, Kugelweg, Bluttenne, wie simserhoben, wandgegenüber, schrecktoll; gewagte Inversionen, lapidare Ellipsen, die heute fremd, ja unerträglich erscheinen mögen, sind für mich Ausdruck sensibelster Wahrnehmung und zugleich höchster Kunst geblieben; die erzählende Sprache des Dichters und seine gesellschaftliche Anrede fallen nicht auseinander, sind nicht hier schöne Literatur und dort Aufrufe, Info, Paper, im Gegenteil. Dieses Buch ist, mit allen seinen skurrilen Auftritten, magischen Szenen, burlesken Stückchen im besten Sinne auch absurdes Erzähltheater, in dem die Paradoxie, die Unentschiedenheit, was in der Erzählung Traum, was Wirklichkeit ist, nicht unkonkret genannt werden darf, weil ja gerade diese Sprache das erhöhte Lebensgefühl zwischen Schein und Sein so wahrhaftig faßt.

An einer Stelle heißt es: »Clemens wurden die Augen aufgerupft. Vor seinem Gesicht atmeten trockene Schnauzen. Er fuhr hoch. Aus der Schlucht irrte etwas, was fleischlich roch, als hätte es sich von der Seele der Kämpfer gesondert. Aber darüber war feiner Ton wie Dächergesang von Nachtwandlern; als Clemens zur Besinnung kam, stand er an den Grabenlöchern der Kompagnie und hörte den Durstschrei. Werner riß den Lehrer nieder: ›Clemens!‹ ›Hauptmann?‹ ›Die Kochgeschirre?‹ Da wurde ihm klar, daß er im Traum gegangen.« Das Entsetzen ist so irreal, der Schrecken so unwahrscheinlich, daß der Erzähler sich fragt: »Ist nun Wirklichkeit Traum, oder träumt man die Wirklichkeit?« Die häufigste Wendung des Buches ist: »Weiß der Kuckuck.«

Opfergang ist seit vielen Jahren vergriffen, ich weiß nicht, ob das Buch nach dem Zweiten Weltkrieg überhaupt noch einmal aufgelegt worden ist. »Was würden unsere Urenkel darum geben, sähen sie, wie wir, Weltgeschichte lebendig vor dem Fenster vorüberziehen?« fragt der Vikar beim Ausmarsch aus Marville zum Schlachtfeld von Verdun; ich will auch danach fragen, auch im Blick auf uns selbst und unsere Väter.

Als Olof Lagerkrantz als Achtzehnjähriger Remarques eben erschienenen Roman *Im Westen nichts Neues* und die darin geschilderten Szenen von Verzweiflung und Todesangst des Frontsoldaten las, reagierte er mit heftigem Protest. »Feigheit vor dem Feind war das verabscheuungswürdigste Verbrechen. Ein Mann, der seine Würde verlor, hatte kein Recht zu leben«, schreibt er in der Geschichte seiner Jugend *Mein erster Kreis*; als er die englischen Kriegskrüppel auf dem Trafalgar Square in London sah, fragte er sich, welche grauenvolle Dialektik von Mitgefühl und Verhärtung wohl jede Form von Kriegserinnerung hervorrufe. Er schreibt: »Eine schreckliche Vorstellung – daß es zwischen den Verkrüppelten und den künftigen Massenmorden einen Zusammenhang gab. Was wird dann die Folge von Hiroshima und den Gaskammern sein!«

Der furchtbare Feind in uns

Beate Pinkerneil über Leo Perutz:
Der Meister des Jüngsten Tages (1923)

Gute Geschichten haben einen doppelten Boden, sehr gute Geschichten haben viele Böden, und die besten Geschichten zeichnen sich dadurch aus, daß sie bodenlos sind. Was aber wäre bodenloser als der Tod? Was bodenloser als die Angst und der Zufall? Sie geben seit je den Mörtel ab für das Abgründige und Absonderliche, aus denen die großen epischen Gebäude gezimmert sind.

Auf die Frage, warum er vom Tod besessen sei, warum seine Figuren von apokalyptischen Geschichten, von jähen, monströsen Visionen der Angst und des Grauens gehetzt würden, antwortet der 1882 in Prag geborene Erzähler Leo Perutz: »Wir alle sind Gebilde, die dem großen Willen des Schöpfers mißlungen sind. Wir tragen einen furchtbaren Feind in uns und ahnen es nicht. Er regt sich nicht, er schläft, er liegt wie tot. Wehe, wenn er zum Leben erwacht!« Dann, nach einigem Zögern, fährt er fort: »Eine banale Walzermelodie, das ist der Rhythmus des Lebens und des Sterbens, so kommen wir und so scheiden wir. Was uns erschüttert und zu Boden wirft, wird zum ironischen Lächeln auf dem Antlitz des Weltgeistes, dem Leid und Trauer und der Tod der Kreatur nichts ist als das vom Urbeginn der Zeiten an allstündlich und ewig sich Wiederholende.« Und als müßte er zuletzt seinen Worten mehr Gewicht, mehr subjektiven Nachdruck geben, fügt er hinzu: »Das ist es! Furcht und Phantasie sind unlösbar miteinander verknüpft. Immer waren die großen Phantasten zugleich Besessene der Angst und des Grauens. Denken Sie an den Gespenster-Hoffmann, denken Sie an Michelangelo und den Höllen-Breughel, denken Sie an Poe! – … Auflehnung gegen das Schicksal und nicht mehr zu Ändernde! Aber ist dies nicht – von einem höheren Standpunkt aus gesehen – seit jeher der Ursprung aller Kunst gewesen? Kam nicht aus erlittener Schmach, Demütigung, zertretenem Stolz, kam nicht *de profundis* jede ewige Tat? Mag die gedankenlose Menge vor einem Kunstwerk in Beifallsstürmen toben – mir enthüllt es die zerstörte Seele seines Schöpfers.«

Was ich hier von Leo Perutz zitiert habe, ist Teil eines fiktiven Gesprächs. Er hat diese Äußerungen – als Anmerkungen zu seiner Person – nie von sich gegeben. Diskretion, Verschwiegenheit, Zurückhaltung gegenüber den Antriebskräften und Zielen seiner literarischen Arbeit gehörten für ihn zu den unverzichtbaren Tugenden des Romanciers. Dieser dürfe das eigene Werk nicht interpretieren, anderenfalls erübrigten sich seine Romane: davon war Perutz zutiefst überzeugt. Dennoch stammen jene Bekenntnisse, ohne die geringste Zutat, aus seiner Feder. Und: in ihnen steckt der Treibsatz seiner Geschichten. Nur, Perutz überläßt sie, stellvertretend für die eigenen Überzeugungen, den Figuren in seinem Roman *Der Meister des Jüngsten Tages*.

Es sind Sätze, die die Grundpartitur seines epischen Werks abbilden und in unendlichen Variationen wiederkehren. Der einzelne als Gefangener seiner Obsessionen und Phobien, der das Jüngste Gericht in Gestalt von Tod, Verhängnis, Schuld und Schicksal als »furchtbare Schläfer in seinem Hirn« mit sich schleppt und ihnen ohne Erbarmen ausgeliefert ist, wenn der Zufall es so will: Das sind die Ideenkeime seiner Romane, das ist die Substanz der Perutzschen Helden, die sie unverwechselbar, mithin auf Anhieb erkennbar macht.

Der Meister des Jüngsten Tages erschien 1923 und war zusammen mit den kurz darauf folgenden Romanen *Turlupin* und *Wohin rollst Du, Äpfelchen*? bahnbrechend für Perutz' literarischen Ruhm und seinen Publikumserfolg. Seine Werke wurden in angesehenen Wiener und Berliner Tageszeitungen vorabgedruckt und von Kritikern wie Polgar, Tucholsky und Ossietzky einhellig gerühmt.

Eine vielversprechende Schriftstellerkarriere, die indes nicht lange währte. Als der im Grunde seines Herzens »weltanschauliche Altösterreicher« Perutz 1938 aus seiner zweiten Heimat Wien vor den Nazis nach Israel floh, begann ein mühseliger Lebensabschnitt. Das erzwungene Exil bedeutete für ihn – wie übrigens für viele der emigrierten jüdischen Autoren – einzutauchen in eine Nacht des Vergessens, aus der es kein Erwachen mehr gab, weder für den Autor noch für seine einstmals riesige Lesergemeinde. »Ich bin für Europa ein forgotten writer«, so lautete Perutz' resignative Bilanz kurz vor seinem Tod 1957.

Nach über dreißig Jahren hat sich an diesem Zustand wenig geändert. Und das ist heute unverständlicher denn je, bedenkt man, daß dieser Romancier ein seltenes Talent besaß: die Fähigkeit, Kunst und Vergnügen, ästhetisches Raffinement und Spannung aufs natürlichste miteinander zu verbinden. *Der Meister des Jüngsten Tages* bezeugt dies geradezu mustergültig.

Er fängt an wie eine Kriminalstory, wie eine »Konjektur-Geschichte im Reinzustand«. Der Schuldige einer Reihe von unerklärlichen Morden (oder Selbstmorden) soll ausfindig gemacht, die Kette mysteriöser Zufälle als Schein und Fassade entlarvt werden, hinter der sich raffinierteste Logik und taktisches Kalkül verbergen. Als ich den Roman vor mehr als zehn Jahren zum erstenmal las, war Umberto Ecos Welterfolg *Der Name der Rose* noch längst nicht erschienen. Um so frappierender sind für mich beim Wiederlesen die Parallelen zwischen beiden Werken, ihre nahezu identische Konstruktion. Der englische Franziskaner William von Baskerville und sein Assistent Adson, ein Benediktinernovize, sind genaue Spiegelungen der beiden Perutzschen Helden, des Ingenieurs Waldemar Solgrub und seines Begleiters Doktor Gorski; jene: Gestalten aus dem Mittelalter, diese: Figuren unseres Jahrhunderts.

Zwei ungleiche Paare, die sich darum bemühen, rätselhafte Verbrechen aufzuklären. Was macht sie vergleichbar? Ohne Zweifel ihre literarische Herkunft. Ihr gemeinsamer Ahnherr ist kein anderer als Sir Arthur Conan Doyle. Von fern grüßen, hier wie dort, der Meisterdetektiv Sherlock Holmes und sein Freund Dr. Watson. Und so lesen sich auch, was jetzt nicht mehr überrascht, Ecos Anmerkungen zur Metaphysik des Kriminalromans wie der geheime methodische Schlüssel zu Perutz' Erzählstrategie: »Eine Geschichte, in der es um das Vermuten geht, um das Abenteuer der Mutmaßung, um das Wagnis der Aufstellung von Hypothesen angesichts eines scheinbar unerklärlichen Tatbestandes ... Wer ist der Schuldige? Um es zu wissen, muß man annehmen, daß alle Tatsachen eine Logik haben, nämlich die Logik, die ihnen der Schuldige auferlegt hat.«

Wir befinden uns im Wien nach der Jahrhundertwende, inmitten einer kunstliebenden, kunstsinnigen Gesellschaft. In der Villa des Hofschauspielers Eugen Bischoff trifft man sich an einem Sonntag zum Musizieren, erlesene Kammermusik steht auf dem Programm, das H-Dur-Trio von Brahms. Keine geeignetere Kulisse als diese für den Einbruch des Unheimlichen. Sind Sonntage doch gewöhnlich – in der Literatur wie im Leben – die amorphesten, brüchigsten Tage, von schleichendem Unheil, vom »Judaslachen der Verzweiflung« überschattet.

Eugen Bischoff erzählt den Anwesenden von seiner Bekanntschaft mit einem jungen Marineoffizier, der daran ging, den völlig unmotivierten Selbstmord seines Bruders, eines Malers, aufzuklären. Bei seiner Suche indes nach den Ursachen widerfuhr ihm genau dasselbe: er endete wie jener, er brachte sich um. Von seinem Bericht erregt, war der Schauspieler in den Gartenpavillon gegangen, um für eine Weile allein zu

sein. Da fällt ein Schuß und kurz darauf ein zweiter. Bischoff wird, den Revolver in der Hand, tot aufgefunden.
Mord oder Selbstmord? Das Abenteuer der Mutmaßungen beginnt. Der Verdacht fällt auf den Ich-Erzähler, den Freiherrn und Rittmeister von Yosch. Sein mögliches Motiv: der Schmerz verratener Liebe. Denn Dina, die Frau des Toten, war vor ihrer Ehe mit dem Schauspieler die Geliebte des Freiherrn. Um sie für sich zurückzugewinnen, habe er den an sich und seinen Talenten zweifelnden Bischoff durch die Nachricht vom Zusammenbruch seines Bankhauses (wodurch ihm der Verlust seines gesamten Vermögens drohte) in die Selbstvernichtung getrieben.
Ein taktisches, psychologisch geplantes Verbrechen: so jedenfalls stellt es sich für Dinas Bruder Felix dar. Der Erzähler als potentieller Täter fühlt sich bedroht, in die Enge getrieben. Doch nur solange, bis der Ingenieur Solgrub, alias Sherlock Holmes, in Aktion tritt. Seine Indizienspur: das von Entsetzen verzerrte Gesicht des Toten. Er müsse wie unter Peitschenhieben der Angst, vom Diktat eines fremden Willens gezwungen, in den Untergang gejagt worden sein. Genauso wie jener Marineoffizier und dessen Bruder; auch sie – nur zufällig? – Künstlerkreisen angehörend.
Das Motiv ihrer unerklärbaren Angst herauszufinden, bedeutet für Solgrub, dem Rätsel ihrer Tragödien auf den Grund zu kommen. Bischoffs letzte Worte vom Jüngsten Gericht weisen seiner methodischen Suche die Richtung. Eine Epidemie ähnlich ominöser Selbstmorde droht auszubrechen. Neuerliches Opfer: eine junge kunstambitionierte Pharmazeutin. Die Jagd nach dem scheinbar monströsen Täter wird atemlos, der Aufklärer Solgrub und sein Helfer Gorski geraten in düstere Labyrinthe, wo die Grenzen zwischen Tag und Nacht, Bewußtsein und Wahn, Logik und Halluzination, Realität und Rausch zerfließen.
Die unheimlichen Vorgänge entschlüsseln zu wollen, hieße,

Eindeutiges dort zu suchen, wo der Zweifel als letztes Prinzip regiert. Die Gewißheit einer einzigen Lösung ist bei Perutz ebensowenig zu haben wie bei Eco und allen sonstigen epischen Metaphysikern des kriminalistischen Genres. Denn sie berufen sich darauf, daß das Tatsächliche immer nur ein Spezialfall des Möglichen ist, das Wirklichwerden des Möglichen dem Zufall unterliegt und also die zufällige Realität erneut ins Mögliche umgedacht werden muß. So einfach verhält es sich mit der Metaphysik gelungener Geschichten, unter denen Perutz' Roman durch seine grandios verwirrende Dramaturgie herausragt. Er suggeriert dem Leser ein Bündel an philosophischen, psychologischen, ästhetischen und rein phantastischen Deutungen. Und entzieht ihm dadurch den Boden gesicherter Erkenntnis.

Bis zum Schluß werden wir irregeleitet. Denn alles in diesem Roman deutet auf dieselbe Quelle: auf ein Buch als wahren Urheber des Schrecklichen. Mit ihm freilich hat es eine sonderbare Bewandtnis. Es überliefert die Lebensgeschichte eines italienischen Renaissancekünstlers, der in seinen Wahnzuständen von einem einzigen Motiv beherrscht wurde, das er immer aufs neue und wie besessen malte: eine Vision vom Ende aller Tage, die ihn peinigte und umtrieb und der er in einer Farbe Ausdruck gab, die man nie zuvor gesehen hatte: ein furchterregendes Drommetenrot, in dem »die Sonne leuchtet am Tage des Gerichts« wie ein »ungeheures Feuerzeichen«. Man nannte ihn deshalb den »Meister des Jüngsten Tages«. Daß er seine großartigen Gemälde unter dem Einfluß eines Narkotikums schuf, war dem Schauspieler Bischoff und allen übrigen Opfern offenbar bekannt. Ebenso die Zusammensetzung jener Droge, die eine unerhörte Steigerung der Sinneswahrnehmung und künstlerischen Kreativität bewirkte. Auf dieses Gift hatten die Unglücklichen in ihrer Verzweiflung und Hoffnungslosigkeit gesetzt, um ihre lähmende Schaffenskrise zu überwinden.

Ein Experiment, für das sie – ohne Ausnahme – mit dem Leben zahlten.

Also doch erzwungene Selbstmorde? Und der Schuldige ein Buch? Perutz wäre nicht der hellsichtige Architekt der menschlichen Psyche, wenn er es bei der inneren Logik und Plausibilität der geschilderten Vorgänge und Ereignisse bewenden ließe. Und so lesen wir im Nachwort des fiktiven Herausgebers die bestürzende Mitteilung, es sei der Erzähler Freiherr von Yosch, der die ganze Indiziengeschichte erfunden habe. Zu keinem anderen Zweck, als sein Verbrechen »gewaltsam umzudeuten« und sich selbst zu beweisen, daß er schuldlos sein *könnte*, »wenn das Schicksal es nicht anders gewollt hätte«. Die Glaubwürdigkeit der Realität bricht damit vor dem Rätsel des Ich in seiner immer gefährdeten Identität zwangsläufig zusammen.

Perutz' Möglichkeitsdenken entlarvt unsere Vorstellungen von Wirklichkeit als absurden Schein, als Fassade und Oberfläche. Darin liegt der einzige, wenn auch zutiefst melancholisch-skeptizistische Triumph dieses Erzählers.

»Laß die Deutungen!« sagte K.

Reinhard Baumgart über Franz Kafka: *Das Schloß* (1924)

Kein Zweifel, mit Kafkas *Schloß* geht es uns Lesern längst ähnlich wie dem Landvermesser K. mit dem Schloß, von dem der Roman erzählt, oder vielmehr: über das er so redselig schweigt. Zu K.s Schloß führen ja viele Wege, und nur er findet keinen Zugang und Eingang. Um die inneren Verhältnisse in diesem Schloß kreisen unendliche Gerüchte, denn Beamte, Diener, Knechte und Boten gehen dort ein und aus, und von ihnen oder über sie erfährt auch K., wie es in dem für ihn so unerreichbaren Schloß angeblich zugeht. Doch alle diese Erzählungen, Nacherzählungen, Deutungen und Gegendeutungen verdichten sich immer neu zu einem Nebel, der das Wunschziel Schloß nur immer düsterer und immer leuchtender, also diffus leuchtend in sich einhüllt.

Genauso sind auch in Kafkas Roman seit seinem Erscheinen 1926, zwei Jahre nach dem Tod des Autors, die Beamten, die Diener, die Boten der Literatur ein und aus gegangen, die Germanisten, die Freunde, die Dichterkollegen, die Metaphysiker, die Materialisten, Psychoanalytiker, Strukturalisten und Poststrukturalisten, die Soziologen oder Z.K.-Mitglieder, die alle, jeder auf seine Weise, uns Kafka und sein *Schloß* so geduldig vorerraten oder nachverrätselt haben, daß nun der Zugang zu dem würdig gealterten Gebäude, daß also eine unbefangene, voraussetzungslose Lektüre endgültig versperrt scheint durch diesen leuchtenden Nebel der Sekundärliteraturklugheiten. Wenig genug nützt es uns auch, daß wir dank akribischer philologischer Detektivarbeit nun mehr wissen über Kafkas Arbeit am Roman im Jahre 1922 und über dessen Vorgeschichte in seinem Leben. Auch wenn es mehr als nur wahrscheinlich ist, daß der Romantext in unendlichen Details, bis in die Beschreibung von Blicken, Gesten, Örtlichkeiten Bezug nimmt auf Franz Kafkas Liebes- und Verzweiflungsgeschichte mit Milena Jesenská, so sollte uns das keinen Augenblick lang verführen, ihn als eine kunstvoll chiffrierte autobiographische Schlüsselgeschichte verstehen zu wollen.

Also, was tun? Augen zu, alle Deutungen und Lesevorschriften, alles Sekundäre vergessen, dann Augen auf und lesen – wie zum erstenmal? Versuchen läßt sich das, spannend ist es auch, und zunächst scheint ja alles einfach genug.

Wenn wir uns nämlich uneingeschüchtert an die Lektüre machen, naiv, neugierig, uns also produktiv dumm stellen, dann erkennt man in dem Roman bald die Wiederholung eines aus Kunst und Leben wohlbekannten Konfliktmusters: Ein Fremder trifft ein in einer für ihn neuen Umgebung, einer für seinen befremdeten Blick überaus dunklen und komplizierten Ordnung – Medea unter den Griechen, Parzival auf der Gralsburg, Julien Sorel in den Salons des Pariser Adels, der Unbekannte im Western Saloon, die Grünen im Bundestag und bei Kafka eben ein gewisser K., angeblich Landvermesser, im Herrschaftsbereich eines Grafen Westwest.

Geschichten, die so einsetzen, provozieren eine zweideutige Erwartung, die Hoffnung nämlich oder die Furcht, die altetablierte Ordnung könnte durch diesen Fremden, durch diese Störung von außen zusammenbrechen. Denn der Eindringling wird das vorgefundene Regelsystem der Vorschriften und Verbote, für die Eingeborenen so verständlich wie verbindlich, wahrscheinlich nicht beachten, nicht akzeptieren, also verwirren und womöglich aufsprengen. Sogar an seinen Graugänsen will Konrad Lorenz dieses Konfliktpotential, diese heitere Stunde der Anarchie entdeckt haben. Auch wenn unter die von weither eingeflogene Neulinge gemischt wurden, konnten diese gleich bei der ersten Futternahme durch bloße Unkenntnis der eingeübten Hackordnung die ganze kunstvolle soziale Pyramide der Graugansgemeinschaft umstürzen, also revolutionieren, das Unterste zuoberst kehren.

»Freilich, unwissend bin ich«, bekennt auch der zunächst scheinbar so biedere, wenn auch nicht unlistige K., »aber es hat doch auch den Vorteil, daß der Unwissende mehr wagt...« Was er außerdem noch gleich am Anfang verkündet: »Ich will immer frei sein.« Das freilich gehört schon zu den vielen Beteuerungen im Buch, die wir nicht länger als nur einen Augenblick lang für wahr halten sollten. Denn nichts sucht dieser angeblich so Freiheitsdurstige K. ja dringender als Bindungen – an die Behörden des Schlosses, an einen Beruf, an eine Frau und auch an Regeln. Leider geben sich aber die im Schloßbereich gültigen Regeln kaum genau zu erkennen, und leider kann er auch seinen Beruf weder schlüssig beweisen noch ausüben, doch vor allem scheint er auch mehr als nur eine einzige Frau als Kampfgefährtin zu brauchen. Denn »kämpfen« will K. –, auch das beteuert er immer wieder, laut oder im Selbstgespräch. Kämpfen um was oder wofür? »Für etwas lebendigst Nahes, für sich selbst.«

So täuschend ungeschickt, so perfekt verlegen oder »lebendigst« steif schreibt Kafka mit Vorliebe gerade an Stellen, auf denen ein besonderer Bedeutungsdruck lastet, und das unterläuft ihm sicher nicht ohne Bewußtsein und Absicht. Immer dann, wenn sein K. sich besonders heldisch hochreckt, stattet ihn sein Urheber aus mit der Würde eines unbezwinglichen Stehaufmännchens. Heroisch wie ein Clown, wie Chaplin in *Modern Times*, haftet zwar K. kaum fest auf dem Erdboden, wirft aber gern den Kopf hoch in die Wolken, um sich als Kämpfer, als Freiheitsheld und Verbündeter aller Erniedrigten und Beleidigten zu fühlen und aufzuführen. Ob Kafka hier auch auf sich selbst zielt, auf ein illusionäres Hoch- und Erlösergefühl in seiner Rolle als Schriftsteller?

So weit mag man kommen mit dem Versuch, sich unbefangen, neugierig auf diese Lektüre einzulassen. Doch irgendwann wird jeder den Sog spüren, der offenbar alles Nachdenken über dieses Buch ergreift und steil nach oben zieht, ins Große und Ganze einer Generalinterpretation, und sei es in Form der ganz allgemeinen und unabweisbaren Erkenntnis, daß dieser Landvermesser mit dem Schloß offenbar um die Möglichkeit und Erlaubnis kämpft, »eine Existenz zu gründen« – eine Formel, die damit freilich über ihren administrativen Anwendungsbereich weit und ungeheuerlich hinauswächst. Die Frage, warum das »Schloß« dieses elementare Existenzrecht gewähren oder verweigern kann, führt freilich wieder zurück in die Anfangsfrage: Was ist das Schloß? »Hort göttlicher Gnade« (so Max Brod)? Oder »die starkbefestigte Garnison einer Abteilung gnostischer Dämonen« (Erich Heller)? Oder »die Transzendenz der Kafkaschen Allegorien: das Nichts« (Georg Lukács)? Solche Fragen, derlei Antworten waren beliebt bis in die fünfziger, sechziger Jahre. Kafka-Lektüre schien ein erhabenes Quiz, der Text eine hermetische Allegorie. War der passende Schlüssel erst einmal gefunden, ließ das Verschlossene sich knacken und alles sich übersetzen in den Klartext hoher Begriffe.

»Laß die Deutungen!« sagt K. einmal selbst, mitten in seiner Geschichte, in der doch alle des Denkens und Redens überhaupt fähigen Figuren und allen voran dieser K. sich und ihre Beziehungen fast zu Tode interpretieren, in der weniger Erfahrungen gemacht als vielmehr Interpretationen erlitten werden. Fast scheint der Romanautor Kafka ein Miterfinder, allerdings auch der erste Satiriker, jener gemütlichen therapeutischen Hölle, in der man heute allfeierabendlich seine »Beziehungsprobleme« erörtert. Nur wußte er eben, daß Erfahrungen, die sich nicht mehr von selbst verstehen, die einen manischen Interpretationszwang auslösen, erst zweideutig, dann vieldeutig bis undeutlich und schließlich irreal werden müssen. Deutungswahn und Ambivalenz beherrschen K. und seine Geschichte. Bald manisch, bald paranoid wird unermüdlich eine Ordnungs- und Autoritätswelt halluziniert, die dauernd winkt, lockt, droht, also rätselhafte, doch deutbare Zeichen abstrahlt. Im Prozeßroman versuchte der Angeklagte Joseph K., aus den Chiffren der Behördenwelt seine Schuld oder Unschuld abzulesen. Sein Nachfolger, der Landvermesser K., scheint nun, noch elementarer, um die Beglaubigung seiner Geburtsurkunde zu kämpfen, um seine Existenzberechtigung.

Einmal nachts, in der Kälte vor den Ställen des Herrenhofs, wo K. eben den hohen Schloßbeamten Klamm zur Rede stellen wollte, aber auf lächerliche Weise verfehlt hat, will es ihm tröstlich zunächst so scheinen, »als sei er nun freilich freier als jemals und könne hier auf dem ihm sonst verbotenen Ort warten solange er wolle und habe sich diese Freiheit erkämpft wie kaum ein anderer...«, worauf der typisch Kafkasche Gegenzug und Gegenschlag folgt: »... aber – diese Überzeugung war zumindest ebenso stark – als gäbe es gleichzeitig nichts Sinnloseres, Verzweifelteres als diese Freiheit, dieses Warten, diese Unverletzlichkeit.«

In einer anderen Szene, schon gegen Ende des Romanfragments, gelingt es K., am Bett des Sekretärs Bürgel die vermutlich einzige Chance zu verschlafen, seine Existenz noch amtlich anerkannt zu bekommen, doch ausgerechnet in diesem kläglichen Schlaf träumt er sich als gefeierten Sieger, dem mit Champagner zugeprostet wird, während sein Gegner, der Sekretär, nackt wie ein griechischer Gott, vor den Drohgebärden K.s flieht, wobei »dieser griechische Gott piepste wie ein Mädchen, das gekitzelt wird«. So herrlich, so trostlos kann ein Verlorener von seiner Glorie träumen.

Darüber darf man also staunen bei jedem Wiedersehen mit Kafkas großer Beispielfigur für einen Kampf ums bloße Daseindürfen: wie beharrlich, wie traurig der Autor diesen seinen

K.-Stellvertreter immer wieder blamiert, zwar ohne Hohn, doch auch ohne empfindsames Bedauern. Nie dürfen wir, da auch Kafka sich so unerbittlich neutral zu K. stellt, unserer Sympathie oder unserer Verachtung für diesen K. ganz und gar sicher sein. Taktiert er nur linkisch oder doch verschlagen, benimmt er sich kindlich oder kindisch? Dieses Rätseln kann schon auf der ersten Seite beginnen, wo der eben eingetroffene Fremdling tatsächlich fragt: »In welches Dorf habe ich mich verirrt? Ist denn hier ein Schloß?« So, als habe er nie ein Ziel gehabt, nie eine Anstellung, ein Unterkommen gesucht, als würde dieser bittere Kampf um Freiheit und Bindung zwischen dem Schloß und diesem Zugereisten nur in Laune und per Zufall provoziert, nur sozusagen wie ein Freundschaftsspiel ausgetragen.

Auf nichts scheint hier Verlaß, alles kann täuschen, K.s Ernst und Kafkas Spiel, der Kampf wie auch die Freiheit, um die gekämpft wird, eine jäh ausgebrochene Liebe wie auch ihr ebenso jäh und scheinbar gedankenlos vollzogener Verrat. Sogar die »oben«, im Schloß, allegorisierte Macht, von deren schwer deutbaren Launen »unten«, im Dorf, doch alles abhängt, kann täuschen durch ihre Unscheinbarkeit, ja Würdelosigkeit. Als K. den großen Klamm zum ersten und einzigen Mal wahrnehmen darf, durch ein von Klamms angeblicher Geliebter Frieda lockend freigegebenes Türloch – »Laß die Deutungen!« möchte man dazwischenrufen –, da erkennt er durch dieses Voyeurloch nur einen traurigen Professor Unrat mit Zwicker, Bierglas und Virginia. Eine frühe Vision der Banalität des Bösen? Ein späteres Schreckbild des Sohnes Kafka von seinem übermächtigen und banalen Vater? Doch K. wird dieser Anblick nicht davon abhalten, diesen Klamm bald wieder ins Bedrohliche und Erhabene hochzuphantasieren als einen »Adler«, der streng seine »von K.s Tiefe unzerstörbaren Kreise zieht«.

Nicht einmal Oben und Unten, Höhe und Tiefe, Macht und

Ohnmacht lassen sich in diesem von Zweideutigkeiten irrlichternden Roman klar auseinanderhalten. Genau darin scheint ja das gewaltige Schwindelgefühl zu bestehen, in das sich Kafka hier hineingeschrieben hat und in das auch wir nun lesend hineingeraten: daß im Schloßroman alle unsere traditionellen Wertorientierungen außer Kraft gesetzt werden. Denn nach diesen gilt doch, wie Marthe Robert sagt: »Das Oben ist der Sitz der edlen und erhabenen Dinge, das Unten ist trivial und irdisch, was aus Kafkas Sicht gerade der gröbste Irrtum ist.« Also verwirrt er sich und uns damit, daß die Herrschaft und die Herrschaften des Schlosses sich in allen ihren Aktionen launisch, geil, konfus, ängstlich, kindisch, paranoid und lebensfremd erweisen, wie aufgeladen mit lauter Triebenergien, die wir traditionellerweise als untere, als unbewußt und irrational bewerten. Gerade deshalb muß der rationalistische Deutungswahn, muß die Berechnungskunst K.s an den offenbaren Geheimnissen des Schlosses so erfolgreich scheitern, ebenso wie unsere begriffs- und regelsüchtige Deutungssucht scheitert an diesem Roman, der ihr immer wieder entkommt, entgleitet.

»Der Zeitpunkt ist vorauszusehen, an dem alle Interpretationen Kafkas historisch geworden sein werden und alle seine Geschichten ihrer Deutungen müde. Dann wird die Herzwunde Kafka ungeheilt wieder aufspringen und seine Schrift leuchten wie am ersten Tag.« Das hat uns seufzend und im gleichen Atemzug pathetisch Heinz Politzer prophezeit, nach einem von Kafka-Forschung, Kafka-Deutung erfüllten Leben.

Hüten wir uns also, der Uneindeutigkeitsgewalt dieses dritten und wieder unvollendeten Kafkaromans allzu selbstsicher zu Leibe zu rücken mit einer Generalinterpretation, ihm damit die Zähne zu ziehen und seiner Torsogestalt eine falsche Endgültigkeit aufzuzwingen. Schließlich ist Kafka der Unauflösbarkeit seiner Aufgabe nicht ausgewichen, als er sie abbrach, sondern er hat sie damit gerade in ihr Recht gesetzt. Allerdings wissen wir durch Max Brod von dem Schluß, auf den Kafka den Roman zuschreiben wollte, auf jene Apotheose des sterbenden Landvermessers, den auf dem Totenbett endlich die Botschaft erreicht, er wäre vom Schloß nun endgültig anerkannt, also zum Leben zugelassen. Das klingt zu schön, zu einleuchtend, um nicht wahr zu sein. Ich sterbe, also bin ich: wer, wenn nicht Kafka, hätte den Descartesschen Existenzbeweis des *cogito, ergo sum* so herrlich, so trostlos auf den Kopf stellen können? Der haarsträubende Humor des Romans hätte in dieser Schlußszene noch einmal sein Haupt erhoben.

Denn auch und gerade durch seinen Humor unterscheidet sich *Das Schloß* vom fanatischen Helldunkel des Prozeßromans. Immer wieder sieht die Erzählung hinweg über den besessenen und bornierten Ernst der Figuren, immer wieder bewahrt sie gegenüber den Mächtigen des Schlosses den märchenhaft unbefangenen Kinderblick, der den Kaiser nackt ohne Kleider sieht. Das hat jedenfalls mich beim Wiederlesen überrascht: wie undämonisch Kafkas Vision undurchdringlich bürokratisierter Herrschaft, eines aus Perfektionszwang ins Chaos taumelnden Apparats sich inzwischen liest. Hier im *Schloß* ist Kafka sicher nicht mehr, wofür er solange galt, der große Konstruktivist nämlich eines kommenden totalitären Grauens, ein Baumeister negativer Utopien. Unser Weltzustand und unsere Zukunft lassen sich im Bilde einer zum Verhängnis hochstilisierten Prager k. und k.-Bürokratie kaum noch fassen. Ganz abgesehen davon, daß gerade das Schloßsystem ja kaum gezeichnet ist als ein düster triumphierendes, sondern eher als eine verkommene, verdämmernde und verfaulende Herrschaft.

Nicht also neben Orwell und Huxley läßt sich heute der literarische Standort von Kafka entdecken, sondern in der Nähe von Dostejewski und Kleist. Das zeigt sich vor allem in den

Einzelheiten seiner Romaninszenierung, denen sich eher nachzusinnen lohnt als den großen dunklen Zusammenhängen, deren verlorenen Bauplänen die Kafka-Deutungsindustrie so lange nachgespürt hat. Plötzlich fällt ins Auge, wieviel Schnee in dem Roman liegt oder fällt. Oder, daß die scheinbar unendlich sich dehnende Handlung sich in wenigen Tagen vollzieht. Oder, was für herrliche, wie mit Vermeerscher Lichtregie komponierte Figurenstilleben Kafka immer wieder aufbaut.

Diese Lichtregie, dazu die vielen K.s Weg kreuzenden Frauen mit ihren schönen und trügerischen Hilfs-, Liebes- oder Bündnisangeboten, wie überhaupt die vielen Gebärden des Hilfesuchens und Helfens, der stummen oder auch redseligen Solidarität unter den Dorfbewohnern – das alles verdichtet sich zu einer bei Kafka bis dahin ungewohnten Atmosphäre der Wärme, der Schwüle und Erotik, in der trübe etwas wie Hoffnung, eine immer noch gehemmte, verschämte Rebellion gegen die Allüren der Schloßherrschaft aufleuchtet. Freilich, Kafkas späte »Ästhetik des Widerstands« gegen den ihn so lange lähmenden Terror einer autoritären Vaterwelt verzichtet ganz und gar auf Pathos, Faltenwurf und weltgeschichtliche Windmaschinen. Deswegen konnte sie auch so beharrlich übersehen werden.

Diese Gestik der Solidarität beginnt immer ganz unscheinbar, getragen von einem Vertrauen auf den ersten Blick, mit scheuen Augenkontakten, tappenden Berührungsversuchen, um sich dann zu steigern zu einem rückhaltlos und rücksichtslos vertrauensvollen Miteinanderreden. Und das in einem Roman, der doch von der Fremdheit und Vorsicht, vom Abstand und Mißtrauen aller gegen alle und vom Ungenügen sprachlicher Kommunikation so erbittert und ausführlich erzählt.

Wie nur im Märchen oder in Träumen können hier Menschen binnen eines Augenblicks einander verfallen, als wär's für ein

Leben. Auch K. hält, kaum daß Friedas »Blick von besonderer Überlegenheit« ihn begeistert und ihre »ungemein weiche Hand« ihn erwärmt haben, der energischen kleinen Person eine Ansprache, die wie eine Arie ihre Existenz und seine Lage zusammenfaßt ins Hoffnungsbild ihres gemeinsamen »zukünftigen Kampfes«. Eine Verlobung auf den ersten Blick. Wenige Tage später aber wird Frieda davon träumen, »daß hier auf der Erde kein ruhiger Platz für unsere Liebe ist, nicht im Dorf und nicht anderswo und daß ich mir deshalb ein Grab vorstelle, tief und eng, dort halten wir uns umarmt wie mit Zangen, ich verberge mein Gesicht an Dir, Du Deines an mir, und niemand wird uns jemals mehr sehen.«

Auch eine Liebestod-Utopie, doch ohne Wagnerschen Schmelz, ohne Schwüle und Glut, gesteigert aus den Erfahrungen und Vorstellungen des Liebesbriefstellers Franz Kafka, von dessen süchtigem und erschrockenem Blick auf die Sexualität, oder, nüchterner gesagt, auf die Differenz der Geschlechter so viele szenische Höhepunkte des Romans gezeichnet sind. »Selbstvergessen beide« seien sie nur in ihrer ersten Nacht gewesen, sagt K. zu Frieda in einem Rückblick. Selbstvergessen, weltvergessen – das sind Fluchtpunkte einer Kafkaschen Utopie, die von einem Ineinanderaufgehen ruheloser und verfluchter männlicher Rationalität und ruhig unschuldiger weiblicher Intuition zu träumen liebt.

Auch davon wird im Schloßroman geträumt, heftig, ohne Auflösung. Solche Spuren verfolgend, gerät man weit weg von den Problemen der Gnade und Gnosis, des Nihilismus und Totalitarismus, in die eine hingebungsvoll nur nach oben, auf die Geheimnisse des Schlosses starrende Kafka-Deutung sich so beflissen verloren hat. Aber nur mit der Nase dicht über zarteren Details der Dichtung könnte jeder für sich die neue, die von Heinz Politzer erhoffte und verheißene Lektüre Kafkas beginnen.

Die Lüge als Weltordnung

Hermann Burger über Franz Kafka: *Der Prozeß* (1924)

Daß sich Schriftsteller ihre Probleme nicht von der Seele, sondern auf den Leib schreiben, dafür ist das Werk Franz Kafkas ein einmaliger Beweis. Dem Verurteilten in der Erzählung »In der Strafkolonie«, die 1914 entstanden ist, also im *Prozeß*-Jahr, wird das übertretene Gebot nicht mitgeteilt, sondern von einer eigens dafür konstruierten Egge in den Rücken graviert, und am Schluß wendet sich die Foltermaschine gegen den Vollstreckungsoffizier, der an ihrer Entwicklung beteiligt war, um ihn gnadenlos aufzuspießen. Seine Schuld ist der Apparat selbst, also sein Lebenswerk.

Gut ein halbes Jahrhundert nach der von Max Brod verantworteten Erstausgabe des *Prozesses* haben sich Kafkas Strafphantasien und Verfolgungsängste in der politischen Realität – Stichwort Auschwitz – auf das schlimmste und millionenfache bewahrheitet, ohne daß der Text deswegen seine literarische Abgründigkeit eingebüßt hätte. Die Kafka-Literatur wächst ins Unermeßliche, die Exegeten stehen Schlange vor dem Lichtspalt. Aber der Prozeß, um ein Wort Tucholskys zu gebrauchen, »der Prozeß schwebt«.

Von wenigen nur wurde das Buch 1925, ein Jahr nach Kafkas Tod, verstanden, von diesen wenigen dafür mit Enthusiasmus begrüßt. Kurt Tucholsky war es, der unter dem Pseudonym Peter Panter dem Autor prophezeite, man werde niemanden zu seinen Dichtungen überreden müssen, weil er »zwinge«. Ein Gott forme eine Welt um und setze sie neu zusammen. Alle Teile seien da, »aber sie sind so gesehen, wie der Patient kurz vor der Operation die Instrumente des Arztes sieht«.

Felix Weltsch setzt sich mit der Schuld Josef K.s auseinander und entwickelt eine verblüffende Analogie. Im Vergleich mit der sogenannten »Metageometrie«, in der nur gerade ein Grundsatz der Euklidschen Geometrie außer acht gelassen wird, das Parallelenaxiom, nennt er Kafkas Realität nicht Irrealität, sondern »Metarealität«. Das Vergehen des Helden bestehe darin, daß er, wie er dem Maler Titorelli gegenüber betont, »vollständig unschuldig« zu sein glaube. So sei das Wesen seiner Schuld auf das engste mit dem aussichtslosen Kampf gegen diese Schuld verknüpft. »Und das freilich ist das eigentliche Thema des Romans… einzig dastehend in der Weltliteratur.«

Wie tief freilich Kafkas Strafarbeit in seinen persönlichsten Lebensumständen verwurzelt war, hat mir erst Elias Canettis Buch *Der andere Prozeß. Kafkas Briefe an Felice* gezeigt. Diese luzide Darstellung beweist, daß man sich nicht in geheimniskrämerische Kasuistik zu verstricken braucht, wenn man vom Geheimnis sprechen will, von dieser Geometrie des ver-rückten Parallelenaxioms.

Kafka, das wissen wir, hat auch seine Beziehungen zu Frauen erschrieben: in den Briefen an Felice Bauer und an Milena. Sobald aber die schriftlich erörterte Verbindung konkrete Formen wie Wohnungs- oder Möbelsuche annahm, geriet der Prager Versicherungsjurist in Panik. Die offizielle Verlobung mit Felice am 1. Juni 1914, kurz vor Ausbruch des Ersten Weltkriegs, mißriet zu einem Schrecknis, das der »Eingefangene« in der Tagebuchnotiz vom 6. Juni bereits in Häftlingsmetaphern festhält: »War gebunden wie ein Verbrecher. Hätte man mich mit wirklichen Ketten in einen Winkel gesetzt und Gendarmen vor mich gestellt… es wäre nicht ärger gewesen.«

Am 12. Juli 1914 folgte das »Gericht« im Askanischen Hof von Berlin, das zur Entlobung führte. Kafka notiert: »Der Gerichtshof im Hotel… Teuflisch in aller Unschuld.« Zwischen diesen beiden intimen Ereignissen, die sich in einer peinlichen Familienöffentlichkeit abspielen, finden wir die Vision im Tagebuch, er werde von sechs Männern verfolgt, selbst dann noch, als er die Treppe hoch zu seiner Mutter flüchtet: »Ich fühlte irgendwelche Gesetze herrschen ...« Im Roman freilich bleibt das vielversprechende Kapitel »Fahrt zur Mutter« Fragment im Rahmen des Gesamtfragments.

In dieser knappen Szene sind die anonymen Verhaftungsbeamten ebenso vorgeprägt wie die Exekutoren. Simultan verzeichnet Kafka den Verlauf seiner Verlobungskrise und, wenn auch nur spurenhaft, die Entstehung des Textes, und diese Lückenhaftigkeit hängt zusammen mit dem dritten *Prozeß*-Element, mit den Schuld- und Minderwertigkeitsgefühlen bezüglich seiner Schriftstellerei. Schon 1912 heißt es im Tagebuch: »Wer bestätigt mir die Wahrheit ... dessen, daß ich nur infolge meiner literarischen Bestimmung sonst interesselos und infolgedessen herzlos bin.«

In seiner wesentlichen Gestalt wird *Der Prozeß* in der zweiten Hälfte des Jahres 1914 zu Papier gebracht, doch er bleibt als Torso liegen. Der Bankprokurist Josef K. wird eines frühen Morgens in seiner Pension verhaftet und, nachdem das Verfahren ein Jahr gedauert hat, am Vorabend seines 31. Geburtstages hingerichtet. Das Gericht hat ihn ereilt und läßt ihn nicht mehr aus den Fängen, gemäß dem Kafkaschen Aphorismus: »Ein Käfig ging einen Vogel suchen.« Von der gräflichen Behörde im Roman *Das Schloß* könnte man sagen, sie repräsentiere die höchste Instanz – das Gewissen, oder wie immer man sie nennen will –, aber der Betroffene wisse keineswegs, ob es auf diese Instanz überhaupt ankomme im Leben.

Das auf den Dachböden elender Vorstädte eingenistete Gericht mit seinen Fluchten stickiger Korridore und labyrinthisch verschachtelter Kanzleien kann ähnlich definiert werden, mit dem wesentlichen Unterschied, daß es selber zupackt und dem »Vogel« die zweifelhafte Freiheit läßt, sich um den

Prozeß zu kümmern oder nicht, den privaten und beruflichen Verpflichtungen nachzugehen, als ob nichts geschehen wäre. Die Behörde, sagt einer der Wächter zu Beginn, werde von der Schuld buchstäblich angezogen. Mehr noch: Die Verhaftung Josef K.s erfolgt nur, damit sich das Gericht in seiner perversen Natur dem Angeklagten offenbaren kann.

Max Brod schreibt im Nachwort zur ersten Ausgabe, daß von dem Exekutionskapitel, das in der bis heute gültigen Fassung knapp fünf Seiten umfaßt, noch weitere Stadien des obskuren Prozesses hätten geschildert werden sollen, wobei K.s Anwälte und Helfer freilich nie bis zur höchsten Instanz vorgedrungen wären. Daraus kann man nur einen Schluß ziehen: Das Werk wäre ad infinitum fortsetzbar gewesen, es mußte von der Konzeption her Fragment bleiben und hätte eigentlich wie die späte Erzählung »Der Bau« mit dem Satz abbrechen müssen: »Aber alles blieb unverändert.«

Tatsächlich klafft zwischen dem Dom-Kapitel mit dem Herzstück der »Legende« und dem Schluß eine große Lücke. Zum ersten Mal begegnet Josef K. im Gefängniskaplan einem ernstzunehmenden Vertreter des Gerichts. Nun könnte man meinen, der Angeklagte ziehe seine Lehren aus der Exegese des Geistlichen. Statt dessen aber geht das Verfahren unmittelbar ins Urteil über. Ohne es wissen zu können, hatte Kafka mit dieser Exegese den *Prozeß* abgeschlossen, »alles« erklärt, wenn auch in der Symbolsprache des Romans. Erstmals in der deutschen Literatur wird, soweit ich sehe, eine eingebaute Poetik zum Rätsel des Rätsels.

Die Interpretation des Gefängnisgeistlichen wendet sich gegen K.s Auffassung, der Türhüter habe den Mann vom Lande getäuscht, und mündet in das Fazit, der Fremde sei im Grunde frei, könne hingehen, wohin er wolle, »die Geschichte erzählt von keinem Zwang«. Kafka hätte den Kaplan auch sagen lassen können: Verharrt der Mann vor dem Tor, ist das seine Schuld. Analog heißt es von der Behörde: »Das Gericht will

nichts von dir. Es nimmt dich auf, wenn du kommst, und es entläßt dich, wenn du gehst.«
Das ist nun ebenso sophistisch wie wahr, denn Josef K. wird ja nach seiner Verhaftung sozusagen gegen die Kaution seines schlechten Gewissens auf freien Fuß gesetzt. Die Exegese verschweigt, daß für den Mann vom Lande, der sich für seinen Weg »mit vielem ausgerüstet« hat, alles vom Eintritt in das Gesetz abhängt, so wie der Landvermesser K. mit der Winterreise ins Dorf seine Berufungs- und Lebensreise angetreten hat. Klammert die Deutung dieses Kafkasche Existenzaxiom aus – daß sich die Parallelen von Schuld und Unschuld schon im Endlichen schneiden –, wird eben, wie es heißt, die Lüge »zur Weltordnung gemacht«.
Wenn der Leser diesen schwierigen Schritt mitvollzieht, birgt Kafkas Roman insofern keine hermetischen Geheimnisse mehr, als man anerkennen muß, daß die Paradoxie von Erkenntniswille und Erkenntnisvereitelung – dadurch daß Josef K. dem *Nosce te ipsum* selber im Weg steht – deutlicher nicht herausgetrieben werden konnte. Auf dem Gang zur Exekution bekennt der Verurteilte: »Ich wollte immer mit zwanzig Händen in die Welt hineinfahren und überdies zu einem nicht zu billigenden Zweck.« Das Bild unterstreicht die maßlose Rigorosität dieses Charakters, die in totalem Widerspruch zu den bürgerlichen Beamtentugenden wie Pünktlichkeit und Zuverlässigkeit steht, denen Josef K. seine Stellung verdankt. Er bleibt in kühl einteilender Distanz zum Leben. Woher die berechnende Gier, sich zu entziehen, aufzusparen, und wofür?
Nach der Logik des Gerichts muß man erwidern: Für den Prozeß. Kierkegaards abwesender Gott: Josef K. offenbart er sich in einer undurchdringlichen Hierarchie zwielichtiger Vermittler, unter denen der Maler Titorelli herausragt, der immerhin drei Lösungsmöglichkeiten anzubieten hat: den wirklichen Freispruch, die scheinbare Befreiung und die Ver-

schleppung. Doch den definitiven Freispruch gibt es nicht; die scheinbare Befreiung läuft darauf hinaus, daß das Verfahren zwar ruht, aber die Anklage lebendig bleibt und wie ein Damoklesschwert über dem Verfolgten schwebt; und die Kunst der Verschleppung besteht darin, den Prozeß im niedrigsten Stadium – das gerade das quälendste sein kann – weiterschwelen zu lassen. Dadurch wird einerseits die Verurteilung, andererseits aber auch der Freispruch verhindert, im Sinne eines Schreckens ohne Ende.

Vielleicht am schärfsten zeigt sich K.s humane Indifferenz im Umgang mit Frauen. Zunächst macht es den Anschein, Fräulein Bürstner, mit den Initialen F. B. in der Handschrift auf Felice Bauer verweisend, habe mit dem Prozeß nichts zu tun. Doch in ihrem Zimmer findet die erste »Verhandlung« statt. Durch das eröffnete Verfahren erst kommt es zu jener Umarmung, die Kafka in verblüffend ähnlichen Worten schildert wie die Liebesnacht des Landvermessers mit Frieda im *Schloß*.

Hier heißt es: »... küßte sie auf den Mund und dann über das ganze Gesicht, wie ein durstiges Tier mit der Zunge über das endlich gefundene Quellwasser hinjagt.« Dann läßt Josef K. die Lippen lange auf der Gurgel liegen. In der *Schloß*-Szene ist von scharrenden Hunden die Rede, welche mit ihren Zungen »breit über des anderen Gesicht« fahren. Der Durst, der da gestillt werden soll, ist erst durch den Prozeß geweckt worden, so wie die Tatsache, daß Frieda Klamms Geliebte war, das Ausschankmädchen für den Landvermesser erst begehrenswert macht.

Es scheint, als seien Kafkas Frauengestalten in ihrer paradoxen Mischung von Koketterie und Abwehr besonders dazu geeignet, die fatale Winkellogik des obersten Gerichts zu verkörpern, als wäre die Auseinandersetzung mit ihnen ein quasi halbprivater Prozeß zwischen den Geschlechtern im Rahmen des halbamtlichen Prozesses um den Sinn der Existenz. Eine frühe Tagebuchnotiz aus dem Jahr 1910 lautet: »Es wird berichtet ..., daß Männer in Gefahr selbst schöne fremde Frauen für nichts achten; sie stoßen sie an die Mauer ..., wenn sie einmal durch diese Frauen an der Flucht aus dem brennenden Theater gehindert sind.«

Der Autor arbeitet in diesem Roman deutlicher als in den frühen Erzählungen mit den Stilmitteln der ratenweisen Paradoxie, der unüberschaubaren Restriktion und Relativierung. Er konstruiert seine Satzgefüge nach dem Muster: zwar ... aber, einerseits ... andererseits, entweder und oder. Auf der semantischen Ebene kommt es zu einem dauernden Mehrkampf der kleinen Vokabeln, fortgesetzt bis ins Unendliche. Diese pervertierte Verwaltungs- und Rechtssprache ist die angewandte Grammatik seines Infernos, der Stil eines Schriftbesessenen, welcher das »K« – die Akteninitiale für seinen Existenzfall –, obwohl er es als besonders häßlich empfindet, doch immer wieder hinkritzeln muß.

Das »Gesetz«, das dieser großartige Dichter mit seinem Werk entwirft, ist das System gewordene Abbild seiner geheimsten Ängste und Sehnsüchte, die ihm undurchschaubar blieben, aber in einer zur Bodenlosigkeit seines Leidens reziproken, metageometrischen Präzision benennbar wurden, so daß sich Generationen von Lesern und die unterschiedlichsten Ideologien zur Verwirklichung der Hölle auf Erden darin wiederfanden und erkennen.

Die Frage nach Kafkas Aktualität ist ebenso müßig wie die neuerdings wiederauflebenden Spekulationen, was aus diesem Autor geworden wäre, wenn er eine Analyse hinter sich gebracht, eine verständige Mutter, einen milderen Vater gehabt hätte. Eben nicht Franz Kafka, der so einsam war und bleiben mußte wie Franz Kafka, um seinen Prozeß von Jahr zu Jahr, von Werk zu Werk verschleppen und somit im brennendsten, im gültigsten Stadium aufrechterhalten zu können.

Kafkas Venus

Peter von Matt über Franz Kafka:
Der Verschollene / Amerika (1924)

Sie stammt aus vergessenen Kulten. Ihren wahren Namen weiß keiner. Sie war die älteste Schönheit. Erst als ihre Zeit zu Ende ging, wurde zur Unform erklärt, was sie so herrlich machte. Rund war sie und riesig. Sie regte sich in weichen Massen, in Walzen, Kugeln und Hügeln, darin gab es Schluchtenähnliches, und winzig erschienen die Händchen, zum Gehen ungeeignet die Füßlein. Man mußte sie stützen und tragen. Glücklich, wer mitschleppen durfte. Nichts Hartes war an ihr und alles immer in wellenhafter Bewegung. Vielleicht war sie gar nie ganz zu sehen, lag zur Hälfte im Wasser oder, unbestimmt beleuchtet, in tiefen Höhlen.

Irgendwann verlor sie dann ihre Macht an die jüngere Schönheit, die schlanke mit dem hohen Hals und dem Gazellenblick. Diese hatte ihre Logik, hatte Proportionen, war berechenbar. Sie suchte das Licht und bald einmal den Marmor. Mit ihr entstand ein klarer Begriff von Form und gleichzeitig auch die unerbittliche Kontrastvorstellung des Formlosen und Ungestalten. Jetzt wurde die erste Schönheit zum Gegenteil des Schönen überhaupt, ihre Gewalt im Raum war nur noch sackende Plumpheit und Unmäßigkeit.

Dennoch sind nicht alle Zeugnisse des alten Kultes verlorengegangen. Im Naturhistorischen Museum von Wien liegt das Figürchen der Venus von Willendorf: »Alter 20000 bis 30000 Jahre« haben die hilflosen Archäologen dazugeschrieben; und in Franz Kafkas Roman *Der Verschollene* taucht die enorme Göttin leibhaftig wieder auf, hat sogar einen Namen, heißt Brunelda, und der Held des Romans wird ihr Diener, darf sie schleppen helfen, schieben helfen, füttern helfen.

Auf Brunelda läuft der Roman zu, in Brunelda gipfelt er, nicht im Theater von Oklahama, von dem die Germanistik raunt und redet wie sonst nur noch vom Schluß des Zweiten Faust. Es besteht der begründete Verdacht, daß man nur deshalb so innig von diesem Theater flüstert, um rasch über Brunelda hinwegzukommen, um Brunelda die Gewaltige als Episode abtun zu können. Das Stichwort von der »Episode« hat Max Brod lanciert, schon bei der ersten Ausgabe des Romans, demonstrativ abwertend und an der gleichen Stelle, an der er die Legende in die Welt setzte, das »Naturtheater von Oklahoma« sei Kafkas zentrale Erlösungsvision. Übrigens spricht Kafka nie von Naturtheater, und er schreibt immer Oklahama.

Aber eben, so prächtig es sich bei einem »Naturtheater« metaphysisch werden läßt, theologisch werden läßt, kunst- und geschichtsphilosophisch werden läßt, so peinlich ist es, von Brunelda auch nur reden zu müssen. Der Schmutz, der da herrscht! Die Unordnung! Dieses klebrige, strähnige, kriechende Durcheinander von Unrat und Plunder! Das hat es noch gar nie gegeben in einem ernsthaften deutschsprachigen Roman. So hart die heranreifenden Jünglinge auch immer wieder angefaßt wurden in unseren erzieherischen Büchern, dergestalt knietief im Garstigen hatte keiner zu waten. Und dazu der Dunstkreis eines kolossalen Weibes! Das kann doch wohl vernünftigerweise nur eines bedeuten: der Held ist auf dem Tiefpunkt angelangt. Von jetzt an kann es nur noch sauberer werden und also besser, ordentlicher, aufgeräumter, perfekter, funktionierender, organisierter, effizienter – und also besser?

Als Karl Rossmann in den Dienst Bruneldas gerät – halb zieht man ihn, halb sinkt er hin –, hat er schon einiges hinter sich. Nicht nur die Vertreibung durch die eigenen Eltern nach Amerika, nicht nur die Landung in New York und die plötzliche, fast süchtige Verbrüderung mit dem stumpfen Heizer, nicht nur die Begegnung mit dem reichen Onkel und das erneute Verstoßenwerden, sondern vor allem die dramatische Eingliederung in den gigantischen Apparat des Hotels Occidental. Es ist dies eine der durchgeregelten, bis ins Unbegreifliche und Unbefolgbare durchgeregelten Rieseninstitutionen, für die der Name Kafka in den Kultursprachen zum Begriff geworden ist.

Wenn man nach den Insignien und Merkmalen fragt, die den immensen Betrieb prägen, dann stößt man auf zwei Dinge: Uhren und Uniformen. Das ist nicht eben originell. Literarische Allerweltssymbolik ist das, überall zur Hand, wo einer in Zivilisationskritik macht. Aber bei Kafka geht es mit den Symbolen seltsam zu, auch den ganz vertrauten. Bei ihm wird nicht der gewöhnliche Gegenstand durch die Art, wie er ins Licht tritt, zusätzlich bedeutungsvoll – so geschieht es im herkömmlichen literarischen Text –, bei ihm wird vielmehr die als symbolisch erkennbare Sache in einer Weise bearbeitet, daß sie immer fremder wird und aus der Deutbarkeit unheimlich wieder hinauswächst:

»Beim Hotelschneider wurde ihm die Liftjungenuniform anprobiert, die äußerlich sehr prächtig mit Goldknöpfen und Goldschnüren ausgestattet war, bei deren Anziehen es Karl aber doch ein wenig schauderte, denn besonders unter den Achseln war das Röckchen kalt, hart und dabei unaustrockbar naß von dem Schweiß der Liftjungen, die es vor ihm getragen hatten.«

Das ist Karls Initiation in den Apparat. Mit dieser Uniform wird er einer der vielen, vielen Burschen, die die vielen, vielen Aufzüge Tag und Nacht und bis zur Erschöpfung bedienen müssen. Natürlich kann man zwischen dem Zustand des Röckchens und dieser Arbeitswelt allerlei Beziehungen herstellen, den Leseschock aber, den man körperhaft erfährt bei den Worten »kalt, hart und dabei unaustrockbar naß vom Schweiß«, wird keine Auslegung ganz einholen. Zuckt da

nicht etwas auf wie eine Travestie der Schweißtuchlegende? Der Moment ist, wiewohl winzig, fast quälender als die langen Mißhandlungen, die dem Jungen später von den uniformierten Männern mental und brachial zugefügt werden.
Komplementär dazu steht die Stelle, an der Rossmann endgültig verurteilt und aus dem Hotel wieder verjagt wird. Er erwartet noch Hilfe von der Oberköchin, die ihm so mütterlich begegnet ist. In der entscheidenden Sekunde verrät sie ihn. Sie unterwirft sich den regierenden Männern und sagt das Gegenteil von dem, was Karl erwartet. Und man schaue zu, wie nun die Uhr, der alles durchdringende Terror der messenden Zeit, in diesen Erzählmoment eingeht: »Statt dessen aber sagte die Oberköchin nach einer kleinen Pause, die niemand zu unterbrechen gewagt hatte – nur die Uhr schlug in Bestätigung der Worte des Oberkellners halb sieben und mit ihr, wie jeder wußte, gleichzeitig alle Uhren im ganzen Hotel, es klang im Ohr und in der Ahnung wie das zweimalige Zukken einer einzigen großen Ungeduld: ›Nein, Karl, nein, nein!...‹« In schauerlicher Ironie regt sich hier der totalitäre Apparat, der jeden Menschen zum schnappenden Gerät macht, wie ein beseeltes Lebewesen und fühlt sich wahrhaftig selbst in seinen tausend Chronometern.
Was hat das mit Brunelda zu tun, in deren Kraftfeld Rossmann anschließend eintaucht? Sie ist das ganz Andere. Wenn das Hotel »occidental« ist, ist sie »oriental«. Wenn im Hotel alles in Ordnung ist, rational und rationalisiert, herrscht um sie das widerlogische Chaos. Wo es dort blitzt von Glas und Metall, dämmert hier alles im Halbdunkel schleppender Tücher und Vorhänge. Dort wird gearbeitet wie in einem Endspurt ohne Ende, hier regt und wälzt es sich mit der urzeitlichen Faulheit satter Höhlenbewohner. Dort ist jedes in der Zeit, hier alles drastisch daneben: »Jetzt um vier Uhr nachmittags« – Karl staunte die Küchenuhr an – »müßt ihr noch frühstücken?« Und schließlich das Entscheidende: in jener

Welt regiert der Mann, in dieser die Frau. Beiderorts ist Herrschaft radikal verwirklicht und unmenschlich genug, aber die des weichen Weibes Brunelda unterscheidet sich von der der gepanzerten Männer wie ein Weltzeitalter vom andern.
Wer das, wie es geschehen ist, schlicht sexualpathologisch erledigt, als ein seltsames sadomasochistisches Zwischenspiel, greift in fahrlässiger Weise zu kurz. Mit Krafft-Ebing kommt man Kafka nicht bei. Das Sexualpathologische ist bei ihm nie der geheime Kern, der sich versteckt und dem mit vielen Listen nachzuspüren wäre, sondern die Oberfläche, die keine Fragen aufwirft, weil sie nichts verheimlicht.
Ebenso verkehrt ist die Beurteilung Bruneldas aus der Optik und mit den Wertvorstellungen der patriarchalen Gegenwelt. Man sollte denken, das verbiete sich von selbst; es ist aber die überwiegende Praxis der Exegeten. So sehr haben sie Reinlichkeit und Logik, exakte Uhr und straffe Uniform verinnerlicht, daß sie, wo eine andere Ordnung auftaucht, diese nur als unsittliche Abscheulichkeit erfahren können. Kafkas Venus hat bei Kafkas Dienern keine Chance. Diese Königin der Nacht trifft auf lauter barsche Sarastros. Die *magna meretrix* läuft in die Fänge einer patrouillierenden Sittenpolizei.
Zugegeben, man kann Rossmann selbst zum Zeugen holen. Versucht er denn nicht zu fliehen, mit List und Gewalt? Ist es nicht die prügelnde Brutalität Delamarches, des bevorzugten Beischläfers der Sängerin, was ihn in diesem Dienst hält? Es scheint so und ist doch so einfach nicht.
Rossmann selbst operiert auf verschiedenen Ebenen. Er will nichts als arbeiten und aufsteigen, aber er nimmt an der Sabotage seines sozialen Heilswegs eigenhändig Anteil. Nichts, worin er Opfer wird, geschieht durch seine Schuld – und nichts ohne seine tätige Beihilfe. Als Bruneldas Abgesandter die Katastrophe im Hotel einzuleiten beginnt, sucht Karl sich ihn verzweifelt vom Hals zu schaffen, aber er vermeidet dabei jedes wirklich wirksame Mittel und steckt ihn schließlich, in

großartiger Paradoxie, zu endgültiger Entfernung in sein eigenes Bett.

Bei Brunelda gelandet, zögert er keinen Moment, den pittoresken Biotop als Unrat und Chaos zu bestimmen, aber er ist es auch wiederum, der die fremde Herrlichkeit erkennt und vermittelt. Im Finstern kriechend, erkundet er Bruneldas nächtliches Dasein: »Den Eßtisch fand er an einer offenbar ganz anderen Stelle als am Abend, das Kanapee, dem sich Karl natürlich sehr vorsichtig näherte, war überraschenderweise leer, dagegen stieß er in der Zimmermitte auf hochgeschichtete, wenn auch stark gepreßte Kleider, Decken, Vorhänge, Polster und Teppiche. Zuerst dachte er, es sei nur ein kleiner Haufen, ähnlich dem, den er am Abend auf dem Sofa gefunden hatte und der etwa auf die Erde gerollt war, aber zu seinem Staunen bemerkte er beim Weiterkriechen, daß da eine ganze Wagenladung solcher Sachen lag, die man wahrscheinlich für die Nacht aus den Kästen herausgenommen hatte, wo sie während des Tages aufbewahrt wurden. Er umkroch den Haufen und erkannte bald, daß das Ganze eine Art Bettlager darstellte, auf dem hoch oben, wie er sich durch vorsichtiges Tasten überzeugte, Delamarche und Brunelda ruhten.«

Das hat Größe. Das ist prächtig. Da entfaltet sich eine Komik, deren Rang nur im Blick auf Falstaff, Don Quijote und die Walpurgisnächte zu bestimmen ist. Sie gipfelt in Bruneldas Bad, wo das ungeheure Wesen in seine elementare Nähe zu den belauschten Susannen und Bathsebas, den triefenden Dianen und Aphroditen tritt und wo sie doch zugleich ihre kategoriale Distanz offenbart zu diesen mit dem Logos versöhnten Figuren.

Gewiß, Brunelda besitzt ihre eigenen Schrecken, und Rossmann hat Gründe genug für die Fluchtversuche, aber zuletzt ist sie doch die einzige Gegengewalt gegen die Diktatur der durchrationalisierten Zivilisation. Daß sie Sängerin ist, gewinnt erst von da aus sein volles Gewicht. Sie treibt die Kunst allerdings auf ihre Weise, ohne klare Trennung von den Begabungen fleischlicher Art. Ihr Wesen ist Überschwappen. Alle sauberen Unterscheidungen wälzt sie nieder. Ordnung bereitet ihr körperliches Weh. Als Karl sich ans Aufräumen des Bettgebirges macht, heimlich und ungesehen, spürt sie das von weitem und jammert auf. Die gewaltige Komik, die um sie wabert, nährt sich zuletzt aus der Verneinung der totalitären Ordnung, welche die Vater-Männer errichtet haben und als eine unbegrenzte behaupten.

Diese Komik ist das große Tabu der Kafka-Rezeption. Das Gelächter, auf das die vielen Seiten zielen, hat sich die akademische Leserschaft bis heute fast ausnahmslos verboten. Wer beim Kafka-Lesen lacht, vergeht sich wie in einer Kirche. Eine gleichmäßige Niedergeschmettertheit vor, während und nach der Lektüre ist unbedingte Pflicht, mögen die Texte beschaffen sein, wie sie wollen. Man fürchtet um das Prophetische des Dichters und um den Weihecharakter des eigenen Geschäfts. Als gäbe es nicht auch einen verharmlosenden Ernst.

Inferno mit paradiesischen Wonnen

Walter Jens über Thomas Mann:
Der Zauberberg (1924)

»Davos-Platz und -Dorf; der berühmteste Höhenkurort der Welt, 1560 m. Im Winter wenig, im Sommer häufig Wind. Ziemlich Staub und wenig Schatten. Heilanstalten, Volksheilstätten, zahlreiche gute Hotels mit Veranden usw., aber zu viel Gelegenheit zu Vergnügungen. Der enorme Krankenzudrang und die zahlreichen Gebäude haben aus dem Dorf eine Stadt gemacht; es besteht die Gefahr, Davos könnte durch die eigenen Vorzüge ruiniert werden«: Nicht nur der Romancier Thomas Mann, auch die Mediziner haben, wie hier der große Franz Penzoldt im dritten Band des *Handbuchs der gesamten Therapie* (1914), den Davoser Zauberberg als eine Mischung zwischen Heilstatt und Lustort beschrieben.

Davos: ein magischer Name, für Literaten wie Klabund nicht anders als für die Ärzte, deren Patienten in Platz und Dorf so etwas wie das Lourdes der Schwindsucht erblickten. Ein zwielichtiger Ort, diese als Olymp der Unsterblichen verehrte Lokalität in den Schweizer Bergen, wo man in Wahrheit oft genug elendig starb, in Hinterkammern oder, nach einem letzten verwegenen Tanz, auf dem Parkett des Grandhotels, beim Festgelage oder im Zug auf der Heimfahrt ins Flachland.

Davoser Janus-Gesichtigkeit, beschrieben von Thomas Mann: Er kannte sich aus, hatte sich umgetan auf dem Berghof (in Wahrheit: Waldsanatorium, Pensionspreis vor dem Ersten Weltkrieg 12 Franken), umgetan im Herrschaftsreich jenes Hofrats Behrens, dessen Vorbild Jessen hieß, hatte exakte Studien getrieben, als er, anno 1912, seine wegen Temperaturschwankungen eingelieferte Ehefrau Katja in Davos besuchte (er kam für drei Wochen), hatte sich mit der ihm eigenen Akribie jene medizinischen Einzelheiten notiert, die zwischen 1912 und 1914, sowie 1919 und 1924 ins Romanwerk eingehen sollten: Wie unter knatternden Blitzen geröntgt wird (Frau Katjas Konterfei hat sich übrigens erhalten – nichts zu sehen von Tuberkulose. Der *Zauberberg* basiert auf einer – Fehldiagnose!); wie der Arzt, mit Hilfe der Brauerschen Schnitt-Methode, den künstlichen Pneumothorax anlegt, wozu die Liegekur dient und mit Hilfe welcher Kategorien die Ärzte den Schweregrad der Tuberkulose bestimmen: All das war in Doktor Jessens Sanatorium in Erfahrung zu bringen ... und vieles andere mehr, was sich im Roman geheimnisvoller als in der nüchternen Lehrbuch-Sprache ausnimmt: »Das Zusammenleben in Sanatorien, die Überernährung und die körperliche Untätigkeit darf man für beide Geschlechter als die Libido begünstigende Elemente ansehen.«

Lust, Liebe, Krankheit, Tod: In der Tat, die heilig-unheilige Vierzahl wird von Thomas Mann nicht nach eigenem Gutdünken beschworen; die hat ihr handfestes Substrat in der Tuberkulose und sieht sich von der medizinischen Literatur dementsprechend gewürdigt – in warnendem Tonfall, wie sich versteht: »Am sorgfältigsten werden die Ärzte der offenen Kurplätze auf schädlichen Flirt und noch schädlichere sexuelle Betätigung ihrer Klientel zu achten haben. Dort ist für den Lungenkranken die Gefahr am größten, da die Verführung überall winkt.«

Verführung überall: Die Worte aus Brauers *Handbuch der Tuberkulose* (die dritte Auflage erschien ein Jahr vor dem *Zauberberg*) könnten das Leitmotiv jenes Romans sein, der, als bescheiden-humoristisches Gegenstück zum *Tod in Venedig* geplant (Lockungen des Eros einmal auf künstlerisch-hohem, ein andermal auf bürgerlich-biederem Niveau), jahrelang unmittelbar vor dem Abschluß zu stehen schien (Tagebuch-Eintragung vom 31. Dezember 1920: »1921 wird, so oder so, die Beendigung des Zauberbergs bringen«) und sich, als er dann wirklich fertig war, im September 1924, zu einer tausendseitigen Bildungs-Epopoe ausgewachsen hatte, die, hochgelehrt, verspielt und artifiziell, am Beispiel einer scheinbar simplen Begebenheit (ein junger Mann, Hans Castorp aus Hamburg, fährt zu Besuch in die Berge und findet, eingesponnen ins Zauber- und Todes- und Lustreich der Schwindsüchtigen, ihrer Betreuer und ihrer Trabanten, nicht mehr zurück) erhabene Muster der europäischen Literatur rekapituliert. Der *Zauberberg* – das ist Parzivals Gral und ist der Hörselberg, wie ihn das Märchen beschreibt. Es ist der homerische Hades, wo Minos und Rhadamantys in der Rolle von Totenrichtern erscheinen, und es ist Dantes Inferno und Paradies. Hans Castorp aber ist Odysseus unter den »tiefgesunkenen Schatten« (1530 Meter über dem Meer) und ist zugleich das »deutsche Hänschen«: Hans Faust, der sich in seine Walpurgisnacht-Schöne, Clawdia, das Kätzchen, verguckt und – ein Wirbel der Weltliteratur! – zu gleicher Zeit an Vergil denken läßt, den Beatrice durch die Gefilde geleitet: Beatrice, die im *Zauberberg* als jener Totenbegleiter Hermes fungiert, der, ein Platzanweiser in unterschiedlicher Gestalt, in Thomas Manns Roman die Hauptrolle, den mythischen Solo-Part, spielt. Hermes in immer neuer Verwandlung – als Pädagoge und Meister der Ironie, als launischer Merkurius oder flügelsohliger Schalk: »Hermetisch«, läßt der Autor sein hanseatisches Sorgenkind sagen, »– das Wort hat mir immer gefallen. Es ist ein richtiges Zauberwort mit unbestimmten Assoziationen.«

Zauberworte mit unbestimmten Assoziationen: Hans Castorp, illuminiert und tuberkelbeschwipst, wie er im Schattenreich derer da oben ist, weit gesteigert über seine anfangs bescheidenen Möglichkeiten hinaus, trifft in der Tat den

Nagel auf den Kopf. Das literarische Zauberspiel ist es, das diesen Roman, den man, über die Anweisung des Autors hinausgehend *(Einführung in den Zauberberg für Studenten der Universität Princeton)* nicht nur zweimal, sondern zehnmal lesen muß ... Das Zauberspiel der Worte, Motive, Figurationen, Verweise, Allusionen und Zitate ist es, was die Lektüre dieses Buchs zu einem immer neuen, immer anderen, immer ergiebigeren Abenteuer macht – eines Buchs, das mit dem Bleistift gelesen werden muß und dennoch nichts von seiner Spannung und jener hinreißenden Erzählkraft verliert, die der Leser um so entschiedener bewundert, je mehr er dem Verfasser auf die Schliche kommt: Da! Die Siebenzahl! (Castorp der Siebenschläfer im Zimmer Nr. 34, Quersumme sieben, auf dem Weg, an Raum sieben vorbei, in den Speisesaal mit seinen sieben Tischen – und dann hinauf in die Remise, wo Joachim Ziemßen, zum Zeichen, daß er sich sieben Minuten lang messen müsse, die sieben Finger hochhebt.) Da! Das erotische Symbol der »ziemlich langen« Maria Mancini (die Spitze kupiert), der »Quecksilberzigarre«, wie das Fieber-Thermometer unter Hinweis auf ein altes Heilmittel gegen die französische Krankheit genannt wird. Und dann – und vor allem – das Zeichen des Bleistifts (»klein aber dein«), den Castorp sich in der Walpurgisnacht, bei vielen Blocksberg-Erinnerungen und mancherlei Reminiszenz an die durch Kirke in Schweine verwandelten Gefährten des Odysseus, von Clawdia-Beatrice-Venus-Kirke entleiht.

Phallische Symbole, diese Zigarren und Spritzen, Thermometer und Crayons – Phalloi, die im Sinne der »unbestimmten Assoziationen« auch als *feminini generis* zu verstehen sind: Im Zauberreich, wo alles sich zu allem fügt, wo, wie zu Castorps Ankunfts-Stunde, das Zwielicht der Zeiten regiert, wo, weit entfernt von aller Flachland-Normalität, sich Sommer und Winter vertauschen, wo – nicht nur in der Walpurgisnacht – jedes Ding neben der eigentlichen noch eine zweite

Bedeutung hat, einen Neben- und Mitsinn, wo Ironie und Metaphorik sich an die Stelle des schlichten »so und nicht anders« gesetzt haben, da kann ein Crayon, nicht nur dem jungen Mann, Pribislav Hippe, sondern auch der schönen Frau gehören: ausgeliehen zum entsprechenden Bedarf – und was die Zigarren angeht, diese Lust (und dem Hofrat fast den Tod) bringenden Instrumente, so haben auch sie ihre durchaus weibliche Prägung: »Schlanke Körper, die mit den schräg gleichlaufenden Rippen ihrer erhöhten, hie und da etwas gelüfteten Wickelränder, ihrem aufliegenden Geäder, das zu pulsen schien, den kleinen Unebenheiten ihrer Haut, dem Spiel des Lichtes auf ihren Flächen und Kanten etwas organisch Lebendiges hatten.«

Der *Zauberberg:* Das ist ein Buch von wahrhaft verwegener Zwei-Deutigkeit. Kein Absatz, der nicht einen doppelten Boden, kein Motiv, das nicht eine lange Geschichte, keine Figur, die nicht ihren Schatten im Sinne vielfacher literarischer Mitgift hätte, und kein Ort, der nicht auf Orte verwiese, die ihrerseits Orten nachgebildet sind. Nie ist Thomas Mann, wiewohl ein In-Spuren-Gänger von Anfang an, so anlehnungsbedürftig, so vielfältigen Einflüssen ausgesetzt gewesen wie in der Umbruchszeit der Weltkriegsjahre: Alles, was er las, sah und erlebte, mußte hinein in das Buch – okkultistische Erlebnisse so gut wie Schallplatten-Genüsse oder Lektüre-Faszination – die Begeisterung für Oswald Spengler allem voran. Ohne *Preußentum und Sozialismus* hätte der von autoritärem Antikapitalismus und sozialer Theokratie träumende Leo Naphta (ursprünglich Pastor Bunge) mit Lodovico Settembrini, dem Zivilisationsliteraten, nicht mithalten können – jenem Rhetor-Bourgeois und Mann der Vernunft, der dem Autor, je weiter er schrieb und je länger die *Betrachtungen* zurücklagen, immer sympathischer wurde: bis hin zur Identifikation mit dessen Sache und damit zur Zurücknahme jener Thesen, wie sie in der Weimarer Republik die »Linken Leute von rechts« vertraten, Spengler, Moeller van den Bruck *e tutti quanti* – Thesen, die Thomas Mann am Ende der zwanziger Jahre in entschiedener Absage an die »konservative Revolution« (und unter Zitierung Naphtascher, der Apotheose des Absoluten und des Terrors geltender Sätze) nachdrücklich widerrief.

Begonnen, als Etüde, 1912 und beendet, in Form der *comédie humaine*, 1924 – geschrieben also in den Jahren der großen Wandlung vom Unpolitischen zum Republikaner: und dennoch –, mit Ausnahme einiger rein »additiver«, beliebig zu vermehrender oder zu verringernder Kapiteln am Schluß, die »Große Gereiztheit« vor allem – ein Buch aus einem einzigen Guß! Jede Szene integriert, jede Person, ungeachtet aller vielfältigen Mitgift, an ihrem unverwechselbaren Ort!

Wie ist so etwas möglich? Wie konnte es geschehen, daß ein Autor, der sich vom Settembrini-Gegner, einem rabiaten dazu und halben Naphta-Apologeten zum bürgerlichen Sozialisten zu wandeln begann (Motto: Verschwisterung von Marx und Hölderlin, von Politik und Kultur), trotzdem einen Roman ohne Bruch schrieb?

Es wurde möglich aus einem einzigen Grund: durch die konsequente Beschränkung der Roman-Perspektive, durch den Entschluß, auf Omnipotenz (die eine weltanschauliche Entscheidung erzwungen hätte) zu verzichten und das *theatrum mundi* ausschließlich aus der Sichtweise Hans Castorps anschauen zu lassen – staunend also, neugierig und lernbereit.

Mit Ausnahme einiger allgemein gehaltener Kommentare über Fragen wie »reale« und »literarische« Zeit, die er kraft eigener Autorität vorträgt, bekennt sich der *Zauberberg*-Autor – und das über tausend Seiten hinweg, mit einer Konsequenz, die bewundernswert ist – zum Kunst-Prinzip der *freiwilligen Beschränkung,* schildert also nur, was Castorp wenn nicht sieht und denkt, so doch sehen und denken *könnte,* tritt nie aus dem Schatten seines Helden heraus, steckt sofort zurück, sobald er, in der Beschreibung einer Szenerie oder einer Figur, dem guten Hans Castorp vorangeprescht ist, läßt sich einholen, macht deutlich, daß sein Mehrwissen nur scheinbar ist (»Diese Dinge nebst Weiterem und Genauerem«, heißt es am Ende des großen Naphta-Porträts, »erfuhr Hans Castorp gesprächsweise von Naphta selbst«), kurzum, bezieht wieder Posten auf vertrautem Platz, ein paar Gedankenstufen über Hans Castorp – dort, wo sich, aus der Perspektive des Helden, bedeutsam reflektieren läßt, aber eben nur aus dessen Perspektive: Undenkbar, daß Madame Chauchats Gedanken, Peeperkorns Meditationen, Ziemßens Seelenregungen jemals zur Darbietung kämen. Nicht auf das Sein der anderen, sondern auf ihr Sosein für Castorp kommt es Thomas Mann an: auf ihre Erscheinungsweise, die dem Novizen und Lehrling, dem Neophyten, der langsam »Profess macht« (und zwar deshalb, weil er insgeheim längst »ein Hiesiger« ist), von Stufe zu Stufe selbstverständlicher wird. Wie fremd ist dem Flachländer Joachims gelehrt medizinische Redensartlichkeit zu Beginn (hätte man Castorp am Tag seiner Ankunft gesagt, daß er einmal über »russisch-chiliastisch-kommunistische Dinge« disputieren werde: er hätte kein Wörtlein verstanden) und wie seltsam muten denjenigen, der unakklimatisiert noch nichts von bevorstehender Illumination, von Fastnacht- und Schnee-Mysterien, von okkultischem Zauber und der *unio mystica* zwischen Liebe und Tod ahnt... wie seltsam muten ihn anfangs selbst »gewisse Ballons« an, »große bauchige Gefäße vor den weißlackierten Türen«, deren eigentliche Bedeutung Thomas Mann – ein Musterbeispiel konsequenter Perspektiven-Beschränkung! – erst 120 Seiten später erläutert: »Jene bauchigen Gefäße mit kurzen Hälsen zum Beispiel, auf die gleich am Abend seiner Ankunft sein Auge gefallen war, enthielten Sauerstoff – Joachim erklärte es ihm auf Befragen.«

Faszinierendes Schauspiel! Ein Romancier rebelliert gegen sein Alter ego, den Essayisten und Tagebuch-Schreiber! Der gleiche Autor, der in den *Betrachtungen eines Unpolitischen* mit Besessenheit und Selbstgewißheit Bruder Heinrichs aufklärerisch gesinnte Gevatternschaft als Verräter am deutschen Geist anprangerte – der gleiche Schriftsteller, der, anno 1919, die »Möglichkeit« immer weniger abwies, daß Spenglers *Untergang des Abendlands* in seinem Leben auf ähnliche Weise Epoche machen könnte, wie zwanzig Jahre zuvor Schopenhauers *Welt als Wille und Vorstellung*: der gleiche Autor stellte im Roman, aus Castorps Schelmensicht, die eine wie die andere These in Frage, ironisierte – mit Liebe – den eben noch als Beelzebub gebrandmarkten Zivilisationsliteraten, zügelte seine Sympathie (»die oft bis zur Begeisterung geht«) für Spenglersche Absolutheits-Visionen (nur ein paar Jahre noch, und Thomas Mann wird dergleichen als »Obskurantismus« abtun) und relativierte *beide* Positionen, »Reaktion« (Mittelalter-Freundlichkeit) *und* »humanistische Aufklärung« durch ein ironisches In-Beziehung-Setzen und Hegelsches Aufheben von Bunge (Naphta)-Aperçus und Settembrini-Sentenzen – wobei sich am Ende so etwas wie eine Synthese abzeichnete: »Sie scheint«, heißt es in einer Tagebucheintragung vom 17. April 1919, »in der (kommunistischen) Zukunft zu liegen...: Es handelt sich um die Perspektive auf die Erneuerung des christlichen Gottesstaats ins Humanistische gewandt, auf einen irgendwie transzendent erfüllten menschlichen Gottesstaat also...; und Bunge sowohl wie Settembrini haben mit ihren Tendenzen beide so recht wie unrecht.«
Nein, sehr stringent klingt das nicht, mit »Kommunismus« und »Gott« und »irgendwie« – aber dies Schillernde eben, das sich in der Tagebuch-Formel ein wenig kurios ausnimmt – und in den *Betrachtungen eines Unpolitischen* erst recht! –, dies Unentschieden-Zweideutige, Ambivalente und mannig-

faltig Interpretierbare, dies romanesk Verschwimmende (und nicht essayistisch Verschwommene) macht den Reiz des *Zauberbergs* aus, gibt der Darstellung eine langsame Hinführung zu den höheren Weihen, dieser Analyse einer hermetischen Einweisung ihre Plausibilität.

Hier wird dialektisch gespielt und kein Fazit gezogen. Hier geht's um Korrespondenzen, Bezüge, Rekapitulationen, Widerrufe (eine Stärke von Settembrini: er merkt es nur nicht), um auf einander verweisende Parallelismen (wie die Ankunfts- und Abschiedsszenen am Bahnhof), um Winke, die der Leser erst nach wiederholter Bemühung versteht: Wie bedeutsam, im Hinblick auf die Übereinstimmung zwischen der Pribislav-Hippe- und der Clawdia-Chauchat-Bleistiftaffäre, charakterisiert wird, in Bezug gesetzt zum Schuljungen Hippe, dessen Crayon sich mit gebotener Deutlichkeit vorgestellt sieht: »versilbert mit einem Ring, den man aufwärts schieben mußte, damit der rotgefärbte Stift aus der Metallhülse wachse.«

Man muß das zu lesen wissen: Ein Buch für Kinder ist der *Zauberberg* nicht – eher eines für Freunde der hermetischen Entschlüsselungskunst, die sich ihren Reim machen, wenn sie erfahren, daß der arme Wehsal, nachdem ihm vom Protagonisten andeutungsweise die erotischen Erlebnisse der nachgesellschaftlichen Fastnacht mitgeteilt wurden, Castorps »Paletot mit verdoppelter Hingabe trug«.

Deutlich genug – dieser Satz. Überdeutlich fast, da Thomas Mann Wert darauf legte, daß die Beziehungen zwischen Castorp und seiner kirgisischen Beatrice so in der Schwebe bleiben sollten, wie es die Zwielichtigkeit des Infernos mit seinen paradiesischen Wonnen verlangte – des Todesorts, wo viel gelacht wird (schauerliches Gelächter, der Teufel spielt mit: Antizipation des *Faustus*), wo die verbotene Liebe als Krankheit ausbricht, wo man Orgien feiert, in Trance und Traum verbotene Geheimnisse durchschaut und wo dann am Ende,

teils weil's der große Donnerschlag so will, teils aber auch weil der Autor, ein bißchen holterdiepolter, zum Schluß kommen möchte, gewaltig abgeräumt wird.
Gewaltig und ein bißchen schematisch: Bezugsspiel in allen Ehren – aber wenn Naphta und Peeperkorn kurz hintereinander Selbstmord verüben, dann beginnt das Prinzip des Parallelismus zu klappern; dann wird eben jenes Schwebend-Schillernde vertan, das die Schilderung der Beziehung zwischen Hans Faust und Clawdia so faszinierend macht: Was geschah denn eigentlich in jener Nacht, über die der Autor selbst sich, wie die Tagebücher zeigen, lange Zeit im unklaren war? (11.4. 21: »Von den drei Möglichkeiten: Vereinigung jetzt, später oder überhaupt nicht, hat jede viel für sich und gegen sich.« 26.4. 21: »Neue Idee in Betreff des Verhältnisses zu Clawdia: Sie kommt überhaupt nicht wieder. Er wartet, nachdem er sie besessen, mit ihrem Röntgenbild die 7 Jahre auf sie.«)
Nein, dieser Doppel-Suizid am Ende hat mich nie überzeugt. Der Tod des Nihilisten Bunge-Naphta: Nun gut, da gab's keine andere Lösung. Aber Peeperkorn? Der hätte, denke ich, nach einem kurzen imposanten Gastspiel wieder abreisen müssen: ein trunkener Irrwisch, der kommt und verschwindet. Wäre ich Gerhart Hauptmann gewesen – Hauptmann, das Vorbild Peeperkorns –, ich hätte mich über diesen Suizid mehr geärgert als über die Karikatur meiner Suade. (»Was soll das alles?«, notierte Hauptmann, »Das ist alles andere als meine Redeform. – Wer ist nun hier der Schwätzer: Peeperkorn oder Mann? – Blödsinn. Geblök. – Kann ein Mensch so viel Unsinn reden?«)
Hauptmann – ein todestrunkener Romantiker? Nein, das war er gewiß nicht; in diesem Punkt hat Thomas Mann ihm unrecht getan – mehr wahrscheinlich als durch die ein bißchen alberne, wenngleich die Wahrheit treffende Beschreibung des Hauptmannschen Wollhemds und der Rotweinflek-

ken auf dem Bett. (»Sie besuchten mich, während ich krank im Bett lag. Ich glaubte, Sie taten das aus menschlichem Anteil. Sie hatten aber einen unsichtbaren Gänsekiel hinterm Ohr ... Seien Sie gewiß, daß ich nicht mehr Wein mit Ihnen trinken werde«: Hauptmannsche Zitate, nachzulesen in Hans Brescius' Aufsatz »Neues von Mynheer Peeperkorn« in den *Neuen Deutschen Heften*, 1974.)
Kurzum, so verständlich es ist, daß Thomas Mann am Ende von lauter Zweideutigkeiten mit Donnerschlägen enden wollte, denen der Charakter eines »et nunc finis« zukam, so befremdlich bleibt es doch, wie theatralisch er, dieser Anspielungsmeister (wenn Hans Castorp statt Maria Mancini die Marke »Rütlischwur« raucht, heißt das: Hier hat sich einer, dem Flachland entfremdet, endgültig akklimatisiert), die große Persönlichkeit, Peeperkorn-Hauptmann, da droben *ad penates* gehen läßt: unter Aufbietung von viel Gelehrsamkeit und medizinischer Kenntnis allerdings. Wie denn der *Zauberberg*, dieses Musterbeispiel einer alexandrinischen Epopoe (und witzig dabei) für mich *das* Jahrhundert-Buch ist, in dem bewiesen wird, daß es keinen Bereich der Welt gibt, keinen einzigen, und sei er, wie das Gebiet der Medizin und Chemie, noch so verwissenschaftlicht, der nicht mit Hilfe der Poesie erhellt werden könnte – erhellt und transzendiert, weil die schöne Literatur der gelehrten Wissenschaft die Fackel voranträgt.
Vielleicht zum letzten Mal.

Ein Schuft, sichtbarlich erhöht

Klaus Harpprecht über Lion Feuchtwanger: *Jud Süß* (1925)

Lion Feuchtwangers aufwendige Erzählung vom Aufstieg und Fall des Juden Josef Süß Oppenheimer ist auf der Welt in über drei Millionen Druckexemplaren verbreitet. Sie diente zwei Filmen als Vorlage: einem englischen aus dem Jahr 1934, in dem Conrad Veidt als Hauptakteur auftrat, und dem deutschen aus dem Jahr 1940, bei dem Veit Harlan Regie führte. Der Reichspropagandaminister Goebbels meinte damals, in der schwäbischen Moritat den handlichsten Stoff gefunden zu haben, das »gesunde Volksempfinden« der »Endlösung« entgegenzureizen. Der Anblick geschundener Bürger und geschändeter Mädchen, so sein Kalkül, eigne sich trefflich, die Widerstände gegen das letzte, das endgültige Pogrom in einem Strom der Tränen, des Zorns und der Rührung fortschwemmen zu lassen.

Die Wirkung des Films entsprach nicht völlig dieser Absicht. Es ging das Geflüster um, Ferdinand Marian habe es sich in den Kopf gesetzt, die Rolle des Jud Süß so brillant und bewegend zu spielen, daß ihm auch die verstocktesten Antisemiten eine kleine Zähre nachweinen müßten. Das mag entlastende Legende sein. Doch es ist wahr, daß in Nürtingen am Neckar und anderswo den Fräuleins ein seltsamer Schimmer in die Augen trat, wenn sie der welschen Schönheit des Wüstlings gedachten.

Durch unsere Nürtinger Schule geisterte nach der Vorführung des Films für einige Wochen eine Art von Judenkult. Natürlich rissen die Clowns der Klasse ihre Witze und übten sich in Mauscheleien. Doch es regte sich mehr: nicht nur eine schwitzende Neugier, durch den verführerischen Zauber des

Süß geweckt, nicht nur pubertäre Begehrlichkeit, auf die blonde Reichswasserleiche Kristina Söderbaum gerichtet, sondern eine undeutliche Sympathie für dieses magische Judenvolk, die sich mit Grauen und Angst vermischte. Man war abgestoßen und angezogen zugleich, doch Faszination und Mitgefühl schienen zu überwiegen.

Jene Beunruhigung traf den Schreiber dieser Zeilen direkter als seine Kameraden, denn das *Schwarze Korps,* die Zeitung der SS, erinnerte in einem höhnischen Kommentar an die württembergischen Rechtsgelehrten seines Namens, die in der Süß-Affäre Partei für den Juden ergriffen hatten: so sei es nicht weiter erstaunlich, ereiferte sich das Blatt, daß auch ihr Nachfahr, der Nürtinger Dekan H., dem nationalsozialistischen Staat so fremd und feindlich sei.

Im Haus des Dekans bewahrte man keine Kopie des Romans von Feuchtwanger. Oder war sie versteckt? Erst nach dem Krieg las der Sohn mit etwas törichtem Stolz die preisenden Reden, mit denen der Schriftsteller seine Ahnherren bedachte, den Moritz David, der furchtlos Anklage gegen das Saumensch, die Gräfin von Würben geborene Grävenitz, erhob; den Johann Daniel, der einem elenden jüdischen Händler das Leben rettete und sich dem Prozeß gegen Süß halbwegs tapfer entgegenstemmte, »überzeugt, daß (der) ein Schuft, aber im Sinne des Gesetzes nicht schuldig sei, angewidert von dem Bestreben, den Juden haftbar zu machen für Verbrechen, für die andere einzustehen hätten«; vor allem entsetzt über die Inquisition, die sich mit den rasseschänderischen Fleischessünden des Süß befaßte, und voller Trauer über die Gefährdung seiner Welt, »die Bücher, Recht, Demokratie, Vaterland hieß«.

Es ist nicht ausgemacht, daß die Ahnherren in Wirklichkeit so starke Gefäße demokratischer Tugenden waren. Jüngere Forschungen legen den Schluß nahe, daß Feuchtwanger mit dieser Epoche württembergischer Geschichte und der Affäre Süß generös und phantasiereich hantierte. Dem Juden billigte die neue Schule nur geringen Einfluß auf die Politik des Herzogs Karl Alexander zu. Ferner regten sich lebhafte Zweifel, ob es die angebliche Verschwörung des Würzburger Fürstbischofs Friedrich Karl von Schönborn, das Ländchen seiner evangelischen Freiheiten zu berauben, tatsächlich gab oder ob es am Ende nur ein Gerücht war.

Die Freizügigkeit, mit der Feuchtwanger die historischen Realitäten traktierte, enthüllt sich in eher unscheinbaren Details. Für das Todesjahr des Herzogs, 1737, unterstellte er der reizvollen Witwe Marie Auguste aus dem Hause Thurn und Taxis, es habe sie gelockt, »ein weibliches Gegenspiel zu dem jungen Preußenkönig zu werden, der eben den Thron bestieg. Ei, sie wird der katholische Widerpart dieses großen Protestanten sein.« Friedrich II. aber gelangte erst drei Jahre später, im Jahre 1740, an seine Krone.

Was sind drei Jährchen? Nicht viel, aber die gesamte Regierungszeit des Karl Alexander währte insgesamt nur ein Jahr länger. Das geschichtliche Panorama freilich, auf das uns der Autor schauen läßt, ist von solcher Großartigkeit, daß es ein halbes Jahrhundert umspannen könnte, und die Geschehnisse türmen sich mit solch erdrückender Wucht auf, daß unschuldige Leser leicht der Illusion erliegen mögen, hier gehe es um Sein oder Nichtsein eines machtvollen Reiches und nicht um Glück oder Unglück eines kleinen, bescheidenen Ländchens, dessen Fürsten sich auch in ihrer barbarischen Verschwendung und prahlerischen Bauwut kaum von noch minderen Nachbarn unterschieden.

Mit der engen Verhocktheit, der verwinkelten Provinzialität, der Dürftigkeit und Kargheit der schwäbischen Realität hatte Feuchtwanger nichts im Sinn. Sein Roman läßt in keiner Zeile erkennen, daß Stuttgart in jenen Tagen ein vermufftes, mukkerisches Drecksnest war, in dem selbst die Herren des Adels der kleinbürgerlichen Verstelltheit der Gesellschaft selten ent-

wuchsen. Bei der Zeichnung der Landschaft blieb des Autors Feder blaß. Zum Schlag der Menschen fand er den rechten Zugang nur für flüchtige Momente.
In der Schilderung pietistischer Beseeltheit zum Beispiel leuchtete manchmal der flackernde Geist auf, der die Stundenbrüder und -schwestern bei ihrer Gottsuche umtrieb. Hier ist's, als beschriebe er den christlichen Widerschein jüdischer Mystik, deren Glut er mit so hohem und oft biblisch gesteigertem Pathos anzufachen versuchte. Vielleicht war es seine Absicht, eine geheime Verwandtschaft anzuzeigen. In den religiös bewegten Passagen fand der Freigeist in der Tat die reinste Sprache. Im übrigen erlag er häufig der Verlockung, die barocke Theatralik seiner bayerischen Heimat in die nüchternen Gefilde des Schwabentums zu verschleppen.
Die Effekte gerieten ihm mitunter ins Maßlose. Ohne Rücksicht auf historische Wirklichkeiten, auf Fragen des Geschmacks und des Takts sprengte er die Grenzen der Bescheidung und Biederkeit. Er mußte Raum schaffen für eine überlebensgroße Legende: die Sage von dem Finanzagenten und Abenteurer Josef Süß, der aus dem Kurpfälzischen herbeigeeilt war, um sein Schicksal mit dem des Prinzen Karl Alexander zu verknüpfen, des kaiserlichen Feldmarschalls und Helden von Peterwardein, des Mannsberges und Weiberhelden, dem eine reiche und katholische Heirat glückte, ehe er durch den plötzlichen Tod seines Bruders Eberhard Ludwig und dessen Erben wider Erwarten an die Herzogswürde geriet. Süß finanzierte ihm Prunk und Schlösser, Militär und Mätressen. Nach anderer Lesart brachte er das Finanzwesen des Duodez-Städtchens auf einen halbwegs modernen Stand.
Minister konnte Süß nicht werden, da die Landesgesetze den Juden die Übernahme öffentlicher Ämter verwehrten. Dies hinderte ihn nicht, seinem Herzog der unentbehrliche Leibsorger, Haupthöfling und Berater in allen Lebensfragen zu

werden, für sich selber Macht und Reichtum anzuhäufen und ein schräges Ansehen zu gewinnen: »Er stand, der Jude, vor ganz Europa einsam auf seinem gefährlichen Gipfel und lächelte und war elegant und selbstverständlich ...« Ein Frankfurter Rabbiner schmeichelte ihm eindringlich: »Gott hat Euch sichtbarlich erhöht, wie noch nie einen Juden in Deutschland.«

Genauer in den Text horchend, glaubt man, einer zarten Warnung vor dem Irrtum der Assimilation auf die Spur zu kommen. Feuchtwanger freilich, der ein geistreicher und schwieriger Kopf war, dachte nicht daran, sich mit dem Süß in der ängstlichen Schlichtheit orthodoxer Moralität auseinanderzusetzen. Sein tüchtiger und liederlicher Held ließ sich, anders als der geadelte Darmstädter Bruder, nicht taufen. Süßens Traum von der Macht war, falls der Ausdruck erlaubt ist, keineswegs »arisiert«, sondern nährte sich aus den Bildern orientalischer Märchen und des Buches der Bücher, aus einem verzehrenden Verlangen nach der Glorie und dem Gold der biblischen Könige, nach Salomonis Seide und Davids irdischen Entzückungen. Sein zartes Töchterchen Naemi aber sah ihn in einer quälenden Vision wie Absalom an seinem Haarschopf in den Ästen baumeln. Süß freilich setzte nur ein hochmütiges Lächeln auf, als ihm sein alter Mentor Isaak Landauer bei der Besichtigung seines üppig ausgestatteten Schlößchens die mürrische Bemerkung hinwarf: »Was braucht ein Jud einen Papagei.« Hätte sich der König Salomon keinen gehalten?

Feuchtwanger scheut vor keiner Komplikation zurück; er bemächtigte sich des ungefähren Gerüchts, daß der Reb Josef Süß Oppenheimer in Wahrheit einer Affäre seiner Mutter mit dem Baron Georg Eberhard von Heyersdorff entsprossen sei, dem Feldmarschall, der nach dem Fall von Heidelberg so schmählich entmachtet wurde und sein Leben angeblich als Kapuzinermönch beschloß. Süß verschwieg die adlige und

christliche Herkunft. Mit kaum begreiflichem Starrsinn verband er sein Schicksal mit dem Karl Alexanders.
Dem schnaubenden Saufbold führte er kaltherzig die schöne Pietistenjungfer Magdalen Sibylle Weissensee mit ihrem »kindhaft wichtigen Gesicht« zu, die in ihm den Teufel sah und ihn dennoch liebte. Deren Vater aber, der intrigante Konsistorialrat, hetzte den brünstigen Herzog rachsüchtig auf das Töchterchen des Süß, die jener in einem Waldidyll bei Hirsau verborgen hielt. Naemis zerbrechliche Grazie war nicht für diese Welt gemacht. Vor dem Gewaltmenschen fliehend, stürzte sie zu Tode. Danach trieb der Jude den Herzog mit schneidender Entschlossenheit immer tiefer in die katholische Konspiration, verriet ihn vor dem entscheidenden Schlag an die protestantische Opposition. So die Legende.
Als der japsende Unhold endlich vom Schlag getroffen war, bot Süß sich als Sündenbock an: zum Martyrium entschlossen, nun endlich dem seherischen Willen des Rabbi Gabriel gehorsam, ein getreuer Sohn seines erwählten Volkes, dessen Geheimnis sich durch den schönsten Satz des Buches mitteilt: »Im Geschriebenen ist Gott.« Er wohnt im Buch der Juden, das sie mit sich schleppten »durch zwei Jahrtausende. Es war ihr Volk, Staat, Heimat, Erbteil und Besitz. Sie hatten es allen Völkern vermittelt, und alle Völker bekannten sich zu ihm. Aber die einzigen rechtmäßigen Besitzer, Erkenner und Verweser, waren sie allein. Sechshundertsiebenundvierzigtausenddreihundertneunzehn Buchstaben hatte das Buch. Jeder Buchstabe war mit Leben bezahlt.«
Die Berufung auf den christlichen Vater und die Taufe wies Süß auch im Elend zurück. Feuchtwanger verweist nicht auf das Gesetz der Juden, daß Jude ist, wer von einer jüdischen Mutter geboren wird. Warum unterschlug er den elementaren Kodex, den er ganz gewiß kannte? Übersah er ihn der Heroisierung seines unheldischen Helden zuliebe, dessen Schurkereien er zum andern keineswegs leugnet? Sein Süß ist

wohl einer, dem die Frauen wie Vögel auf den Leim hüpfen. Liebenswert aber ist er nicht und kann es nicht sein in seiner Kälte und Berechnung, seiner Arroganz und Angeberei, seiner Servilität, die so weit geht, daß ihm der Autor Hundeaugen zuschreibt.

Seine Wandlung ist nicht sinnfällig. Ihr mangelt die letzte Glaubwürdigkeit. Trotz allen Zorns auf die christlichen Lumpen im Gewand württembergischer Rechtschaffenheit fällt es schwer, den Starrsinn zu bewundern, mit dem Süß seinen Tod am Galgen erzwingt, in einem Käfig gehängt, der ein brutales Produkt der schwäbischen Neigung für gehobene Bastelarbeiten war.

Der englische Professor W. E. Yuill von der Universität Nottingham bietet die schlüssigste Erklärung für den störrischen Vorsatz Feuchtwangers, den Hasardeur, der nur eine Randfigur der Geschichte war, zu solch machtvoller Herrlichkeit und solch heiligmäßigem Sterben emporzudichten. Er meint, Karriere und Tod des Reichsaußenministers Walther Rathenau habe den Autor inspiriert, sein abgelegtes Drama vom Juden Süß, das er während des Ersten Weltkrieges verfaßte, in einen Roman umzuformen. Auf Rathenau traf zu, was Feuchtwanger von seinem Süß behaupten ließ: daß nie zuvor ein Jude in Deutschland so sichtbarlich erhöht worden sei und trotzdem, nein, eben darum, von nationalistischen Freikorps-Strolchen ermordet wurde. Im Tod war er tatsächlich geehrt wie selten ein Deutscher zuvor, gleichviel welchen Glaubens. Genützt hat es nichts.

Feuchtwangers Buch hat, wenn irgendeine, die böse Qualität der Prophetie. Schonungslos legt es die psychische Mechanik des Antisemitismus bloß. Wer es heute liest, mehr als ein halbes Jahrhundert nach dem Erscheinen, begreift mit schrecklicher Klarheit, was danach kommen mußte. Die Botschaft wurde, trotz des populären Erfolgs, nicht aufgenommen. Weil sie so glatt auf der Hand lag? Weil sie so eingängig dargeboten und folglich so rasch wieder vergessen wurde? Wenn von einem Versagen des Autors die Rede sein kann, dann ist es künstlerischer und handwerklicher Art. Man soll sich davor hüten, es leichtfertig ins Moralische zu übersetzen.

Die hemmungslose Expressivität der Sprache Feuchtwangers streift die Grenze zum Unerträglichen. Der Autor jagt seine Worte mit der hysterischen Wut eines Generals in die Schlacht, der den Sieg um jeden Preis will, unbekümmert, wie hoch die Verlustquote sei.

Adjektive und Adverben marschieren stets, unter einem magischen Diktat, in Dreierkolonnen auf: die »nüchternen, steifleinenen, korrekten Verwandten«, die in »magern, sauern, höhnischen Jubel ausbrechen«. Übertreibungen purzeln aus dem Text wie Trunkenbolde vom Barhocker. Die Grävenitz, das Saumensch, will sich ihrem Herzog Eberhard Ludwig »ins Blut brennen«. Statt mit allen Wassern gewaschen, muß ein Intrigant »in allen Brühen gesotten« sein. Verachtung wird »ins Gesicht geglüht«. Die Herzogin Marie Auguste mit ihrem hübschen Eidechsenkopf, »glatt und schlau und rank«, beschaut mit »den langen Augen unter der klaren, leichten Stirn ihren Leib, der weich war und schlank und von der Farbe des alten, edlen Marmors«. Unverzeihlich ist schließlich das flaue Jiddeln der Rabbiner und Händler (während Süß sich strikt ans Schriftdeutsche hält und den Schwaben – klugerweise – Schwäbeleien nicht erlaubt sind).

Die Schludereien (»der Landauer schritt durch die beiden Pagen«), die verrutschten Metaphern, die Geschmacklosigkeiten sind kein Zufall, sondern Produkte der Atemlosigkeit, mit der Feuchtwanger durch seinen Stoff fegte. Bei der Niederschrift seiner späteren Bücher fügte er sich in die Ernüchterung, die er sich auferlegen mußte, um der große Romancier zu werden, der er war. Sein Expressionismus hat sich fast folgenlos verloren.

Der *Josephus*, der *Goya*, das Beaumarchais-, das Rousseau-

Buch bewiesen das literarische Kaliber dieses Schriftstellers, der es sich in den Kopf gesetzt hatte, der Gattung des historischen Romans eine triumphale Renaissance zu bescheren. Dies mag ihm geglückt sein: am eindrucksvollsten mit dem *Erfolg*, einem Gegenwartsroman, den er als ein historisches Kolossalgemälde präsentierte.

Mit dem *Jud Süß* aber ist er heroisch und ein wenig lächerlich gescheitert. Dennoch hat er diesem Buch nie seine Liebe entzogen. Dafür gibt es Gründe. Das Werk, als Beschwörung der Geschichte verfehlt, machte auf bedrückende Weise selber Geschichte. Es wurde Geschichte. Die Schwächen des Buches heben nichts davon auf: das fatale Gemisch von aufgedonnerter Reportage, Kostümfilm, Märchen, Weihespiel und Oper. Auch die fehlt nicht: das Ende des Töchterchens Naemi kolportiert auf ein paar Umwegen in der Tat den *Rigoletto*.

Nur hat sich der *Jud Süß* auf verstörende Weise von allen Vorbehalten gelöst. Die Mörder haben dem Roman, durch den Mißbrauch, seine Gültigkeit gesichert. Der Film des Veit Harlan wird unvergessen bleiben, weil der Mord nicht vergessen werden kann – und so auch nicht das Buch. Kraft seiner Prophetie und ihrer Erfüllung fiel ihm ein fragwürdiger Platz in der Weltliteratur zu. Doch hat einer behauptet, nur gute Bücher könnten zur Weltliteratur zählen? Wer so dächte, hätte einen verdächtig idealen Begriff vom Leben und von Büchern.

Zwischen Weser und Windhuk

Manfred Bieler über Hans Grimm:
Volk ohne Raum (1926)

»Vor diesem Buche müssen Glocken läuten.« So beginnt *Volk ohne Raum*« und wer sich fragt warum, erhält die Auskunft: »Weil nun in diesem Leben, das in diesem Buche geschildert wird, unser gemeinsames deutsches Schicksal sein Antlitz nackend zeigt, wie es ja zuweilen geschieht, daß die Geschichte eines einfachen Mannes zugleich das Geschick seines Volkes enthüllt, weil also in unsere ungeheuerlichste Angelegenheit hier ein breiter Einblick sein wird, deshalb müssen diesem Buche Glocken vorausläuten!«

Die Feierlichkeit ist Absicht, und das Schicksal hat 1279 Seiten, die Hans Grimm im Jahre 1926 offenbar brauchte, um Einblick in unsere ungeheuerlichste Angelegenheit zu gestatten. Wie sonst wäre es zu erklären, daß die Geschichte des einfachen Mannes Cornelius Friebott bis heute fast eine Million Käufer fand? Nehmen wir vorweg: *Volk ohne Raum* ist trotz ehemals reißendem Absatz dem gegenwärtigen Publikum nicht im Gedächtnis. Man weiß allenfalls, daß der Titel denen als Parole galt, die anfangs Gewerkschaftslokale und schließlich Europa stürmten.

Wozu lesen wir diesen Roman überhaupt wieder? Antwort: Um das von rechts bejubelte und von links geschmähte Buch auf seine Plausibilität hin zu prüfen. Einen besseren Maßstab besitzen wir nicht. Also versuchen wir zu erkunden, ob *Volk ohne Raum* literarisch wie politisch einleuchtend ist, ganz im Sinne des Verfassers, der sein Werk in der Vorbemerkung ausdrücklich als »politische Erzählung« wertet.

Durch den Versailler Vertrag hatte Deutschland seine Kolonien verloren. Doch Kaliningrad hieß noch Königsberg und

Wroclaw noch Breslau. Trotzdem litt Hans Grimm an Platzmangel. Uns mag dieses Leiden neurotisch erscheinen, mit manchen Symptomen des »Kleinheits- und Verarmungswahns« (Jaspers), zumal die Statistik beweist, daß 1890 fünfzig Millionen Deutsche auf einer halben Million Quadratkilometer lebten, wogegen den jetzt fünfundsiebzig Millionen beider deutscher Staaten eine Viertelmillion Quadratkilometer genügt. Will sagen: Der Raum schrumpfte um die Hälfte, während das Volk um die Hälfte wuchs, ohne daß sich, Ballungsgebiete ausgenommen, ein spürbares Gedrängel ergeben hätte.

Mathematisch war Grimms Rechnung daher falsch und politisch war sie wegen ihres Expansionsdrangs gefährlich. Im Gespräch mit dem Korrespondenten der *Nowoje Wremja* erklärte Bismarck am 28. April 1890: »Unsere Auswanderungen kommen durchaus nicht von Überfüllung des Landes, wir haben so menschenleere Gegenden wie Rußland. ... Nein, das ist unruhiger Geist und Unzufriedenheit, die zum Teil im Charakter liegt.« Für Bismarcks Ansicht spricht, daß die Zahlen seit dem Auswanderungsboom der Jahre 1881 bis 1885 (eine knappe Million) auf fünfundzwanzigtausend anno 1913 sanken. Nur wenige reisten noch in jene Kolonie, in der Hans Grimm vor dem Ersten Weltkrieg dreizehn Jahre als Kaufmann verbracht hatte und wohin er seinen Helden Cornelius Friebott aus »Heimat und Enge« des Weserlandes schickt.

Friebott, gebürtiger Bauernsohn und gelernter Tischler, nach Marinedienst und Grubenarbeit als »roter Revolutionär« von der Bochumer Zeche Hessenglück entlassen, ist ein sozialdemokratischer Parzival. Was Friebott sucht, wird er nicht finden, und was er jeweils findet, das hat er nicht gesucht. Nach Deutsch-Südwestafrika bringt er außer seiner handwerklichen Tüchtigkeit nur die Erinnerung an die unvollzogene Liebe zu Melsene mit, »eine junge Mädchenrose mit einem edlen, jungen Halse und edlen Armen und blitzenden blauen Eisenhutaugen und mit dem goldenen Haar über dem Rosenhauche«.

Wie jedes Zitat ist auch dieses aus dem Zusammenhang gerissen; wer es jedoch für verfälschend hält, irrt. Ehe wir den Stab über dem Rosenhauche brechen, wollen wir uns nämlich auf den nahezu unbekannten, großartigen, ja atemberaubenden Erzähler besinnen, der 1913 *Südafrikanische Novellen*, 1913 *Der Gang durch den Sand*, 1930 *Der Richter in der Karu* veröffentlichte und mit dem Autor obigen Melsene-Porträts leider identisch ist. Gedenkminute. Erst dann wollen wir, um »Raum« zu sparen, wiederholen, was Tucholsky bei allem Respekt für den »im tiefsten Kern anständigen Mann« Hans Grimm zu dessen Stilblüten schrieb: »Traulich duftet es nach süßem Tabak; wann sich Papa zum letzten Mal die Füße gewaschen hat, steht noch sehr dahin, die Frauen haben viel Gemüt und wenig Bidet...« etcetera. Einschränkungen: Auch dies ist ein Zitat, und es wird weder dem ganzen Roman noch dem ganzen Autor gerecht.

Sozialdemokrat, sagten wir von Friebott und meinten damit, was man im alten Berlin »Radieschen« nannte: außen rot, innen weiß. Grimm und Friebott zufolge hat die »sozialistische Heilslehre« dreierlei Anhänger: Die einen möchten »des gefesselten Nachbarn Fettöpfe in die eigene Stube tragen«; die anderen »erkennen für Ehrgeiz und Herrschsucht eine bequeme Gelegenheit«; die dritten dienen »aus den Erfahrungen des Herzens heraus dem neuen Menschen und seinem grenzenfreien Reiche«, dem Archetyp des Frühlingssozialismus mit menschlichem Antlitz, wenngleich nicht in Prag, sondern in Deutsch-Südwest, wo Friebott und sein ebenfalls ausgewanderter Freund Martin (nicht Horst) Wessel danach streben, »die neue Erde zu vollenden durch die neue freundliche Ordnung«.

Der rüstige Tischler und der hinkende Gewerkschaftsfunktionär erliegen jeder auf seine Weise dreierlei Gegnern. Der erste ist ihr eigener Kaiser. »Wilhelm II. ... sprach etwas von der Himmelsleiter herab nach seiner Art, er sagte zu ihnen (den Volksgenossen): ›Wir sind das Salz der Erde.‹ Und hatte natürlich recht. Welches Volk, es seien denn die Juden, käme sonst in Frage?« meditiert Friebott und ergänzt das kaiserliche Jesus-Zitat nach Matthäus 5,13: »Wo nun das Salz dumm wird, womit soll man salzen?«

Mit den Deutschen bestimmt nicht, weil sie sich selber gram sind (Feind Nr. 2), »die Sauerkrautfresser, die Brillenträger, die Hängepfeifenraucher ... mit ihren Verallgemeinerungen«. Friebott schreit den Schutztruppenhauptmann von Erckert an: »Vor der Not des Volkes ging euch die Fürstengunst; statt der Führerschaft war euch das Dienertum bequemer.«

Und endlich macht Friebott den Feind Nr. 3 aus: »Die internationale Sozialdemokratie hat die Völker zu gering geachtet, vielleicht weil ihr Begründer ein Jude war. ... Wenn sich die wirklichen Arbeiter aller Länder vereinigen sollen und nicht nur die Schwätzer, dann müssen sie alle mit dem gleichen Einsatz kommen.« Friebott nennt den Einsatz »das Schicksal der Völker«, unter denen sich England als ärgster Widersacher entpuppt. »Ja, Großbritannien verlangte für Briten fremdes Bürgerrecht in fremdem Land« (Südafrika), was Friebott derart aufbringt, daß er sich einer deutschen Kavallerie-Einheit im Kampf gegen die Engländer anschließt.

Hier im Burenkrieg (1899 bis 1902), beim Feldzug gegen die Hottentotten, bei der vergeblichen Diamantensuche und auch in anderen Passagen zeigt Grimm sein wahres episches Talent, das er, der Schnell- und Vielschreiber, sonst meist hinter bombastischem Pathos, psalmodierendem Schmus und unfreiwillig komischen Neologismen verbirgt. Plötzlich leuchtet der Glanz seiner frühen Prosa aus dem Roman:

»Da endete das Feuer bis auf verlorene Schüsse hin und wieder. Da war es vorüber mit dem Unwetter und mit der Schlacht. Nur die Bluttrunkenheit dauerte noch fort und zumeist bei den Lanzenreitern, als sie ihr Schweinestechen ritten.« Oder: »An diesem Morgen gelangte der Zug fünf Kilometer über einen Platz in der Kalahari hinaus, der von Buschleuten und Betschuanen Rempu genannt wird. Dort wurde das Tageslager bezogen ... Es waren sehr viele Wildspuren zu sehen, die Kreuz und die Quer. Der rote Sandboden zwischen dem einzelnen Buschwerk war sehr löcherig.«

Zum Vergleich Ernest Hemingway: »Sie nannte sich gar nicht Dina, aber dem Sergeant, der sie fand und fragte, klang es ähnlich aus dem Kauderwelsch heraus, und von seiner Schwägerin daheim in Wyoming war er an den Namen gewöhnt. Er sagte also, sie heißt Dina, und schrieb es auch in seinen Rapport, da hieß sie Dina.«

Wir haben geschummelt. Der Text findet sich nicht bei Hemingway, sondern am Beginn der Grimmschen Novelle »Dina« (1913). Die Worte »Wachtmeister der Polizeitruppe« und »Holstein« wurden gegen »Sergeant« und »Wyoming« ausgetauscht. Die Maskerade war nötig, um zu überlegen, warum jemand, der lange vor Hemingway wie Hemingway schreiben konnte, im Erscheinungsjahr von *The sun also rises* schreibt: »Er ahnte an diesem Sonntage vielleicht zum ersten Male, daß eine neue Zeit heraufgekommen sei und daß einer, der nicht durch die Volksnähe gelebt habe, ein Führerwissen nicht länger habe und wieder, daß seines deutschen Volkes –«, Scheibenhonig.

Nun aber ernsthaft gefragt: Wie vollzieht sich der Wandel vom plausiblen Erzähler zum salbadernden Propheten? Grimm steht da nicht allein. Das passiert jedem Autor, sobald er statt von sich, seiner Lebenserfahrung und Phantasie von politischen Losungen ausgeht. Heil dir im Siegerkranz, Proletarier aller Länder, Kampf dem Bolschewismus oder Rettet das christliche Abendland – solche Appelle gerinnen Schriftstellern durchweg zur selben ungenießbaren syntaktischen Soße.

Die Politik, sagt Napoleon, ist das Schicksal. Gewiß. Auch der Schriftsteller hat das Recht und manchmal die Pflicht, Partei zu nehmen. Doch das Schicksal des parteipolitischen Romanciers ist ein literarisches Waterloo und ein privates St. Helena. Gutgläubig (wir meinen Hans Grimm) betritt er die Szene und stolpert über die angeschnallten Kothurne: »Sie sollen heischend und stumm vorschreiten, Schritt um Schritt mit den lodernden Armen und den verhungernden Augen, die deutschen Menschen jeglichen Alters, Greis und Greisin, Vater und Mutter, Jüngling und Braut, Knabe und Dirnlein, und jeglichen Standes und Alters und Berufes und auch jeglicher Tugend und jeglicher Schuld, darein sie ihr Los zwang, sie sollen vortreten heischend und stumm, daß diese millionenfache Stummheit die Musik der Sphären ersticke und Gott gezwungen werde, ihre Seelen anzusehen.«

Pech für Grimm, Gott sieht nicht hin, und der Autor fällt auf die Nase. Schlimmer noch, er verbannt sich aus seiner eigenen Kunst und avanciert zum Favoriten großdeutscher Stammtischstrategen. Ist er ein Opportunist? Hat Grimm irgendwem zuliebe geschwindelt? Nein. »Die üble Ausnutzung, die der Roman durch deutsch-nationale Annexionspolitiker erfahren hat, mag ihm selber nicht sehr behaglich sein«, schreibt Tucholsky, und: »Hans Grimm lügt nicht – hier nicht und nicht anderswo.«

Grimm gesteht 1927: »Ich bin nicht zufrieden, weil mir das Buch zu einem Parteibuch gemacht zu werden scheint.« Ist das wirklich so verblüffend, wenn man bedenkt, daß Grimm als epische Randfigur im eigenen Roman dem aus Afrika heimgekehrten Friebott und dessen Frau Melsene II (der unehelichen Tochter von Melsene I) »in ihren dunkelgelben Anzügen mit den Ledergürteln« begegnet? Wenn Grimm, »während Wortemacher rundum regierten, Wagemutige und Sehn-

süchtige in München zusammengeschossen wurden, ... knapp vor jenem neunten November 1923« die Nachricht vom Tod eines Wanderredners empfängt, der kein anderer als unser Braunhemd Cornelius Friebott ist?
Grimm im Roman über Grimm: »In diesen Jahren dachte Grimm, er werde das Buch vom *Volk ohne Raum* zu Ende bringen, ohne vom letzten Schicksal Cornelius Friebotts etwas erfahren zu haben.« Possen. Melsene II kommt 1925 zu Grimm und berichtet, »daß Rote damals hinter ihnen her und ihnen vorausgearbeitet hätten, als sie begriffen, durch sein (Friebotts) Zeugnis würden, wenn schon er selber keiner Partei angehöre, Mitläufer stutzig und begännen nachzudenken und schwierig zu werden«. Der Steinwurf eines »Roten« tötete Grimms Parzival (»rehte enmitten durch«, wie Wolfram von Eschenbach den Namen aus dem französischen »perce val« übersetzt), und der humorlose Wanderprediger rückt nolens volens zu den »Blutzeugen« der Feldherrnhalle auf.
Das schreibt sich heute leicht. Ein russisches Sprichwort sagt treffend: Nach dem Krieg ist jeder Soldat General. Fragen wir deshalb: Was wußte Grimm zu seiner Zeit? Erstaunlich wenig und erstaunlich viel. Sein Vater, einer der Begründer des deutschen Kolonialvereins, beförderte den Plan des Sohnes, Überseekaufmann zu werden. Aus erfahrener afrikanischer Weite, erlittener englischer Übermacht und eingebildeter heimatlicher Enge reifte Grimms *idée fixe,* Deutschland brauche Kolonien.
Die Neuaufteilung der Welt durch »friedlichen Imperialismus«, die dem Kaufmann Grimm nach dem verlorenen Krieg verwehrt war, begann der Schriftsteller Grimm, indem er eine Gemischtwarenhandlung für unerfüllte Hoffnungen eröffnete: *Volk ohne Raum.* Daß er dabei höchst unerwünschte und keineswegs stille, sondern johlende Teilhaber fand, verdarb ihm bald den Spaß am Erfolg. »Die politische Wirkung des Buches«, bekennt er 1929, »enttäuschte mich.« Denn:

»Die Synthese *Volk ohne Raum* (wurde) als Schlagwort berannt und umgebogen, damit sie nicht zum gemeinsamen Wort würde.«
Hier spricht, so scheint's, ein Mißverstandener, doch die Beschwerde ist ins Blaue adressiert, noch nicht ins »Dunkelgelbe«. Das ist kein Vorwurf. Mit welchem Recht sollten wir von Grimm größere politische Einsicht erwarten als von den Sozialdemokraten, die 1930 ihren Reichskanzler Hermann Müller stürzten, weil er eine geringfügige Erhöhung des Beitrags zur Arbeitslosenversicherung guthieß? Mit dem Recht der Nachgeborenen? Siehe das russische Sprichwort.
Während der Nazizeit war Grimm Senator der Berliner und der Münchner Akademie. War er deswegen Nazi? Vorsicht. Als das Plebiszit vom 19. August 1934 über die Zusammenlegung der beiden obersten Staatsämter (Reichspräsident und Reichskanzler) einen hundertprozentigen Hitlersieg für den Kreis Lippoldsberg ergab, korrigierte der Lippoldsberger Autor den Reichsinnenminister Frick und ließ den Wahlleiter brieflich wissen, er, Hans Grimm, habe mit Nein gestimmt. Sieben Wochen nach der Ermordung des SA-Führers Röhm gehörte dazu eine beachtliche Portion Tapferkeit.
Wer oder was war denn dieser 1959 gestorbene Hans Grimm? Er war immer dagegen: Im Kaiserreich »Radieschen«, in der Weimarer Republik nationaler Sozialist, im Dritten Reich bürgerlicher Konservativer, weil er die Braunhemden für verkappte Bolschewisten hielt, in der Bundesrepublik Edelfaschist aus Abscheu vor Emigranten und Persilscheinbewerbern.
Trotzdem. Ein Trotzdem, in Majuskeln. Grimm hatte das Zeug zu einem deutschen Kipling. Wie Kipling mit den *Schlichten Geschichten aus den indischen Bergen*, begann Grimm mit *Südafrikanischen Novellen*. Wie der zehn Jahre Ältere schwärmte Grimm für des »weißen Mannes« selbstlose Pflichterfüllung und die dominierende Stellung seiner

Heimat. Aber England zählte zu den Gewinnern des unser Jahrhundert entscheidenden Ersten Weltkriegs, und es ist noch nicht lange her, daß die Herzen der Westeuropäer den britischen Falklandkreuzern nachbangten.

Kipling erhielt 1907 den Nobelpreis und starb 1936 als *Member of the British Empire*. Grimm wurde ungewollt Bürger einer ungeliebten Republik, die Deutsches Reich hieß. Er büßte sein literarisches Hinterland ein, ersetzte die afrikanische Kolonie durch den politischen Schrebergarten und opferte das eigene Talent in *Volk ohne Raum,* auch hierbei ein ehrlicher Mann. Aber Ehrlichkeit mag die Tugend der Bankkassierer sein; für einen Schriftsteller reicht sie allein nicht aus. Vor diesem Buche müssen keine Glocken läuten.

Ein Blick ins maskentreibende Chaos

Hermann Burger über Hermann Hesse:
Der Steppenwolf (1927)

Ausgerechnet am *Steppenwolf* hat sich die Hesse-Rezeption in der Bundesrepublik und in den Vereinigten Staaten entzündet, an jenem Werk also, das sein Autor wie kein zweites gegen Mißverständnisse in Schutz nehmen mußte. Er habe, schreibt Hermann Hesse 1932 in einem Brief an H. Zwissler, über hundert Zuschriften zu seinem Roman bekommen, in denen sich Leser von ihm lossagten, weil sie das »Wühlen im Schmutz« und die »Schilderungen der Unzucht« nicht ertragen konnten. Statt »häßlich« steht manchmal auch »jüdisch«. Die von *Gertrud* und *Roßhalde* verwöhnten Hesse-Feinschmecker konnten nicht begreifen, daß ein so ordentlicher Spätromantiker plötzlich Gift und Galle spie.
Fast rührend mutet es an, wie der Autor zu Beginn der dreißiger Jahre, als er schon längst zu *Narziß und Goldmund* und nach Kastalien aufgebrochen ist, immer wieder die sonatenähnliche Komposition, die Bedeutung von Mozart und den »Unsterblichen« hervorhebt, als ob es ihm selbst nicht geheuer sei, daß er dem Chaos einmal so nahe stand. Indessen ist kaum anzunehmen, daß sich heutige *Steppenwolf*-Leser der paar Seiten wegen mit dem Roman identifizieren, die über klassische Musik darin zu finden sind. Sie fühlen sich von dem angezogen, was Hesses Zeitgenossen verstört, die Hesse-Kränzchen gesprengt hat: vom rückhaltlos offenen Bekenntnis eines der europäischen Zivilisation und Kultur völlig entfremdeten Outsiders, vom Zähnefletschen des Zynikers.
Der Begriff »Bekenntnisdichtung« taucht erst nach 1919 in Briefen und Tagebuchblättern auf, seit jener Zäsur also, da Hesse einen Strich unter die bürgerliche Existenz eines »Un-

terhaltungsschriftstellers« zieht und ins Tessin übersiedelt, wo er als abgerissener Literat in der Casa Camuzzi haust, mit dem Aquarellzeug durch die Gegend zigeunert und sich von gesammelten Kastanien ernährt. Er habe den ästhetischen Ehrgeiz aufgegeben, berichtet er 1926 an Heinrich Wiegand, ich schreibe »Bekenntnis«, so wie ein Ertrinkender oder Vergifteter sich nicht mit seiner Frisur beschäftige, sondern einfach losschreie.

Zu dieser Skepsis gegenüber dem Metier gehört im *Steppenwolf* die Erfindung eines Herausgebers, der die Fiktion aufrechterhält, bei den hinterlassenen Papieren Hallers handle es sich nicht um Literatur, sondern um die geistige Konkursmasse eines Schiffbrüchigen. Der Roman wird nicht mehr als kunstvolles Gebreite von Figuren, Symbolen und Konstellationen verstanden, sondern übernimmt die Funktion der »Beichte« im Sinn der Psychoanalyse. Dieser Prozeß beginnt mit *Klein und Wagner* und findet seinen Abschluß 1927 mit dem Erscheinen des *Steppenwolfs:* Hesse feiert den fünfzigsten Geburtstag ohne Ehrendoktorhut und im Bewußtsein, daß »Romantik, Idealismus, Sentimentalität und Lächerlichkeit« im deutschen Sprachgebrauch zu Synonymen geworden sind.

Tatsächlich ist die Demontage des romantischen Künstler-Ideals nur denkbar im Rahmen einer umfassenden Kulturkrise, wie sie Hesse seit dem Beginn des Ersten Weltkriegs am eigenen Leib erfährt. Von den drei Aufsätzen *Blick ins Chaos* beschäftigen sich zwei mit Dostojewski. In den Werken des Russen entdeckt Hesse ein uraltes, asiatisch okkultes Denken und Empfinden als Fähigkeit, das Göttliche und Notwendige auch noch im Bösesten und Häßlichsten zu sehen. Er entwirft einen »russischen Menschen«, der alle Gegensätze in sich vereinigt (Richter und Mörder zugleich), der ganz aus dem Unbewußten lebt und hinter das *principium individuationis* zurückkehren will. Das ist der gedankliche Grundriß zum

Steppenwolf. Ehe die sterbende Kultur von einer neuen abgelöst wird, muß der Mensch noch einmal »das Tier in sich aufsteigen sehen«.

Im *Tractat vom Steppenwolf* – Untertitel: *Nur für Verrückte* – wird das Leiden eines gespaltenen Wesens von einer höheren Instanz analysiert, die mehr über den Dualismus Mensch/Wolf zu wissen scheint als Harry Haller selbst. Schon die Verbindung des englischen Vornamens mit dem deutschen Geschlechtsnamen deutet auf den Riß in der Persönlichkeit, welche, im Gegensatz zum asiatischen Vorbild, Trieb und Intellekt nicht miteinander zu versöhnen weiß. Haller gehört zu den potentiellen Selbstmördern, die sich nie wirklich umbringen, doch täglich mit dem Suizid spielen und auch damit drohen. Daher die Hilfskonstruktion des Steppenwolfs, sich zum fünfzigsten Geburtstag den Schnitt mit dem Rasiermesser zu erlauben, und die Entdeckung, daß unter diesem Aspekt das »bloße Lebenmüssen« relativ erträglich wird.

Nun führt der Autor aber gleich zu Beginn des Romans drei Erzählperspektiven ein. Im »Vorwort des Herausgebers« meldet sich der Neffe jener Tante zu Wort, bei der sich der Steppenwolf einmietet; das sind knapp zwanzig Seiten. Es folgen Harry Hallers Aufzeichnungen, die etwa nach demselben Umfang von der pseudowissenschaftlichen Abhandlung des Über-Ichs unterbrochen werden. Was leistet diese dreigeteilte Exposition, die ein Novum darstellt in der deutschen Literatur der zwanziger Jahre?

Wir nähern uns dem Helden auf zwei Umwegen: über den anonym bleibenden Zimmernachbarn, der uns das Äußere Hallers beschreibt, und über den ebenso anonymen Traktatverfasser, der in Form einer »Seelenbiographie« die ganze Geschichte vorwegnimmt und die Fiktion nicht nur interpretiert, sondern sogar aufhebt, wenn er doziert, die Zweiteilung in Wolf und Mensch, Trieb und Geist sei eine grobe Vereinfachung, Harry bestehe nicht nur aus zwei Wesen, sondern

aus Tausenden. Die alten indischen Dichtungen kennen den Begriff der »Persönlichkeit« nicht, ihre Helden sind Personenknäuel, Inkarnationsreihen.
So partizipiert der Autor sozusagen in drei verschiedenen Bewußtseinsstufen an seiner Erzählung: als objektivierender Bürger mit dem Blick von außen, als befangenes Künstler-Ich und als überlegene Instanz; die Neugier am Stoff, die Verwicklung in den Stoff und die abschließende Distanz vom Stoff werden in eine recht anspruchsvolle Konstruktion verarbeitet, die aber mit einer Sonate oder Fuge nicht das geringste zu tun hat. Diese Struktur, die den *Steppenwolf* von allen Werken Hesses am ehesten in die Nähe dessen rückt, was wir seit dem *Ulysses* von Joyce unter einem modernen Roman verstehen (Aufsplitterung der monologischen Monotonie), dürfte primär mit der Entstehung zusammenhängen – denn die Urfassung ist ein Vers-Entwurf im Umkreis des Gedichtzyklus *Krisis* aus dem Winter 1925. Er wurde in einer Gewaltanstrengung von sechs Wochen in die Prosafassung umgearbeitet. Der Sprung vom lyrischen zum epischen Ich, vom punktuellen Zünden der Welt im Subjekt zur zeitlichen Abwicklung und räumlichen Entfaltung dürfte die prismatische Brechung bewirkt haben.
Von meiner Gymnasiasten- und Studenten-Lektüre her hatte ich die Figur des Steppenwolfs als Inbegriff eines zynischen Einspänners, Spötters und Verächters in Erinnerung und war beim Wiederlesen nicht wenig erstaunt über die kleine Szene im »Vorwort«, wo der Gehetzte auf der Treppe vor der Wohnung seiner Vermieterin sitzen bleibt, weil er nicht an der Araukarie vorbeigehen kann, ohne den Duft der Sauberkeit einzuatmen, diesen Superlativ bürgerlicher Reinheit. Nicht zufällig ist es eine Zimmertanne, Symbol domestizierter Waldwildnis. Zwar fühlt sich der Steppenwolf durch einen hohen Grad von Individuation zum Nichtbürger bestimmt und zum Unbedingten berufen. Doch vermag er nicht in

einem »Sternenraum« zu leben, als »Zwangshäftling« bleibt er an das »mütterliche Gestirn« des Bürgertums gebunden.
Die Enttäuschung über diese Entschärfung weicht der Einsicht, daß es in Hesses Roman auch um das Dilemma des Künstlers und Intellektuellen an der Bruchstelle zwischen zwei Epochen geht. Die Bourgeoisie ist nach dem Ersten Weltkrieg nicht mehr der tragende Garant der Kultur; die Dreifaltigkeit des Schönen, Guten und Wahren hat ausgedient. Doch der Outsider vom Schlag eines Harry Haller hat sich noch nicht so weit von ihr gelöst, daß er sagen könnte: Ich bin der Repräsentant einer neuen Geistigkeit (wie Josef Knecht im *Glasperlenspiel)*.
Er gehört zu den Existenzen, die zwischen Stuhl und Bank geraten sind und denen es nicht zur Tragik reicht, »wohl aber zu einem recht ansehnlichen Mißgeschick und Unstern, in dessen Hölle ihre Talente gargekocht und fruchtbar werden«. Diesen Zwischlingen bleibt nur ein Ausweg offen: der Humor, der Zynismus. Dafür steht Hallers Untertauchen in die »Subkultur«. Zwischen den »Unsterblichen« und dem Mephistophelischen, verkörpert durch den Saxophonspieler Pablo, wird er hin und her gerissen. Mit Hilfe des Gelächters und der Magie (des »Magischen Theaters«) versucht er, die Diskrepanz zu überwinden.
Hallers und damit Hesses Krise gipfelt in der polaren Zuspitzung der Persönlichkeit. Sie wird an der Garderobe zum Maskenball abgegeben. Der Steppenwolf muß aus dem Entweder-Oder (Tier/Mensch, Wüstling/Heiliger) hinausfinden und zu einer Neugeburt gelangen. Das Werk beschreibt nicht nur die *krisis*, es ist zugleich *katharsis*. In drei Stufen vollzieht sich der Umwandlungsprozeß: in der ersten Phase wird der entgleiste Sonderling von der Kurtisane Hermine zu den einfachen sinnlichen Genüssen zurückgeführt; auf dem Maskenball erlebt er den »Rausch der Festgemeinschaft«, den Untergang der Person in der Menge; in der dritten Phase, der

anarchistischen Abendunterhaltung des Magischen Theaters, demonstriert ihm Pablo den Zerfall und Wiederaufbau der Persönlichkeit. Harry löscht sein Spiegelbild aus, indem er lacht: »So wie die Verrücktheit ... der Anfang aller Weisheit ist, so ist Schizophrenie der Anfang aller Kunst.«
Verschärft wird nun der Zerfall von Hesses Kulturgeborgenheit in der Steppenwolf-Krise vor allem dadurch, daß auch die klassische Musik, bis zu diesem Zeitpunkt immer heilig gehalten, nicht vom Hohngelächter verschont bleibt. Im Anschluß an ein Konzert im Münster, wo sich Haller für eine Stunde zu Gast fühlen darf im Reich der Töne und Harmonie, kommt es zu einer der erstaunlichsten Diagnosen in diesem Roman: Da erkennt Hesse plötzlich den diabolischen Zusammenhang zwischen Verinnerlichung und politischer Blindheit, die Gefahr einer deutschen »Hegemonie der Musik«, und das heißt, der totalen Introversion all jener Kräfte, die der *polis* zugute kommen müßten. »In der Musik ... hat der deutsche Geist sich ausgeschwelgt und die Mehrzahl seiner tatsächlichen Aufgaben versäumt.«
Dies von Hermann Hesse zu hören, der in den *Steppenwolf*-Wintern zu wiederholten Malen begeistert in der *Zauberflöte* saß, ist im wahrsten Sinne des Wortes unerhört. Wird da nicht ein Thema aus dem *Doktor Faustus* vorweggenommen? Thomas Mann hat gesagt, es sei ein Fehler Goethes gewesen, Faust als Wissenschaftler und nicht als Musiker darzustellen. Insbesondere die romantische Musik, welche die Emotionen mit großem Orchester anfacht, kommt auf fatale Weise der Neigung des deutschen Geistes entgegen, sich im Irrationalen, Logosfeindlichen zu verlieren und die Gestaltung der politischen und sozialen Realität jenen zu überlassen, die es verstehen, sich das Vakuum zunutze zu machen.
Wie reimt sich nun aber dieser Urverdacht gegen die Musik mit Hesses Votum für den Jazz im *Steppenwolf*? Eine Greisin aus Montagnola hat mir erzählt, das halbe Dorf sei jeweils

schockiert gewesen, wenn der Eremit auf der Terrasse der Casa Camuzzi halbnackt seine Morgengymnastik vollführt habe, zu Jazzbegleitung aus krächzendem Grammophon. Der Vorzug dieser »Untergangsmusik«, wie sie nach Hesse im Rom der letzten Kaiser gespielt worden sein muß, liegt in ihrer naiv exotischen Aufrichtigkeit, in der »redlichen Sinnlichkeit«. In dieser Improvisationskunst, welche nicht durch Tabuisierung erkauft zu werden braucht, findet das Verdrängte, Zusammengeschnürte des Europamenschen ein Ventil.
Nicht, daß der Autor glaubt, die Welt habe nun statt am deutschen am amerikanischen Wesen zu genesen. Aber im Abschnitt über die Musikkultur als Alibi steckt ein prophetisches Moment. Die Folgenlosigkeit der Schöngeisterei beschäftigt Hesse weniger im Rückblick auf die Ereignisse von 1914–1918, wo er mit seinen vergeblichen Aufrufen selber zu den Ohnmächtigen gehörte, als vielmehr mit Bezug auf die nahe Zukunft, den neuen Krieg, von dem im *Steppenwolf* verschiedentlich und ohne Umschweife die Rede ist. »Die Führer arbeiten stramm und erfolgreich auf den nächsten Krieg los«, heißt es, und: »... keiner will sich und seinen Kindern die nächste Millionenschlächterei ersparen.« Da mochten die Freunde reklamieren: O lieber Hesse, nicht diese Töne! Aber der Autor hat ohne Schadenfreude recht, wenn er im hohen Alter notiert, der *Steppenwolf* sei doch auch ein »Warnruf« in dieser Richtung gewesen.
Timothy Leary nannte den Roman einen »Meisterführer zum psychedelischen Erlebnis« und empfiehlt: »Vor deiner LSD-Sitzung solltest du *Siddharta* und *Steppenwolf* lesen.« Ich war überrascht von der Harmlosigkeit der Szene, die Hesse den Ruf eines Rauschgift-Apostels eingetragen hat. Der Saxophonist Pablo schenkt drei Gläschen voll und bietet Zigaretten an. Wie Weihrauch lagern die Schlieren im Raum, der Likör bewirkt ein Gefühl der Schwerelosigkeit. Das ist auch schon alles!

Es hieße, ein Zeichen mit der Ursache verwechseln, wenn man überlesen würde, daß nur eine umfassende Analyse, wie Hesse sie hinter sich hatte, den hufeisenförmigen Korridor, die hundert Logentüren zum Bilderkabinett der Seelen mit Aufschriften wie »Untergang des Abendlandes. Ermäßigte Preise« eröffnet. Pablos Illusionstheater ist in Dutzenden von Sitzungen beim Jung-Schüler Josef Bernhard Lang (dem Pistorius im Roman *Demian*) erarbeitet worden.
Nein, der *Steppenwolf* eignet sich denkbar schlecht als Vademecum für den kollektiven Trip in eine exotische Verantwortungslosigkeit. Man braucht einen kühlen Kopf, um seine politische Brisanz, die Diagnose einer »Kulturwelt« wahrzunehmen, welche zum Friedhof geworden ist. Daß die Bedeutung der »Unsterblichen« beim Erscheinen des Romans nicht richtig erkannt worden ist, mag wohl an Hesses Instrumentierung liegen. Die Zerrissenheit Harry Hallers kommt viel stärker zum Ausdruck als das eisige Lachen derer, welche die Zeitlichkeit überwunden haben.
Aber dieser esoterische Raum, dieses »Jenseits von Gelittenhaben« ist das aseptische Klima, worin die Symbole des *Glasperlenspiels* kristallisieren. Und da wird dann Musik in einem ganz anderen Sinn erlebt als in der Absage an die deutsche Genialität: »Musik war so etwas wie zum Raum gefrorene Zeit.« Der Weg des Steppenwolfs, der zum Schluß Hermine ersticht und symbolisch hingerichtet wird, führt aus dem »Kulturausverkauf« des Maskentreibens zu einer neu legitimierten Geistigkeit zurück, die im großen Altersroman freilich mitunter auch Züge steriler Geistlichkeit trägt.

Ein Unsoldat zieht in den Krieg

Hans J. Fröhlich über Georg von der Vring:
Soldat Suhren (1927)

Seine Gedichte mag ich sehr, seine Übertragungen aus dem Englischen bewundere ich. Ich habe ihn immer für einen unserer feinsten und musikalischsten Lyriker gehalten. Mit seinen Prosabüchern dagegen habe ich mich recht schwer getan, und das Buch, durch das er bekannt wurde, mit dem er sich als Autor einen Namen gemacht hat und das sein größter Erfolg war, wollte ich erst gar nicht zu lesen anfangen: *Soldat Suhren* von Georg von der Vring (1889 bis 1968).
Lag es am Titel oder an der Art, wie es in den Literaturgeschichten und Lexika dargestellt ist, an der Ein- oder Zuordnung in die Kategorie »Kriegs-« oder »Antikriegsroman«, an den Vergleichen mit Ernst Jünger oder Remarque? Ich hatte jedenfalls kein gutes Gefühl. Aber Gefühle sind noch weniger verläßlich als Nachschlagewerke, obwohl, was ich etlichen von ihnen entnommen hatte, nämlich, daß von der Vring »im Grunde« ein Lyriker sei und daß er das in seiner Prosa »nicht leugnen« könne, mir zunächst einzuleuchten und durchaus zutreffend schien.
Inzwischen bin ich anderer Ansicht. Ich habe den *Soldat Suhren* wiedergelesen, und mein heutiger Eindruck ist ein ganz und gar anderer und steht in vollkommenem Gegensatz zu dem, was viele Literaturgeschichten und Lexika (sowie übrigens auch die frühen Kritiken) behaupten. Jedenfalls ist plötzlich dieses Buch meinen Literaturvorstellungen viel näher als vor zwanzig Jahren.
Als der Roman 1927 im Berliner J. M. Späth-Verlag erschien (zwei Jahre vor Remarques *Im Westen nichts Neues* und ein Jahr vor Renns *Krieg*), nannte eine Kritik das Buch eine

»flammende Anklageschrift gegen den Krieg«, das kein häßliches Wort unterschlage, und der Verlag kündigte es an als »den deutschen Roman, der die literarische Gestaltung des Weltkriegs« eröffne, was – unabhängig von der Frage, ob Kriege überhaupt literarisch zu »gestalten« sind – durchaus der Sachlage entsprach. Nach 1918 war zwar eine Flut von sogenannten Kriegsbüchern erschienen, aber kein einziges von literarischem Belang. Die Schriftsteller hatten den Weltkrieg nicht tabuisiert, auch nicht thematisch übergangen, aber es waren hauptsächlich (von Gedichten einmal abgesehen) Erzählungen (Oskar Baum), Novellen (Leonhard Frank) oder Bühnenwerke (Goering, Unruh), in denen die Schrecknisse des Krieges behandelt oder beschworen wurden.
Dagegen kam in den Romanen der frühen zwanziger Jahre der Krieg nur am Rande vor. Insofern war *Soldat Suhren* tatsächlich der erste deutsche Roman, in dem der Krieg beziehungsweise das Soldatenlos (vom Kasernenhofdrill bis zum Fronteinsatz) zentrales Thema ist. Aber genau das scheint mit ein Grund gewesen zu sein, daß siebzehn Verleger von der Vrings (bereits 1924 abgeschlossenes) Manuskript abgelehnt haben.
Doch die Verleger hatten sich geirrt. Sie hatten entweder das Interesse des Publikums oder die Qualitäten dieses Romans eines Debütanten unterschätzt. *Soldat Suhren* wurde ein überraschend großer Erfolg. Innerhalb weniger Wochen waren 20000 Exemplare verkauft. In den Feuilletons aller großen Tageszeitungen wurde das Buch ausführlich besprochen, überwiegend positiv, unter anderem auch von Thomas Mann im *Berliner Tageblatt*. Englische und amerikanische Verlage kauften die Übersetzungsrechte, der Autor wurde für den Kleist-Preis vorgeschlagen.
Es gab freilich auch andere Reaktionen. Von »völkischer« Seite wurde von der Vring als »Sozi« und »Nestbeschmutzer« angegriffen. In Jever warf man ihm, nachdem er sich

öffentlich zur Republik bekannt hatte, die Fensterscheiben ein und drohte ihm mit Ermordung, worauf er 1928 Deutschland verließ und nach Ascona zog. Daß dieser Roman in nationalgesinnten Kreisen einen derartigen Haß auslösen konnte, erscheint mir, nachdem ich dieses Buch gelesen habe, fast unbegreiflich. Schließlich war von der Vring weder im Wort noch in der Tat ein wilder Revoluzzer, sondern, wie damals allgemein bekannt, hochdekorierter Offizier im Krieg gewesen und war sein Buch, das jedes Pathos und jede Schwarzweißmalerei vermeidet, alles andere als ein »den deutschen Frontsoldaten verunglimpfender« Tendenzroman.

Doch zu ebendiesem Resultat konnte man kommen, wenn man liest, was ein Teil der damaligen Kritiker über diesen Roman geschrieben hat. Nein, *Soldat Suhren* ist keine »Anklageschrift gegen den Krieg«, und gottlob schon gar nicht eine »flammende«. Es ist zuallererst einmal ein Werk der Literatur, geschrieben von einem ganz vorzüglichen Schriftsteller, der später auch entsprechend vorzügliche Gedichte geschrieben hat. Aber was heißt: er habe in *Soldat Suhren* nicht den Lyriker verleugnen können? Hätte er das wollen, die Handvoll »eingestreuter« Gedichte besser heraus-, poetische Überschriften wie »Des Kasernenhofes winterlicher Blumenstrauß« lieber bleiben lassen sollen? Erstens sind die Gedichte von der Figur des Suhren her begründet eingesetzt, und zweitens hört in dem genannten Kapitel mit der Überschrift die Lyrik auf und führt uns der Autor ganz andere Töne vor.

Dafür ein charakteristisches Beispiel: Die Korporalschaft »ist in rechter Fahrt, es wird Augen gerollt, Kopf gerollt, Beine geschwungen. Viele Zuschauer umsäumen den Platz. Augen- und Kopfrollen sowie Beinschwingen haben auch nach einem Jahr Krieg noch ihren Reiz. Einem Knaben erscheinen sie geradezu geheimnisvoll – es wurde nämlich nicht dabei gelacht! Allerdings gab es auch keinen unter den Rekruten, der

weinte. Und auch keiner von den Zuschauern hätte Grund gehabt, über Menschen zu weinen, die so entzückt die Blicke im Kreise schweifen, so begeistert die Augen auskugeln ließen und die Winterluft mit Fußtritten beehrten.«
Das ist schöne Prosa, wie in den Treibhausbeeten eines Robert Walser gezogen, obwohl von der Vring damals den Autor des *Jakob von Gunten* vermutlich nicht gekannt hat. Sonst aber ist für seinen Suhren so bald kein Vorbild in der Literatur zu finden. Dieser, wie er gesteht, ohne sein Zutun und ohne seinen Wunsch zum Militär Eingezogene ist der geborene Unsoldat, der sich dann jedoch (nach einem beinahe bös geendeten Versuch, dem Militärdienst durch Simulation zu entkommen), ebenfalls recht walserhaft, entschließt, »ein brauchbarer Soldat zu werden«. Das ist zwar noch lange nicht das, was Suhrens Vorgesetzte und von der Vrings Gegner unter soldatischer Einsatzbereitschaft verstehen, aber für den freiheitsliebenden jungen Maler das Äußerste, was er an »Entselbstung«, wie der Garnisonspfarrer anempfiehlt, aufbringen kann. Er gibt sich Mühe, ein braver Soldat zu sein. Er liebt sein Vaterland, mehr noch seine oldenburgische Heimat, ohne indes zu meinen, daß »wir der Welt den deutschen Geist bringen« müssen; denn »Gleichheit ist es, welche die wundervolle Blume, welche Menschheit heißt, schafft«.
Solch egalisierende Ansichten freilich mußten gewissen Leuten über die Hut- oder besser: Stahlhelmschnur gehen, und ihr untrüglicher Instinkt sagte ihnen: Mit diesem Autor ist kein Staat zu machen. Für seinen Suhren ist der Krieg alles andere als eine »heilige Sache«. Als Musketier ist er »zur Stelle«, nicht als Mensch. Da ist er mit seinen Gedanken bei seiner Braut Lisa: Auf den langen Märschen durch Frankreich denkt er an sie und an seine Kindheit und Jugend. In jeder dienstfreien Minute schreibt er an die schöne Obristen-Tochter Briefe, zeichnet und malt er.
Daß er Soldat sein muß, nimmt er als Faktum, den Krieg als

Fatum. Gegen die Schikanen der Vorgesetzten muckt er nicht auf. Unter den Rekruten aber hat er gute Freunde, den schwärmerischen Klees und den prachtvoll-ironischen Albering, die ihm das Leben in Uniform noch einigermaßen erträglich machen. Aber dann erkrankt er, wie die meisten, an Ruhr, und plötzlich fängt der stille und die Schöpfung liebende Suhren mit Gott zu hadern an: »Ach, es gibt nur einen Peiniger – er quält alle... er verpestet die Welt mit seinem Gestank... Gottes Atem regt mir Ekel, seit ich Soldat sein muß.«

Noch aber hat Suhren den Krieg nur hinter der Front erlebt. Richtig kennenlernen wird er ihn erst in Wolhynien, nachdem man seine Einheit von Frankreich nach Rußland verlegt hat. Es beginnt noch vergleichsweise harmlos mit Wegebau. Dann folgen Nachtmärsche bei Regen, kurze Rast auf Strohlagern, Grabenausheben unter feindlichem Kugelhagel. Und dann, eines Tages, der erste Einsatz. Die Russen greifen an, und wie Suhren sie vor sich sieht, vergißt er Alberings Worte, daß man »um keinen Preis« töten dürfe, da Jesus für den Krieg kein Ausnahmegebot gegeben habe. Er schießt, dreimal, so oft, wie Petrus den Herrn verleugnet hat. Der Kopf, auf den er gezielt hat, »verschwindet... dann ist dort eine Lücke. Es ist ein Ende gemacht – der Verwirrung ein Ende.«

Der Held in einem erklärtermaßen »pazifistischen« Roman hätte sicher nicht geschossen oder wenigstens vorbeigezielt. Doch Suhren ist kein Held. Er schießt aus Angst. Und Angst auf der anderen Seite ist es auch, daß Suhrens Freund Albering erschossen wird. Aber da ist für Suhren der Krieg schon fast vorbei. Mit einer Armverletzung, einem »Heimatschuß«, kommt er davon. Mit anderen Verwundeten wird er in einen Lazarettzug gebracht. »Zwei Tage später«, so schließt der Roman, »passierte unser Zug die deutsche Grenze.«

Das also ist der Roman, der die »literarische Gestaltung des Weltkriegs eröffnete«, die »flammende Anklageschrift gegen

den Krieg«? Hat denn dieser Suhren überhaupt die »Stahlgewitter« erlebt, die großen Materialschlachten? Nur ein einziges und eher kleines Gefecht wird beschrieben, ohne Tanks, ohne Flammenwerfer, ohne Gasgranaten. Nein, die Brutalität des modernen Krieges wird erst bei Remarque einschlägig dargestellt. Da braucht man nichts zu vermissen, und folglich hat denn auch *Im Westen nichts Neues* den Erfolg von *Soldat Suhren* bald in den Schatten gestellt. Remarques Buch wurde der »Antikriegsroman« schlechthin, der sich freilich in den literarischen Mitteln vom hurrapatriotischen Gegentyp nur dadurch unterscheidet, daß der Krieg zwar auch als Faszinosum, jedoch als negatives geschildert wird.
Der Autor von der Vring dagegen ist nicht von der gigantischen Vernichtungsmaschinerie fasziniert, sondern zuallererst von der Sprache. Er hat mit *Soldat Suhren* nicht nur einen ganz eigenen Ton in die Literatur seiner Zeit gebracht, sondern das Thema neu akzentuiert. Nicht der Krieg und die Schlachtbeschreibung sind Hauptgegenstand des Romans, sondern die Abrichtung und Präparierung der Opfer.
Was immer an dem Buch gelobt wurde (seine künstlerische Wahrhaftigkeit, sein Humor, die intensiven Landschaftsbeschreibungen), was immer man getadelt hat (die Subjektivität, die fehlenden großen Zusammenhänge, Suhrens Fatalismus und sein Rückzug in eine private Moral): an den eigentlichen Qualitäten dieses Romans scheint man vorbeigegangen zu sein. Mit welch valentinscher Komik der Kasernenhofdrill, der fanatische Ordnungs- und Sauberkeitsfimmel der Feldwebel aufs Korn genommen wird; mit welch syntaktischem Raffinement die Befehls- und Dienstvorschriftensprache in ihrer jeden Soldaten zum »Subjekt« degradierenden Unmenschlichkeit bloßgestellt wird; wie sich von Kapitel zu Kapitel die Situation verschärft und die Handlung im »Gefecht bei Trysten« kulminiert; wie dieser Angriff nicht beschrieben wird, sondern der Leser ihn in der wachsenden

Angst des Ich-Erzählers miterlebt: wenn diese kunstvolle Darstellung dem Lyriker von der Vring zugeschlagen werden kann, dann sehe ich nicht ein, warum er sich in diesem Roman besser hätte verleugnen sollen.
Doch so war's ja nicht gemeint, eher in dem Sinne, daß der Autor (da man seine erzählerische Strategie ganz außer acht ließ) praktisch das Genre verfehlt und zum Thema Weltkrieg in seinem *Soldat Suhren* hauptsächlich lyrische Marginalien beigesteuert habe. Mir selbst war das Buch vor allem nicht entschieden pazifistisch genug. Die neuerliche Lektüre hat mich die Dinge etwas differenzierter anzusehen gelehrt. Um zu erfahren, daß Krieg ein »grausam Ding« ist, muß man nicht erst einen »Antikriegsroman« lesen. Ich würde den *Soldat Suhren* sogar ungern in dieses Fach eingeordnet sehen.
Er erzählt die komisch-tragische Geschichte eines sich zähneknirschend in sein Schicksal fügenden Unsoldaten, der kein Schwejk ist, aber auch nie ein »Landser« werden konnte, er erzählt vom Soldatenalltag und von Menschen in einer Ausnahmesituation und zeigt, was Hunger, Brotneid, Vorgesetztenschikanen, Liebesentzug und Todesangst aus ihnen machen können. Es ist eine scheinbar sehr einfache, fast anspruchslose Geschichte, doch sie hat mich, wie sie erzählt ist, tief ergriffen. Ein »Antikriegsroman« ist dieser *Soldat Suhren* nicht, aber er gehört für mich, neben Hašeks *Schwejk* und Arnold Zweigs *Grischa,* zu den überzeugendsten Büchern gegen den Krieg und zugleich zu den künstlerisch gelungensten Prosawerken der zwanziger Jahre – ein Buch, das nichts von seiner erzählerischen Frische verloren hat.

Parabel von Macht und Moral

Joachim Fest über Arnold Zweig:
Der Streit um den Sergeanten Grischa (1927)

Zu den überraschenden Befunden der Literaturgeschichte zählt, daß der Erste Weltkrieg kaum bedeutende Romanwerke hervorgebracht hat, obwohl schon die Zeitgenossen ihn als Zusammenbruch einer Welt und Epocheneinschnitt gedeutet haben. Die Gewalt der Erfahrung äußert sich weit nachhaltiger in Tagebüchern und anderen Formen registrierender Literatur als in erzählenden Werken. Remarques *Im Westen nichts Neues* oder selbst Hemingways *In einem andern Land* machen die Erschütterungen, den Schockcharakter jener Jahre weniger authentisch spürbar als beispielsweise Ernst Jüngers *In Stahlgewittern.*

Unter die wenigen Ausnahmen rechnet Arnold Zweigs *Streit um den Sergeanten Grischa.* Als der Roman im Jahre 1928, nach einem Vorabdruck in einer Tageszeitung, in Buchform erschien, erlebte er sogleich mehrere Auflagen, wurde in siebzehn Sprachen übersetzt und hat den Ruhm des Autors so dauerhaft begründet, daß Arnold Zweig selbst um das Buch einen auf acht Bände geplanten Romanzyklus gruppierte, an dem er bis zum Ende seines Lebens gearbeitet hat. Nicht zuletzt dieses ambitiöse Vorhaben, das offensichtlich größere Kraft, aber auch ein leichteres Schicksal erfordert hätte, als es dem Verfasser gegeben war, hat den Ruhm des früheren Werkes überschattet. Zwar zählt Arnold Zweig in der DDR zu den Klassikern der Literatur dieses Jahrhunderts. In der Bundesrepublik dagegen erfüllt er für einen Anspruch wie diesen wenig mehr als die Voraussetzung, kaum gelesen zu werden.

Man hat die unterschiedlichsten Einflüsse im Werk Arnold

Zweigs nachgewiesen, Kant und Sigmund Freud, den deutschen Idealismus und jüdisches Utopiedenken, französische und russische Schriftsteller des 19. Jahrhunderts. Aber wie kein anderer hat Theodor Fontane ihn geprägt. Das gilt weniger im literarischen Sinne, wiewohl er selbst sich als Romancier »in der Nachfolge Fontanes« bezeichnet hat. Romantischer, auch verschwärmter als jener, besaß er zudem kaum etwas von dessen Skepsis, Ironie und gelassener Lebensdistanz. Zum Vorbild wurde Fontane ihm vor allem, weil er den in seiner Herkunft begründeten Zwiespalt in einer selbstverständlich wirkenden Manier aufgelöst und produktiv gemacht hatte. Was jenem in der entspannten Verbindung von romanischem und preußischem Erbteil gelungen war, wollte Arnold Zweig im Ausgleich von jüdischem und preußischem Wesen zustande bringen.

Tatsächlich durchdringen sich das eine und das andere bei kaum einem Schriftsteller auf ähnlich intensive Weise. Die besondere Anziehung, die Preußentum und Judentum aufeinander übten, ist ja weniger auf historische Zufallsgründe zurückzuführen, auch wenn die preußische Liberalität den Ausgangspunkt bildete, von dem der Emanzipationsgedanke zunächst über die Landesgrenzen und bald auf ganz Europa übersprang. Was die wechselseitige Gravitation zustande gebracht, belebt und zu einem Kulturereignis von europäischem Rang gemacht hat, war vielmehr in einer eigentümlichen Nähe im Wesen begründet. Preußische Rationalität, der Glaube an die Macht der Vernunft, Strenge gegen sich selbst, die Vorherrschaft des Ethischen oder die Idee des Gesetzes, das waren Elemente, für die sich unschwer Entsprechungen auf jüdischer Seite ausmachen lassen. Bezeichnenderweise hielt Arnold Zweig Kleists *Prinz von Homburg* für das »schönste deutsche Drama«, und im *Streit um den Sergeanten Grischa* läßt er eine der Hauptfiguren, einen General aus altem preußischen Geschlecht, sagen: »Ich möchte schwören, diese jüdischen Rechtsanwälte, sie lieben das Recht um seiner selbst willen, so wie wir unsere Güter und Felder.«

Ein Kriegsroman im strengen Sinne ist das Buch nicht. Vielmehr bildet der Krieg nur die Kulisse und schafft die extremen Situationen, die den Menschen jene Bewährungsproben abnötigen, in denen sie sich offenbaren. Gerade daß sich Zweig entschloß, seinen Stoff, anders als die meisten Kriegsromane, über die Darstellung von Schrecken, Angst, Überleben und Sterben hinauszuführen und ins Prinzipielle zu erweitern, hat das Buch zu einem der seltenen großen Romane über den Ersten Weltkrieg gemacht.

Das eigentliche Thema des Buches ist der Konflikt zwischen Recht und Gesetz, zwischen Moral und Macht. Und das Pathos des Einfalls besteht gerade darin, daß in einem Krieg, in dem täglich Tausende sterben, ein erbitterter, bis in die höchsten militärischen Ränge reichender Streit um einen einzelnen Kriegsgefangenen, einen »ruppigen Russen«, entbrennt. Der Ausgang dieser Auseinandersetzung enthüllt zugleich, wie im Schlaglicht, einen politisch-moralischen Zustand.

Die Handlung hat die Einfachheit und die plausible Kraft großer Parabeln. Der Kriegsgefangene Grigorij Iljitsch Paprotkin ist zu Beginn des Jahres 1917, nach sechzehn Monaten stumpfsinnigen Lagerlebens, geflohen: aus Ärger über die gestohlenen Jahre, beunruhigt von den Gerüchten über einen Frieden, der nicht kommt, und weil er einfach nach Hause will. Als er wieder eingefangen wird, gibt er sich in der irrigen Vorstellung, besser davonzukommen, für einen anderen aus, dessen Erkennungsmarke ihm der Zufall in die Hände gespielt hat. Doch gerät er eben dadurch in Verdacht, ein Spion zu sein, wird vor Gericht gestellt und zum Tode verurteilt. Als er die Wahrheit gesteht, ist es zu spät. Obwohl er zusehends Fürsprecher gewinnt, Soldaten, Offiziere, den Kriegsgerichtsrat sowie den Kommandierenden General, hat er doch zwei nahezu unüberwindliche Gegner: die Rechtskraft des Urteils sowie die Erwägung, daß Autorität und Disziplin Schaden nehmen müssen, wenn Entscheidungen widerrufen und Unsicherheiten der militärischen Führungsspitze erkennbar werden.

Arnold Zweig hat diese Positionen in zwei eindrucksvollen Figuren gegenübergestellt, deren Auseinandersetzung der sorgsam vorbereitete, durch retardierende Einschübe umsichtig hinausgezögerte Höhepunkt des Romans ist. Auf der einen Seite steht General von Lychow, ein »greiser preußischer Junge mit noblem Herzen«, dessen Unbestechlichkeit durch ein Element jener pietistischen Frömmigkeit imprägniert ist, die zum altpreußischen Charakter, allem Rigorismus zum Trotz, einen rechtschaffenen, menschlich versöhnenden Zug beigesteuert hat. Unsentimental, herrenhaft und streng in den Grundsätzen, übt er doch Nachsicht gegenüber der Wirklichkeit, die »Exzellenz von Lychow, geb. Fontane«, wie Kurt Tucholsky ihn in seiner Kritik des Romans genannt hat.

Ihm gegenüber steht der Generalquartiermeister Schieffenzahn, »das Gehirn des gesamten Gebiets zwischen Ostsee und Karpaten, die Stelle, an der alles Bewußtsein, Einsicht, Wille, Befehl ward«, ein genialer Organisator und kühler, mechanistisch operierender Kopf, der jede Entscheidung den Erwägungen von Zweck und Erfolg unterwirft. Wenn in Lychow Züge des alten Briest oder Dubslavs von Stechlin eingegangen sind, dann in Schieffenzahn diejenigen Ludendorffs. Charakteristischerweise kann er zunächst kaum begreifen, worauf sein Gegenüber hinaus will, alles komme nur auf den Sieg an, und nichts, so äußert er, sei »gleichgültiger in einem so großen Zusammenhange als Haarspalterei über Recht und Unrecht«. Was heiße schon Recht? Der Staat schaffe das Recht.

Die entscheidenden Sätze, mit denen Lychow widerspricht, lauten: »Recht tun erhält die Staaten, Herr. So hab' ich's von

Jugend auf gelernt. Wo der Staat anfängt, unrecht zu tun, ist er selber verworfen und niedergelegt. Ich weiß, Herr, in wessen Auftrag ich hier im Lichtkreis Ihrer Lampe für einen armseligen Russen fechte! Um Größeres als Ihren Staat, nämlich um den meinen! Um ihn als Beauftragten der Ewigkeit! Staaten sind Gefäße; Gefäße altern und platzen. Wo sie nicht mehr dem Geiste Gottes dienen, krachen sie zusammen wie Kartenhäuser. Ich aber, Herr General Schieffenzahn, weiß, daß Rechttun und Auf-Gott-Vertrauen die Säulen Preußens gewesen sind, und will nicht hören, daß man sie von oben her zerbröckelt.«

Die Auseinandersetzung konfrontiert zwei schroff entgegengesetzte Denkweisen. Doch hat es Arnold Zweig vermieden, der einen flammend recht zu geben und der anderen die starken Gründe zu verweigern. Schieffenzahn ist kein Monstrum, und was ihn leitet, sind nicht Grausamkeit oder Haß. Das Prinzip macht das Drama, nicht der Affekt. Schon hier taucht, wie umrißhaft auch immer, jener Typus auf, der, wenige Jahre später nur, seine Untaten nicht aus Leidenschaft begehen wird, sondern unerregt, von innerer Beteiligung wie von Skrupeln gleich weit entfernt, und der seine Rechtfertigungen aus der Gewißheit holt, Instrument höherer Zwecke zu sein. Die Resignation Lychows offenbart, daß jenem die Zukunft gehört. Er selbst dagegen repräsentiert die abtretende Schicht. Das Recht des Stärkeren obsiegt über die Idee des Rechts, die bei den Schwächeren ist. Im Grunde zählt *Der Streit um den Sergeanten Grischa* zu jenen Romanen, die noch einmal das große Epochenthema vom Verfall variieren.

Das Buch ist vielfach als kritischer Gesellschaftsroman begriffen worden, und gewiß ist es das auch. Aber zugleich und weit stärker noch ist es ein Buch der Huldigungen. Das wird erst heute deutlich. Im Wiederlesen offenbart sich einmal mehr, welcher Einschnitt das Jahr 1945 war und daß Hitler mehr zugrunde gerichtet hat als einen Kontinent, ein Reich, Städte und Menschen. Was er in Wirklichkeit zerstörte, war eine Lebensform, deren Größe und Gesittung Arnold Zweig, trotz und in aller Kritik, noch einmal vergegenwärtigt hat.

Zunächst ist der Roman die Huldigung an eine Welt, in der bei aller Feindschaft, aller vom Krieg beförderten Ressentiments die moralischen Maßstäbe noch weithin verbindliche Kraft besitzen und das Gefühl lebendig ist, die Sache des eigenen Landes, sie möge ausgehen wie immer auch, müsse von einem Akt des Unrechts auf eine Weise in Mitleidenschaft gezogen werden, die durch keinen Sieg aufzuwiegen ist. Der Oberleutnant Winfried, der gegen Ende des Romans, bei schwindender Hoffnung auf Grischas Rettung, dessen Befreiung plant, sagt über seine Motive: »Um Deutschland geht es uns; daß in dem Land, dessen Rock wir tragen und für dessen Sache wir in Dreck und Elend zu verrecken bereit sind, Recht richtig und der Gerechtigkeit nach gewogen werde. Daß dies geliebte Land nicht verkomme, während es zu steigen glaubt... Denn wer das Recht verläßt, der ist erledigt.« Solche Sätze, wenn auch nicht ohne Verkündigungston vorgebracht, aber weit mehr noch zahlreiche Einzelzüge im Reden und Verhalten der auftretenden Figuren sowie die Fabel selbst markieren den kaum noch meßbaren Abstand zu dem, was später geschah. Auf nahezu jeder Seite sieht sich der Leser vor der Frage, wann, wo und wie oft wohl Deutsche während der Hitlerjahre dergleichen wenn nicht gesagt, so doch gedacht haben mögen.

Darüber hinaus ist der Roman auch eine Huldigung an die deutsch-jüdische Symbiose. Nicht nur der Kriegsgerichtsrat Posnanski, der Berater Lychows, sowie der Schreiber Bertin, in dem Arnold Zweig eine Art Selbstporträt entworfen hat, sind Juden und mit ihren Kameraden durch die gleichen Ansichten, Nöte und schließlich auch Verzweiflungen verbunden; vielmehr hat Zweig seine Geschichte auch vor dem Hintergrund einer russisch-jüdischen Kleinstadt erzählt und in zahlreichen Nebenpersonen das Bild eines offenen, trotz aller Gegensätze, trotz Krieg und Mißtrauen humanen Lebenszusammenhangs entfaltet. Auch dies vergangen. Wie unüberbrückbar groß sich die Entfernung ausnehmen mag, die uns inzwischen davon trennt, so drängt sich doch nicht selten der Eindruck auf, auch Arnold Zweig habe sie, als er das Buch in den zwanziger Jahren schrieb, schon als verloren betrachtet. Obwohl er nahezu alle Figuren des Romans, vom Divisionsgeneral bis zum einfachen Soldaten, dem Sergeanten Grischa zur Seite stellt, wird das Urteil doch vollstreckt. Das Bewußtsein des Autors ist von dem pessimistischen Vorauswissen beherrscht, der eine Gegenspieler Schieffenzahn werde breite Gefolgschaft finden und die Welt von morgen bestimmen. »Was ein Mensch wie er tat, war mit Dauer geladen«, heißt es einmal.

Es hat nichts mit jener sonderbar fremd gewordenen Welt zu tun, die der Gegenstand dieses Buches ist, daß es auch literarisch einige Altersspuren aufweist. Das wird in der Neigung zu kosmologisch ausgreifenden Passagen, vor allem bei Kapitelanfängen, nicht weniger deutlich als in manchen zeitgenössischen Modernismen, so, wenn die Räder eines Bauernwagens »durch das diamanthelle Blau eines Aprilendes ihr entsetzlich gefoltertes Geschrill knarren«, eine Bemerkung Lychows »plötzlich heiser und kirschbraun« ausfällt oder die Schilderung einer Autofahrt des Generals mit den Worten ansetzt: »Der graue Wagen, den schwarz und rot umrandeten weißen Wimpel des Divisionärs am Kühler, bohrte seine Nase langgestreckt mit der Begeisterung eines Renners in den Wind, dem Horizont zu, der flachwellig und spielend vor ihm wich.«

Schwerer wiegt eine gewisse Inkongruenz von Autor und Stoff. Immer wieder stößt man darauf, daß hier ein episch behagliches Talent sich ein Sujet von hochdramatischem Zuschnitt gewählt hat. Das gibt dem Buch, wo immer es ins Erzählerische gerät, Anschaulichkeit, Wärme, auch Glanz. In der Darstellung der Konflikte dagegen bleibt es merklich hinter den vom Stoff gewährten Möglichkeiten zurück. So stoßen selbst in der Auseinandersetzung zwischen Lychow und Schieffenzahn nicht die Gegensätze in äußerster, unversöhnlicher Zuspitzung aufeinander; weit eher drängt sich, befördert noch durch das Stilmittel der meist indirekten Rede, die Vorstellung auf, zwei ältere Herren trügen, zuweilen heftiger werdend, eine Meinungsverschiedenheit aus. Seinem innersten Wesen nach auf Einvernehmen und Vermittlung gestimmt, suchte Arnold Zweig, hier wie anderswo, nicht die Verschärfung, sondern die Milderung der Gegensätze. Das geht so weit, daß er Schieffenzahn sogar zu dem Entschluß gelangen läßt, den Vollstreckungsbefehl zu kassieren; doch erreicht die Anordnung die Division nicht.

Es bleibt ein ironisches Faktum, daß dieser so elementar auf Ausgleich und Versöhnung bedachte Autor seinen Ruhm einem Buch über einen unauflösbaren Prinzipienstreit verdankt. Mit seinem Bedürfnis nach Abschwächung der Gegensätze, nach Ausgleichung und Assimilation in jedem Sinn mag auch zusammenhängen, daß er in späteren Jahren zu einer eher verlegen stimmenden Erscheinung wurde. Obwohl einer Generation angehörend, die noch das Glück auf dieser Welt für möglich hielt und die naive Kraft zur Utopie besaß, hat er sich doch nie dem Kommunismus angeschlossen, sondern das Heil im Zionismus gesucht. Als er 1948, dem Heimweh, seinem Repräsentanzverlangen und der unverlorenen Sehnsucht nach seinen kulturellen Ursprüngen folgend, der Aufforderung der DDR nachkam und aus Israel nach Deutschland zurückkehrte, unterwarf er auch die eigene Person seinen pietistischen Neigungen. Einst hatte er öffentlich gegen die Unfreiheit im kommunistischen Machtbereich protestiert; jetzt nahm er sie hin. Schweigend beugte er sich der

Verdammung des Zionismus, der Ächtung seines »Vaters« Sigmund Freud und fügte sich den Forderungen der Zensur, indem er ältere Arbeiten umschrieb oder ideologisch garnierte. Selbst Menschen, die ihm nahestanden, überließ er, der am Schicksal eines russischen Gefangenen das Recht als Fundament der Staaten beschworen hatte, den Drangsalierungen der Macht.

Gegen Ende des Buches vom *Streit um den Sergeanten Grischa* schreibt General von Lychow einem ehemaligen Kameraden einen Brief. Darin heißt es, er werde niemals hinnehmen, was geschehen sei, selbst im Tode nicht; Jahr für Jahr werde er in der Nacht, in der Grigorij Iljitsch Paprotkin hingerichtet wurde, aus der Gruft in Hohen-Lychow aufstehen und spuken. Ein großes Bild, hinter dem die Figur desjenigen, der es erfand, dem Blick gnädig entschwindet. Der Niedergang preußischer Rechtlichkeit und Moralität spiegelt sich auch im Leben dessen, der sie in seinen Büchern so emphatisch bewundert hat.

Der Tod in Marseille

Martin Gregor-Dellin über Bruno Frank: *Politische Novelle* (1928)

Hätte es nicht 1928, kurz nach dem Erscheinen der *Politischen Novelle,* eine boshaft herabsetzende Kritik an Bruno Franks Werk gegeben, so wäre Thomas Mann kaum zu einer seiner ausführlichsten, bemühtesten Rezensionen herausgefordert worden, einem leidenschaftlichen Plädoyer, das er am 21. Juli 1928 in der Berliner Zeitschrift *Das Tagebuch* erscheinen ließ und das in der Ausgabe seiner Werke immerhin fünfzehn Seiten einnimmt. Die Rezension folgte Bruno Franks Buch mit akribischer Verteidigungslust von Kapitel zu Kapitel und hob es unter allen Neuerscheinungen des Frühjahrs 1928 mit einem Schlag hervor. Damit war die *Politische Novelle* gerettet, aber es hatte Streit gegeben. Worüber?

Weniger ging es um das Künstlerische, Literarische; die Hitze des Gefechts ließe sich daraus allein heute kaum erklären. Für den bloß artistisch Interessierten enthält der kleine Roman nicht viel Aufregendes. Bruno Frank steckte der Literatur kein revolutionäres Licht auf. Er hatte sich mit Erzählungen und dem Roman *Trenck* ausgewiesen, war als gediegener Prosaist bekannt, an nicht geringen Vorbildern geschult, von den Russen und Franzosen beeinflußt, blieb auch diesmal ein Liebhaber des Maßes und der Form, und Könnerschaft der Durchführung war und ist zu bewundern.

Frank hatte sich bis dahin der Politik ferngehalten. Ohne dröhnenden Erlösungs-Unterton schrieb er gefällig, ohne bloß gefällig zu sein. Er grimassierte nicht und war in allem echt und so ganz er selbst, daß er die Züge seines Wesens gern auf seine Lieblingshelden übertrug. Das hatte er auch diesmal getan.

Unschwer kann man in der frei erfundenen Hauptfigur der *Politischen Novelle,* dem mit hohem Ziel antretenden und tragisch untergehenden deutschen Politiker Carl Ferdinand Carmer, ein Selbstporträt Bruno Franks erkennen. In der Windstille eines Urlaubs in Ravello wird Carmer eingeführt. Nach einer klassischen Dramen-Exposition, vor einem politischen Gewitter, das sich in der deutschen Heimat abzeichnet und Carmer den Platz für eine bedeutende, schwere Aufgabe freimachen wird, hält der Erzähler kurz ein und läßt den Helden, von der Terrasse des Belvedere Cembrone in den Frieden der Natur blickend, noch einmal den Vorhang einer Wunschwelt, die auch Franks Sehnsüchte enthielt, vor die Wirklichkeit ziehen: »Schauen und atmen und da sein, mit Würde und Heiterkeit seinen Lebenstag durchschreiten, einfach sein einfaches Werk tun, Mensch sein, sonst nichts, kein Schwärmer, kein Träumer, kein Tier, das seines Leibes sich schämt, kein Adept des Abgrunds ...«
Nein, darin deutet sich Sensationelles noch nicht an. Es sei denn, man werde bei all den Verneinungen Carmers hellhörig und erwarte nun den Kontrapunkt. Der geschichtskundige Leser, der die im Jahr 1928 spielende und erschienene *Politische Novelle* vor dem Hintergrund der Zeitereignisse zu begreifen beginnt, könnte schon unruhig werden. Denn er weiß nicht nur mehr als die Figuren (das ist nichts Ungewöhnliches), er weiß ja auch mehr als der Autor. Und der Gedanke, der Herrn Carmer an seinem italienischen Urlaubsort bewegt, hat in der Tat noch von heute gesehen etwas Aufregendes und nicht Alltägliches.
Carmer ist in der Weimarer Republik dreimal Minister der Fortschrittlich-Liberalen Partei gewesen. Und bevor ihm der Regierungswechsel in Berlin vermutlich die Staatsgeschäfte übertragen wird, hat er die Absicht, in Cannes mit dem französischen Staatsmann Achille Dorval zusammenzutreffen. Außenminister Dorval ist Sozialist, Voltairianer, Volksmann

und – ebenso wie Carmer – ein Europäer aus Überzeugung, ein Mann des Friedens und des Ausgleichs. Man geht nicht fehl, in ihm ein Abbild Aristide Briands zu erblicken. Carmer möchte, noch unbelastet vom Amt, sinnend über die Zukunft und ein »geplagtes, dunstiges Reich« im Nacken, mit Dorval ein Gespräch über deutsch-französische Verständigung führen, als Privatmann. Das ist und war aktuelle Politik, und die Idee Bruno Franks hat ähnliche Brisanz, als hätte Martin Walser etwa 1967 in einem Roman einen führenden deutschen Sozialdemokraten, bevor er deutscher Außenminister wurde, in seinem norwegischen Urlaubsort mit dem sowjetischen Außenminister »privat« zusammentreffen lassen. Nicht auszudenken.

Auch die sich 1928 für Europa abzeichnende Gefahr ist in einer kurzen, betäubend genauen Szene eingefangen. Kurz vor seinem Aufbruch an die Riviera erlebt Carmer in Ravello auf dem Kirchplatz den faschistischen Waffentag: »Kriegerischer Aufmarsch, Musik, die Hymne, Heilrufe, schräg aufwärts geworfene Arme, die Rom nachäfften, wie alles Rom nachäffte an der uniformierten Schar: selbst ihre Backen noch trugen sie römisch gefaltet, von den Halbgottplakaten ringsum grimmig belehrt.« Unter den Bildern Mussolinis redet ein schwitzender Spießbürger von Jugend, Ruhm und Krieg: »Ja – Kraft und Waffen und Macht, und die herrlichste Rasse und das angestammte Recht, und der Tag, der nun anbrach, und das neue Geschlecht und die Vorherrschaft über den Erdteil!«

Carmer kommt das alles sehr vertraut vor. Dieser Abscheu vor dem italienischen Faschismus, als Antriebskraft für Carmers utopisches Friedensunternehmen vom Autor geschickt eingesetzt, erschien selbst Thomas Mann etwas zu stark; er glaubte ihn in solcher Unbedingtheit nicht teilen zu sollen – wahrscheinlich, weil er ihn für eine südliche Angelegenheit hielt und in Deutschland schwer vorstellbar. Zu Unrecht, wie wir wissen. Und damit sind wir beim Überraschenden der *Politischen Novelle* eines bis dahin unpolitischen Autors. Nach all den wohlfeilen »nachträglichen Prophetien« der deutschen Literatur seit 1945 liest man Hauptteil und Schluß von Franks Buch noch heute mit Staunen und Erschrecken.

Mit seinem Sekretär reist Carmer nach Cannes, wo sich eine Gesellschaft, müde, matt und sterbensbleich, aus schlecht verhohlener Angst dem Rausch ergibt, dem Wind aus Afrika, dem Spiel und dem Genuß, und den Untergang vorwegfeiert. Dorval verspätet sich rätselhaft. Der Deutsche reagiert empfindlich. Mit seinem Sekretär verbringt Carmer den Abend im Casino, beim Heulen des Saxophons, aus dem Carmer etwas zu allegorisch den Schrei des Urwalds herauszuhören glaubt, eine Gefahr für Europa, die, wie wir heute sagen würden, aus der dritten Welt droht. Diese Allegorisierungen, ihr leitmotivischer Einsatz bis zum Ende, worin noch die alte Bildungsüberheblichkeit des europäischen Humanisten mitschwingt, sind die heute bemerkbaren künstlerischen Schwächen des Buchs, über die damals kein Mensch diskutierte.

Dann aber, Höhepunkt des Casinoabends, Becky Floyds großer Auftritt, Synkopen, scharfer Reiz und lasziver Tanz, ein grandioses Kurzporträt Josephine Bakers, wenn nicht alles täuscht. In diese Nummer hinein tritt der alte Achille Dorval, vom Publikum respektvoll empfangen. Becky Floyd verschwindet. Dorval entschuldigt sich bei Carmer wegen seiner Verspätung und nimmt ihn mit ins Hotel. Der Dramatiker Frank, dem solche Szenen ihre Wirkung verdanken, bewährt sich auch in den kontrapunktisch geführten Gesprächen der beiden Staatsmänner und ihrer Sekretäre.

Man muß diese Gespräche nicht in allen Einzelheiten wiedergeben, um mit Trauer und Melancholie dessen zu gedenken, was damals politisch möglich gewesen wäre und was wie der berühmte Silberstreif am Horizont erschien. Der alte Dorval ist befeuert von seiner Idee des Ausgleichs und den Chancen eines politischen Augenblicks, der Carmer zu seinem deutschen Gegenspieler werden läßt. (Die Depesche mit seiner Berufung erhält Carmer im Hotel.) Der Deutsche ist der skeptischere von beiden. Dorval weiß auch von den nationalistischen Dummheiten in seinem eigenen Land. Ihr Entschluß zum Frieden ist nicht mehr als eine Hoffnung, aber ein Versprechen eben doch, das die beiden zu »Freunden« werden läßt.

Man kann sich denken, daß die Idee einer solchen Freundschaft damals etwas Provozierendes enthielt, ja von »Verschwörung« ist die Rede, und das klingt ja fast wie nationaler Verrat. Mit einem Ausflug in die Provence und einem fast zeremoniellen ländlichen Mahl endet die Begegnung. Dorval nimmt Carmer im Auto mit nach Marseille, wo man sich trennt. Dem Deutschen bleiben noch ein paar Stunden bis zur Abfahrt seines Zuges. Benommen hört er die Ausrufe der Zeitungsverkäufer: Die Kabinettskrise in Berlin – und seinen Namen.

Der Autor läßt ihn in das belebte Stadtviertel fliehen. Ein letzter Gang ins Hafenviertel. Eine vermummte Gestalt winkt ihm, er folgt ihr. Es ist der Todesbote. Carmer gerät in eine Dirnenstraße. Er glaubt sich in die Hölle versetzt, flüchtet, verirrt sich in eine Sackgasse, wo ein exotisches Wesen sich ihm anbietet: nacktbrüstig, fremd und wild. Als räche sich der unterdrückte Eros, stirbt er im Kuß. Ein Neger sticht ihm das Messer in den Rücken, »nur ein Splitter der furchtbaren Waffe, mit der Europa seinen Selbstmord beging«.

Dieser Schluß erregte Anstoß. Er kam abrupt und schien nicht notwendig. Warum sollte sich ein deutscher Politiker erschlafften Willens in den Abgrund treiben lassen, so kurz vor der Verwirklichung seiner politischen Ziele? Was lockte ihn an der Gefahr, was machte ihn taumeln beim Blick in das Höllen-Innerste? Thomas Mann, erfahren in literarischen

Untergängen, witterte im Tod Carmers geheime Anspielungen auf die »politisch-charakterologischen Unsterns-Notwendigkeiten und schiefen Ausgänge im großen Schicksal seines Landes«, was genau gesehen war, obwohl an den allerschiefsten Ausgang noch niemand dachte – damals. Daß Thomas Mann auf solche Beziehungen verfiel und sich nicht etwa damit begnügte, an Gustav Aschenbach zu erinnern, der ja ähnlich dem Fehlläuten der Nachtglocke folgt – das zeigt denn doch, wie prophetisch, politisch gezielt und genau durchdacht das Ende der *Politischen Novelle* war.

Ein Jahr nach ihrem Erscheinen starb der Partner Aristide Briands, der Deutsche Gustav Stresemann – und er war gar nicht gemeint gewesen. So genau die Figur Briands im gutmütig-verschlagenen Dorval eingefangen war, so erfunden war doch C. F. Carmer, eine nicht ganz zum Leben erwachende Kunstfigur, wie zuzugeben ist; Carmer, der seine Frau im Ersten Weltkrieg am Lazarettfieber verloren hat, ein Asket des Lebens, kein deutscher Intellektueller, ein Jurist, der Goethe und Hölderlin zu zitieren weiß, der es am letzten politischen Ehrgeiz vermutlich hätte fehlen lassen, dem Dorval gut zureden muß, seine politische Chance zu nützen – kurz: mit allen Anzeichen einer Schwäche behaftet, die ihn schließlich in den Abgrund gleiten läßt. Aber anders war eine solche Gestalt im deutsch-französischen Dialog jener Tage wohl literarisch nicht ins Spiel zu bringen – und gleich wieder daraus zu entfernen.

Von dem Ende her, so überanstrengt das Dolchstoß-Gleichnis wirken mag – Siegfried, von Hagen zu Fall gebracht –, erhält das ganze Buch seinen Sinn. Schlimm genug, daß eben diese Möglichkeit, eine durch Schwäche verpaßte Chance europäischer Verständigung, von Bruno Frank einkalkuliert werden mußte.

Dieser Schluß hat die einen und die anderen verstimmt: heute hat er mehr als die literarische Schlüssigkeit, er hat die Wahrheit für sich. Thomas Mann urteilte über das Buch: »Die Mischung aus Melancholie und gutem Willen ist es, die ihm die ethische Schönheit verleiht.« Was für ein Einfall, dieser Tod in Marseille.

Gerechte und Verfolger

Werner Ross über Ernst Glaeser: *Jahrgang 1902* (1928)

Als ich Karl May las, hatte mein Vater, um die Schulaufgaben nicht zu beeinträchtigen, eine tägliche Höchstration von zweihundert Seiten festgesetzt. Ich las weiter und blätterte schnell zurück, wenn er nachschauen kam. Später ließ er mich lesen, was ich wollte. Die freundlichen älteren Damen in der Stadtbücherei, erfreut über den unersättlichen jungen Kunden, befriedigten meine Wißbegier und achteten der Gefährdung meiner Jugend nicht. Wie frische Brötchen kamen die Neuerscheinungen in meine Hand: Frank Thieß' *Tor zur Welt* und *Abschied vom Paradies*, Ernst Glaesers *Jahrgang 1902* – Pubertätsromane, die pünktlich in meine Pubertät fielen. Ich war sechzehn, zehn Jahre jünger als der Jahrgang 1902.

Ich gäbe etwas darum, wenn ich auf Prousts Spuren die bangen Wonnen solcher verbotenen, anstößigen, aufregend aufklärenden Lektüre noch einmal nachempfinden und wiedergeben könnte. Das Sexuelle, so gehörte es zur Regel, wurde nicht drastisch benannt, sondern als »Geheimnis« umschrieben, seine Organe waren, wie in alten Magazinen, ausgeblendet. Dafür wurde den Präliminarien viel Aufmerksamkeit geschenkt, wie einst in den galanten Romanen des achtzehnten Jahrhunderts, nur daß diese Ferd und Hilde und Ernst und Anna junge Menschen waren wie du und ich.

Wörter wie »schwül«, »süß«, »sündig« deuten an, was wir damals empfanden, aber es war auch eine Art Vorweihnachtsstimmung dabei, eine pauschale Verzückung und Verzauberung, jedenfalls etwas unbeschreiblich anderes als die fachmännische Unanständigkeit der jüngeren und die sab-

bernde Lüsternheit der reiferen Männerwelt. Die Sexualität selbst, so meinten wir, würde diesen Zauber brechen und die Erwachsenenwelt aufsperren, das Geheimnis würde platzen, mit Glaesers Worten: »Es war schöner, neugierig zu sein.«
Daß Glaesers *Jahrgang 1902* auch die Welle der Kriegsromane eröffnete, hat sich mir in der Erinnerung verwischt. Im selben Jahr 1928 erschien als Vorabdruck Remarques *Im Westen nichts Neues*. Ich las derlei auch, als etwas, das endgültig vorbei war. Das Rheinland, wo ich aufwuchs, war besetzt, später entmilitarisiert, kein Unteroffizier Himmelstoß würde mir die Hammelbeine langziehen. Rückblickend sehe ich das Verhängnisvolle auch der pazifistischen Kriegsromane: Der Krieg wurde wieder ein Thema. Mit Glaeser meldete sich eine junge Generation, die nicht »dabeigewesen« war, die kein »Grauen der Materialschlacht« im Munde führen konnte, die aber doch den Krieg erfahren hatte im Triumph der ins Feld Rückenden, in den düsteren Namenslisten der Gefallenen, in Hungerjahren und in einem Männermangel, der auch Knaben jähe Chancen bot.
So ergänzte Glaeser die Szenerien der Kriegsromane, Kasernenhof und Schützengraben, mit ausgesuchten Bildern von der Heimatfront. Der Titel *Jahrgang 1902* war glücklich gewählt: eine kecke Meldung, ein Nachvornspringen aus der Reihe der noch Unmündigen; wer auch immer damals literarischen Ruf genoß, war vor 1900 geboren. Auch daher wohl der rasche und breite Erfolg. Die Statistik verzeichnet Verfilmung, viele Neuauflagen und Übersetzungen in dreiundzwanzig Sprachen.
Soviel von damals. Schlägt man heute die erste Seite auf, so stutzt man, stolpert man gleich über Stereotypen. Die Klasse ist angetreten, Turnstunde, Dr. Brosius, der Turnlehrer, läßt militärisch abzählen, der kleine Leo Silberstein, Jude, verheddert sich und wird mit Kniebeugen schikaniert, fällt am Ende ohnmächtig um und muß nach Haus gebracht werden. Es

nehmen sich seiner an der Erzähler, der Sohn eines pflichttreuen Beamten, und sein Freund Ferd v. K., ein aristokratischer Knabe, der als Sohn eines Majors und einer Dame aus dem englischen Hochadel kosmopolitisch erzogen worden ist. Zu diesen drei Außenseitern tritt als vierter im Bunde der Arbeitersohn August Kremmelbein, dessen Vater wiederum mannhaft das Proletariat und die Sozialdemokratische Partei verkörpert.

So wenig wie Heinrich Mann oder Tucholsky macht Glaeser aus seinem Herzen eine Mördergrube: hier die Gerechten, dort die Verfolger, neben dem tückischen Dr. Brosius der Polizeichef Dr. Persius. Dr. Persius »konnte alle Gedichte von Theodor Körner auswendig, wo er ein Klavier fand, spielte er ein Potpourri vaterländischer Lieder. Wenn er betrunken war, sang er stets ›Sie sollen ihn nicht haben‹. Die Arbeiter nannte er Pack. Selbst Bismarck schien ihm nicht ganz ladenrein. Er reiste nie ins Ausland. Seinen Urlaub legte er in die Kaisermanöver.«

Leider ist das Porträt des kleinen Leo Silberstein, das Glaeser aus ähnlichen Staccatosätzen zusammennäht, ebenso stereotyp: »Leo sah kläglich aus. In seinem abgeschabten Bleyleanzug saß immer der Latz schief, seine dürren Beine endeten in übergroßen Füßen, die nach außen standen. Seine Schultern waren ängstlich hochgezogen, links hingen sie tief. Um seinen Hals lief ein dunkler Kranz, denn Leo wusch sich ungern unterhalb des Gesichts.« *Juden waschen sich nicht.* Ferd von K. hingegen, das Aristokratenbübchen, badet im Sommer in dem Brunnentrog vorm Herrenhaus nackt: »Heimlich beobachteten wir Ferd, dessen brauner Körper in der starken Luft der Äcker und Wiesen stand, als sei er aus ihr geboren.«

Leos Vater, Tuche *en gros* und *en détail,* ist liebedienerisch, versichert zwinkernd »Alles is'e Geschäft« und verdient sowohl an Siegesfahnen wie an Trauerkleidung. Glaeser gibt sich zwar Mühe, seinen Juden auch ein paar Pluspunkte zu verschaffen: Leos Haar ist schön und glänzt wie schwarzer Achat, und Herrn Silbersteins Feigheit ist auf irgendeine Art auch wieder mutig, aber in der Erinnerung bleiben doch die überzeichneten Karikaturen, die »ewigen Juden« von Wilhelm Buschs Schievelbein bis zum *Stürmer*.

Es war, so denke ich, ein Pech der Weimarer Zeit, daß sie das Kaiserreich, die wilhelminische Epoche, nachträglich noch einmal aufarbeitete. Längst war alles abgehandelt, gestaltet, typisiert, von Wedekind bis Heinrich Mann, von Sternheim bis Kaiser, die Brosius und Persius waren längst vermodert. Der Untertanengeist, der Obrigkeitsdünkel, Militarismus und Patriotismus, das lebte zwar alles weiter, aber doch in demokratischer Mimikry, in neuen aparten Varianten, die hätten beobachtet werden können. Ein wenig erinnert mich dieses Nachher an die unzähligen belletristischen Nachträge zur Hitlerzeit und zum letzten großen, aber gar nicht vaterländischen Krieg.

Es bleibt, wenn man Bilanz zieht, von dem gewaltigen Erfolg des *Jahrgang 1902*, von seiner brillanten Umstrittenheit nicht viel mehr übrig als der Marionettenzug der Silbermanns und Kremmelbeins, des unpolitischen, briefmarkensammelnden Amtsrichters, der des Erzählers Vater war, und jenes »roten« Majors v. K., in dem er offenbar sein Ideal weltmännischer Überlegenheit verdichtete. Bürger, die diesen Ehrennamen verdienen, kommen nicht vor.

Glaeser war ein junger Autor, ein Anfänger, war im Deutschen nicht sattelfest, konnte schreiben »Gaston war geschwitzt« oder »sie überwiegten« statt »sie überwogen«. Auch seine Erotik ist manchmal so ungeschickt wie die eines Pennälers: »Sehr zart legte Hilde ihre Backen an mich.« Aber er war ein Erzählertalent, dem Dialoge und Situationen leicht von der Hand gingen, der von der Neuen Sachlichkeit exakte Details und von den Expressionisten gewisse Stimmungen und Vergleiche gelernt hatte. Ihm fielen Sätze ein wie »Über der Stadt hing der Himmel wie ein Gewölbe aus bloßgeschälten Knochen« oder »Ein lohweißer Brand stand im Oktobernachmittag wie die karbolgetränkten Wattefetzen in einer jäh aufgebrochenen Wunde.« Man konnte ihn für ein junges Genie halten.

Ich habe nicht gewußt, was weiter aus ihm wurde, und mußte nachschlagen. Es ist interessant genug. Er zählte schnell zu den Großen und Arrivierten und bald zu den verdammenswerten Sozialisten und Pazifisten, mußte emigrieren und wurde *in effigie* in die Flammen geworfen, immerhin mit Heinrich Mann und Erich Kästner, unter dem Motto »Gegen Dekadenz und moralischen Verfall!« Beim großen antifaschistischen Schriftstellerkongreß 1935 war er noch unter den Prominenten der Schlußsitzung aufgeführt, aber überraschend nicht erschienen. 1938 oder 1939 kehrte er heim ins Reich, 1941 gab er in Sizilien die deutsche Frontzeitung *Adler des Südens* heraus. Am 8. September 1947 schrieb Döblin an Kesten über Glaeser: »Den gibt es noch immer, er taucht bald hier und bald dort auf... Es soll mich nicht wundern, wenn er nicht bald wieder irgendwo obenauf schwimmt.« Er schwamm bald wieder im breiten Strom.

1960 veröffentlichte er den Roman *Glanz und Elend der Deutschen*. Das *Handbuch der deutschen Gegenwartsliteratur* vermerkt dazu: »Auch in seinem letzten Roman bleibt die Mischung von Politik und Sexus dieselbe wie im *Jahrgang 1902*.« Aber der Cocktail schmeckte 1960 nicht mehr so gut wie 1928. Glaeser hat Reden über »Erbe und Verpflichtung« und über den »Kreuzweg der Deutschen« gehalten, eine Streitschrift »Wider die Bürokratie« schon 1948 verfaßt, hat den *Caligula* von Camus übersetzt, Hörspiele und Erzählungen geschrieben, Reisebücher herausgegeben und ist ohne viel Aufhebens 1963 in Mainz gestorben – ein Literat, den ein einziges Mal die Gunst der Stunde nach ganz oben getragen hat.

Ein Milchzahn für den Kaiser

Jörg von Uthmann über Fritz von Herzmanovsky-Orlando: *Gaulschreck im Rosennetz* (1928)

»Wir Deutschen«, heißt es beim armen B. B., »sind im Ertragen von Langeweile ungemein stark und äußerst abgehärtet gegen Humorlosigkeit.« Nur so ist es zu erklären, daß die platten Scherze eines Ephraim Kishon bei uns – im Gegensatz zu allen anderen Ländern – massenhaft begeisterte Leser finden, wohingegen ein humoristisches Genie wie Fritz von Herzmanovsky-Orlando Mühe hatte, ein einziges seiner Bücher bei einem Verleger unterzubringen. Seine übrigen Werke, der Roman *Maskenspiel der Genien,* die Posse *Kaiser Joseph und die Bahnwärterstochter* und eine Reihe von Lustspielen und Kurzgeschichten sind erst nach seinem Tode erschienen – in übrigens zweifelhaften Bearbeitungen von Friedrich Torberg, der auch die Übersetzungen von Kishon ins Deutsche zu verantworten hat.

Wer war dieser Dichter mit dem seltsamen, halb slawischen, halb italienischen Doppelnamen?

Zur Welt kam Herzmanovsky am 30. April 1877 in Wien. Sein Vater, Sektionschef im k. k. Ackerbauministerium, beendete seine Laufbahn mit einer Szene, die einer Romanfigur seines Sohnes würdig gewesen wäre: Als ranghöchster Beamter hatte er einen neuen Minister bei der Geschäftsübernahme zu begrüßen. Da es sich um einen ehemaligen Mitschüler vom Theresianum handelte, fand er nichts dabei, ihn freundschaftlich zu duzen. Nach einer pikierten Pause dankte der Minister mit »Sie«. Darauf nahm der alte Herzmanovsky wieder das Wort: »Exzellenz, gestatte mir noch einmal das vertrauliche Du«, entbot seinem versteinerten Gegenüber das Götz-Zitat und verließ den Raum.

Herzmanovsky junior ließ sich auf die Fährlichkeiten eines bürgerlichen Broterwerbs erst gar nicht ein. Zwar studierte er pro forma Kunstgeschichte und Architektur, dilettierte auch etwas in der Restauration baufälliger Schlösser, machte dann aber bald von dem elterlichen Vermögen dankbar Gebrauch und zog sich als »Partikulier« auf einen Landsitz bei Meran zurück. Dort ist er am 17. Mai 1954 gestorben.

Das bewußte Buch, das als einziges zu Lebzeiten des Verfassers den Weg in die Öffentlichkeit fand, ist ein schmaler Roman mit dem zunächst unverständlichen Titel *Gaulschreck im Rosennetz*. Er erschien 1928 in einem kleinen Wiener Verlag, der bald darauf einging; das Buch wurde verramscht.

Im Mittelpunkt des Geschehens, als dessen Hintergrund wir uns das vormärzliche Wien zur Zeit des »guten Kaisers« Franz zu denken haben, steht Jaromir von Eynhuf, Sekretär im Hoftrommeldepot, dessen patriotische Sammelleidenschaft ihm schließlich zum Verhängnis wird: Er hat sich in den Kopf gesetzt, dem geliebten Monarchen zum 25. Regierungsjubiläum seine Milchzahnsammlung, »die größte und vollständigste in den gesamten Erblanden«, zum Geschenk zu machen, und zwar sollen ihm »die Zähnchen, appetitlich zum Tableau arrangiert, entgegenlachen, zur Jubiläumszahl seiner Thronbesteigung anmutig zusammengestellt«.

Auf der Suche nach dem letzten, noch fehlenden Zahn verfällt Eynhuf auf die gefeierte Sängerin Höllteufel, deren Reizen er – obgleich mit der Tochter des pensionierten Hofzwergs Zephesis Zumpi verlobt – rettungslos erliegt. Als Schmetterling verkleidet, sucht er sich auf einem Maskenball dem Gegenstand seiner Anbetung zu nähern, wird aber hohnlachend abgewiesen. Niedergeschmettert stürzt er auf die Straße, wo sein unförmiges Kostüm vom Wind erfaßt wird und den Straßenverkehr total durcheinanderbringt: »Toll gewordene Komfortabelgäule rasten hin und her, mit gleichsam fehlend emporgereckten Vorderhufen trampelten Fiakerrosse die Hauswände in die Höhe, rollenden Irrsinn in den Augen.« Als »Gaulschreck von Mariahilf und der oberen Laimgruben« gerät der nächtliche Ruhestörer in die Schlagzeilen der Zeitungen.

Auch ein zweiter Versuch, die Gunst der Sängerin durch einen Liebestrank zu erringen, mißlingt kläglich. Der seine Dienstpflichten zunehmend vernachlässigende Beamte muß sich von einem Kollegen vorhalten lassen, »daß Sie mit dem einen Fuß auf einer abschüssigen Bahn, auf der es sausend abwärts geht, wandeln, während Sie mit dem andern eine goldene Frucht pflücken wollen, die für Sie zu hoch hängt«. Schließlich mit Strafversetzung zur Hofleimsiederei in Siebenhirten bedroht, unternimmt Eynhuf einen letzten, verzweifelten Anlauf, des begehrten Sammlerstücks habhaft zu werden: Im Freudenhaus der Madame Funzengruber bricht er einem »blutjungen Mäderl mit Augerln wie die Kirscherln« mit Hilfe einer »kaiserlichen Hofnuß vom Allerhöchsten Christbaum« einen Milchzahn aus. Hierbei wird er von der Polizei überrascht. Von Scham überwältigt, macht er – halb Werther, halb Professor Unrat – seinem Leben durch einen Pistolenschuß ein Ende: Da er in der Eile keine Kugel findet, schießt er sich seine gesamte Milchzahnkollektion in den Kopf, indes »sein brechendes Auge das Bild des gütigen Landesherren über dem Schreibtisch« sucht.

Die Kritik nahm von dem Buch seinerzeit kaum Notiz. Georg Witkowski lobte es in seiner *Zeitschrift für Bücherfreunde* in ganzen fünfzehn Zeilen: »Man liest das Ding mit ununterbrochenem Behagen bis zum skurril-tragischen Ende.« Immerhin gibt es einen Brief aus dem Jahre 1929, geschrieben unter dem Eindruck »dieses seltsamen Altwiener Romans, der mich wirklich sehr unterhalten hat. Der Autor muß ein ganz sonderbarer Mann sein.« Verfasser des Briefes ist Hugo von Hofmannsthal.

Im Februar 1933 unternahm Karl Wolfskehl noch einmal einen Versuch, auf Herzmanovsky aufmerksam zu machen: Unter der knalligen Überschrift »Der merkwürdigste Mensch, den ich im Leben traf« beschreibt er ihn in der *Literarischen Welt* als »Synthese von allem, was einst Österreich war, jenes wundervolle Reststück süß verschlampten Alteuropas mit seiner Genialität des Beharrens«, und nennt ihn den »Metaphysiker der Wiener Hofburg, dieser letzten Erbin der Mysterien von Hoch-Byzanz«. Wolfskehls Aufforderung an die Verleger, auch die übrigen Schätze aus dem Herzmanovskyschen Œuvre zu heben, verhallte jedoch ungehört.
Ganz abwegig war der Vergleich mit Byzanz nicht. In seinem zweiten Hauptwerk, dem *Maskenspiel der Genien*, bezeichnet Herzmanovsky selbst den Wiener Hof als »letzten Bewahrer des Mysterienzeremoniells, das aus den Wolkenhöhen über Byzanz dorthin gelangt war«. In der Tat gehörte die bis zum Exzeß ausgefeilte Bürokratie zu den wichtigsten Klammern, die die zentrifugalen Kräfte der Donaumonarchie zusammenhielten. Und es ist vielleicht kein Zufall, daß der *Gaulschreck* zwischen Kafkas *Prozeß* (1925) und dem ersten Band von Musils *Mann ohne Eigenschaften* (1931) zeitlich genau die Mitte hält: Auch in diesen, von »zugereisten« Österreichern verfaßten Romanen spielt eine ins Absurde übersteigerte Regierungsapparatur, welcher der rechtsunterworfene einzelne hilflos ausgeliefert ist, eine zentrale Rolle.
Musils berühmte, schließlich im Sande verlaufende »Parallelaktion«, bei der die beteiligten Ressorts sich nicht darüber einigen können, ob sie dem Bau einer Votivkirche oder einer »Großösterreichischen Franz-Joseph-Suppenanstalt« den Vorzug geben sollen, findet in den dienstlichen Obliegenheiten des Hofsekretärs von Eynhuf ihre würdige Entsprechung. Seine wichtigste Beschäftigung besteht darin, allmorgendlich ein Gemälde im Zimmer des Hofrats Sauerpfister abzustauben, auf dem die »Wallfahrt des gesamten erbländischen

Hochadels nach Maria-Taferl an der Donau« dargestellt ist.
Die Verbindung von parodistisch zugespitzter Absurdität mit äußerster Präzision, das Haarspalten in der Katastrophe finden wir bereits bei Nestroy. Wird dort versucht, eine tobende Frauensperson mit dem begütigenden Ausruf »Der Zorn überweibt Sie!« zu beruhigen, so schildert Herzmanovsky eine Tragödie in der Familie des pensionierten Hofzwergs mit folgenden Worten:
»Also horchen S': Was den Zwerg seine Schwester war, die was das schöne Haus in Krems gehabt hat, mit den Malereien das ... ich glaub', die heiligen drei Könige sind's, die was sich gerade verirren ... also, die hat doch ein Mädl aufgezogen fürs Kloster oder so ... ein rothaariges Ding war es Ihnen, ein guckerscheckertes. Also, das war ganz eine Schlechte, voll heimlicher Lüste. Die hat doch einen Fleischerburschen verdorben, daß er ihr Herzallerliebster wurde. Florian Bihander hat sich derselbe immer geschrieben. Dann einmal, in finsterer Nacht und die Donau hat schaurig gerauscht und ein einsamer Brand war wo am Himmel – weit hinter Göttweih – haben s' die Greisin im Bett geschlachtet und sind durchgegangen mit Säcken voll Talern und Zwanzigern, und bloß ein blutiges Messer hat man gefunden und ein ausgerissenes Ohrwaschl mitsamt einem silbernen Ohrring, was aus einem Salzburger Gnadenpfennig gemacht war. Und die Leich' von der armen Zwergin, an der der Kropf das Größte war, haben die herzlosen Mörder in den Rauchfang gehängt, und kein Mensch hat s' vom übrigen G'selchten auseinandergekannt.«
Herzmanovsky ist durchaus nicht blind für die idyllisch-romantische Seite der Epoche. Im Gegenteil, er weiß sie in zauberhaften Bildern zu beschwören:
»Bald kamen die melancholischen Abende des Frühsommers, Tage, an denen es nicht Nacht werden will, Abende, an denen

man durch den heißen Dunst der Straßen mit ihrem wogenden Menschengewühl wie einen glühenden Dolomitenzinken das in der Abendglut leuchtende Spitzenwunder des Stephansturmes sieht. Noch lange funkelt dann sein goldenes Hagalkreuz weit über Schlösser und Wälder und blitzende Teiche, bis zu den Kalkriesen des Hochgebirges, schneegekrönt, alpenrosenumwuchert, wo die Wildbäche rauschen, während in dumpfigen Höfen der Stadt schwermütig Nachtigallen flöten.«

Noch lieber nimmt er aber die doppelte Moral der sogenannten Biedermeier-Zeit aufs Korn: Ein ihm als Muster an Sittenstrenge gepriesenes Mädchen (»Wann die die Strümpfe wechselt – sie hat wohl üppige Waderln –, deckt sie den Kanari zu, weil er a Manderl ist, so feinfühlig ist die Ihnen!«) findet Eynhuf bei einem überraschenden Besuch im Bett ihres Onkels, des Archivdirektors Großkopf, wieder. Auch die fieberhafte Aktivität der Metternichschen Geheimpolizei wird ausführlich gewürdigt. Vertraulich warnt man Eynhuf vor weiterem Umgang mit dem als liberal verschrieenen Großkopf: »Schon lang haben wir ihn durch Vertraute beobachten lassen. Da ist einer, der sich sogar als Kanalräumer bis in seine Wohnung gezwängt hat. Und was glauben S' hat er in dem gewissen Raum, den er zuerst betrat, für eine Inschrift gefunden? Passen S' auf: ›Der Held ersteige das Ehrengerüste auf getürmten Leichen; ich ersteige den Thron meiner stillen Genügsamkeit allhier‹. Die abgekartete Sprache kennt man!« Im *Maskenspiel der Genien* kommen sogar als Baumstämme verkleidete Spione vor: »Und allen Monumenten in den Wäldern dürfen Sie auch nicht trauen. Da sind viele zu Marmor gepuderte Polizeispitzel darunter. Ganz vorsichtige Leute weichen sogar äsenden Rehen aus.«

Eine »wirre Überfülle von Bocksprüngen« bescheinigte Wolfskehl unserem Autor – mit Recht. Doch selbst Herzmanovskys üppige Phantasie, die man je nach Geschmack als barock, surrealistisch oder dadaistisch bezeichnen mag, wird von der Wirklichkeit übertroffen: In der Porträtsammlung der Österreichischen Nationalbibliothek ist eine habsburgische Devotionalie zu besichtigen, die die Milchzahnkollektion des Hofsekretärs von Eynhuf noch in den Schatten stellt – eine Kaiserkrone aus lauter Käfern.

Das geniale Ungeheuer

Günter Kunert über Klabund:
Borgia. Roman einer Familie (1928)

Die Lektüre von gestern oder gar vorvorgestern heute noch einmal zu wiederholen zeitigt unterschiedliche Einsichten, und zwar Einsichten, die in den seltensten Fällen den Intentionen des solchermaßen neu gelesenen Buches entsprechen. Im Gegenteil. Daß man jetzt mit »anderen Augen« liest, verfremdet nicht allein die Bücher.

Zugleich jedoch eröffnet der Roman von gestern eine ungewöhnliche aktuelle Perspektive: Die gewohnte Welt und Umwelt wird auf eine geisterhafte Weise durchsichtiger, sobald man den Blick aus dem »Damals« des wiederentdeckten Buches der Gegenwart zuwendet. Und genauso ist es – mit einem gewissen Pathos gesagt – mir geschehen, da ich nach einem halben Leben noch einmal einen Roman in die Hand nahm, der zu den fragwürdigen Bildungserlebnissen meiner Kindheit gehört hat: *Borgia. Roman einer Familie,* erschienen im Phaidon-Verlag im Wien des Jahres 1928.

Ich besitze die Originalausgabe in rotem Leinen, in Kardinalspurpur gebunden, auch wenn es nicht mehr das Exemplar ist, das im elterlichen Bücherschrank stand und das die elterliche Generation »frei geschrieben« nannte. Damit war gemeint, es kämen hier Dinge zur Sprache, die der Intimsphäre angehörten und über die in einem Buch zu lesen eine aufregende Angelegenheit darstellte. Was heute einem Erstkläßler nur ein blasiertes Lächeln entlocken würde, verschlang man damals mit klopfendem Herzen und einer gewissen Vibration des Sensoriums; der Anlaß dafür klang beispielsweise folgendermaßen: »Jeden Abend, wenn die Tante zu Bett gegangen, treten sie nebeneinander nackt vor den Spiegel. Sie beobachten,

wie ihre Brüste sanft sich zu runden beginnen, wie immer dichter der Flaum zwischen ihren Schenkeln sproßt.« Oder: »Der Papst schüttete einen Sack Dukaten auf den Tisch und wühlte darin. Von seinen Lippen troff Speichel dazwischen ... Und vor Wollust des Besitzes und Geizes ergoß er seinen Samen in ein goldenes Gefäß.«
Die Sensation, schwarz auf weiß zu lesen, was nur tuschelnd, wenn überhaupt, Erwähnung fand, ist nun unverständlich geworden. Eher wirkt diskret, was einmal lasziv und ungeheuerlich schien. Und durch diesen Spannungsabfall, den ich mich scheue, Fortschritt zu nennen, wird klar, daß die heutige sexuelle Permissivität in Wort und Bild – und in was für Worten, was für Bildern – die erotische Phantasie zum Erlöschen gebracht hat. Der anatomisch-biologische Modellbogen ersetzt die Vorstellungskraft: Nicht länger genügt die Andeutung, die einstmals assoziativ und doch auch vage ein erotisches Universum ahnen ließ; die vor nichts zurückscheuende Präsentation unserer Geschlechtlichkeit ähnelt der Pawlowschen Technik: Die Glocke bimmelt, und der Appetit stellt sich als bedingter Reflex automatisch ein. Und das zähle man ebenfalls zu dem Ergebnis dieser Lektüre: daß sie einem verdeutlicht, wie wir gerade in dem scheinbar »menschlichsten« Bereich dem Roboterwesen, unserer nächsten Entwicklungsphase, ein anständiges Stück näher gekommen sind.
Der im obigen Zitat »volkspsychologisch« charakterisierte Papst ist Alexander VI., vormals Rodrigo Borgia, der Begründer jener sowohl leichtlebigen wie kurzlebigen Dynastie. Um die Wende vom 15. zum 16. Jahrhundert gelang es ihm, durch Bestechung und Manipulation des Konklaves, Papst zu werden und seine Eigeninteressen durchzusetzen. Aber das war, wie wir aus Barbara Tuchmans *Fernem Spiegel* wissen, zu jener Zeit nichts Besonderes; die geistlichen Herren und Herrscher waren vor allem weltliche, da die Kirche längst als

Eigentümer und Unternehmer sich den wenig feinen Usancen angepaßt hatte.
Dennoch war der Ruf dieser Familie Borgia selbst für ihre Epoche erstaunlich schlecht; Tochter Lukrezia galt als ein Ausbund an Ausschweifung, während ihr Bruder Cesare das Negativ-Muster des sogenannten Renaissance-Menschen gewesen ist. Außerdem aber lieferte er das Vorbild für Machiavellis berüchtigte Schrift *Il Principe (Vom Fürsten)*, in welcher der gelehrte Florentiner mit schöner kalter Offenheit die Prinzipien der Politik darlegte, die nicht moral-, sondern machtorientiert seien. Ihm, Machiavelli, imponierte das skrupellose Machtstreben dieser Borgias: Cesare soll sogar seinen eigenen Bruder Juan aus Konkurrenzneid erstochen haben. Und so wie Machiavelli von diesen frühen und hochgestellten Mafiosi fasziniert gewesen ist, war es mit dreihundertjähriger Verspätung auch und erst recht der Autor unseres Romans: Klabund, der eigentlich Alfred Henschke hieß und aus Crossen an der Oder stammte.
Als im Phaidon-Verlag sein Buch erschien, war er schon drei Jahre tot: am 14. August 1928 als erst Siebenunddreißigjähriger in Davos an Schwindsucht gestorben. Das Nachwort rühmt ihn in einer Weise, die ebenfalls heute nicht mehr denkbar ist: »Klabunds beste Schöpfungen werden unvergängliches Gut unserer Literatur bleiben.« Aber der Ruhm zu Lebzeiten hat nicht vorgehalten. Klabund ist nahezu vergessen.
Und er galt doch einmal als einer der wichtigsten Lyriker der »Roaring Twenties«, als ein subtiler Nachdichter chinesischer und orientalischer Poesie, und seine erzählende Prosa nannte man mangels eindeutiger Kriterien »poetisch« oder »lyrisch«. Gewiß: Der Einfluß der Lyrik auf die Prosa ist unüberlesbar; sie ist rhythmisiert, in einer gehobenen Sprache verfaßt, die manchmal sogar im Schriftbild den Zeilenbruch eines reimlosen Gedichts annimmt. Um die Form noch weiter

vom Konventionellen zu entfernen, sind zwei szenisch-dramatische Episteln eingebaut, von denen erstere nicht im mindesten den ihr zugeschriebenen Charakter aufweist; fälschlich als Pamphlet gegen die Borgias bezeichnet, ist es ein Kammerspiel für vier Personen, das nur aus einem anderen Blickwinkel die intimen Beziehungen innerhalb der Familie Borgia variiert: Der Inzest ist ein zentrales Motiv der erzählenden Historie und gleichzeitig ein Agens der Verwicklungen und Verschlingungen dieser Schicksale.

Betrachtet man Fotos von Klabund, dieses zierlichen, fast zarten Mannes mit dem auffällig großen, rasierten Schädel, ein mönchisch-asketischer Typ, stellt sich zu schnell und zu schlüssig die Vermutung ein, warum solch eher fragiles Individuum in seinen Romanen und Erzählungen die Kraftmeier der Geschichte bevorzugte. Denn außer über die hemmungs- und gesinnungslosen Borgias schrieb Klabund über andere Macht- und Tatmenschen: über Peter den Großen, Rasputin, Mohammed, Moreau. Und man möchte sich der eindeutigen psychologischen Schlußfolgerung verweigern, die sich einem aufdrängt, wenn man den introvertierten Intellektuellen als Animateur klassischer Gewalttäter sieht.

Die Bewunderung Klabunds für die Amoralität ließe sich auf seine Person rückführen wie reduzieren, wäre diese Bewunderung nicht gleichzeitig ein Phänomen der Zeit gewesen. In der kurzen Epoche »Weimarer Republik« blüht unversehens der historische Roman auf, dessen Spektrum zwischen dem dokumentarischen Stil Emil Ludwigs und dem lyristischen Klabunds sich entfaltet. Immer aber sind die geschichtlichen Gestalten von einer auffälligen Übernatur, extrem gestimmt und extrem befähigt, in die Ereignisse einzugreifen: Geschichte als Biographie großer Männer wird große Mode.

Auch das fällt beim Nachlesen dieses Romans auf: Er gesteht den handelnden Figuren eine Unabhängigkeit von den Fakten ihrer Zeit zu, wie sie nur ein geheimer Erlösungswunsch unbewußt herzustellen vermochte. Die Herren sind stets auch Herren des Schicksals, das sie zu ihren oder sonstwessen Gunsten zu beeinflussen vermögen, bis sie durch Umstände scheitern, die ihnen eigentlich nicht gemäß sind, kleinkariert, minderwertig. In zweifacher Brechung, durch Klabund und dessen Kunstfigur Machiavelli, meldet sich der damalige Zeitgeist und seine bedrohliche Hoffnung, indem er über Cesare verkündet: »Er (Machiavelli) dachte: ein Ungeheuer – wenn man will – und wenn man die eine Seite der Medaille sieht – aber dreht man sie um: ein Genie – ein politisches Genie wie sein Vater – sie tun alles nur für sich, aus einem fanatischen sacro egoismo. Aber siehe: ihre Gedanken und Taten münden organisch in das große Weltgeschehen. Er will die Einigung Italiens – für sich –, um König zu werden – aber ist sie nicht das größte und würdigste Ziel eines heutigen Italieners?« Keine Spur: Die Hochrenaissance kannte nur einen regionalen und lokalen Patriotismus: Man war Florentiner, Römer oder Venezianer und nichts weiter. Was jedoch der Machiavelli Klabunds ausdrückt, sind die verborgenen Sehnsüchte der Zwischenkriegszeit: nach einer ideal überhöhten nationalen Einheit, die zugleich für die Fiktion einer widerspruchsfreien und romantischen Gemeinschaft aller Deutschen einstand. Dafür nähme man ein Ungeheuer in Kauf, vorausgesetzt, es wäre genial genug, dieses größte und würdigste Ziel anzuvisieren.

Das Ungeheuer hat man dann ja auch prompt bekommen, abzüglich der Genialität, wie man weiß. Seltsam anachronistisch wirkt heute dieser verkappte Ruf nach dem »starken Mann«, nach dem »Führer«, der alles schon richten wird. Und wenn mit der wachsenden Entfernung zur Vergangenheit die Hitlerei immer unbegreiflicher erscheint, dann sollten wir solche Zeilen wie die obigen als Indiz für einen Geistes- und Seelenzustand nehmen, der weite Kreise der Bevölkerung erfaßt hat.

Wenn selbst ein sensibler Mensch wie Klabund die Stärke des Gewalthabers preist, ohne sich der tödlichen Gefahr durch dessen unkontrollierte Gewalt bewußt zu sein, dann kann der Leser auf Zustände schließen, die notwendigerweise herbeiführen mußten, wovon da so verlangend die literarische Rede war. Doch solche Formulierungen konnten dem kindlich-naiven Leser kaum auffallen. Aber ich bin gar nicht sicher, ob sie einem heutigen Leser überhaupt aufstoßen würden. Man überliest so was und nimmt es trotzdem auf, wie einen nicht gleich identifizierbaren Bestandteil einer Speise.
Mit dem Zuklappen des Romans schließt man eine literaturgeschichtliche Ära: der historische Roman dieser Machart ist tot. Geschichte als Skandalgeschichte hat ihre letzte Bastion in den Illustrierten gefunden. Geschichte und ihre belletristische Darstellung haben das Leidenschaftliche und Dramatische eingebüßt. Gesellschaftliche Funktionsabläufe und Automatismen sind an die Stelle der Condottieri und Mätressen getreten, von denen zu lesen freilich amüsanter war als von Mehrwert, Ideologie und Entfremdung. Unbemerkt haben sich derartige Historienmalereien, obschon ihr Stoff der Realität entstammt, in Märchen verwandelt, als die man sie auch zu lesen hat, um ein neues Vergnügen an ihnen zu finden.

Der Narr im Hinterland

Peter von Matt über Siegfried Kracauer:
Ginster. Von ihm selbst geschrieben (1928)

Wer deutet das Phänomen? Heute, wo der Vietnam-Krieg endgültig Geschichte geworden ist, ein Stück Vergangenheit und für die jüngsten Erwachsenen schon nichts mehr weiter als ein unbestimmtes »Früher«, kommen die Vietnam-Filme plötzlich gehäuft daher, verklärend oder zynisch oder kalt analysierend, in einer Dichte, die kein Zufall sein kann und doch nicht ohne weiteres begreiflich erscheint.

Soll der Übergang in die Geschichte besiegelt oder verzögert werden? Geht es darum, eine Wiederholung zu verhindern oder sie behutsam zu präludieren? Es ist das gleiche Phänomen, das in der deutschen Literatur der späten zwanziger Jahre auftaucht, zehn Jahre nach dem Ende des Ersten Weltkriegs. Auch von den deutschen Kriegsromanen – zwischen Killerglück und Grabenverzweiflung, blinder Mitleidshaltung und kühler Ursachenforschung breit gefächert – weiß man nicht, haben sie das neue Unheil verzögert oder angelockt? Welche Vorgänge im kollektiven Bewußtsein schlagen mit solchen Strömungen in die literarische Produktion durch? Wie kommt es, daß sich eines Tages so viele Autoren ganz unabhängig voneinander an die gleiche Arbeit machen?

1927 erscheint Arnold Zweigs *Streit um den Sergeanten Grischa* als Vorabdruck in der *Frankfurter Zeitung*. 1928 folgt am gleichen Ort Ludwig Renns *Krieg*. Parallel dazu bringt die *Vossische Zeitung* Remarques *Im Westen nichts Neues*. In der Feuilletonredaktion der *Frankfurter Zeitung* sitzt zu der Zeit der Architekt und Philosoph, Soziologe, Essayist und leidenschaftliche Stadtbeobachter Siegfried Kracauer, und lange

Zeit wissen nur die Eingeweihten, daß das merkwürdigste Kriegsbuch dieser Jahre von ihm stammt. Es erscheint 1928 bei S. Fischer in Berlin, anonym, unter dem sanftverschrobenen Titel: *Ginster. Von ihm selbst geschrieben.*
Die Überschrift hat etwas provokant Naives. Sie könnte von einem Kind stammen, das sich an einem Buch versucht, dabei nicht über drei Seiten hinauskommt und doch von der einzigen Sorge geplagt wird, man möchte denken, es habe das nicht »selbst geschrieben«. Im Fall von Kracauers Roman ist es nun nicht etwa so, daß einem der Titel allmählich sinnvoll erschiene, wenn man erst einmal ein Stück weit gelesen hat. Man merkt bloß, daß er nicht das einzige schief neben die Normalität Geratene ist in diesem Buch. Er erweist sich genau insofern am Platz, als er all das vorwegnimmt, was da auch sonst nicht am gewohnten Platz ist.
Nichts von dem Ungewöhnlichen ist seit dem ersten Erscheinen des Romans gewöhnlich geworden. Noch immer sucht man, wie die ersten Rezensenten Joseph Roth und Hermann Kesten, nach Bildern und Vergleichen, die das Irritierende vertraut machen könnten. Was einen bei der Lektüre streift, dürfte mit dem Entzücken verwandt sein, das den innigen Philatelisten angesichts eines raren Fehldrucks erfaßt: das Verrutschte nimmt sich so erlesen präzis aus, die Abweichung erscheint so einzigartig richtig, daß die Normalität selbst darüber in ein schiefes Licht gerät.
Schon *Ginster* als einen Kriegsroman zu bezeichnen, ist ein Witz. Dennoch muß man es tun, hat man es immer getan. Denn auf diesen Witz hat es der Roman unter anderem ernstlich abgesehen. Es ist ein Kriegsroman, der keine einzige Regel seiner Gattung einhält. Der Held kommt nie ins Feuer, sieht keinen Schützengraben und schießt nur ein paarmal auf Scheiben am Waldrand. Alle anderen Kriegsbücher haben zum Handlungsgrundriß das Verlassen der bürgerlich vertrauten Welt, den zunächst begeisterten Abschied von einem

mediokren Leben, das dann, vom Blut und Dreck und Entsetzen der Schützengräben aus, rasch wie ein Land der sagenhaften Vergangenheit erscheint. Hier jedoch bleibt der Held im mediokren Leben stecken, die ganzen vier Kriegsjahre lang. Er wird zwar eingezogen, doch das führt nicht weiter als bis in die Kaserne seiner Stadt, tief im Hinterland. Man bringt ihm einiges Militärisches bei; dann sieht er sich unverhofft wieder in seinem alten Büro.

So wie er in die Musterungen stolpert, ohne den Kriegsdienst zu wollen und ohne sich dagegen zu wehren, stolpert er auch wieder aus den Musterungen heraus. Durch unbegriffene Zufälle wird er eingeteilt, durch unbegriffene Zufälle entlassen. Er weiß nur, daß er lieber nicht in den Krieg möchte. Daß er tatsächlich nicht an der Front und im Feuer landet, sieht er mit Staunen, mehr noch mit einem hilflosen Befremden an. Er durchlebt, durchstrauchelt und durchstolpert vier Jahre der unwahrscheinlichsten Ereignislosigkeit – jene vier Jahre, die alle Welt um ihn herum als die ereignisreichsten, erschütterndsten der Geschichte betrachtet.

So wie der Roman quer zu allen Kriegsromanen steht, steht der Held mit seinem Denken und Erleben quer zu allen Zeitgenossen. Das ist keine Leistung von ihm. Es ergibt sich nicht aus gezieltem Handeln. Nicht auf der List dessen beruht es, der im richtigen Moment zu kneifen weiß, auch nicht auf der pathetischen Auflehnung eines Pazifisten und ebensowenig auf der gelassenen Reflexion eines autonomen philosophischen Kopfs. Worauf beruht es dann aber? Was macht diesen jungen Mann Ginster so unvergleichlich eigentümlich?

Man könnte sich ins Autobiographische flüchten und sagen, Kracauer habe eben sein eigenes Leben erzählt, und das sei halt so gewesen, wie es jetzt dastehe. Damit verwechselt man den Rohstoff mit dem Produkt. Eine geschnitzte Skulptur begreift sich nicht aus dem Stück Holz her, aus dem sie gemacht wurde, eine literarische Figur nicht aus dem Stück Leben, das der Autor als Material zur Verfügung hatte.

Tatsächlich gelingt Kracauer mit diesem Ginster eine komische Gestalt, die sich in ihrer philosophischen Narrheit mit alten Mustern messen kann. Sie ist nicht nach deren Vorbild gefertigt. Ihren Rang gewinnt sie ganz aus sich selbst heraus. Und eine bemerkenswerte literarische Brüderschaft ist das schon, zu der Ginster gehört. Keiner, scheint es, weiß etwas vom andern. Jeder lebt sehr für sich, sehr einsam in einem feinnervigen Innern, das laufend in die vertracktesten Verknotungen mit einer grobschlächtigen Außenwelt gerät. Jean Paul hat diesen Typus des jungen, unverbitterten, eigentlich lebenslustigen, aber der eigenen Unbeholfenheit gegenüber gänzlich unbeholfenen Einzelgängers geliebt. Walt in den *Flegeljahren* ist ein maßgebliches Exemplar. Ihm folgte schon bald Hoffmanns Student Anselmus, der magisch angezogen wird von allem, worüber man längshin auf die Nase fliegen kann. Chamissos Schlemihl hat für alle den gültigen Namen gefunden.

Immer tauchen sie wieder auf, diese zutraulich-schwierigen Burschen, und sind doch nie so stereotypisiert wie andere literarische Umrisse. Denn das Närrische an ihnen ist immer eine seltsame Form der Rettung bedrohter Individualität. So gibt paradoxerweise gerade das allen Gemeinsame auch das allen je ganz Besondere ab. Den Landschaftsmaler Roderer in Stifters *Nachkommenschaften* kann man zu der Gesellschaft zählen, einen literarisch unterschätzten Jüngling übrigens, und um die Jahrhundertwende Walsers Simon Tanner und Ehrensteins Tubutsch. Else Lasker-Schüler hat die Gestalt in weiblicher Ausprägung unmittelbar gelebt. Noch in Genazinos Abschaffel steckt etwas von der Sippe, wenn auch ins sehr Trübe und Traurige gewendet.

Eine strahlende Figur ist allerdings auch dieser Ginster nicht. Dem Witz des Ganzen tut das keinen Abbruch. Als das Buch herauskam, hat man ihn mit Chaplin und mit Schwejk verglichen. Heute würde man eher an Woody Allen denken. Mit diesem nämlich teilt er die Intellektualität, das andauernde, förmlich heißlaufende Reflektieren. Chaplins »little tramp« und Hašeks »braver Soldat« sind Verkörperungen des kleinen Mannes aus der Unterschicht, seiner Listen und Träume, seiner großen Verfolgungen und kleinen Siege. Für Ginster müßte man in Analogie zum »kleinen Mann« den Begriff des »kleinen Intellektuellen« schaffen. Er reibt sich nicht im Kampf um das bürgerliche Überleben auf, um die Anstellung im Warenhaus oder als *Commis voyageur,* wie es die Figuren Falladas und Horváths tun. Zwar geht es auch ihm finanziell nicht rosig, aber die Auseinandersetzung, für die er alle Energien braucht und verbrennt, ist eine denksichere. Er arbeitet sich ab im Versuch, diese Welt zu verstehen. Sein Märtyrertum ist, das Wort sei gewagt, ein hermeneutisches. Er sieht die Dinge überscharf und jedes vom andern isoliert, außerhalb aller vorgegebenen Ordnung, und so kommen sie alle auf ihn zu, fürchterlich in ihrer rätselhaften Banalität, fahren ihm in die Seele wie die Pfeile in den heiligen Sebastian.

Für alle Leute um Ginster herum ist seit August 1914 die Welt eindeutig geworden, so eindeutig, wie sie es noch nie war. Alles steht fest und gewinnt seinen Sinn aus dem Bezug zu Krieg und Volk und Vaterland. Nur für Ginster existiert diese Ordnung nicht. Er hätte nichts gegen sie, wenn er sie nur begriffe. Aber er weiß nicht, warum man sich zu Tausenden gegenseitig tötet; warum man über die Eroberung von Landstrichen jubelt, die vorgestern noch allen Leuten gleichgültig waren; warum man stolz ist, diesen Krieg einen »Weltkrieg« nennen zu können.

Alles, was seiner Umwelt das Denken erspart, fordert das seine in einer Weise heraus, die über seine Kräfte geht. Er ist zum Deuten förmlich verdammt. Das Selbstdenken liegt auf ihm wie ein Fluch. Denn weil tatsächlich sinnlos ist, was für alle anderen den höchsten Sinn abgibt – das Sterben für einen ostpreußischen Sumpf, das Verkrüppeltwerden für ein Wäldchen in Nordfrankreich –, kommt er mit seiner Hermeneutik nie zu einem Ende. Statt beim Sinn landet er in der Absurdität. 15 Jahre vor Camus' *Sisyphus* und dem *Fremden* wird in Kracauers Roman eine Absurditätserfahrung formuliert, die, unpathetisch und sehr zum Lachen, an philosophischer Folgerichtigkeit hinter dem strengen Existentialisten nicht zurückbleibt.

Was sich vor Ginsters Augen aufbaut, fährt unter dem Anprall seiner Blicke unweigerlich in Teile auseinander, die ein seltsames Eigenleben beginnen. Sie verbinden sich im Kopf des Beobachters mit disparatem Phantasiematerial und formieren sich dann zu kaleidoskopischen Ornamenten, von denen kein Weg mehr zur Sache zurückführt. So einer spinnt natürlich gewissermaßen, aber auf das »gewissermaßen« kommt es an. Die unablässigen Vergleiche und Metaphern, die Ginster bei seinen Karambolagen mit der Welt produziert, schlagen keine Verbindung zwischen Innen und Außen, sondern besiegeln die Trennung. Auch das Witzige daran ist deshalb bloß »gewissermaßen« witzig:

»Das Gesicht eines der Herren war eine brüchige Steinplatte, auf der sich die Reste einer Inschrift erkennen ließen. Er verhielt sich denn auch mit der Würde eines archäologischen Fundes, um dessen Enträtselung sich die Gelehrten noch mühten. Möglicherweise war er eine Fälschung.«

»Der Unteroffizier erinnerte ihn an ein im maurischen Stil errichtetes Haus zu F., das einer türkischen Zigarettenfabrik glich, die einer echten Moschee nachgebildet war.«

Wie sehr dann aber solche Erfahrung entgleitender Wirklichkeit für den Leser, den Beobachter dieses Beobachters, zu einem sinnstiftenden Vorgang werden kann, wie sehr Ginsters fortschreitende Erkenntniskatastrophe Erkenntnis zu schaffen vermag, zeigt beispielhaft der Abschnitt über eine

Mutter, die ihren Sohn im Krieg verloren hat und ihn doch ohne Schwierigkeiten »wegen der Sümpfe verschmerzt«. Ginster ist dem Schrecklichen, das diese Frau verkörpert, natürlich nicht gewachsen, aber welche Auskunft über das seelische Verderben durch Krieg und Propaganda steckt auch heute noch in dieser Passage:

»Wäre noch ein verwendbarer Sohn im Besitz der Mutter gewesen, sie hätte ihn ebenfalls der Befreiung des Stück Landes zum Opfer gebracht. Das Wort Opfer gebrauchte sie den Besuchern gegenüber, um nicht als gewöhnliche Hinterbliebene zu gelten. Ihr blonder Haarknäuel blitzte bei der öffentlichen Siegesfeier auf dem Opernplatz drohend zu Ginster hinüber, der zufällig neben ihr stand. Er hatte in einer Trambahn den Platz überqueren wollen, aber die Trambahn konnte nicht weiter. Das Blond unterschied sich von geschliffenen Messern nur darin, daß es bereits aus der Ferne verletzte. Die Dame war in einem hellen Kleid erschienen, das ihre Freude über den Sieg verkündete, für den sie den Sohn hatte verlieren dürfen. Während der Musik verwandelten sich ihre Augen in Brennspiegel, die Ginster geblendet hätten, wenn er in den Bereich der Strahlen geraten wäre. Auch die Festfahnen am Himmel strahlten, Wimpel von allen Balkonen. Ein Redner über der Masse feierte die Ziffern in den Sümpfen und das befreite Stück Land. Er erklärte, daß die Bevölkerung um des Landes willen vorhanden sei, für das sie freudig ihr Leben hingeben werde; selber war er noch niemals gestorben. Wenn die ganze Bevölkerung ihr Leben hingegeben hat, dachte Ginster, besteht das Land allein weiter fort. Der blonde Haarknäuel zerschnitt die Menge und schob sich mitten in die Rede hinein, eine Landesmutter, die ihre Söhne versprühte.«

An solchen Stellen sieht man, wie sehr dieser regelwidrige Kriegsroman eben doch ein Kriegsroman ist. Was er entwirft, ist die Pathologie des Hinterlands. Er zeigt, wie die Daheim-

gebliebenen, unablässig redend, die Sinnstrukturen aufrechterhalten, auf die sich das große Schlachten beruft und ohne die es rasch einmal zu Ende wäre. Einen Zirkel zeigt er, der so unheimlich ist, daß man die krassen Todesszenen der andern Kriegsbücher daneben fast harmlos finden könnte: Der Krieg braucht den großen, einfachen Gedanken, der ihn zweckmäßig erscheinen läßt. Dieser hohe Zweck ist für die Soldaten selbst rasch verflogen, für die Leute daheim aber begründet er eine grandiose Stabilisierung aller Werte. Und nun nährt sich aus dem Schlachten, was doch dieses nur begründen sollte. Die Absurdität der monatelangen Grabenkämpfe um immer denselben Hügel, immer dasselbe lothringische Nest, wird zu Hause gebraucht für den metaphysischen Luxus, endlich einmal gänzlich absurditätsfrei leben zu können.
Aber wehe dem, der da nicht mitdenkt, mitfühlt, mitredet. Er verliert nicht nur die Sprache, die alle andern sprechen, sondern wird sich selbst so fremd, wie der belangloseste Gegenstand ihm fremd und bald schon bedrohlich wird. Ginster gerät schicksalhaft in jene »Eigenschaftslosigkeit«, die Musils Ulrich aus philosophischer Souveränität weit ungefährdeter gewonnen hat. Man scheint die Verwandtschaft der zwei Romane bisher übersehen zu haben. Dabei wäre nicht nur ihre hochentwickelte Komik über einen Vergleich genauer zu erkennen, sondern es müßten sich auch Einsichten hinsichtlich dessen ergeben, was die beiden Helden als Liebe begreifen und erfahren, genauer: was beiden in der Liebe versagt bleibt. Und schließlich dürfte sich bei solcher Konfrontation auch Adornos Äußerung, *Ginster* sei »Kracauers bedeutendste Leistung«, am raschesten bestätigen.

Das Kaff im Zentrum der Utopie

Sibylle Wirsing über Anna Seghers:
Der Aufstand der Fischer von St. Barbara (1928)

Das Pseudonym Seghers war noch nicht gelüftet, als sich die bürgerliche Kritik bereits für das neue Talent einsetzte. »Seine Personalien sind überflüssig. Ihn legitimiert eine Leistung«, schrieb Hans Sahl 1928 im *Berliner Börsen-Courir* über den jungen Autor. Die Anerkennung bezog sich auf zwei Erzählungen. Die eine war unter dem Titel *Grubetsch* in der *Frankfurter Zeitung* veröffentlicht worden, die andere hatte der Verlag Kiepenheuer herausgebracht: *Aufstand der Fischer von St. Barbara*. Sie erinnerte den Rezensenten an die »Prägnanz Kleistischer Erzählungen« und erhielt noch im selben Jahr eine entsprechende Auszeichnung, nämlich den Kleistpreis. Der Dramatiker Hans Henny Jahnn, der für die Auswahl zuständig gewesen war, begründete und rechtfertigte die Entscheidung mit der Weiträumigkeit des Textes: »Alles, was als Tendenz erscheinen könnte, verbrennt in einer leuchtenden Flamme des Menschlichen.«

Die Preisträgerin Anna Seghers durfte auf solche Bestätigungen freilich nicht viel geben. Sie gehörte seit 1929 der KPD an und hatte sich mit dem Urteil ihrer eigenen Leute auseinanderzusetzen. Als sie vom Bund proletarisch-revolutionärer Schriftsteller zum Zweiten Internationalen Schriftstellerkongreß nach Charkow entsandt wurde, bekam sie dort für ihre Erzählung vom Aufstand der Fischer nur ein sehr eingeschränktes Lob. Die Eigenart ihres Realismus zählte so gut wie gar nicht. Festgestellt wurde nur, daß sich Anna Seghers der Front des revolutionären Proletariats genähert habe – »trotz vieler idealistischer Züge und kleinbürgerlicher Verworrenheiten«.

Selbstverständlich hat die sozialistische Literaturwissenschaft später versucht, das Hauptstück des Seghersschen Frühwerks ideologiegerecht zu deuten. Aber selbst so vorzügliche Interpreten wie Friedrich Albrecht, Inge Diersen oder Kurt Batt sind dabei etwas ins Schwindeln geraten. Sie konnten nicht leugnen, daß St. Barbara und der Aufstand daselbst Erfindungen der Erzählerin sind, und mußten doch die Wirklichkeitsnähe und -treue der ganzen Geschichte beweisen. So kommt Inge Diersen nach einer Aufzählung aller nur möglichen Indizien zu dem Schluß, daß St. Barbara unzweideutig ins zeitgeschichtliche Milieu des späten Hochkapitalismus eingebettet sei. Kurt Batt, der diese Deutung übernimmt, fügt leicht verlegen hinzu, daß der Ort und die Zeit »nicht zufällig« außerhalb der identifizierbaren Wirklichkeit liegen. Ausflüchtiger konnte man der Verfasserin freilich nicht bestätigen, daß sie die Realität ihrer Erzählung mit aller Bestimmtheit der realen Bestimmbarkeit entrückt hat.
Zwei Richtungen, erinnerte sich Anna Seghers, seien ihr als junger Schriftstellerin als das Wahre erschienen – der klassenkämpferische Realismus und der Farbenreichtum der Phantasieerfindung: »Ich wünschte das eine und das andere zu verbinden, aber ich wußte nicht wie.« Im *Aufstand der Fischer von St. Barbara* wird dieses Problem dem Stoff einverleibt. Die Dorfbewohner leben zwar unter den halbproletarischen Bedingungen, die ihnen von einer monopolkapitalistisch orientierten Gesellschaft aufgezwungen worden sind, nicht aber innerhalb der politischen Relationen, die wir aus der Wirklichkeit kennen. Die soziale Situation erscheint ebenso absolut, wie die geographische Lage hermetisch ist.
Die Erzählung beginnt mit einem Vorgriff auf das Ende. Sie berichtet, daß der Aufstand der Fischer vorüber ist und daß der Ort des Ereignisses wieder seinen gewohnten Anblick bietet: »St. Barbara sah jetzt wirklich so aus, wie es jeden Sommer aussah.« Wirklich oder nur scheinbar? Um in diesem

Punkt Klarheit zu schaffen, entläßt Anna Seghers ihre Chronik für einen Augenblick aus der realistischen Verpflichtung und teilt eine phantastische Vision mit: »Aber längst, nachdem die Soldaten zurückgezogen, die Fischer auf See waren, saß der Aufstand noch auf dem leeren, weißen, sommerlich kahlen Marktplatz und dachte ruhig an die Seinigen, die er geboren, aufgezogen, gepflegt und behütet hatte für das, was für sie am besten war.«

Dieser Satz bleibt innerhalb der Erzählung ein Unikum. Aber wie er das dämonische Bild beherrschend an den Anfang stellt, warnt er den Leser davor, die realistische Annäherung an St. Barbara für eine schlichte Wiedergabe zu halten. Zur Wahrnehmung, die nun detailliert folgen wird, gehört stillschweigend auch das zweite Gesicht.

Nachdem die Literatur des zwanzigsten Jahrhunderts in ihrem weiteren Verlauf bis zur Ermattung versucht hat, mit Hilfe fingierter Zeugnisse eine dokumentarische Authentizität vorzutäuschen, erscheint die Meistererzählung der jungen Anna Seghers nun im Rückblick erst recht geheimnisvoll. Denn sie vermittelt nicht nur den Eindruck einer chronistisch getreuen Überlieferung, sondern wahrt zugleich auch die Aura der Fiktion. Bis hin zu den Orts- und Personennamen, die christlich und heidnisch, keltisch, angelsächsisch und mythisch zusammengesetzt sind, schafft sich die Erzählung ihre eigene Geographie. Dabei assoziiert sie gelegentlich einen Partikel unserer nördlichen oder südlichen Landkarte – Neufundland oder Algerien –, um mit solchen kompaßlosen Markierungen erst recht auf die unerforschliche Identität des eigenen Standorts anzuspielen. Wie kommen Wirklichkeit und Dichtung in dieser Geschichte zusammen?

Das Fischerdorf St. Barbara, das sich die Seghers-Interpreten gerne irgendwo an der bretonischen Küste vorstellen, wird in der Erzählung selber genau dort anberaumt, wo die natürliche Lage und die charakteristische Situation miteinander eins sind: in der Nachbarschaft einiger ähnlich dürftiger Ortschaften, die sich an der Küste zwischen den Klippen und Dünen des Festlandes zerstreuen, der Margareteninsel gegenüber, und die allesamt wirtschaftlich von der nächstgelegenen Hafenstadt namens Port Sebastian abhängig sind. Dort sitzt die Reederei Bredel, die als Arbeitgeber eine Monopolstellung innehat. Auf ihren Schiffen verdingen sich die Fischer sommers als Saisonarbeiter, um zum Hochsee-Fischfang hinauszufahren. Der Verdienst ist kümmerlich, aber immer noch besser als der Ertrag, den man winters mit der Küstenfischerei selbständig erwirtschaftet. Ohne die Unternehmer könnten die Familien in St. Barbara und Umgebung nicht existieren. So sieht der konkrete Zustand aus, und von ihm allein handelt die Erzählung.

Welche politischen Voraussetzungen gegeben sein müssen, damit die Ausbeutung funktioniert, läßt Anna Seghers außer Betracht. Die Fakten, die so deutlich offenbaren, daß hier an der Küste ein Unrecht geschieht und erduldet werden muß, verweisen zwar wie die Indizien einer Kriminalgeschichte auf den verborgenen Täter, aber man bekommt ihn nicht zu sehen und kann über ihn nur Mutmaßungen anstellen.

Er muß mächtiger sein als die Firma Bredel, die ja nur von den Umständen profitiert, und souveräner als der Regimentshauptmann Kedel, der mit seinen Soldaten den Aufstand der Fischer im Namen von Gesetz und Ordnung niedermacht. Aber schon der Präfekt, von dem es heißt, daß er einen Bericht vom Ende des Aufstandes nach der Hauptstadt geschickt habe, bleibt im dunkeln. Davon ganz zu schweigen, daß die Leute sichtbar würden, denen er Mitteilung macht. Man kann der Erzählung unterstellen, sie habe einen Kapitalismus und eine Staatsgewalt im Sinn, die sich so verdächtig aufeinander reimen wie Bredel und Kedel; aber die Erzählung selber nimmt dazu keine Stellung.

Sicher ist dagegen, daß St. Barbara insofern außerhalb der gesellschaftspolitischen Prozesse des neunzehnten und zwanzigsten Jahrhunderts liegt, als es hier keine proletarische Bewegung, keine Arbeiterpartei und keine Gewerkschaft gibt. Die Fischer sind in dieser Hinsicht vollkommen ahnungslos, und die Erzählung bestätigt den Anachronismus, indem sie ihn wie selbstverständlich voraussetzt. Das ist ihre Fiktion und war dann auch der Grund für die Skepsis der Marxisten gegenüber der Debütantin Seghers.

Warum hatte sie nicht nachvollziehen wollen, daß sich mit dem Druck von oben eine Gegenkraft von unten entwickelt, die weit über die kurze, blinde Zusammenballung der Ohnmacht hinaus den geschichtlichen Fortschritt in Gang setzt? Warum zeigte sie am Beispiel von St. Barbara nicht wenigstens den Umschwung vom jähen Aufstand hin zum proletarisch-revolutionären Bewußtsein? Warum mußte sie die Dialektik leugnen und so tun, als seien die Fischer den Ausbeutern hilflos preisgegeben? Die archaische Qualität, die Vorzeitlichkeit oder das Immer-und-Ewig und die urgesellschaftliche Primitivität sind keine Vorzüge oder Mängel, sondern machen das Wesen der Chronik von St. Barbara aus.

Die Parabel von den aufständischen Fischern hat sich inzwischen als zeit- und wetterhart erwiesen. Sie paßt auch dann noch, wenn eine sozialistische Staatsmacht an den Platz rückt, den bei Anna Seghers die militärisch operierenden Kapitalisten einnehmen. Die Erzählung kommt, politisch gesehen, einer negativen Utopie gleich. Der organisierte Klassenkampf liegt jenseits des Horizontes von St. Barbara. Aber die Empörung gegen die herrschenden Verhältnisse verfügt nun, da sie nur noch den Stellenwert eines Abenteuers hat, desto unmittelbarer über die seelischen Triebkräfte.

Hunger und Armut sind für den Aufstand, den Anna Seghers schildert, nur das angemessene äußere Motiv. Was die Fischer bewegt, ist die urmenschliche Sehnsucht nach einem leichten und lichten Dasein, ohne daß ihnen diese Regung irgend bewußt wäre. Nur der blutjunge Andreas Bruyk, der früh- und vorzeitig in die Mangel genommen wurde und sich den Entbehrungen nicht so fraglos anpassen kann wie die Erwachsenen, gibt dem Gedanken an ein anderes Leben nach. So erkennt er auch als erster in dem Fremden, der nach St. Barbara gekommen ist, den legendären Rädelsführer namens Hull: den Abenteurer, der vor kurzem in Port Sebastian einen Aufstand angezettelt und angeführt hat und dabei knapp mit dem Leben davongekommen ist.

Aber der Wunderglaube steckt auch in den anderen; nur ist er unkenntlich geworden durch die Gewohnheit. Selbst eine so harte Person wie die Hure Marie, die ihr Geld bei Freund und Feind, egal bei den Fischern und den Soldaten, verdienen muß, spart aus der Illusionslosigkeit ein winziges Stück Zukunft aus, nicht stattlicher und nicht verheißungsvoller als das gelbe Halstuch, das ihr wer weiß was garantieren soll und von dem sie auch im Massaker nicht lassen wird.

Beim Bewußtseinsprozeß, der sich in St. Barbara vollzieht, geht es nicht speziell darum, daß sich die Fischer allmählich als Proletarier im Griff der Ausbeuter erkennen lernen, sondern daß sie ihrer eingeborenen Lebensbedrängnis innewerden, die der Leser gleich eingangs zu spüren bekommt. Hull, der Fremde, sitzt zwischen den schweigenden Fischern in der Schenke, und die Beklommenheit drinnen in der Stube ist so elementar wie die Bedrücktheit draußen: »Es war Nachmittag, Oktober. Dumpf und unbeweglich, bleigrau und regenschwer starrten Himmel und Erde gegeneinander, wie die Platten einer ungeheuren hydraulischen Presse.«

Wie der Abenteurer im Verlauf der Wintermonate die innere Verstocktheit aufzubrechen versucht, tritt die Starre bei der Schilderung von St. Barbara erst recht hervor. Sie erscheint als die öde Landschaft an der Küste, als das Hungerleben im Dorf, als die steinerne Architektur der Fischerhütte, als der karge Umgang in den Familien und die aufreizende Mager-

keit der Frauen und Kinder. Stets meint man bei der Ortsbeschreibung den Ton mitzuhören, der sich draußen ins Meeresrauschen mischt: »der Wind, der über das Kraut strich wie über ein Reibeisen«.
Dem Gast in St. Barbara fällt es zunächst nicht schwer, einen Keil in die Seelen zu treiben. Schon nach der ersten Sitzung in der Kneipe findet Andreas seinen Ziehvater Kedennek gesprächiger als sonst und macht sich darüber Gedanken – »vielleicht, weil er unbestimmt spürte, daß für Kedennek reden soviel bedeutete, wie für jemand anders, sich zu einer unbesonnenen und folgenschweren Tat hinreißen zu lassen.« Aber der Streik, zu dem sich die Fischer durch Hulls Mund-zu-Mund-Beatmung bewegen lassen, hat doch nur eine nächste Lähmung zur Folge. Woher will das elende Kaff die Kraft nehmen, von der Reederei bessere Bedingungen zu ertrotzen und den Kampf auch tatsächlich durchzuhalten? Die Messer, die gezückt werden, um die Streikbrecher an der Ausfahrt zu hindern, sind selbstmörderische Instrumente.
An dem Tag jedoch, an dem die ersten Schüsse fallen, Kedennek unter den Kugeln des Kedelschen Regiments zusammenbricht und der Hafen zum Schauplatz des Aufstandes der Fischer gegen die Soldaten wird, ist die Erstarrung wie weggefegt. St. Barbara, heimgesucht von einem stürmischen Frühlingswind, hat sich von dem Druck befreit. Und so erfährt auch Andreas, der auf der Flucht vor den Soldaten den Schuß noch knallen hört, der ihn schon erwischt hat, seinen Tod als das Wunder: »Etwas in ihm rannte und zerstob schließlich nach allen Richtungen in die Luft in unbeschreiblicher Freude und Leichtigkeit.« Aber auch diejenigen, die den Aufstand überleben und nun wie jeden Sommer unter der Bredelschen Flagge aufs Meer hinausfahren, sind nicht mehr so wie früher. Noch beim Abschied am Kai erkennen die Frauen in den Augen ihrer Männer »das Feste, Dunkle vom letzten Winter«.

Wo immer man den Standort von St. Barbara sucht, stets wird man das Dorf als eine kugelförmig in sich geschlossene Welt finden. Dem äußeren Charakter nach ist es bis hin zur Trostlosigkeit düster und nicht viel mehr als eine grindige Narbe an der Nahtstelle von Natur und Zivilisation. In seinem Innern aber strotzt es von einer Vitalität, die sogar den Hang zur genrehaften Miserehaftigkeit aufzehrt und der negativen Utopie eine menschliche Hoffnungskraft entgegensetzt. Dieser Überwindungsprozeß macht die Realitätsfähigkeit der erfundenen Ortschaft aus.
Als Erwin Piscator die Seghers-Erzählung 1934 in Moskau verfilmte, unterlegte er ihr alles das, was die Autorin hatte vermissen lassen. Er stilisierte den Aufstand als ein Musterbeispiel des Aufbruchs zum Klassenkampf und füllte ihn mit der erwünschten politischen Realität aus. Der Film, der an Eisensteins *Panzerkreuzer Potemkin* erinnert, läßt nicht einmal mehr ahnen, wie die Eigenwelt von St. Barbara zustande gekommen ist: wie der Schicksalsort durch die Disziplin der realistischen Beschreibung zum Greifen nah erscheint und sich durch die phantasiegetreue Konsequenz der Selbstverwirklichung immer wieder entrückt; und wie die Nähe und Ferne in der poetischen Kraftsprache und lakonischen Berichterstattung zusammentreffen.

Zwölf Minuten vor zwölf

Jörg von Uthmann über Jakob Wassermann:
Der Fall Maurizius (1928)

Am Spätnachmittag des 6. November 1906 läutete bei der Witwe des Medizinalrats Molitor in Baden-Baden das Telefon. Es war der Postdirektor Graf, der Frau Molitor dringend bat, sofort zur Hauptpost zu kommen. Man sei dem Ursprung des mysteriösen Telegramms, das sie vor einer Woche aus Paris erhalten habe, auf die Spur gekommen. Frau Molitor machte sich in Begleitung ihrer Tochter Olga auf den Weg. Die kürzeste Verbindung zur Stadt führte über die Lindenstaffeln, eine enge Treppe, die noch heute existiert. Als die beiden Damen an der Treppe angelangt waren, fiel ein Schuß, der Frau Molitor in die Brust traf. Sie war sofort tot. Olga – so sagte die Tochter später vor Gericht – konnte gerade noch wahrnehmen, daß sich ein bärtiger Mann aus einer Mauernische löste und davonlief.

Der Verdacht fiel sofort auf den Schwiegersohn der Ermordeten, Ehemann ihrer älteren Tochter Lina, Carl Hau. Hau, der in Washington eine Anwaltspraxis betrieb, räumte ein, sich zur Tatzeit in Baden-Baden aufgehalten zu haben. Er gab auch zu, einen falschen Bart getragen und seine Schwiegermutter durch einen fingierten Anruf zur Post gelockt zu haben. Den Mord selbst leugnete er. Als Erklärung für sein eigenartiges Benehmen gab er an, er habe seine Schwägerin Olga – mit der er ein Liebesverhältnis unterhielt – vor der Abreise nach Amerika noch einmal sehen wollen. Nach dieser Aussage verließ Lina Hau ihren Mann und ertränkte sich im Pfäffiker See.

Der Staatsanwalt behauptete das Gegenteil: Hau sei hoch verschuldet; die Beseitigung der Schwiegermutter habe seine

Frau zur Erbin machen sollen. Am 23. Juli 1907 verurteilte das Karlsruher Schwurgericht Hau zum Tode. Der Großherzog wandelte die Strafe in lebenslanges Zuchthaus um. 1924 wurde Hau begnadigt. 1926 beging er in Rom Selbstmord. Seine Schuld hat er bis zuletzt bestritten.

Zwei Jahre nach dem aufsehenerregenden Freitod veröffentlicht Jakob Wassermann den *Fall Maurizius*. Er vertritt darin die Ansicht, nicht Hau (»Maurizius«) sei der Mörder gewesen, sondern seine Schwägerin Olga (»Anna Jahn«) – eine Ansicht, die auch in Baden-Baden weit verbreitet war. Derjenige, der den wahren Sachverhalt aufdeckt, ist bei Wassermann kein anderer als der Sohn des Staatsanwalts Andergast, dessen brillante Beweisführung Maurizius seinerzeit ins Zuchthaus brachte. Dieser Etzel Andergast ist der wahre Held des Romans.

Jakob Wassermann, ein zu Lebzeiten ungewöhnlich erfolgreicher Autor, war schon damals nicht unumstritten. Den einen galt er als der einzige deutsche Romancier, der Thomas Mann das Wasser reichen könne; manche verglichen ihn sogar mit Dostojewski. Andere wiederum tadelten seine Neigung, grelle Effekte und angestrengten Tiefsinn unbekümmert miteinander zu vermischen. In stilistischer Hinsicht konzedierte man ihm zwar die virtuose Beherrschung des Handwerks, nannte ihn aber epigonal und »rührend altmodisch« – so Lion Feuchtwanger 1916 in einer Rezension des *Gänsemännchens*. Nach dem Tode Wassermanns, 1934, schrieb Thomas Mann an René Schickele: »Sein Werk hat mir wegen eines gewissen leeren Pompes und feierlichen Geplappers oft ein Lächeln abgenötigt, obgleich ich wohl sah, daß er mehr echtes Erzählerblut hatte als ich.«

Heute überwiegen die negativen Urteile. In seinem Buch *Nachprüfung* bescheinigt ihm Marcel Reich-Ranicki pseudophilosophische Geschwätzigkeit und plumpe Typologie: »Der suchende Intellektuelle und der weltfremde Künstler,

der gütig-weise Kauz, der skurrile Bösewicht und der pedantisch-trockene Beamte, die unverstandene Ehefrau, die edle Sünderin, die reine Hure und die geheimnisvolle Verführerin – sie alle, die Wassermanns Szene bevölkern, sind unzweideutige, in ihrer Eigenart auf Anhieb erkennbare Gestalten.«
Grundlos ist diese Kritik nicht. Die meisten Romane Wassermanns sind uns in der Tat sehr fern gerückt. Was seine Zeitgenossen als »heilige Inbrunst« und »sittliche Sendung« (Feuchtwanger) rühmten, kommt uns heutzutage arg abgestanden, oft sogar kitschig vor. Die Menschheitsprobleme, die Wassermann mit heißem Bemühen zu bewältigen suchte, die »Trägheit des Herzens« (*Caspar Hauser*), das Leiden des Künstlers an seiner verständnislosen Umwelt *(Gänsemännchen)* oder die Idee der Gerechtigkeit *(Maurizius)* – sie sind hoffnungslos aus der Mode gekommen. Unmodern war *Der Fall Maurizius* schon bei seinem Erscheinen: *Ulysses* war bereits sechs Jahre auf dem Markt, Kafka vier Jahre tot; Döblin und Faulkner schickten sich an, den deutschen und amerikanischen Roman zu revolutionieren. Verglichen mit ihnen, ist Wassermann ein Autor des neunzehnten Jahrhunderts.
Und doch ist *Der Fall Maurizius* der beste Kriminalroman in deutscher Sprache. Vergessen wir die langatmigen Gespräche des an sich selbst irre gewordenen Staatsanwalts Andergast mit dem Zuchthäusler Maurizius und manches andere, das etwas breit geraten ist. Überlassen wir getrost den Germanisten die Entdeckung, daß die Auseinandersetzung zwischen dem jungen und dem alten Andergast die soundsovielte Variante des Vater-Sohn-Konflikts in der deutschen Literatur darstellt. Oder daß die homoerotisch getönte Beziehung zwischen dem Wahrheitssucher Etzel und dem meineidigen Kronzeugen Warschauer-Waremme nichts anderes widerspiegelt als des Juden Wassermann eigenes Verhältnis zur arischen »Siegfriedwelt der Muskelfrohen«. Den Leser braucht das alles nicht zu kümmern.

Was übrigbleibt, ist eine glänzend erzählte, von Anfang bis Ende spannende Geschichte, an der bis zu den Nebenfiguren – dem jugendbewegten Klassenlehrer Raff oder Etzels habgieriger Zimmerwirtin Schneevogt – einfach alles stimmt. Wie Wassermann das verzweifelte Warten des Vaters Maurizius auf das Urteil schildert, dafür gibt es in unserer Literatur so leicht kein Gegenstück. Der Alte ist in Begleitung von vier Freunden aus seinem Dorf zum Prozeß gekommen, wo er fassungslos der Beweisaufnahme und dem Plädoyer des »blutigen Andergast« gegen seinen Sohn folgt. Die Freunde bestehen darauf, daß er während der Beratung der Geschworenen in seinen Gasthof zurückkehrt. Ein Unteroffizier aus dem gleichen Dorf bleibt im Gericht zurück und übernimmt es, den Urteilsspruch zu überbringen:
»Alle vier folgten Peter Paul in sein Gasthauszimmer, das ziemlich geräumig war und in dessen Mitte ein großer, runder Tisch stand. Um diesen Tisch setzten sie sich, fünf Männer: Peter Paul Maurizius war weitaus der jüngste unter ihnen, der Rentamtmann, als der nächstälteste, war sechzig, der Optiker, der älteste, war achtundsiebzig. Sie bestellten Bier, vor den Platz eines jeden wurde ein Glas hingestellt, keiner rührte es an. So saßen die fünf in ununterbrochenem Schweigen fünf volle Stunden und warteten auf das Urteil. Als die vierte Stunde vorüber war, erhob sich der Müller schwerfällig und öffnete weit die Tür zum Gang. Alle verstanden ihn. Es geschah, damit der Bote schneller das Zimmer finden sollte und damit man ihn gleich sollte hören können, wenn er von unten kam ... Endlich, zwölf Minuten vor zwölf, läutete es von unten, nach einer Weile knirschte das Tor, wieder nach einer Weile rumpelten schwere Stiefel auf der Stiege, und alle fünf Männer, die Langsamkeit der Schritte richtig einschätzend, wußten Bescheid. Es war, als käme der Sensenmann selber die Treppe herauf. Dann erschien der junge Soldat auf der Schwelle, weiß wie ein Laken, die fünf Alten standen auf, ein

einziger tiefer Atemzug von allen fünf gleichzeitig: Verurteilung zum Tode.«

Leere Virtuosität? Effekthascherei? Meinetwegen. In einer Zeit, in der uns die Autoren gern versichern, sie könnten für das, was sie berichten, nicht die Hand ins Feuer legen, hat ein altmodisches Buch wie *Der Fall Maurizius* etwas ungemein Erfrischendes. Bekanntlich haben wir Deutschen, im Gegensatz zu den Angelsachsen, zur Unterhaltung – sei es im Roman, sei es auf der Bühne – ein gestörtes Verhältnis; wir denken dabei immer gleich an Simmel oder Millowitsch. Daß es auch Unterhaltung mit Niveau gibt, wollen die Siegelbewahrer unserer Kunst, übrigens auch unserer Filmkunst, nicht wahrhaben. Ein schwerer Irrtum.

Ich habe den *Fall Maurizius* als Vierzehnjähriger mit roten Ohren verschlungen, und ich gestehe ohne Scham, daß er mich heute noch genauso packt wie vor – nun ja, vor einer ganzen Reihe von Jahren.

Die Drehtür als Schicksalsrad

Werner Fuld über Vicki Baum:
Menschen im Hotel (1929)

Mehr als dreißig vielgelesene Bücher hat Vicki Baum geschrieben, aber im Gedächtnis geblieben ist sie als die Autorin von *Menschen im Hotel.* Es war ihr zehnter Roman und ein Erfolg in jeder Hinsicht: zuerst als Fortsetzungsgeschichte in der *Berliner Illustrirten,* dann als Buchausgabe (1929), wenig später in ihrer eigenen Umarbeitung zum Theaterstück, das im Januar 1930 im Theater am Nollendorfplatz Premiere hatte. Für den jungen Regisseur Gustaf Gründgens bedeutete die Inszenierung den Durchbruch.

Gleichzeitig entwickelte sich der Roman in England und Amerika zum Bestseller; das Bühnenstück lief über ein Jahr am Broadway und wurde als das bedeutendste Theaterereignis New Yorks gefeiert. Natürlich ließ sich Hollywood den Stoff nicht entgehen und machte daraus einen glanzvollen Film (*Grand Hotel,* 1932) mit Starbesetzung.

Die spektakulären Erfolge Vicki Baums sind vermutlich der Grund dafür, daß nicht nur ihre frühere, von Schnitzler beeinflußte Prosa, sondern auch ihre späteren Romane, von denen sie einige im Exil veröffentlicht hat, bis heute von der Germanistik hierzulande, wie man so schön sagt, gar nicht erst ignoriert werden. Daß der holländische Querido-Verlag dank ihrer Bestseller schwerer verkäufliche Bücher anderer Exilautoren drucken konnte, wird mit Stillschweigen übergangen.

Die bürgerliche Literaturkritik äußerte sich, wenn überhaupt, meist mit süffisantem Unterton über ihre Romane; nur aus dem marxistischen Lager kam ungeteilte Zustimmung, da Vicki Baums Werk eine »klare Absage an die Verdummungstendenzen des Unterhaltungsromans« (F. C. Weiskopf, 1936) darstellte. Das hatten die Nazis wohl auch begriffen, denn absurderweise erteilten sie der schon vor 1933 nach Amerika ausgewanderten Autorin sofort Schreibverbot.

Vicki Baum war keine Avantgardistin; jeder Handlungsstrang des Romans *Menschen im Hotel* konnte eine durchaus konventionelle Erzählung abgeben. Tatsächlich ist das Buch aus einem Novellenstoff herausgewachsen: die Geschichte vom todkranken Buchhalter Kringelein, der seine gesamten Ersparnisse nimmt, um die letzten Lebenswochen luxuriös im Hotel zu verbringen, hatte Vicki Baum schon jahrelang mit sich herumgetragen.

Dann kam sie nach Kindheit und Jugend in Wien aus dem provinziellen Mannheim, wo ihr Mann als Musiker arbeitete, 1926 als Zeitschriftenredakteurin zu Ullstein nach Berlin. Aus der Fülle neuer Eindrücke gewann die Achtunddreißigjährige das restliche Personal ihres Buches. Sie sah die Pawlowa mit einer erbarmungswürdigen Truppe verzweifelt ihrem Ruhm hinterhertanzen, aber das Publikum war unter dem Einfluß der neuen Ausdruckskunst Mary Wigmans des klassischen Balletts müde geworden und füllte den Saal nicht zur Hälfte. Aus dem Erlebnis eines solchen tieftraurigen Abends entstand die Geschichte der Grusinskaja. Und dann las sie in einer Zeitung, daß ein zu Verhandlungen aus der Provinz angereister Geschäftsmann in seinem Hotelzimmer einen Dieb überrascht und niedergeschlagen hatte – so kam Vicki Baum zu den Figuren des Gentleman-Diebes Gaigern und des Direktors Preysing. Das hört sich wenig aufregend an, und nichts davon verspricht einen großen oder gar sensationell erfolgreichen Roman. Erst die kunstvolle Verknüpfung dieser Episoden sicherten dem Buch seine enorme Publikumsresonanz, aber auch sie nicht allein.

Vicki Baum hat keine Geheimnisse vor dem Leser; man ist über die Motive der handelnden Personen stets genau informiert. Man erfährt, wieviel Geld Kringelein für seinen letzten

Lebensspaß zur Verfügung hat und was ihn eine Portion Kaviar kostet. Alle Personen agieren mit so wachem Bewußtsein, als wollten sie vergessen machen, daß der Roman überwiegend nachts spielt.

Als der aus einem Provinznest angereiste Kringelein am Ende seiner kläglichen Existenz noch einmal das »wirkliche Leben« kennenlernen will, klärt ihn der durch seine Kriegserlebnisse zum Nihilisten gewordene Arzt Otternschlag auf: »Das ganze Hotel ist ein dummes Kaff. Genau so geht's mit dem Leben. Das ganze Leben ist ein dummes Kaff, Herr Kringelein. Man kommt an, man bleibt ein bißchen, man reist ab. Passanten, verstehnse. Zu kurzem Aufenthalt, wissense. Was tun sie im großen Hotel? Essen, schlafen, herumlungern, Geschäfte machen, ein bißchen flirten, wie? Na, und was tun Sie im Leben? Hundert Türen auf einem Gang, und keiner weiß was von dem Menschen, der nebenan wohnt. Wennse abreisen, kommt ein andrer an und legt sich in Ihr Bett. Schluß.«

Vicki Baum zeigt das Hotel als Sinnbild des Lebens; das barocke Schicksalsrad verwandelt sich in die ständig rotierende Drehtür, und in der großen Halle macht man Bekanntschaften, »wie man eine Zigarette anzündete. Man tat ein paar Züge, gerade so viele, wie schmeckten, dann trat man den kleinen Funken aus.« Statt eines weisen Schicksals regiert der dumme Zufall.

Der leichtlebige Hoteldieb Gaigern hat es auf die kostbaren Perlen der alternden Tänzerin Grusinskaja abgesehen, die am Ende ihrer Kräfte eine verpatzte Vorstellung abbricht und sich auf ihrem Zimmer das Leben nehmen will. Als sie ihn dort überrascht, spielt er ihr den glühenden Verehrer vor, verbringt mit ihr die Nacht und gibt ihr neuen Lebensmut. Sie reist zu ihrem nächsten Auftrittsort, und Gaigern will, um ihr folgen zu können, sich das Reisegeld stehlen. Er schleicht sich in das Zimmer des Direktors Preysing, der seine Firma bei den Verhandlungen mit seinen Geschäftspartnern nur durch eine Lüge vor dem Ruin retten konnte und der sich zur Nacht als Belohnung für diese kühne Tat die ebenso reizvolle wie anpassungswillige Gelegenheitssekretärin »Flämmchen« gönnen möchte. Vom Bett aus hört er jedoch Gaiger im Nebenraum und schlägt ihn mit einem bronzenen Tintenfaß so unglücklich zu Boden, daß er stirbt.

In panischem Schrecken flüchtet Flämmchen unbekleidet aus dem Zimmer, rennt weinend den Hotelflur entlang, und nur Kringelein öffnet die Tür und läßt sie ein. Er legt das ohnmächtig werdende Mädchen aufs Bett und hat es, bei solch schönem Anblick, mit dem Sterben gar nicht mehr eilig. Als er sie dann fragt, warum sie sich überhaupt mit Preysing eingelassen habe, erwidert sie einfach: »Wegen Geld natürlich.« Sie ist seit einem Jahr arbeitslos und muß auf vieles im Leben verzichten, deshalb nimmt sie jedes Angebot an. »Das verstehe ich ganz genau, sagte Kringelein. Zu Hause ist alles dreckig. Erst mit dem Geld fängt man an, ein sauberer Mensch zu werden. Nicht einmal die Luft ist in Ordnung, wenn man kein Geld hat, man darf nicht lüften, weil die teure Wärme hinauszieht.«

Vicki Baum hat ihr mit eleganter Leichtigkeit geschriebenes Buch, das mit 24 sich kaleidoskopisch auffächernden, jeweils das Personal und die Perspektive wechselnden Szenen geschickt konstruiert ist, einen *Kolportageroman mit Hintergründen* genannt; dieser ironische Untertitel fehlt in allen Nachkriegsausgaben.

Das Buch spielt im März 1928, als das Talmi der zwanziger Jahre in Berlin golden glänzte und der Börsenkrach mit seinen Folgen noch jahresweit entfernt war. Die Arbeitslosigkeit lag bei zwei Millionen; über einen Hitler lachte man höchstens. Aber unter der blendenden Oberfläche des hastig vergnügten Lebens fraß sich das Krebsgeschwür einer zerrütteten und ruinierten Gesellschaft immer schneller voran. Die Inflation führte mit dem Ruin des Bürgertums zum Zusammenbruch gesellschaftlicher Beziehungen, und die steigende Arbeitslosigkeit hatte den Zerfall familiärer Bindungen zur Folge. Der Stoff, aus dem Tragödien sind, wandelte sich in dieser Zeit vom Privatschicksal zu einem Massenartikel, der an jeder Straßenecke feilgehalten wurde und durch seine Häufigkeit zum Klischee, zur Kolportage herabsank.

Vicki Baum hat auf diese Veränderung literarisch reagiert: es gibt in *Menschen im Hotel* keine schicksalsträchtige Hauptfigur mehr, sondern ein scheinbar zufälliges Nebeneinander gleich wichtiger Personen. Auch alle gesellschaftlichen Unterschiede sind verschwunden: der Buchhalter und der Bühnenstar, der Direktor und die Sekretärin beanspruchen gleiches Recht und gleiche Aufmerksamkeit.

Das war durchaus neu. Die amerikanische Literaturkritik prägte für diesen Roman den präzisen Begriff der »group novel«. Die Handlung war aus dem bisher obligaten Privatbereich der Wohnung in die ungeschützte Öffentlichkeit eines Hotels verlegt, in dem sich Menschen begegnen, die sich privat nie kennenlernen würden. Sie sind ihrer gewohnten Sphäre entledigt, sie brechen sogar mit ihrer Vergangenheit, um nur noch in einer veränderten Gegenwart zu leben, die jeder für sich, und sei es auf Kosten des anderen, nutzen will. Alle Akteure sind hier aus ihren Verwurzelungen gerissen, haben für kurze Zeit den Treffpunkt Hotel gemeinsam und verschwinden, ohne daß wir ihre Geschichte zu Ende hören.

Es gibt in diesem Roman zwar keine Zentralfigur, aber doch ein zentrales Thema: das Geld. Wenn man die Episoden rekapituliert, findet man immer wieder dieses Motiv als auslösendes Moment, vom Dieb Gaigern bis hin zu dem sonderbaren *Happy-End,* das Kringelein und Flämmchen aus eigennützigen Gründen zusammenführt. Niemand macht auch nur den Versuch, vor sich selbst dieses Handlungsmotiv zu beschönigen, und jeder weiß dies vom anderen.

»Alle näheren menschlichen Beziehungen werden von einer

fast unerträglichen, durchdringenden Klarheit getroffen, in der sie kaum standzuhalten vermögen. Denn indem einerseits das Geld auf verheerende Weise im Mittelpunkt aller Lebensinteressen steht, andererseits gerade dieses die Schranke ist, vor der fast alle menschliche Beziehung versagt, so verschwindet wie im Natürlichen so im Sittlichen mehr und mehr das unreflektierte Vertrauen, Ruhe und Gesundheit.«
Diese Sätze, die sich wie ein Resümee des Romans lesen, veröffentlichte Walter Benjamin 1928 in seinem Buch *Einbahnstraße* als Zeitdiagnose. Sie unterstreichen, wie präzise Vicki Baum mit ihrem »Kolportageroman« den Nerv des Jahrzehnts traf und deshalb Erfolg hatte.
Wer den Roman heute liest, kann kaum unbeeindruckt sein von seiner vermutlich einzigartigen Wirkungsgeschichte, die auf einem gezielten Mißverständnis beruht: auf der Streichung des ironisch-kritischen Untertitels. Nachdem Vicki Baum das Handlungsgerüst in weiteren Romanen (*Hotel Shanghai,* 1939; *Grand Opera,* 1940) selbst erfolgreich variiert hatte, stiegen öffentliche Schauplätze wie Flughäfen, Warenhäuser und Kliniken sprunghaft in der Gunst der Autoren und Drehbuchschreiber. Über den amerikanischen Umweg gehen zeitverzögert auch deutsche Fernsehserien wie *Forellenhof* oder die berüchtigte *Schwarzwaldklinik* auf das von Vicki Baum gelieferte Grundmodell zurück.
Allerdings mit dem gravierenden Unterschied, daß hier Kolportage ohne Hintergründe dominiert und diese Serien im Vergleich zu dem Roman bemerkenswert antiquiert wirken. Wahllose Folgen unzusammenhängender Einzelschicksale treten an die Stelle des geschlossenen Aufbaus; die Öffentlichkeit des Schauplatzes wird durch eine verlogene Intimität der Handlung ad absurdum geführt. Da wünscht man sich, es gäbe wieder Unterhaltungsautoren von der Modernität, Weltklugheit und Sensibilität einer Vicki Baum.

Im Privaten zeigt sich der Weltzustand

Dieter Wellershoff über Rudolf Borchardt: *Der unwürdige Liebhaber* (1929)

Als im August 1944 die alliierten Truppen nach Norditalien vordrangen, deportierte die SS auch einen fast vergessenen Mann, den Dichter, Übersetzer, kulturhistorischen Schriftsteller Rudolf Borchardt, einen jüdischen Kaufmannssohn aus Königsberg, der seit 1906 in einer Art selbstgewähltem Exil in der Toskana gelebt hatte. Überraschend wurden Borchardt und seine Familie von den Bewachern wieder freigelassen, und ebenso plötzlich starb er achtundsechzigjährig am 19. Januar 1945 in einem Dorf bei Innsbruck an einem Schlaganfall. Sein vielfältiges, formenreiches Werk ist seit Mitte der fünfziger Jahre fortlaufend im Klett-Verlag erschienen, hat ihn aber nicht wieder ins literarische Bewußtsein der Nachkriegszeit eingebürgert. Die Bildungsvoraussetzungen waren dafür nicht mehr gegeben, und überhaupt stand einem Autor so konservativer, elitärer Gesinnung mindestens seit den sechziger Jahren der Wind ins Gesicht.

Borchardt hat allerdings das Verkannt- und Vergessenwerden in trotziger Wendung gegen seine eigene Zeit, die für ihn eine Epoche des Wertverfalls und der kulturellen Verflachung war, zu einem Ehrentitel gemacht und hochmütig mitinszeniert, indem er sich in einem großgedachten Versuch der »schöpferischen Restauration« des europäischen Kulturerbes in schwierige, auch abseitige Unternehmungen stürzte. Er übertrug die altionischen Götterlieder, Pindar, Aischylos, die Troubadours, Dante und englische Lyriker des neunzehnten Jahrhunderts, wobei er manchmal das gegenwärtige Deutsch mit Sprachelementen und -tönungen aus dem Mittelhochdeutschen oder dem Lutherdeutsch durchsetzte, und er schrieb auch Versepen, deren Rhythmus am Vers der mittelalterlichen Epiker geschult war. Ererbte Formen waren für ihn lebendige historische Gewißheiten. Er setzte ihre Strenge gegen alles bloß Stimmungshafte und Individualistische, gegen die ihm destruktiv erscheinende moderne Sensibilität wie gegen alle vulgäre Unbildung. Dichtung und Kultur begriff er als geformtes Leben, das er – man lese seinen Essay über die oberitalienische Villa – kenntnisreich und einfühlsam zu beschreiben vermochte. Und er war auch ein sprachgewaltiger Redner, der mit cherubhaftem Eifer für die Gegenstände seiner Verehrung focht.

Borchardt hat nach eigenem Bekenntnis seine Person gegen die Erwartungen seines Vaters entwickelt und lernte es früh, Einsamkeit durch Leistungen auszugleichen. Das hat einen Zug zur Grandiosität in ihm ausgeprägt. Er war eine hochgespannte Person, fähig zur Verachtung wie zur maßlosen Bewunderung (so lobt er Hofmannsthal zu dessen heimlichem Unbehagen auf Kosten von Hauptmann), und sein schroffer Eigensinn scheint mit einem tiefen Bedürfnis nach Gebundenheit, ja bindender Autorität untermischt gewesen zu sein. Menschen mit so schwieriger, anspruchsvoller Identität neigen dazu, ihre widerstreitenden Kräfte in ideologische Versteifungen zu binden. Davor ist Borchardt nicht immer, aber immer wieder durch seinen Blick für das Leben bewahrt worden.

Das erstaunlichste Beispiel dafür ist für mich seine große Novelle *Der unwürdige Liebhaber,* die er 1929 zusammen mit drei kürzeren Texten in seinem Buch *Das hoffnungslose Geschlecht* veröffentlicht hat. Hier nämlich hat sich in der Perspektive konservativer Zeitkritik eine viel komplexere Einsicht in menschliches Handeln durchgesetzt und den Text davor bewahrt, zusammen mit den dargestellten gesellschaftlichen Zuständen zu verstauben.

Als das Buch erschien, bekam Borchardt, bis dahin ein Autor

für Eingeweihte, ein weitverzweigtes Presseecho, meistens in Tonlagen der Begeisterung. »Meisterhaft im psychologischen Aufbau der Handlung, meisterhaft in der Milieuschilderung und vor allem in der einzigartigen Führung der von innen her dramatisch bewegten Dialogpartien«, schrieb Bernard Guillemin in der *Vossischen Zeitung.* »Eine solitäre und unerschöpfliche Stilkunst«, rühmte ihm die *Neue Zürcher Zeitung* nach. In der *Literarischen Welt* sprach Franz Blei von »Meisterwerken einer erzählenden Prosa, in denen alles plastische Figur ist«. Die *Dresdner Nachrichten* entdeckten allerdings »wucherndes psychologisches Detail bis an die Grenze des Erträglichen«, und Kurt Hirschfeld nannte im *Berliner Börsen-Courir* das Ganze eine konstruierte Welt und »eine Betrachtung privatester Zustände, gesehen durch ein Ressentiment«.

Nimmt man den ganzen Meinungsspiegel, so muß man sagen, daß die Kritik den außergewöhnlichen Rang von Borchardts Novelle erkannt hat, wobei sie durchaus richtig seine Dialoge, seinen psychologischen Scharfblick und den dramatischen Aufbau des Textes pries. Doch bleiben diese Urteile dem Text äußerlich und vermitteln wenig von dem aufwühlenden Widerspruch, der dieses Phantasieszenarium hervorgebracht hat.

Die Novelle spielt einige Jahre nach dem Ersten Weltkrieg, als der Adel seine historische Selbstgewißheit verloren hat und auch seine ökonomische Basis bedroht sieht. Diese Lage ist die Voraussetzung des Dramas, das Borchardt inszeniert, und deshalb sind seine Personen nicht nur Individuen, sondern in allen ihren Eigenarten immer auch exemplarische Figuranten. Sie repräsentieren ihre Gesellschaftsklasse mit so energischer Stilisierung, daß man zunächst einmal den Eindruck bekommt, man sähe einem Kostümstück zu. Und dennoch beginnen diese Figuren zu leben, und ihr vermeintlich abgestandenes Drama, das schon damals, als es geschrieben wurde,

einem historisch aufgeklärten Bewußtsein als gestrig erscheinen konnte, schlägt einen mehr und mehr in Bann.
Die exemplarische Bündigkeit und dramatische Zuspitzung der Novelle erlaubt es, sie auf eine Formel zu bringen: Sie erzählt von einer Abwehrschlacht, die nicht gewonnen werden kann, wir nehmen teil an der Verteidigung einer geschlossenen, durchgeformten Welt gegen ihre drohende Auflösung und werden bestürzte Zeugen ihres plötzlichen Zusammenbruchs, der sie als Schein entlarvt, ohne sie als Wunschbild völlig zu trüben. Und dieser Widerspruch erzeugt den Schrekken.
Die Geschichte beginnt im Inneren der Festung, bei ihren Verteidigern. Es sind der Baron Moritz von Luttring, seine Frau Tina und seine verwitwete Stiefmutter Eugenie, eine ehemalige Hofdame. Die drei leben auf zwei Gütern an der württembergisch-badischen Grenze, zwar unter angestrengten wirtschaftlichen Verhältnissen, aber in gediegener Vornehmheit und Kultiviertheit. Im Gegensatz zu dem romantischen Kavaliersstil, in dem noch sein Vater lebte, hat Moritz Luttring dem gemeinsamen Leben eine Wendung ins Nüchtern-Sachliche gegeben. Er ist ein kühler Rechner und strenger Gutsherr, fortschrittlich in seinen landwirtschaftlichen Methoden, doch konservativ in der Gesinnung – ein etwas eckiger, zum Prinzipiellen neigender Mann. Mit seiner Frau, seinen Kindern und seiner Stiefmutter lebt er in einem liebevollen Einverständnis. Zwischen ihnen herrscht die entwickelte, nuancierte Harmonie eines Zusammenlebens, das nicht nur auf gegenseitiger Zuneigung, sondern auch auf gemeinsamen Überzeugungen und einem sicheren gemeinsamen Geschmack beruht.
Borchardt führt Luttring und die beiden Frauen in einem langen einleitenden Gespräch vor, in dem sie sich gegenseitig ihrer Normen und Werte versichern, um sich nach außen gegen eine Bedrohung abzugrenzen. Es sind die Verteidiger bei der

Schanzarbeit. Der Feind, den sie erwarten, ist ironischerweise auch ein Adliger, der baltische Baron Konstantin von Schenius, ein verarmter ehemaliger Berufsoffizier. Schenius hat Moritz' verheiratete Schwester Steffie verführt, die daraufhin geschieden wurde. Jetzt will er Steffie heiraten, doch hegen Luttring und die beiden Damen den Verdacht, er strebe diese Heirat aus materieller Berechnung an. Auch als Person scheint er ihnen keine gute Akquisition für die Familie zu sein. Schon sein Vater war ein Blender, und Schenius selbst ist nach allem Hörensagen ein windiger Charakter. Es geht ihm der Ruf eines Salonlöwen und Frauenjägers voraus.

Man liest dieses Gespräch in einer eigenartigen Doppelempfindung. Borchardt tut alles, um die drei Personen verständlich und sympathisch zu machen – und verschafft trotzdem dem abgewehrten anderen ein stummes Recht. Ganz so, denkt man, wird er sich nicht verhalten. So unangefochten werden sie nicht im Recht bleiben. Vor allem Luttring ist ein Anwalt von Borchardts eigenem Denken. Doch überzieht er die konservativen Positionen ins Rigorose und Autoritäre, so daß er als ein defensiver Charakter mit verborgenen Ängsten erkennbar wird. Dies ist keine Zeit des Glücks, sagt er, sondern eine Zeit des Durchhaltens. »Sichgegenseitigtragen und -ertragen muß für jeden zu einer Art Religion werden.«

Die Forciertheit von Luttring wird besonders deutlich durch die Nebenhandlung, die Borchardt nach dem Modell alter Tragödien, die auch eine Herren- und Dienerebene haben, in die Novelle verflochten hat, um ihr Grundthema zu variieren. Luttring will seinen Gutsverwalter entlassen, weil der von seiner Frau betrogen wird und dadurch seine Autorität bei den Leuten verloren hat. Für ihn ist der betrogene Ehemann ein Gegenstand der Verachtung, weil er es nicht fertiggebracht hat, sich gegen den Verführer durchzusetzen. Früher, räsoniert er, kam der Verführer »vor die Klinge oder unter die Hundepeitsche«, alles geschah »im Namen einer Ordnung für's Ganze«. Doch »wir sind ein hoffnungsloses Geschlecht. Wir können nicht mehr Nein sagen.«

Weshalb versteigt sich Luttring so? Ist er, der einen leichtlebigen Vater hatte, auf zu zwanghafte Weise zum erwachsenen Mann geworden? Fühlt er sich verunsichert, weil der väterliche Gegentyp ihm nun in Schenius erneut begegnen wird? Im diffizilen Zusammenspiel der Gruppe mildern die beiden Frauen Luttrings Schroffheiten. Sie bestätigen seine Grundsätze, lenken ihn aber zu praktischen Dingen zurück. Unauffällig zeigen sich dabei Indizien einer leichten Disproportion zwischen ihm und Tina. Sie ist eine leuchtende Schönheit, die Lebenswärme und Klugheit ausstrahlt, er dagegen wirkt mit seiner zu »hohen, trockenen Stimme«, seinen »nicht sehr beweglichen Augen« etwas angestrengt und dogmatisch. Offenbar weiß Eugenie, seine Stiefmutter, wie sehr er in seiner Rolle als Familienchef des Zuspruchs der beiden Frauen bedarf. »Du bist mein alter Lieber, immer Gleicher, unser Mann, wie?« sagt sie bestätigend zu ihm, bevor Luttring seinem Gegentyp Schenius entgegentritt.

Borchardt schildert das Treffen der beiden Männer als ein Duell mit allen gesellschaftlichen Mitteln, hinter dem im Schein klassenmäßiger Ebenbürtigkeit der archetypische Kampf zwischen dem Besitzenden und dem Vagabunden durchschimmert. Luttring setzt Schenius einer Reihe von diskreten Demütigungen aus und unterzieht ihn einem kühl höflichen Prüfungsgespräch, in dem er die elegante, werbende Leichtigkeit von Schenius mit belehrendem Ernst zurückweist. Als Familienchef müsse er die Werbung von Schenius so lange als ungeschehen betrachten, wie dieser nicht für einen angemessenen Unterhalt Steffies sorgen könne. Auf den Familiengütern könne er ihn wegen mangelnder Qualifikation leider nicht beschäftigen.

Schenius übersteht diese bedrückende Szene verletzt, doch aus der Reserve seiner narzißhaften Selbstgewißheit. Luttring verschätzt sich in ihm, als er glaubt, er habe ihn schon abgeschlagen. Denn am nächsten Tag bereitet ihm Schenius eine vernichtende Niederlage mitten im Herzstück seiner eigenen Welt: er verführt Tina, Luttrings so überlegen erscheinende Frau, und zwar auf eine niederziehend triviale Weise. Beim gemeinsamen Abendessen, bei dem er sie mit seiner unablässigen Werbung bedrängt, spürt sie plötzlich mit schon verdunkeltem Bewußtsein, wie er mit seinem Fuß über ihren Schuh streift, und findet nicht mehr die Kraft, ihren Fuß zurückzuziehen.

Diese Passage, in der Borchardt Tinas Auflösung schildert, ist ein Meisterstück nicht nur des Stils, sondern auch der Psychologie. Sie deckt die Umkehrbarkeit von Stolz in Masochismus auf, der Tina erliegt, als sie ihr Selbstbild zusammenstürzen sieht, weil jemand – nach gewohnten Maßstäben ein Nichtswürdiger – zielsicher mit ihrem verborgenen, triebhaften Wesen paktiert. So war sie »mitten in allen um Rettung heranstürzenden Kräften ihrer Reinheit von dem Wunsch überschattet worden, die Liebkosung seines Fußes möchte Druck und Schmerz werden, und war unter dem schauerlichen Wunsche erblaßt«.

Damit ist alles schon verloren. Tina versucht zwar am nächsten Morgen in einem Telefongespräch mit Schenius den Vorfall zu bagatellisieren, doch das endet mit einer heimlichen Verabredung im Park, und noch in derselben Nacht verläßt sie in wütender Schicksalsversessenheit Mann, Kinder und Haus, um mit Schenius zu fliehen. Jahre später, längst wieder von ihm getrennt, stirbt sie durch einen verdeckten Selbstmord.

Borchardt hat diese Geschichte vom Zusammenbruch einer durchgeformten humanen Welt als Tragödie inszeniert, doch so, daß seine Klage über den Zusammenbruch nicht einfach die Haltlosigkeit verurteilt, sondern einmündet in die Einsicht in die grundsätzliche Unhaltbarkeit sich ausgrenzender

Reservate des Glücks. Denn bei aller Sympathie für die Verteidiger hat er ihre Borniertheiten und ihr Unrecht mitgeschrieben und in der Starrheit ihrer Haltung die Angst und in ihrer anspruchsvollen Selbstgewißheit die Lebenslüge aufgedeckt. Er hat das getan gegen seine Parteinahme, und vor allem auch gegen seine ausgeprägten Bedürfnisse nach Sicherheit und Form. Daß Tina, die seine Phantasie mit allen Vorzügen und Wünschbarkeiten einer erträumten Frau ausgestattet hatte, fast nebenbei von Schenius in eine rasende Mänade verwandelt werden konnte, war für ihn nicht bloß eine private Skandalaffäre, sondern eine Katastrophe, in der sich der Weltzustand offenbarte. Borchardt mußte vordringen in das Zentrum seiner Angst. Denn Schreiben ist nicht nur Wunscherfüllung, es ist auch Klage, Angstbannung, hellsichtiges Erkennen. Der Autor wird, wenn er in den Strom seiner Phantasien taucht, von einem verborgenen Lebenswissen ergriffen, das die Bastionen sprengt, die er alltäglich dagegen errichtet hat.

Wahrscheinlich ist der Widerspruch von Ordnung und Anarchie, Vernunft und Ekstase, Bindung und Revolte eine tiefgreifende Spannung in Borchardt selber gewesen. Nur deshalb konnte es ihm gelingen, den Leser durch wechselnde Identifikationen und Vorbehalte zu treiben, bis er gezwungen ist, das Leben in einer tragischen Komplexität zu sehen, gegen die keine Kultur und keine Ideologie verfängt. So deckt er im Drama einer bestimmten historischen und sozialen Situation ein grundsätzliches Problem auf, das man auch in veränderter Einstellung lesen kann.

Heute, in einer Zeit bröckelnder Institutionen und sich auflösender Ichgrenzen, in der die Unfähigkeit, nein zu sagen, noch weiter fortgeschritten ist, sind die Konflikte diffuser geworden, doch haben sie sich keineswegs, wie emanzipatorischer Optimismus es glauben möchte, von ihrem tragischen Grund entfernt. Nie sind wir ganz das, was wir zu sein scheinen, wir können uns innerhalb und außerhalb gesteckter Grenzen verlorengehen.

Borchardts ausgefeilte Dialogkunst und seine spannungsreiche Dramaturgie entfalten sich in dieser Novelle aus der furchtlosen Radikalität seiner Wahrheitssuche. Zielstrebig, mit sicheren Zügen bringt er sein Exempel auf engem Spielfeld hervor und verläßt die Logik seiner Beweisführung nur ganz zum Schluß, als er Tinas Sturz überflüssigerweise damit erklärt, daß sie früher einmal einen Mann geliebt hat, der Schenius ähnlich sah. Diese Begründung klingt wie eine Zurücknahme der Tragödie in ein geliehenes psychologisches Schema. Doch liest man, noch getroffen von der unbarmherzigen Wahrheit des Ganzen, ausatmend darüber hinweg.

Unser Biberkopf und seine Mieze

Marcel Reich-Ranicki über Alfred Döblin:
Berlin Alexanderplatz (1929)

Der Roman *Berlin Alexanderplatz* erzählt die Geschichte des ehemaligen Transportarbeiters Franz Biberkopf, der im Jähzorn seine Freundin erschlagen hat, der, nach vier Jahren aus dem Gefängnis entlassen, fest entschlossen ist, anständig zu sein, der als Hausierer und Zeitungsverkäufer seinen Lebensunterhalt zu verdienen versucht, den Politik nichts angeht, der aber vom Leben mehr als ein Butterbrot will, der, schuldig und unschuldig zugleich, an einem Einbruch teilnimmt, wortwörtlich unter die Räder gerät und einen Arm verliert, den man verhaftet und in eine Irrenanstalt einliefert – und den zu guter Letzt das Gericht freispricht.

Diese Geschichte ist ein episches Lehrstück, eine gleichnishafte Erzählung. Doch wen repräsentiert eigentlich ihr Held? Biberkopf ist ein Deutscher und ein Berliner, ein Plebejer und ein Lumpenproletarier, ein Dieb, Hehler und Zuhälter. Aber er steht hier keineswegs für die Deutschen oder die Berliner, für die Plebejer oder die Lumpenproletarier. Er repräsentiert niemanden, Biberkopf ist Biberkopf. Und gleichwohl eine parabolische Demonstrationsfigur? Ja, denn ohne in irgendeinem Sinne repräsentativ zu sein, ist Biberkopf eine Modellgestalt, genauer: eine Identifikationsfigur.

Nur sind es nicht seine Taten und Untaten, die den Lesern diese Identifikation ermöglichen. Schließlich bestand und besteht Döblins Publikum nicht aus Dieben und Verbrechern. Dennoch konnten und können sich unzählige Menschen in Franz Biberkopf wiedererkennen – in seiner Entschlossenheit, anständig zu sein, in seinem Bedürfnis, mehr vom Leben zu bekommen als ein Butterbrot, in seinem Scheitern. Anders ausgedrückt: Sie erkennen ihre eigene Schwäche wieder, ihre Ohnmacht, ihre Leiden. Daher ist Biberkopf eine zwar extreme, doch zugleich exemplarische Figur.

So war sie auch von Döblin gemeint. Im Vorspruch zum zweiten Buch des Romans sagt er: »Es ist kein beliebiger Mann, dieser Franz Biberkopf. Ich habe ihn hergerufen zu keinem Spiel, sondern zum Erleben seines schweren, wahren und aufhellenden Daseins.« Damit ist die pädagogische Absicht des Romans artikuliert. Im Vorspruch wiederum zum dritten Buch heißt es: »Biberkopf hat geschworen, er will anständig sein ... Das Leben findet das auf die Dauer zu fein und stellt ihm hinterlistig ein Bein ... Warum das Leben so verfährt, begreift er nicht. Er muß einen langen Weg gehen, bis er es sieht.«

Diese Hinweise sind es wohl, die manche Germanisten verführt haben, *Berlin Alexanderplatz* als Erziehungs- oder Entwicklungsroman zu interpretieren. Aber hier entwickelt sich nichts, und Biberkopf läßt sich nicht erziehen. Wenn Walter Benjamin 1930 meinte, Biberkopfs Weg beschreibe »nur eine heroische Metamorphose des bürgerlichen Bewußtseins« – dann ist das wohl eher ein Mißverständnis. Es gibt in diesem Roman keine Metamorphose und schon gar nicht eine heroische. Und von einem bürgerlichen Bewußtsein kann hier schwerlich die Rede sein. Benjamin meinte auch, den Biberkopf verzehre der »Hunger nach Schicksal«. Aber wer vom Leben mehr verlangt als ein Butterbrot, der hungert noch nicht nach Schicksal.

Der überraschende, der metaphysische Schluß des Romans mag solche Interpretationen begünstigt, wenn nicht provoziert haben. Denn im letzten Kapitel nähert sich, was vornehmlich einer Moritat ähnelte, nun einem Mysterienspiel, der Bänkelsänger schlüpft in die Rolle eines Predigers. Der Held des Romans erkennt seine Schuld und bereut. Doch hierzu führen nicht etwa seine Erlebnisse und Erfahrungen,

vielmehr ist dieser Wandel die Folge eines psychischen Zusammenbruchs, eben jenes Zusammenbruchs, der die Einlieferung Biberkopfs in die Irrenanstalt notwendig gemacht hat. In dem Finale des Romans gibt es keine Einsicht und keine Erkenntnis und letztlich auch keine Bekehrung, sondern nur eine Erleuchtung, überdies eine, die während der Bewußtlosigkeit Biberkopfs über ihn gekommen sein soll.
Der Rezensent des *Berliner Tageblatt* spottete nicht zu Unrecht, es sei ein Wunder, daß Biberkopf als Portier ende und nicht bei der Heilsarmee. Bei Lichte besehen: Nicht der Held des Romans hat sich im Schlußkapitel geändert, sondern dessen Autor. Dieser hatte aber keine Kraft oder keine Lust mehr, die heilsgeschichtliche Wende darzustellen: Er begnügte sich mit einer flüchtigen Mitteilung.
Übrigens stammt die beste Erklärung des Epilogs von Döblin selber. Dem Berliner Germanisten Julius Petersen, der von diesem Ende nicht recht überzeugt war, schrieb Döblin, er habe Biberkopf zur »zweiten Phase bringen« wollen, dieser sollte also im letzten Kapitel zum moralischen und religiösen Exempel werden. Das indes, räumte Döblin ein, sei ihm nicht gelungen: »Der Schluß müßte eigentlich im Himmel spielen, schon wieder eine Seele gerettet, na, das war nicht möglich, aber ich ließ es mir nicht nehmen, zum Schluß Fanfare zu blasen, es mochte psychologisch stimmen oder nicht.« Hat es je einen großen deutschen Schriftsteller gegeben, der so unbekümmert und auch so leichtsinnig arbeitete und der so wenig mit seinem Pfunde wuchern wollte?
In der Irrenanstalt hat Döblins stumpfsinnig gewordener Held allerlei Visionen: Wie in einem Mysterienspiel ziehen an ihm die zentralen Personen seines Lebens vorbei. Sie erinnern den Jedermann Biberkopf an sein Versagen, an seine Sünden. Er glaubt, zwei Männer zu sehen, die sein Unglück mitverschuldet haben, und zwei Freundinnen, die beide nicht mehr leben. Als letzte kommt Emilie Parsunke, die gern Sonja hei-

ßen möchte, doch einfach Mieze genannt wird. Im Norden Berlins, am Stettiner Bahnhof, hat sie das Geldverdienen gelernt – als Prostituierte. Dann taucht sie bei Franz Biberkopf auf, sie macht ihn glücklich, er glaubt, dieses »straffe Wunder« habe ihm der liebe Gott ins Haus geschickt – »und im Bett, da ist sie sanft wie eine Feder, jedesmal so ruhig und zart und glücklich wie zuerst. Und immer ist sie ein bißchen ernst.«

Ja, so sind sie: ruhig und zart und glücklich und immer ein bißchen ernst. Wirklich ruhig? Das währt nicht lange, und dann singen sie: »Meine Ruh ist hin, / Mein Herz ist schwer; / Ich finde sie nimmer / Und nimmermehr.« Daß sie Sonja heißen möchte, ist wohl als Anspielung auf eine andere berühmte Figur der Weltliteratur zu verstehen – auf die edle Hure in Dostojewskis Roman *Schuld und Sühne*. Aber im Grunde hat Döblins Mieze mit Dostojewskis jungen Frauen wenig zu tun und sehr viel mit Gretchen und Klärchen, mit Kleistens Käthchen.

Biberkopf ist überzeugt, Mieze habe jetzt, da sie beide zusammenleben, mit der Prostitution Schluß gemacht. Er irrt sich, sie geht nach wie vor auf den Strich, um seinen, des Einarmigen, Lebensunterhalt zu verdienen. Miezes Freundin sagt ihm: »Auf die kannste dir verlassen.« Und Franz liebt sie weiter, er liebt sie dennoch und erst recht. »Ich liebe dich« das lautet hier: »Miezeken, du kannst machen, wat du willst, ick laß dir nicht.« Franz Biberkopf ist der erste Liebende der deutschen Literatur, der zum Zuhälter seiner Geliebten wird. Franz und Mieze – das ist eine der schönsten deutschen Liebesgeschichten unseres Jahrhunderts, sehr traurig, wie alle Liebesgeschichten, und ein wenig sentimental, wie ebenfalls alle Liebesgeschichten.

An Biberkopfs Krankenbett erscheint auch jener, der Mieze ermordet hat und der ironischerweise Reinhold heißt, obwohl er ein Bösewicht ist wie der dritte Richard, eine Spottgeburt aus Dreck und Feuer. Aber man sollte diesen Reinhold nicht etwa für Biberkopfs Gegenspieler halten, er ist vielmehr sein böser Geist: ein Provokateur, aus dessen Augen »das höllische Feuer blitzt« und der beim Gehen einen Fuß nachzieht. »Er reizt mir noch immer« – denkt sich Biberkopf, der diesem Mephisto nicht gewachsen, der ihm ausgeliefert war und ist.

Er hat überhaupt keinen Gegenspieler – oder doch: Aber der Gegenspieler ist nicht eine Person, es ist die Stadt Berlin. Die Geschichte Biberkopfs und die Vision Berlins bilden zusammen ein Pandämonium von überwältigender Anschaulichkeit. Die künstlerischen Mittel, deren sich Döblin hier bedient, hatten ihm schon viel früher als eine Art Programm der modernen Prosa vorgeschwebt. So schrieb er 1913: »Die Darstellung erfordert bei der ungeheuren Menge des Geformten einen Kinostil … Von Perioden, die das Nebeneinander des Komplexen wie das Hintereinander rasch zusammenzufassen erlauben, ist umfänglicher Gebrauch zu machen. Rapide Abläufe, Durcheinander in bloßen Stichworten … Das Ganze darf nicht erscheinen wie gesprochen, sondern wie vorhanden.« 1917 forderte Döblin »die Sprachwerdung eigentümlicher Situationen und Personen«, an der *Darstellung* ist ihm gelegen, nicht an der Erzählung. Die »Deutlichkeit des Romans« sei die der »Anschauung, des Gefühls«.

Es gibt auch einige, in der Regel sehr knappe Äußerungen Döblins, mit denen er den Stil und die Eigenart des Romans *Berlin Alexanderplatz,* während er an ihm arbeitete, kommentierte. 1928 hatte man ihn gebeten, den gerade in deutscher Übersetzung veröffentlichten Roman *Ulysses* von Joyce zu rezensieren. Er nahm die Gelegenheit wahr, in die (übrigens enthusiastische) Besprechung einige Bemerkungen allgemeinerer Art einzufügen: »In den Rayon der Literatur ist das Kino eingedrungen, die Zeitungen sind groß geworden, sind das wichtigste, verbreitetste Schrifterzeugnis, sind das tägliche Brot aller Menschen. Zum Erlebnis der heutigen Menschen gehören ferner die Straßen, die sekündlich wechselnden Szenen auf der Straße, die Firmenschilder, der Wagenverkehr ... Jetzt ist wirklich ein Mann nicht größer als die Welle, die ihn trägt. In das Bild von heute gehört die Zusammenhanglosigkeit seines Tuns, des Daseins überhaupt, das Flatternde, Rastlose.« Alle diese Postulate hat Döblin in dem Roman *Berlin Alexanderplatz* verwirklicht.

Auf welche Weise, mit welchen literarischen Techniken ist es ihm gelungen, das »Erlebnisbild der heutigen Menschen« zu zeigen und das Flatternde und das Rastlose spürbar zu machen?

Zunächst einmal: die liebevolle und detaillierte Milieuschilderung, die ständige Verwendung von Dialekt und Jargon, die mit unverkennbarem sozialen Mitleid gezeichnete proletarische Figur im Mittelpunkt – das sind Elemente des deutschen Naturalismus. Man hat in Zusammenhang mit *Berlin Alexanderplatz* wiederholt auf Romane von Joyce und Dos Passos verwiesen. Das mag schon richtig sein, nur sollte man Gerhart Hauptmann nicht vergessen. Döblin mochte ihn nicht, er haßte ihn sogar – wie nahezu alle erfolgreichen Schriftsteller seiner Zeit. Doch ob er sich dessen bewußt war oder nicht: Hauptmanns plebejische Helden – vom Bahnwärter Thiel bis zum Fuhrmann Henschel – sind auf seinen Biberkopf keineswegs ohne Einfluß geblieben.

Ferner: Daß Döblin mit der Erzählung *Die Ermordung einer Butterblume* (1910) einer der wichtigsten Prosaschriftsteller des frühen Expressionismus wurde, ist unbestritten. Aber auch in *Berlin Alexanderplatz* fallen expressionistische Elemente auf. So wird hier bisweilen die Landschaft dynamisiert, die Natur personifiziert und das Stadtbild dämonisiert. Wenn Biberkopf aus dem Gefängnis entlassen wird und sein Leidensweg beginnt – denn es war für ihn leichter, die Haft zu ertragen, als in Freiheit zu leben –, wenn er also ratlos auf der

Straße steht, lesen wir: »Es rann Häuserfront neben Häuserfront ohne Aufhören hin. Und Dächer waren auf den Häusern, die schwebten auf den Häusern, seine Augen irrten nach oben: wenn die Dächer nur nicht abrutschten, aber die Häuser standen grade.«

In einem ganz anderen Stil wird der Roman eröffnet: »Dies Buch berichtet von einem ehemaligen Zement- und Transportarbeiter Franz Biberkopf in Berlin. Er ist aus dem Gefängnis, wo er wegen älterer Vorfälle saß, entlassen und steht nun wieder in Berlin und will anständig sein.« Das ist der unterkühlte Tonfall der jetzt, Ende der zwanziger Jahre, dominierenden »Neuen Sachlichkeit«. Mit den Autoren, die dieser Richtung zugezählt werden, mit Joseph Roth und Erich Kästner, mit Egon Erwin Kisch und Hermann Kesten verbindet Döblin die Vorliebe für das Trockene und das Nüchterne, für das Ironische und das Sarkastische und, natürlich, die Liebe zur Großstadt.

Haben wir es also mit einem naturalistischen oder mit einem expressionistischen Roman zu tun oder mit einem Roman der »Neuen Sachlichkeit«? Man könnte hier noch einige weitere Ismen anführen, zumindest den Impressionismus, den Dadaismus und den Pointillismus. Und es muß auch gesagt werden, daß in diesem Roman die Technik der Montage und der Collage so konsequent und so virtuos angewandt wird wie noch nie in der Geschichte der deutschen erzählenden Prosa.

Der Roman zitiert immer wieder Zeitungsnachrichten, Wetterberichte, Reklamesprüche und Behördenbriefe, Volkslieder, Bibelzitate, Kinderreime und Schlagertexte, Lexikonartikel und Gebrauchsanweisungen, Firmenschilder und Bekanntmachungen. Den Schriftsteller Döblin faszinieren Dokumente jeglicher Art, er baut sie in jedem Kapitel in die Romanhandlung ein, bisweilen kommt er sich – er hat es jedenfalls behauptet – als Autor beinahe überflüssig vor.

Diese Passagen, die Döblin als Versatzstücke verwendet, haben oft keinen direkten Bezug zu den dargestellten Geschehnissen: Viele derartige Partikel gehören weder zur Geschichte Biberkopfs noch zu den Porträts der Personen, die auf seinem Weg auftauchen – so will es scheinen, zumindest auf den ersten Blick. In Wirklichkeit haben die Zitate und die eingeblendeten Dokumente und erst recht die biblischen Gleichnisse, so die Geschichten von Hiob, Abraham und Isaak, in der Regel eine kommentierende Funktion: Sie sind, die Anordnung beweist es, als bildliche Erläuterungen oder Deutungen der dargestellten Vorgänge gedacht. Alle diese Elemente ergeben zusammen eine Realität von höchster Überzeugungskraft, nämlich das Bild der Welt, in der Biberkopf und die anderen leben – also der Stadt Berlin in den Jahren 1927 bis 1929.

Wie kein deutscher Romancier vor ihm, tritt Döblin in diesem Roman in einer Doppelrolle auf: Er dokumentiert den Berliner Alltag mit Hilfe von vorgefundenen Texten, die er montiert und collagiert. Und er waltet zugleich als allmächtiger und allwissender Erzähler, der das ganze Geschehen überblickt und die Figuren durchschaut. Dokument und Erfindung, Protokoll und Erzählung, Bericht und Inszenierung gehen also ineinander über und ergänzen sich. Das Pandämonium zeitigt die Parabel – und umgekehrt. Einfacher ausgedrückt: Das Bild Berlins und die Geschichte des Franz Biberkopf bedingen und beglaubigen sich gegenseitig.

Doch wie reichhaltig und vielschichtig Döblins Roman auch ist, es mangelt ihm nicht an einem roten Faden, an einem Leitmotiv. Immer wieder werden hier die ersten Verse eines alten Volkslieds zitiert: »Es ist ein Schnitter, der heißt Tod, hat G'walt vom großen Gott...« Das Lied und auch die Beschreibungen des Berliner Viehhofs, die in verschiedene Teile des Buches eingeschaltet sind, dienen gleichsam als Mahnungen. Sie sollen den Leser daran erinnern, daß im Mittelpunkt dieses Romans das Thema steht, mit dem sich alle großen Romane der Weltliteratur beschäftigen: die Vergänglichkeit des menschlichen Lebens.

So hat das Buch *Berlin Alexanderplatz* geschrieben: ein Romancier, ein Rhapsode und ein Reporter, ein Chronist und Kommentator, ein Prediger und Pamphletist, ein Phantast und ein Philosoph, ein Moralist und Metaphysiker. Ist das Ergebnis also ein Konglomerat? Nein, trotz der Verwendung der unterschiedlichsten Stile, Techniken und Ausdrucksmittel gerät dieser Roman niemals in die Gefahr auseinanderzufallen. Das gerade ist das Verblüffende und Beglückende: Wir haben es mit einem ganz und gar einheitlichen Buch zu tun.

Bewirkt wird diese Einheitlichkeit durch eine einzige, freilich phänomenale Kraft. Rückblickend notierte Döblin: »Ich konnte mich auf die Sprache verlassen: die gesprochene Berliner Sprache; aus ihr konnte ich schöpfen.« Das ist es. Wie keiner vor ihm hat Döblin die dem Berlinerischen innewohnenden Möglichkeiten erkannt, er hat gezeigt, was sich dem Berlinerischen abgewinnen läßt. Während in früheren deutschen Romanen, die als realistische Prosa gedacht waren, sich sogar die Plebejer eher der Hochsprache bedienten, sprechen in *Berlin Alexanderplatz* nahezu alle auftretenden Personen den Berliner Dialekt. Mehr noch: Auch der Erzähler des Romans schreibt eine Sprache, die man zwar nicht mit dem Dialekt der Figuren verwechseln kann, die aber dennoch eindeutig – in Wortwahl und Rhythmus – vom Berlinerischen geprägt ist. Dank dieser ungewöhnlich griffigen Diktion lebt *Berlin Alexanderplatz* und ist – im Unterschied zu anderen mehr oder weniger experimentellen Romanen aus jener Zeit – frei vom Künstlichen und vom Konstruierten, frei von Sterilität. Dank der immer wieder vom Berlinerischen profitierenden Sprache ist *Berlin Alexanderplatz* Döblins einziger Roman, in dem er seiner Konzeption gewachsen war.

Als *Berlin Alexanderplatz* 1929 erschien, meinte Johannes R.

Becher in der *Linkskurve,* dem Organ des Bundes Proletarisch-Revolutionärer Schriftsteller, dieser Roman, den er für ein »künstlich gepreßtes Laboratoriumsprodukt« hielt, beweise, daß »die bürgerliche Literatur zu Ende« sei. Aber der Roman *Berlin Alexanderplatz* war nicht ein Ende, sondern ein Anfang. Ohne dieses Buch ist ein großer Teil der modernen deutschen Prosa schwer denkbar.
Vor Döblin verneigte sich respektvoll und dankbar Wolfgang Koeppen: Sein München-Bild im Roman *Tauben im Gras* läßt das Vorbild klar erkennen. Arno Schmidts Werk ist Döblin in hohem Maße zu Dank verpflichtet, seine Theorien gehen ebenfalls auf dessen Arbeiten zurück; in einem Brief aus dem Jahre 1953 nannte er Döblin »den ›Kirchenvater‹ unserer neuen deutschen Literatur«. Wolfdietrich Schnurre hat von ihm – laut eigener Aussage – immer wieder gelernt. Günter Grass bekannte 1967, er könne sich seine Prosa ohne Döblin gar nicht mehr vorstellen, er sei sein Schüler und Nachfolger. Peter Rühmkorf schrieb, erst Döblin habe den modernen deutschen Roman »spannend gemacht«, Döblins »experimenteller Realismus« sei für ihn, Rühmkorf, zum »lebensbegleitenden Ideal« geworden. Auch Uwe Johnson hat auf seine Art aus dem Buch *Berlin Alexanderplatz* Nutzen gezogen. Und Hubert Fichtes Hamburg-Bild in seinem Roman *Die Palette* hätte es ohne *Berlin Alexanderplatz* wohl kaum so gegeben.
Einer war sich der Bedeutung Alfred Döblins und seines Hauptwerks bewußt – er selber. 1938 schrieb er in einem Brief: »Man lernt von mir und wird noch mehr lernen.« Er hat recht behalten.

Wie auf Steintafeln geritzt

Hans J. Fröhlich über Hans Henny Jahnn:
Perrudja (1929)

Ich war Anfang Zwanzig, als ich den *Perrudja* zum ersten Mal gelesen habe. Den Namen Hans Henny Jahnn hatte ich in Ernst Kreuders *Gesellschaft vom Dachboden* erwähnt gefunden und einem Nachschlagewerk entnommen, daß der Autor mit Joyce und Kafka zu vergleichen sei. Joyce kannte ich nicht, aber Kafka. Und so begann ich die Lektüre des *Perrudja* in der Erwartung, Kafkas mir damals »surreal« erscheinende Darstellungsart fortgesetzt und womöglich übertroffen zu sehen.

Der Anfang des Romans schien meine Erwartung zu bestätigen: »Perrudja aß seine Abendmahlzeit. Bissen nach Bissen. Vorsichtig mit beinahe feister Gebärde.« Mit diesem Rhythmus, mit solch kurzen, parataktischen Sätzen beginnt auch *Ein Landarzt*. Aber schon nach wenigen Seiten war ich in einer mir ganz und gar fremden Welt, in einer »surrealen« vielleicht, aber keineswegs mehr kafkaesken. Was ich las, faszinierte und beunruhigte mich bis zur Verstörung. Was hier erzählt wurde, war zugleich großartig und erschreckend. Mit verwirrten Gefühlen und wie unter einer Bleiglocke las ich von der Freundschaft Perrudjas zu einer Stute, von tierischen Begattungsakten, von entblößten jugendlichen Leibern, von Brustwarzen und Hoden, von sich küssenden Gymnasiasten, von Mord und von Vergewaltigung, von Trollen und geheimnisvollen Boten, von unheiligen Pakten und bedenklichen Blutsbrüderschaften. Einzelnes hat mich schockiert, das Ganze im höchsten Maß begeistert.

Daß die kritischen Reaktionen bei Erscheinen dieses Romanes 1929 (fast gleichzeitig mit Döblins *Berlin Alexander-*

platz) wesentlich widerspruchsvoller gewesen waren, habe ich erst später erfahren. Die Rezensenten, die schon dem Autor des *Pastor Ephraim Magnus* zehn Jahre vorher »Perversität«, »penetrante Neigung zur Koprolalie«, »hilfloses Gestammel einer peinlich kranken Seele« attestiert und das von Oskar Loerke mit dem Kleistpreis ausgezeichnete Stück »einen Abgrund, angefüllt mit Komposthaufen« genannt hatten (voran Paul Fechter, einer der abgewiesenen Bewerber um den Kleistpreis), brauchten in ihren Besprechungen des *Perrudja* die alten Vorwürfe nur zu wiederholen oder zu verstärken. Sie haben es getan. »Peinlichkeiten« betitelte Fechter seine *Perrudja*-Rezension. Sie erschien 1931 und schloß mit dem Satz: »Das Witzigste aber ist, daß sich angesichts einer solchen Literatur, angesichts der Tatsache, daß solche Dinge nicht nur geschrieben, sondern gedruckt und verbreitet, der Nation als Lebensäußerungen ihrer dichtenden Repräsentanten angehängt werden – daß angesichts dieser Fakten naive Leute sich darüber wundern, wenn immer mehr Menschen sich zu den Parteien schlagen, die diesem Unfug ein Ende machen wollen.« (Zwischen 1933 und 1945 hat der nicht-naive Fechter kräftig daran mitwirken können.) Es gab freilich auch andere Stimmen, sehr lobende und begeistert zustimmende Urteile von Leo Hirsch, Ernst Robert Curtius, Klaus Mann, Wolfgang Koeppen und Alfred Döblin. Letzterer nannte den *Perrudja* die »bedeutendste literarische Neuerscheinung des Jahres« und verglich Jahnns Roman mit dem *Ulysses*.

Wolfgang Koeppens »Versuch über Hans Henny Jahnn und seinen Roman Perrudja« erschien 1932 im *Berliner Börsen-Courir* und ist – nicht zuletzt – auch als Entgegnung auf die diffamierenden Elaborate von Fechter und Konsorten zu verstehen, wenn Koeppen einleitend über Jahnns *Pastor Ephraim Magnus* schreibt: »Was Kraftgetue, Unbeholfenheit, Wühlen in Blut und Schmutz um einer vermeintlichen

Wirkung willen schien, war hier ein zutiefst erlittenes Muß von grundsätzlicher Bedeutung.«

Nach einer Strukturbeschreibung des *Perrudja* (Koeppen hat als einer der ersten auf die kompositorisch dichte Verknüpfung von Romanhandlung und eingeschobenen Erzählungen hingewiesen) und einem Hymnus auf die sprachlichen Schönheiten dieses Werkes (»Man denkt an Luthers deutsche Bibel«) heißt es dann: »Das Werk ist so nordisch, menschlich, ja so germanisch, daß die Leute, die immer nach einer germanischen Dichtung rufen, es gar nicht begreifen würden.« (Ironie des Schicksals, daß man nach 1945 dieses »Nordische« Jahnn als Affinität zur Blu-Bo-Literatur anlasten wollte?)

Doch worum geht es, was steht in diesem Roman? Der Inhalt, also alles, was im *Perrudja* vorkommt, ist kaum wiederzugeben, die Handlung (mit ihrer Unzahl von Ereignissen, Begegnungen und Bewegungen) bestenfalls anzudeuten. Relativ einfach dagegen, die eigentliche Fabel des Romans nachzuerzählen, den »nicht unwichtigen Teil der Lebensgeschichte« des auf dem Bauernhof bei Tanten aufgewachsenen Perrudja, »der viele starke Eigenschaften besitzt – eine ausgenommen, ein Held zu sein«. Perrudja hat keinen Familiennamen, weiß nicht, wer seine Eltern waren, ob sie tot sind oder noch leben, ob er ein Bastard ist. Er erinnert sich nicht an seine Kindheit, nur an frühe Jugenderlebnisse, ist eine Art Kaspar Hauser, der unschuldigen Kreatur so nah wie dem schuldig gewordenen Menschen. Ein Zwitter, der sich gern in Leder kleidet. Waldbesitzer wird er genannt. Er selbst nennt sich eine stinkende gelbe Blume.

Einsam lebt er nach dem Tode der Tanten mit einer Elchkuh und seiner Lieblingsstute in Norwegens Bergwelt, bis ein geheimnisvoller Herr namens Grigg auftaucht, der sich als Vormund Perrudjas ausgibt und dem Waldbesitzer mitteilt, daß ihm »die Gnade großen Reichtums geworden«. Perrudja kann sich nun einen Kuppelpalast in den Bergen bauen, er hat

Knecht und Magd und einen schwarzen Diener und kleidet sich wie ein orientalischer Fürst. Nach einigen homoerotischen Erlebnissen wirbt Perrudja erfolgreich um das schöne Trollmädchen Signe und ermordet, gemeinsam mit Signes Bruder Hein, deren animalischen Verlobten Hoyer, leugnet diesen Mord aber, als Signe ihn fragt. Erst in der Hochzeitsnacht gesteht er die Tat.

Signe fühlt sich belogen. »Nicht den Mörder verachtet sie. Den Lügner. Vor Lügnern fürchtete sie sich. Wildheit war keine Schande. Doch Feigheit des Herzens.« Sie vergißt, daß sie Perrudja geliebt hat, ihm verfallen war, und verläßt das Haus ihres Gatten, mit reichlich Geld von ihm ausgestattet. Sie lebt einige Monate in Oslo, im Luxus, aber unglücklich. Dann kehrt sie in das Tal ihrer Kindheit zurück, wohnt in einem für sie errichteten Haus und leidet unter der Trennung von Perrudja. Sie nimmt sich einen Knecht und gibt sich ihm hin. Ihre Sehnsucht nach Perrudja, dem Einziggeliebten, dem Nichthelden, wird nur größer. »Ein Knecht ist über mich gekommen. Er war ein Held, denn er tat seinen Willen, du warst ein Schwächling. Ich werde zu dir kommen. Du bist der Mensch.« Der »Mensch« folgt seiner Bestimmung, dem Gesetz der Erde, dem Gesetz der Liebe, und nach diesem Gesetz gehört Signe zu Perrudja.

Perrudja aber war schwach nur so lange, wie er seine eigene Bestimmung nicht annehmen wollte, sich den Menschen in stolzer Einsamkeit verschloß, beschäftigt mit Lesen, Träumen und der Aufzucht seines Pferdes Shabdez. Erst durch die schmerzliche Trennung von Signe erkennt er an der Seite Heins, des Mitmörders an Hoyer, seine dem Männlichen zugeneigte Konstitution und glaubt nun, als reichster Mann der Welt und Herr eines internationalen Konzerns seinen gleich im ersten Kapitel geträumten Traum realisieren zu können, die alte, auf Ausbeutung und verlogene Moral errichtete Welt zu vernichten, einen letzten, gerechten Krieg zu führen »für

eine Jugend, eine neue Rasse«. Errichtet werden sollte danach ein paradiesisches Inselreich.
Eine elitäre Idee, die in Marinettis futuristischem Roman *Mafarka* (1909) vorweggenommen scheint. Doch aus Jahnns Vorhaben, dem *Perrudja* einen zweiten Roman folgen zu lassen, in dem dieser Krieg dargestellt werden sollte, wurde nichts. »Die politischen Abläufe in Deutschland«, schreibt der Autor im Vorwort zur Neuausgabe 1958, »zerschlugen die Absicht.« Die Atombombe habe seine Phantasie erledigt – »und zugleich die Hoffnung, daß die Menschheit als solche dauernd davonkommen werde«. Aus den nachgelassenen Fragmenten zu *Perrudja II* kann man eher schließen, daß die politische Begründung die wesentlichere, nämlich daß sein Glauben an die Utopie dünner geworden war, nur bemäntelt.
Von einer Fortsetzung des *Perrudja* wußte ich bei meiner ersten Lektüre nichts. Ich hielt das Werk für abgeschlossen. Ich vermißte nichts. Die Handlung war es am wenigsten, die mich interessierte. Nicht die erzählte Lebensgeschichte Perrudjas war für mich das erregend Neue, sondern die Atmosphäre in diesem Buch, diese befremdliche, düstere Welt, Jahnns Norge mit den Fjorden, Bergen, Wäldern und Tälern, mit den Elchen und Pferden, den dumpfen und schwerfälligen Bauern, Knechten und Mägden, den triebhaften, starken und jungen Burschen und den knabenhaften schönen Mädchen. Nie zuvor hatte ich Vergleichbares gelesen. Kühn fand ich das Kapitel »Die Marmaladenesser« (mit Wortungetümen wie »kugelschleimfettsonnenblumenrindsmaul« oder »quellblutkupferessigkatzenzahntraumlos«), faszinierend die Erzählung »Ein Knabe weint« (mit der eindrucksvollen Beschreibung der Mechanik eines Orchestrions), wundersam das Märchen von Ragna und Nils, firdusihaft die Geschichte vom Sassanidischen König Khosro und seiner Stute Shabdez (nach ihr wird Perrudja sein Lieblingspferd nennen), unver-

geßlich die vom Knaben und dem Leoparden (»Der Leopard aber starrte ins Unendliche. In die schneeigen Augen Gottes«).

Vollkommen neu für mich aber, wie hier erzählt wurde: der rasche Perspektivwechsel, die Mixtur verschiedenster Stilebenen, Jahnns Sprache, Sätze wie »Dann kam ein Tag, weh, wild, als wäre Gott nur Stunde und Wetter geworden«, barocke Wortstellungen, eine eigenwillige Orthographie *(Kaos, Kronik)*, die Verwendung von Notenbildern und überhaupt das oft ungewohnte Textbild mit chiffrierten Telegrammwörtern (Cxpetcuple Sifipersiu), biblische Wendungen (»Aus Abend und Morgen war ein neuer Tag geworden«), seitenlange Aufzählungen von Namen, Orten, Steinen, wilde Assoziationen. Einzelheiten, die zum Inhalt gehören, ihn nicht ausmachen, mich aber von dem Handlungsverlauf ablenkten und Form und Komposition nicht erkennen ließen. Ein kolossales, aber vollkommen chaotisches Buch. Das war mein Urteil nach der ersten Lektüre vor fünfundzwanzig Jahren. Und noch heute halte ich den *Perrudja* für eines der kühnsten Werke deutscher Sprache, nur – nachdem ich den *Ulysses* gelesen habe – aus ganz anderen Gründen.

Daß Joyce einen großen Einfluß auf Jahnn ausgeübt hat, läßt sich nicht bestreiten. (Jahnn hat das auch nie geleugnet.) Ohne die Lektüre des *Ulysses* wäre der *Perrudja* nicht so geschrieben, wie wir ihn kennen. Aber genau das, was Jahnn für das Avantgardistische im *Ulysses* hielt, habe ich, solange ich Joyce nicht kannte, für das Neue im *Perrudja* gehalten: die Stilagglomeration, die kurzen, assoziativ aneinandergereihten Sätze, die Neologismen, die Verwendung von Jargon, die drastischen Darstellungen physiologischer Vorgänge. Fixiert auf diese Details, ist mir der Zusammenhang, die strenge Tektonik entgangen. Inzwischen erscheint mir, was ich einst für »surreal« hielt, und das, was ich als besonders »modern« bewunderte, das am meisten Zeitgebundene.

Die wirkliche literarische Leistung Jahnns, der im Grunde nie ein Avantgardist gewesen ist, liegt in dem, was mich damals am wenigsten interessierte: in der kunstvollen Verknüpfung der Themen, Motive und Szenen, in der mythologischen Spiegelung (Gilgamesch-Engidu) der *Perrudja*-Handlung, in dem – durch Leitmotive verdeutlichten – dichten Bezugsnetz der erzählerischen Einschübe zum eigentlichen Romangeschehen, den grandiosen Landschafts- und Naturschilderungen, der erzählerischen Dramaturgie und schließlich in der Lebensgeschichte Perrudjas.

Tatsächlich ist dies Werk in der Tradition des deutschen Entwicklungsromans zu sehen, nur daß Jahnns Held (oder Nichtheld) keiner geistigen oder seelischen Entfaltung oder Vervollkommnung nachtrachtet, sondern allein seiner Bestimmung gehorcht, dem »Gesetz des Fleisches«, den zufälligen Bedingungen einer »ungewollten Konstellation«. Doch ungeachtet dieser (nur inhaltlichen und ideologischen) Gegenposition zum Entwicklungsroman, sind (wenn man zum Beispiel Goethes *Wilhelm Meister* als Modell annimmt) dessen Form und Struktur weitgehend von Jahnn übernommen, bis hin zu den eingeschobenen, aber mit dem Romangeschehen korrespondierenden Legenden, Märchen und Erzählungen sowie der (moralisch fragwürdigen und auch ästhetisch unbefriedigenden) Schlußutopie: Krieg und Errettung.

Obwohl nur in einer limitierten Ausgabe von 1020 Exemplaren gedruckt, war das Erscheinen des *Perrudja* in literarischen Kreisen ein Ereignis ersten Ranges, und Jahnn wurde zum Nobelpreis vorgeschlagen. Zugleich aber gingen die wildesten Gerüchte über den Autor um. Nicht alle waren falsch, wie wohlmeinende Freunde glaubten behaupten zu müssen. Nur: sie waren maßlos übertrieben. Jahnn war gewiß nicht der Prototyp eines braven Bürgers, aber auch nicht der Hohepriester der Homosexualität. Er war eine große, faszinierende Persönlichkeit, ein Mann von universalem Wissen,

nicht nur ein genialer Schriftsteller, sondern auch ein bedeutender Orgelbauer und Musikologe.
Haben die Gerüchte, wovon Jahnn überzeugt war, seinen Erfolg als Schriftsteller verhindert? Gewiß nicht! Vielfach wurde er für sein Werk ausgezeichnet, die besten Regisseure haben seine Dramen aufgeführt, in den Literaturgeschichten und Lexika werden seine Romane zu den bedeutendsten Proschöpfungen unseres Jahrhunderts gezählt. Dennoch ist Jahnns literarisches Werk weitgehend unbekannt, und selbst das (nach *Pastor Ephraim Magnus*) skandalumwittertste, der immer wieder mit Joyce und Döblin verglichene *Perrudja*, bis heute das am wenigsten gelesene.
Wie ist das zu erklären? Liegt es am Stoff, an der Thematik? Seit Bataille, Genet und Bukowski wird man daran kaum noch Anstoß nehmen. Liegt es an der komplexen und komplizierten Form, am Schwierigkeitsgrad des Textes? Nun, der *Ulysses* und der *Alexanderplatz* sind um keinen Deut leichter und werden trotzdem von Zigtausenden gelesen.
Nein, nicht am Stoff oder Thema, nicht am schwierigen Text, auch nicht am Schauplatz liegt es, sondern an der Präsentation des Erzählten: daß diesem Buch mit keiner realistischen Elle beizukommen ist. Es liest sich, als sei es von einem babylonischen Epiker auf Steintafeln geritzt. Für den Leser ist es nahezu unmöglich, sich mit einer der Hauptgestalten zu identifizieren, so mythisch entrückt sind sie geschildert, zwar als Geschöpfe mit durchaus menschlichen Trieben, Wünschen und Sehnsüchten, aber doch nicht wie Menschen, zumindest nicht wie Menschen aus unserer Zeit. Es hatte schon gute Gründe, wenn Jahnn wiederholt behauptete, er gehöre in ein anderes Jahrtausend.
Die Frage kann darum (so wenig wie bei Stifters *Witiko*, mit dessen »nibelungenartigem Riesending« sich der *Perrudja* wegen gewisser, zweifellos beabsichtigter anachronistischer Züge vergleichen läßt) nicht sein, ob man dieses Buch heute

noch oder wieder lesen kann, sondern, ob man als Leser bereit ist – heute wie vor fünfzig Jahren –, auf Jahnns Intentionen einzugehen, sich auf Perrudjas Träume und Gedankenspiele einzulassen. Manches Mißlungene und Ungeratene wird man in Kauf nehmen müssen, aber durch viel überraschend Schönes, Kühnes auch reich entschädigt. Es gibt Seiten und ganze Kapitel in diesem Buch, die zum Eindrucksvollsten gehören, was seit Klopstock in deutscher Sprache geschrieben wurde.

Da keine noch so gescheite Deutung, kein noch so kluger Aufsatz den Atem, die Luft, die in diesem Buch weht, den frommen Schauder und den panhaften Schrecken, die Musik dieser Prosa vermitteln kann, »muß man«, wie Koeppen schreibt, diesen außerordentlichen Roman »lesen und lieben, um ihn zu erfassen«, und das ist keine Aufforderung zum unkritischen Lesen, sondern eine dezente Erinnerung daran, daß ein Kunstwerk auch mit Beteiligung unseres Sensoriums aufgenommen werden muß und daß man das Wundern nicht verlernen darf.

Das Geheimnis des doppelten Blicks

Sibylle Wirsing über Erich Kästner: *Emil und die Detektive* (1929)

Emil und die Detektive ist *ein Roman für Kinder.* Hinter der Widmung verbirgt sich die Gattung. Hinter dem Zeitungsleser in der Straßenbahn steckt der Autor: Er hilft dem Jungen aus, der den Fahrschein nicht bezahlen kann, ohne sich auf den Dank weiter einzulassen: »›Bitte schön, nichts zu danken‹, meinte der Herr und schaute wieder in seine Zeitung.«

Emil muß selber sehen, wie er mit seinem Gepäck und der fremden Stadt zurechtkommt und mit dem Malheur fertig wird, daß man ihm auf der Reise von zu Hause nach Berlin das Geld aus der Jackentasche gestohlen hat. Der fremde Herr würde ihm zum geschenkten Billett sogar noch etwas dazugeben, aber das beiläufige Angebot trifft auf eine entschiedene Ablehnung: »›Unter keinen Umständen‹, erklärt Emil fest, ›das nehme ich nicht an!‹« Der Junge und sein Schutzengel, Emil Tischbein und Erich Kästner, sind offenbar vom selben Holz.

Kästner lebte noch nicht lang in Berlin, als ihm die Verlegerin Edith Jacobsohn vorschlug, ein Kinderbuch zu schreiben. Er betrieb das vielseitige Geschäft eines Feuilletonisten der späten zwanziger Jahre und hatte sich mit seinen Gedichten am laufenden Band ein eigenes Ressort gesichert. »In Büchern stehen sie gedrängt und ein wenig beklemmend, durch Tageszeitungen aber flitzen sie wie ein Fisch im Wasser«, schrieb Walter Benjamin, nachdem innerhalb von zwei Jahren der dritte Band mit Kästners Lyrik erschienen war. Für den jungen Schnelldichter gehörten der Witz und die Zeitkritik so unzertrennlich zusammen wie die verlorenen Illusionen und

die linke Gesinnung. »Wir leben provisorisch, die Krise nimmt kein Ende!« Dieses Bekenntnis seines Romanhelden Fabian war schon ein halbes Alibi. Die andere Hälfte steuerte Fabians Mutter bei: »Du darfst das Leben nicht so schwer nehmen, mein Junge. Es wird dadurch nicht leichter.«
In der hochgetrimmten Ironie schwang ein Ehrgeiz mit, den es eigentlich nicht mehr geben durfte. Der Autor, der den Menschen nur noch ihren Untergang zutraute, wünschte sich das Talent, die Welt zu verbessern. So bezeichnete er den Berliner Sittenroman *Fabian*, der zwischen Grunewald und Schöneberg nach Sodom und Gomorrha Ausschau hielt, als die *Geschichte eines Moralisten* und erfand ein spätidealistisches Genre, das er *Roman für Kinder* nannte.
Vielleicht hat sich Kästner für das Kinderbuch, das er schreiben sollte, zunächst wirklich eine haarsträubende Abenteuergeschichte ausgedacht. Übriggeblieben ist davon nur die Parodie, die im Eingangskapitel von *Emil und die Detektive* vorkommt: »Ein Buch, in dem vor lauter Angst die Tiger mit den Zähnen und die Dattelpalmen mit den Kokosnüssen klappern sollten.« Karl May hoch drei wird verabschiedet. Statt dessen empfiehlt sich die gewöhnliche Realität als lohnendes Sujet: »Das Beste wird sein, Sie schreiben über Sachen, die Sie kennen. Also, von der Untergrundbahn und Hotels und solchem Zeug. Und von Kindern, wie sie Ihnen täglich an der Nase vorbeilaufen und wie wir früher einmal selber welche waren.«
Die Literaturwissenschaftler nahmen das Programm wörtlich und folgerten unverzüglich, der Autor habe einen Eid auf die Neue Sachlichkeit geschworen. Aber Kästner dachte nicht im Traum daran, sich sklavisch an seine Ankündigung zu halten.
Das Kind, das er früher selber gewesen war, hatte sich unter der seelischen Pression einer aufopfernden Mutter zum Musterknaben und Einserschüler entwickelt. Nun mußte er sich

noch einmal in den Emil Tischbein verwandeln, der die Eins mit Stern gleich von Natur aus verkörpert, und durfte von seinen früheren Leiden keinen Mucks verlauten lassen.

Der Roman-Sohn, den Kästner der guten Mutter an die Seite gibt, ist zugleich ein Kind und ein ausgewachsener, alter Kumpel. An seiner Zuverlässigkeit gibt es keinen Zweifel. Aber er handhabt sie so lässig, als sei alles Spiel, Spott und Spaß: »›Also los, Frau Tischbein‹, sagte Emil zu seiner Mutter, ›aber, daß Sie es nur wissen, den Koffer trage ich selber!‹«

Das schwarzweiß karierte Kannibalenmädchen und der Häuptling Rabenaas aus der geplanten Abenteuergeschichte waren bestimmt keine radikaleren Erfindungen als dieser Knabe, dem der Autor das Herz wie einen Orden an die Brust steckt und lauter Redensarten in den Mund legt.

Aber genauso modellhaft, wie Emil den Mann im Kind markiert, funktioniert auch die Großstadt, in der er mit dem Personenzug ankommt. Das Lustige dabei ist, daß sie Berlin heißt und alles hat, was es damals in der deutschen Reichshauptstadt gab – den Bahnhof Zoologischer Garten und den Bahnhof Friedrichstraße, die bekannten Straßen und Plätze samt dem Getöse darin, die Massen von Autos und Menschen und in der weiteren Umgebung sogar den Reichstag und den Reichspräsidenten. Das Ganze ist bis aufs I-Tüpfelchen genau und erscheint doch so leicht wie ein Spielzeug: der Berliner Westen in der Westentasche.

Eigentlich müßte der gigantische Junge aus Neustadt im handgebastelten Märklin-Berlin wie Gulliver bei den Liliputanern wirken. Aber Kästner hat sich vorsichtshalber zwei Maßstäbe zurechtgelegt. Außer dem pathetischen Emil gibt es gelegentlich auch den Knirps, der schier verzagen möchte: »Die Stadt war so groß. Und Emil war so klein.« Dank dieser zweifachen Absicherung kann allen Beteiligten nichts mehr passieren. Während der Leser gespannt verfolgt, wie der kleine Tischbein auf dem fremden Schauplatz hinter dem

Dieb und dem Geld her ist, hat der Erzähler freie Bahn, die Miniatur-Metropole so zu manövrieren, daß die Verbrecherjagd zum Kinderspiel wird. Ist die Sache aber erst richtig in Gang gekommen und die Gegend zwischen Rummelsburger Platz und Nollendorfplatz in der Hand von lauter professionellen Lausbuben, die begeistert *Emil und die Detektive* spielen, gehört es sich auch für die Hauptfigur, Feuer und Flamme zu sein: »Emil war direkt glücklich, daß ihm das Geld gestohlen worden war.«

Die doppelte Optik ist ein Geheimnis, über dessen Auswirkung sich Kästner vermutlich nicht einmal selber Rechenschaft abgelegt hat. Er glaubte fest an seine Berufung, die Menschen zu belehren und ihnen die Augen zu öffnen. Als sein *Fabian*, der 1931 kurz nach dem *Roman für Kinder* erschienen war, wegen unsittlicher Passagen denunziert wurde, verteidigte sich der Autor, indem er wiederholt versicherte, er sei ein Moralist. Zugleich warnte er den Leser jedoch vor den Sittenschilderungen, die ihrerseits eine Warnung sein wollten: »Dieses Buch ist nicht für Konfirmanden, ganz gleich, wie alt sie sind.« Dieselbe Unstimmigkeit beschäftigt auch Fabian persönlich.

Auch er ist sich nicht ganz sicher, was ihn veranlaßt, das Nachtleben und die Nachtseiten der Großstadt so eingehend zu studieren. Möchte er wirklich nur herausfinden, »ob die Welt zur Anständigkeit Talent habe«, oder fasziniert ihn die Verworfenheit erst recht um ihrer selbst willen? Fabian beantwortet die Frage sehr ausflüchtig: »Ich treibe mich herum, und ich warte wieder wie damals im Krieg, als wir wußten: Nun werden wir eingezogen. ... Und jetzt sitzen wir wieder im Wartesaal, und wieder heißt er Europa.«

Der kleine und der große Emil ist über solche Zweifel und Anfechtungen erhaben. In seinem Berlin gibt es kein Laster, sondern nur den einen Herrn Grundeis, der mit dem gestohlenen Geld untertauchen will. Fabians Berlin, der reißende Moloch, hätte dem kindlichen Charakterhelden aus Neustadt sofort ein Bein gestellt. Emil wäre mit dem Entschluß, das Geld auf eigene Faust zurückzuerobern, keine drei Schritte weit gekommen, ohne zu stolpern. Aber davon kann bei dem Kinderbuch-Autor Kästner nicht die Rede sein.

Genauso, wie der labile Fabian und die sittenlose Stadt einander suchen und finden, trifft der Junge, tapfer, wie er ist, auf ein hieb- und stichfestes Berlin, in dem es genug von seinesgleichen gibt, um Herrn Grundeis zur Strecke zu bringen. *Die Geschichte eines Moralisten* und der *Roman für Kinder* stellen einander aber nicht nur wechselseitig in Frage, sondern ergänzen sich auch vortrefflich.

Fabians schmutziges Berlin krankt nicht an zu vielen Bankräubern, sondern am Übermaß der weiblichen Lüsternheit. Die Frau mit dem Vampyrgebiß ist das wahre Übel oder jedenfalls Kästners Trauma. Die kaputten Ehemänner, ruinierten Junggesellen, verzweifelten Existenzen und Selbstmörder gehen auf das Konto der Kannibalinnen. Emil jedoch, das große Kind, ist vor diesem bestialischen Geschlecht sicher. Bei seinem Kampf um das Geld, das die Mutter Tischbein hart erarbeitet hat, handelt es sich um reine Männersache.

Nur ganz am Rand der Kriegführung gondelt ein zartes Persönchen auf dem Fahrrad als Schlachtenbummlerin mit. Aber selbst wenn sich bei Pony Hütchen schon erste, sachte Vorformen einer künftigen Männerfresserin zeigen sollten, wäre es übertrieben, von einer akuten Gefahr zu sprechen. So erfüllt sich der Autor den Wunsch nach einer Welt ohne Verführung und lokalisiert das Phantom in einem tipptopp aufgeräumten Berlin.

Hans Fallada war der erste und einzige, der Kästners erfolgreiche Romane für Kinder, den *Emil* und *Pünktchen und Anton,* gleich beim Erscheinen etwas mißtrauisch betrachtete. Seine Sensibilität für die verkrümmten und verschrienen Außenseiter hatte ihn darauf aufmerksam gemacht, daß der Verfasser jedesmal einen Sündenbock braucht, um die Kinderwelt triumphieren zu lassen: »In beiden Büchern wird der Held dadurch glücklich, daß ein Verbrecher durch ihn erwischt wird. Nun ist der Verbrecher aber gar kein Verbrecher, sondern ein kleiner, armer Lump ... Kinder sind unduldsam – ist es richtig, ihnen diese kleinen, armen Schlucker als abgrundtiefe, schwarze Schurken zu zeigen?«

Der Einwand zählt wenig, gemessen an der zeitlosen Beliebtheit von Kästners Kinderbüchern. Trotzdem läßt sich nicht leugnen, daß auf dem doppelten Boden, den *Emil und die Detektive* kultiviert hatte, wenig später auch Alois Schenzingers *Hitlerjunge Quex* gedeihen konnte. Die konträre Verwendbarkeit ist kein bloßer Zufall.

Kästner hatte selbstbewußt erklärt, daß er im Gegensatz zu den erlauchten Poeten ein Gebrauchsdichter sei. Die Überlegung, ob man für alle Welt brauchbar sein könne, ohne mißbrauchbar zu sein, war ihm dabei nicht gekommen. Man konnte sie ausklammern, solange sich die linken Literaten der Weimarer Republik stark genug fühlten, ihre Konkurrenten von rechts zu verachten. Der Verdacht, daß ausgerechnet Kästner, der sich als linker Moralist propagierte, eine doppelte Moral produzierte, wäre allen, die sich von ihm erheitern und belehren ließen, absurd vorgekommen. Noch 1932 schrieb Rudolf Arnheim in der *Weltbühne* über den Autor der Kinderromane: »Das Kind ist ihm der natürlichste Vertreter des gesunden Menschenverstandes und der ursprünglichen Moral.«

Walter Benjamin, der sein Votum zum Fall Kästner ein Jahr früher abgegeben hatte, war weniger gutmütig gewesen: »Dieser Dichter ist unzufrieden, ja schwermütig. Seine Schwermut kommt aber aus Routine. Und nichts ist routinierter als die Ironie, die den gerührten Teig der Privatmeinung aufgehen läßt wie ein Backmittel. Bedauerlich nur, daß seine Impertinenz so außer allem Verhältnis ebensowohl zu den ideologischen wie zu den politischen Kräften steht, über die er verfügt.« In derselben Rezension von 1931, die mit »Linke Melancholie« überschrieben ist, trifft man bereits auf ein abschließendes Urteil: »Nicht zum wenigsten an der grotesken Unterschätzung des Gegners verrät sich, wie sehr der Posten dieser linksradikalen Intelligenz ein verlorener ist.«

Ein Hamlet in Knobelbechern

Günter Blöcker über Erich Maria Remarque:
Im Westen nichts Neues (1929)

Es waren aufregende Wochen, als die *Vossische Zeitung* im Spätherbst 1928 Erich Maria Remarques *Im Westen nichts Neues* als Fortsetzungsroman veröffentlichte. In meinem Elternhaus wurde die *Voß* gelesen; und ich erinnere mich gut, mit welcher Ungeduld wir alle Tage auf die nächste Folge warteten. Dabei hatte, wie man bald erfuhr, niemand dem Manuskript besondere Chancen gegeben. Der S. Fischer Verlag, dem der Autor es zuerst angeboten hatte, war gänzlich ablehnend gewesen. Aber auch im Hause Ullstein hatte man sich nur zögernd und ohne große Erwartungen zur Annahme entschlossen. Man war sicher, nichts mehr vom Krieg wissen zu wollen – man hatte ihn, mitsamt seinen Ursachen und Folgen, erfolgreich verdrängt oder meinte doch, es getan zu haben.

Gerade dies aber erwies sich als der große Irrtum. Verdrängtes gibt keine Ruhe, es strebt ans Licht, es will befreit sein. Für Remarque war die Arbeit an dem Roman – er hat das später in einem Interview beschrieben – ein Akt der Selbstbefreiung. Er wollte Depressionen loswerden, die er auf das im letzten unverarbeitete Kriegserlebnis zurückführte: »Der Schatten des Krieges hing auch und gerade über uns, wenn wir gar nicht daran dachten. Am selben Tage, an dem ich diese Gedanken hatte, begann ich zu schreiben, ohne lange Überlegung ...«

Ein Akt der Selbsttherapie also, der, wie sich bald zeigte, heilsame Folgen für viele haben sollte. Was weder Georg von der Vring mit dem in die falsche Innerlichkeit ausweichenden Roman *Der Soldat Suhren* (1927) noch Ludwig Renn mit seinem in einem ungelenken, unreflektierten Lapidarstil abgefaßten Erlebnisbuch *Krieg* (1928) gelungen war, wurde nun zum Ereignis. Remarques *Im Westen nichts Neues* setzte in einem Millionenpublikum frei, was sich in einem jahrelangen Prozeß unter der Oberfläche gehorsam repetierter, aber längst nicht mehr geglaubter heroischer Klischees an traumatischem Material zum Thema Krieg aufgestaut hatte.

Der Erfolg übertraf alles bis dahin Bekannte. Am 31. Januar 1929 erschien die Buchausgabe im Propyläen Verlag, ein Vierteljahr später waren weit über eine halbe Million Exemplare verkauft, Ende 1929 lagen Übersetzungen in zwölf Sprachen vor, 1930 folgte die amerikanische Verfilmung – auch sie ein Ereignis mit weltweiter Resonanz. Und der Erfolg nahm kein Ende. Statistiker wollen ermittelt haben, *Im Westen nichts Neues* sei das nach der Bibel meistgedruckte Buch der Welt.

Daß es ein nahezu Unbekannter war, dem das gelang, ein Mann, der bis dahin allenfalls als Sportjournalist und Verfasser einer Abhandlung *Über das Mixen kostbarer Schnäpse* bemerkt worden war, mochte Anlaß zu Verwunderung geben und für manche sogar ein Ärgernis sein. In Wahrheit lag darin eine Konsequenz besonderer Art. Tucholsky hat sie, noch einen Schritt weitergehend, in dem Satz zusammengefaßt: *Im Westen nichts Neues* hätte anonym erscheinen sollen, weil es ein anonymes Buch ist – namenlos wie das Leiden jener, denen es aus dem Herzen geschrieben ist.«

Aber es gab auch andere – solche, denen das Buch nicht aus dem Herzen geschrieben war, sondern denen es gewaltig gegen den Strich ging. Die völkische Presse aller Schattierungen schäumte, man sah das »Ethos des Frontsoldaten« in den Schmutz gezogen, ja die deutsche »Weltmission« (was immer das sein mag) in Frage gestellt. In einem Klima wachsender politischer Radikalisierung erreichte die Anti-Remarque-

Kampagne Ende 1930 ihren bedrohlichen Höhepunkt in dem von Goebbels inszenierten Tumult bei der Premiere des Films *Im Westen nichts Neues* im Berliner Mozartsaal. Die Republik reagierte schwächlich, sie verbot den Film.

Daneben blühte das Geschäft der Pamphletisten und Broschürenschreiber, die das Buch zur Strecke zu bringen hofften, indem sie irgendwelche vermeintlichen oder tatsächlichen dunklen Punkte in Remarques Biographie aufspürten und an die Öffentlichkeit brachten. Auch hier ein freilich eher grotesker Höhepunkt: die Schrift des Philosophen und Satirikers S. Friedländer *Hat Erich Maria Remarque wirklich gelebt?* Ein übles Machwerk, das in Gestalt einer sogenannten »satirischen Apotheose« die bürgerliche Existenz des Autors ins Zwielicht zu rücken suchte. Allein die Tatsache, daß Remarque eigentlich Remark heißt, ist dem Verfasser viele, keineswegs kurzweilige Druckseiten wert. Gipfel des Witzes eine Bibliographie mit der Überschrift »Erich Maria Remarks gesammelte Werque«.

So peinlich lächerlich dergleichen nach einem halben Jahrhundert erscheint, so befremdlich wirken heute allerdings auch manche der positiven Reaktionen. Es gab viel hohles Pathos auch auf seiten derer, die zustimmten. »Komm heran, Mitternachtsglocke Erich Maria Remarque, und erhebe dein furchtbares Gebrüll über die Welt!« So die *Berliner Morgenpost* vom 31. Januar 1929. Und selbst wer es etwas billiger tat, verzichtete ungern auf Ewigkeitsfloskeln wie »Unzerstörbare Dichtung des Grauens« (Bruno Frank) oder »Vollkommenes Kunstwerk und unzweifelhafte Wahrheit zugleich« (Stefan Zweig). Ein nüchternes Wort wie Tucholskys »Kein großes Kunstwerk, aber ein gutes Buch« war selten.

Ist es wirklich ein gutes Buch? Oder nur eines, das von seinem Stoff lebt oder allenfalls von dessen geschickter Zubereitung? Wenn man, nach ziemlich genau fünfzig Jahren, *Im Westen nichts Neues* wiederliest, stellt man mit Erstaunen fest, daß es ein in Anbetracht der Ungeheuerlichkeit des Gegenstandes eher stilles Buch ist. Wir haben eine solche Eskalation der Mittel erlebt – der literarischen ebenso wie der des täglichen Informationsangebots –, daß uns der Schocker von einst vergleichsweise harmlos erscheinen will. Niemand käme heute auf die Idee, Remarques Kraßheiten, wie das damals geschah, an dem naiven Idealismus eines Walter Flex und seines *Wanderers zwischen beiden Welten* zu messen. Unsere Vergleichsobjekte heißen *Apocalypse Now* oder, um bei der Literatur zu bleiben, Norman Mailers *Die Nackten und die Toten*, die freilich inzwischen auch schon einige Patina angesetzt haben.

Vor solchem Erfahrungshintergrund gewinnt Remarques Roman eine ganz neue, überraschende Qualität, nämlich die der Behutsamkeit und eines noch in der äußersten Desillusionierung bewahrten Zartgefühls. Ja, mehr noch, das Buch hat eine ganz eigene Art von Unschuld. Die Situation der Neunzehnjährigen, die, mit einem völlig unrealistischen Weltbild ausgestattet, ahnungslos aus den Klassenzimmern erst in die Vorhölle des Kasernenhofes und dann aufs Schlachtfeld gerieten, ist hier nicht als Polemik gegenwärtig, sondern als Pulsschlag.

Remarque erzählt aus der Perspektive eines dieser Neunzehnjährigen. Er heißt Paul Bäumer, hat zu Hause ein angefangenes *Saul*-Drama und einen Stoß Gedichte im Schreibtisch und blickt mit einem Staunen, das noch tiefer ist als sein Entsetzen, auf etwas, das nicht wahr sein darf. Ein Hamlet in Knobelbechern, der sich unversehens mit einer aus den Fugen geratenen Welt konfrontiert findet. Zwar fühlt er nicht die Verpflichtung, sie wieder einzurenken, wohl aber die, sie ohne alle Beschönigung zu beschreiben.

Man hat Remarque – namentlich von seiten der Linken – vorgeworfen, er habe versäumt, kritische Perspektiven zu entwickeln, habe weder die Ursachen des Kriegs analysiert noch politische Konsequenzen aus seinen Erfahrungen gezogen. Das kann man so sehen. Nur verkennt man damit den historischen Auftrag des Buches und seinen Charakter als Roman. Nicht Ursachenanalyse war Remarques Sache, sondern zu sagen, was war. Ihm war aufgegeben, das erlösende Wort zu sprechen; und das hat er mit den einfachsten und eben deshalb wirkungsvollsten Mitteln getan.

Einfach muß nicht gleichbedeutend mit primitiv sein. Das Grauen der Materialschlacht durch atavistische Lautmalereien verdeutlichen zu wollen, wie Ludwig Renn es in seinem Kriegsbuch versucht hatte (»Bramm! rapp! rapp! bramms! kräck! ramm! Funkensprühen am Boden« und so fort), wäre Remarque nicht in den Sinn gekommen. Er hatte – man weiß das aus einer Rezension, die er im Juni 1928 für die Zeitschrift *Sport im Bild* schrieb – Ernst Jüngers *In Stahlgewittern* gelesen, und das mit spürbarem Gewinn – nicht für seine Weltanschauung, wohl aber für seinen Stil. Antipathos, Lakonismus, eine zuweilen fast aphoristische Prägnanz sind Stilmerkmale, die – mit Maßen, versteht sich – auch auf *Im Westen nichts Neues* zutreffen.

Das Signum des Buches ist Aufrichtigkeit, nicht Abgebrühtheit oder gar Gefallen am Brutalen, wie man seinerzeit gern unterstellt hat. Die Brutalität liegt in der Sache, um die es geht, nicht in deren Darstellung. Wenn Paul Bäumer erzählt, wie er nach der Rückkehr aus der vordersten Linie zusammen mit einigen Kameraden genußvoll im Grünen auf einer improvisierten Latrine hockt (»Vor zwei Stunden werden wir hier nicht wieder aufstehen«), und wenn diese Schilderung des Allzumenschlichen in ein paar Sätzen von beinahe lyrischer Intensität gipfelt, dann spricht daraus kein Zynismus, es ist auch kein ausgeklügeltes, effekthascherisches Arrangement, sondern die schlichte Wahrheit.

Ähnliches gilt für die kaum zu vergessende Episode mit den

Stiefeln. Ein Schwerverwundeter liegt ohne Aussicht auf Rettung im Lazarett, man besucht ihn, empfindet mit ihm und denkt doch – auf einer anderen Schiene des Bewußtseins – an die schönen Stiefel des Sterbenden, die man sich sichern muß, sobald er den letzten Atemzug getan hat. Dazu als sachlicher, unwiderlegbarer Kommentar: »Wenn Müller gern Kemmerichs Stiefel haben will, so ist er deshalb nicht weniger teilnahmsvoll ... Die Stiefel sind etwas, das gar nichts mit Kemmerichs Zustand zu tun hat. Kemmerich wird sterben, einerlei, wer sie erhält. Warum soll deshalb Müller nicht dahinter her sein, er hat doch mehr Anrecht darauf als irgendein Sanitäter. Wenn Kemmerich erst tot ist, ist es zu spät. Deshalb paßt Müller eben jetzt schon auf. Wir haben den Sinn für andere Zusammenhänge verloren, weil sie künstlich sind. Nur die Tatsachen sind richtig und wichtig für uns. Und gute Stiefel sind selten.«

Unvergeßlich auch, wie Paul Bäumer das Sterben dieses Kemmerich erlebt: »Seine Lippen sind weggewischt, sein Mund ist größer geworden, die Zähne stechen hervor, als wären sie aus Kreide. Das Fleisch zerschmilzt, die Stirn wölbt sich stärker, die Backenknochen stehen vor. Das Skelett arbeitet sich durch ...« Diese Wendung »Das Skelett arbeitet sich durch« ist in ihrer makabren Anschaulichkeit schwer zu übertreffen, sie würde auch einem Größeren Ehre machen.

Natürlich gibt es auch Stellen anderer Art – Stellen, an denen dem Autor die Sprache wegrutscht und er Zuflucht bei mehr oder weniger blumigen Klischees sucht. Aber auch da ist es weniger ein leichtsinniges Versagen als vielmehr die Übermacht des Gegenstandes, die zu solchen Deformationen führt. Der Autor hat eine Tabuschwelle überschritten, mit allen Konsequenzen, die ein derartiges Wagestück mit sich bringt, auch denen des Danebengreifens und einer gelegentlichen Taktunsicherheit.

Der Begriff »Kunstwerk« hat in diesem Zusammenhang einen falschen Klang. Remarques Buch ist zugleich weniger und mehr als ein Kunstwerk. Es ist ein Stück Literatur, dem die Jahrzehnte nichts anhaben konnten, weil aus ihm eine Menschenstimme spricht – eine Menschenstimme, die sich bemüht, gefaßt über Unmenschliches zu sprechen.

Wütende Wahrhaftigkeit

Peter Härtling über Theodor Plievier: *Des Kaisers Kulis* (1929)

Schwierigkeiten waren keine vorauszusehen. Als Theodor Plievier sich 1926 daranmachte, seinen ersten Roman zu schreiben, wußte er sich durch einen Vertrag mit Gustav Kiepenheuer abgesichert, und an Stoff, an Geschichten fehlte es ihm nicht. Er dachte zurück, las sein Leben, mußte nichts erfinden.

In Berlin-Wedding kam er 1882 zur Welt, als letztes von sechs Kindern. Der Vater war Feilenhauer, hatte sich in Pommern, der Heimat von Plieviers Mutter, eine Werkstatt aufgebaut, kam nicht zurecht, zog mit der Familie nach Berlin, suchte Arbeit, fand nur gelegentlich welche, und die ganze Familie half mit, durchzukommen. Mit vierzehn trat er eine Maurerlehre an, die er, geschunden, nach zwei Jahren abbrach. Prügel gab's bei der Arbeit wie zu Hause. Der Vater hatte dem ältesten Bruder erlaubt, die jüngeren Geschwister zu strafen, und der verdrosch Theodor nun täglich, bleute ihm Widerstand und Träume ein.

Mit sechzehn brach er aus, zeichnete und malte, versuchte, der Rechtschreibung kaum mächtig, zu schreiben. »Was dann kam, war die Landstraße, waren Obdachlosenasyle, war hartes Vorbeilavieren am Gefängnis. Ich fuhr zur See. Und dabei blieb ich, bis ich im Frühjahr 1914 als ›unsicher‹ eingefangen und in die Kaiserliche Marine gesteckt wurde. 1914/1918 bei der Kriegsmarine. Nachher Wanderredner, Verleger linksrevolutionärer Schriften; zwischendurch arbeitete ich auch: Eisenkonstruktionen, Bleihütte, oder ich ging stempeln. Ich arbeite an einem Romanzyklus.«

Diese knappe, in ihrer Atemlosigkeit aufsässige Auskunft gab

Plievier nicht mehr Kiepenheuer, sondern Wieland Herzfelde, dem Chef des Malik-Verlags. Es war eben doch zu Schwierigkeiten gekommen. Zwar hatte Gustav Kiepenheuer – beeindruckt von den wenigen bereits erschienenen Erzählungen Plieviers, mehr noch von seiner Person – ihm monatlich 300 Mark zukommen lassen, doch als er das Manuskript las, störte ihn die Machart. Das Buch passe nicht in sein Programm, gab er vor, erklärte sich jedoch bereit, zu vermitteln, einen andern Verlag zu finden.

Das mußte er nicht. Kurt Kläber, der von der mißlichen Angelegenheit gehört hatte, wollte einspringen. Er leitete damals den Internationalen Arbeiter-Verlag und wurde ein paar Jahre danach, schon im Exil, mit seiner *Roten Zora* berühmt. Plievier zögerte und winkte schließlich ab. Ihm, dem Anarchisten, war es nicht geheuer, in einem Verlag zu publizieren, der der KPD gehörte. Das Angebot Herzfeldes lockte ihn ungleich mehr. Es versprach ihm, obwohl auch der Malik-Verlag den Kommunisten nahestand, einen respektablen literarischen Hintergrund und die nötige Publizität. Und links stand er sowieso. Vermutlich gelang es dann auch Herzfelde, seinen neuen Autor zu einem Vorabdruck des Romans in der *Roten Fahne* zu überreden.

Das Buch kam Ende 1929 heraus und trieb, wie ein paar Monate zuvor Remarques *Im Westen nichts Neues*, Kritiker und Leser um, wurde im Für und Wider ein großer Erfolg. Plievier nutzte ihn, setzte den Zyklus, den er angekündigt hatte, mit einem Roman fort, dessen Titel 1932 die Republik von Weimar resümierte: *Der Kaiser ging, die Generale blieben*. Es war ein böser, ein verzweifelter Abschiedsgruß. Hitler riß die Macht an sich, ließ auf Scheiterhaufen Bücher verbrennen, auch die von Theodor Plievier.

Den ersten Satz, den ich von Plievier las, habe ich nie vergessen. Es kommt mir vor, als schließe er die ungezählten Sätze, die ihm folgen, die ganze ausholende Beschreibung einer

Schlacht in sich ein: »Und da war Gnotke.« So beginnt das Epos *Stalingrad,* das im russischen Exil entstand und 1945 erschien. Ich wüßte wenige Ein-Sätze, die den Leser, noch bevor er das Buch kennt, derart einstimmen, ihn nicht nur ahnen, sondern wissen lassen, worum es geht. Das »Und« setzt die Phantasie in Bewegung, macht den Erzählraum groß und die Figur, die genannt wird, klein: Gnotke, einer von vielen, einer hinter dem »und«. Er wird nicht als Held aufgerufen, vielmehr als Stellvertreter für alle »Kulis«.

Daß auch *Des Kaisers Kulis* mit einer solchen Evokation anfängt, hatte ich vergessen. Sie ist nicht weniger heftig, nur schränkt sie ein, konzentriert sich auf einen, ruft weniger auf, ruft ganz realistisch wach: »›Dierck!‹ Und nochmals: ›Dierck! Komm schon, hoch!‹«

Dierck wird ebensowenig wie Gnotke im Vordergrund stehen, weil er keine Rolle spielen darf in einem Drama, in dem jene, die Helden genannt werden könnten, sich zu Helden nicht eignen. Ihnen wird mitgespielt, und sie müssen mitspielen, ohne das Spiel zu durchschauen, des Kaisers Kulis auf den Schiffen im Skagerrak und Hitlers Landser in den Gräben von Stalingrad. Sie wurden, wie es hieß, »eingesetzt« – und hier verrät die Sprache die Ideologie, die sich ihrer bedient.

Ich brauchte einen Anlauf, Plieviers frühes Buch wieder zu lesen, fürchtete, enttäuscht zu werden. Tagelang beschäftigte ich mich mit der Literatur über ihn, mit den freundschaftlich engagierten Erinnerungen Harry Schultze-Wildes, Jürgen Rühles Anmerkungen in seinem Buch *Literatur und Revolution,* Hagelstanges Nachruf im *Monat.* Sie bestärkten mich eher noch in meiner Unsicherheit. Der Mann verschwand hinter Parolen und Deutungen, einmal Anarchist, dann Kommunist, womöglich Renegat, sicher jedoch Einzelgänger. Mir schien, als ende eine mäandrische Lebensspur vor einer Plakatwand.

Immerhin erfuhr ich aus Hans-Harald Müllers lesenswertem Nachwort zur Ausgabe im Deutschen Taschenbuch Verlag, wie wenig planend, wie sprunghaft Plievier 1927 an die Arbeit gegangen war. Ursprünglich wollte er vor allem von sich erzählen, von dem Matrosen, der auf einer Kaperfahrt mit dem Hilfskreuzer *Wolf* den Krieg 444 Tage lang wie in einem ziellos über die Weltmeere treibenden Gefängnis erlitt. Als Remarques *Im Westen nichts Neues* 1929 erschien, muß er mit dem Manuskript schon weit gekommen sein. Er las das Buch sofort, lernte lesend, ließ sich umstimmen, begann mit seiner Arbeit von vorne. Sein Ehrgeiz war angespornt. Es genügte ihm nicht mehr, aus der Kajütenperspektive zu berichten, nun sollte die Geschichte selber reden in Protokollen, Depeschen, Befehlen, Zahlen, sollte der Blick des einzelnen sich weiten zum Gesichtsfeld von Tausenden, und der alleswissende Erzähler mußte der alleswissenden Erzählung weichen. Das war das Muster – nicht bloß für den *Roman der deutschen Flotte im Weltkrieg,* auch für *Der Kaiser ging, die Generale blieben* und für *Stalingrad.*

Endlich wagte ich mich an das Buch und geriet in den Sog eines Stimmenstrudels, der mich meine Befürchtungen und Vorbehalte vergessen ließ. Ich fragte mich nicht mehr, ob die Sprache gealtert sei, die Konstruktion zu künstlich oder zu gewalttätig. Die Sätze, die in meinem Kopf laut wurden, drängend, sich überstürzend, sind so prall von Erfahrung und Empörung wie ehedem. Sie greifen an und ergreifen. Und die Bildfragmente verschmelzen zu einem gewaltigen, trostlosen Tableau.

Die Geschichte setzt so ein, wie sie endet: Ein Schiff ist unterwegs zum Heimathafen, ein Frachter, kein Kreuzer. Zum letzten Mal wird die Mannschaft von einem Sturm geprüft und gebeutelt. Auf Deck geladene Fässer haben sich selbständig gemacht, zerschlagen Reling und Aufbauten. Die Mannschaft kämpft mit ihnen wie mit Dämonen: »Das Schlimmste ist, daß man die Fässer nicht sehen kann. Erst im letzten Moment tauchen sie auf, blau und gespenstisch.«

Die Seeleute kommen heim und doch nicht. Es wird Krieg geben, die Marine braucht Männer. Sie ist nicht zimperlich, holt sie aus den Kneipen, den Bordellen, von der Straße. So werden die zukünftigen Soldaten der Meere schlicht und einfach »shanghaied«, und es bleibt dem Zufall oder den Launen der rekrutierenden Offiziere überlassen, wen es auf welches Schiff verschlägt, auf einen kleinen, für den Krieg umgerüsteten Schinder oder auf eines der riesigen, mit tausend Mann besetzten Stahlungetüme.

Die Matrosen hören vom Krieg und erfahren ihn nicht. Die kaiserliche Flotte in Wilhelmshaven wartet ab, schickt nur gelegentlich Patrouillen aus. Das Warten wird zum Thema, die zermürbende Spannung, der oft entwürdigende Dienst. Die Offiziere haben Wohnungen (und Frauen) an Land, sie können die Schiffe, die Exerzierplätze, auf denen die Sinnlosigkeit das Kommando führt, wenigstens über Nacht verlassen; die Kulis nicht, die auf ihren Landgängen gegen ihre Ohnmacht bis zur Ohnmacht ansaufen.

Plievier beschreibt das Warten in lauter kleinen Aktionen. Gleichgültigkeit und Ungeduld geraten gefährlich aneinander. Die Distanz zwischen Mannschaften und Offizieren wird immer größer. Keiner der Männer möchte in die Schlacht, doch an jedem zerrt die unruhige Ruhe, die Erwartung. An diesem Widersinn werden sie krank. Die meisten resignieren, nur wenige begehren auf.

Es gibt Bilder, die in ihrer obszönen Alltäglichkeit wahrer und einprägsamer sind als ganze Pakete von Antikriegsliteratur: Um wenigstens zeitweise dem Drill zu entgehen, treffen sich Matrosen in den Werftklos, stinkenden Schuppen, die für ein paar Minuten zu Bastionen gegen den organisierten Leerlauf werden, in denen man ungestört miteinander sprechen kann, in denen man sich aufmuntert oder zu Verschwörungen zusammenfindet. Hier versammelt der Heizer Alwin Köbis von der *Prinzregent Luitpold* Gesinnungsfreunde. Ihm genügt das meuternde Gemurmel nicht mehr, er möchte politisch Widerstand leisten. (Köbis wurde zusammen mit dem Obermatrosen Reichpietsch im September 1917 wegen Meuterei füsiliert. Dem Andenken beider widmete Plievier sein Buch, in dem er allerdings auch sie nicht zu Helden stilisiert: Sie fallen für einen Moment auf, bekommen eine Stimme und treten wieder zurück in die Geschichte.)

Den Kaiser verdrießt die Tatenlosigkeit seiner Flotte, und er setzt den ersten Admiral ab. Für die Matrosen ändert das so gut wie nichts. Auch jetzt werden nur die kleinen, schwachen Schiffe als Kundschafter ausgeschickt. Wer auf ihnen fährt, lernt die Hölle etwas früher kennen. Unter dem weiter reichenden Feuer der britischen Flotte bersten die Aufbauten, platzen die Kessel, beginnt der Stahl zu glühen. Menschen werden zerschmettert, verbrüht, verbrannt. Aber: »Solange die Kanone feuert, lebt das Schiff noch.« Das ist der Satz, der die Schlacht am Skagerrak ankündigt. In ihrer Schilderung steigert sich der den Menschen zur Maschine und die Maschine zum Lebewesen erklärende Zynismus zu einem einzigen Schrei. Die Matrosen dienen nur noch dem Überleben der schwimmenden Festung, sie sind Material, nicht mehr – und noch im Tod vermengen sie sich mit den Trümmern der Schiffe: »Das harte Krachen zerreißenden Eisens – eine feurige Lohe. Nicht die höchste des Tages, aber ein Strahlenregen dunkler Panzerbrocken. Holztrümmer und Gliedmaßen fliegen weiter als Eisen.« In solche Passagen verknappt sich Plieviers Sprache, bekommt Kanten, und ihr Pathos bleibt erträglich, weil es die Wirklichkeit nie ausläßt. Die Wörter verbeißen sich förmlich in die Reste einer detonierenden Welt, klammern sich wie Schiffbrüchige an das, was nicht unterging.

Acht Kapitel lang schafft es der Autor, das erzählende Ich

auszusparen, doch dann, ehe er die endlose Fahrt der *Wolf* und den Aufstand der Matrosen schildert, meldet er sich gleich einem Versprengten, der dem Chaos entkam, zur Stelle. Auf einmal wird es in dem tosenden Erzählraum still. Der Leser hält inne. Eben hat er noch erfahren, was nach der Schlacht die Chroniken festhielten: »9526 Tote vor dem Skagerrak, 5475 auf der Doggerbank, vor den Falklandinseln, vor Coronell und Helgoland. In Reihen nebeneinander liegen sie in den Massengräbern von Wilhelmshaven und Rosyth oder verscharrt in den patagonischen Einöden. Die anderen haben die Fische gefressen.«
Dem folgt eine atemholende Pause; und danach: »Hier ist kein Roman. Hier ist ein Dokument. Und dann: ich bin doch auch dabeigewesen.« Im zeitgenössischen Roman kenne ich keinen vergleichbaren Einwurf. Er scheint formal ungeschickt und ist dennoch, erfaßt man den Ort und den Grund der Zäsur, von außerordentlicher Kunstfertigkeit. Endlich gibt sich der Erzähler dem Leser zu erkennen und verbündet sich mit ihm, rührt ihn mit der Stimme eines jäh alt gewordenen Kindes: dieses auf Zeugenschaft bestehende »doch auch« geht einem nach.
Wie nicht anders zu erwarten, zog der Erfolg des Buches – es wurde in achtzehn Sprachen übersetzt, und Erwin Piscator bearbeitete den Stoff für die Bühne – Kontroversen nach sich. Den einen galt Plievier als Kommunist, den andern war er's zuwenig, als tendenziös wurde das Buch gerügt, und pazifistisch war es ohnehin. Nach dem Zweiten Weltkrieg wiederholten sich solche Anwürfe – und wieder wurde ihm Unrecht getan, wurde parteiisch gelesen. Der Anarchist Plievier saß zwischen allen Stühlen, mißtraute jeglicher Form von Macht, hatte sich, schon als Halbwüchsiger, auf die Seite der »Kulis« geschlagen, der als Nummer und Waffe Mißbrauchten – und allein für sie sprach er. In diesem Sinn habe ich *Des Kaisers Kulis* gelesen, ein Buch, das mich »entwaffnete«

durch seine erzählerische Renitenz und seine wütende Wahrhaftigkeit.
1933 emigrierte Plievier über die Tschechoslowakei, Frankreich und Schweden in die Sowjetunion. Während der Schlacht um Stalingrad sprach er mit deutschen Kriegsgefangenen, sammelte Dokumente, Tagebücher, Briefe für seinen großen Bericht: *Und da war Gnotke*. 1945 kehrte er mit der Roten Armee nach Deutschland zurück, übernahm in Weimar den Vorsitz des »Kulturbundes« und leitete – als Lizenzträger – den Verlag, der seinen ersten Roman förderte und doch nicht haben wollte: Kiepenheuer. 1947 zog er an den Bodensee, plante zwei weitere Schlachtbeschreibungen: *Moskau* und *Berlin*. Aber nun verließ er, zur Eile gedrängt, das Muster, das er für *Des Kaisers Kulis* gefunden und in *Stalingrad* noch entschiedener angewandt hatte, und schrieb, was er verachtete: »Tatsachenromane«. 1955 starb er in der Schweiz, ein deutscher Schriftsteller, der, den Frieden suchend, die Heimat verlor.

Der »Weltfreund« auf den Barrikaden

Ulrich Weinzierl über Franz Werfel:
Barbara oder Die Frömmigkeit (1929)

Am 3. November 1918, Kakanien lag in den wohlverdienten letzten Zügen, hielten Mitglieder der kurz zuvor aufgestellten »Roten Garde« vor dem Reichsratsgebäude in Wien eine Protestkundgebung ab. Gruppen von Rotgardisten zogen in der Folge zum Schottentor, wo die Zentrale des mächtigen Wiener Bankvereins stand. Wie üblich, wurden ungestüme Ansprachen gehalten. Auch ein Zivilist meldete sich zu Wort und versicherte seinen Zuhörern, im Augenblick sei man zwar zu schwach, den Sturm auf die Banken zu wagen, aber ihre Stunde werde schlagen und »dann würden sie herniederschmettern wie eine Lawine auf alle, von denen sie jetzt ausgebeutet und ausgesaugt würden; dann würden sie die Herren werden von dem, was ihnen jetzt nicht gehöre, dann würden sie auch diese Geldpaläste besitzen«.

Ein Polizist, der selbst in diesen bewegten Zeitläuften seines Amtes waltete, hatte all die aufrührerischen Äußerungen notiert und höhern Orts Bericht erstattet. Man forschte den Redner aus und zitierte ihn zur amtlichen Vernehmung. Nicht ungeschickt verantwortete er sich damit, »Anhänger des Urchristentums und daher gegen jede Gewalt« zu sein. Er habe lediglich versucht, Ausschreitungen der erregten Menge zu verhindern.

Der Dichter Franz Werfel, denn niemand anderer als dieser war der verdächtige »Urchrist«, durfte hierauf ungehindert seiner Wege gehen. Somit war's die österreichische Bürokratie zufrieden; Werfels Geliebte, die gestrenge Alma Mahler-Gropius, hingegen nicht. Am 13. November, dem Tag nach der Ausrufung der Republik, trat er »in alter Uniform, schrecklich anzusehen« vor sie hin und ersuchte sie um ihren Segen. Anfangs weigerte sie sich standhaft. »Doch bat er mich so lange, wollte vorher nicht weggehen, bis ich seinen Kopf nahm, ihn küßte und er entlaufen konnte.

Bange wartete ich!... und als er endlich tief in der Nacht kam, war ich noch viel entsetzter. Seine Augen schwammen in Rot, sein Gesicht war gedunsen und starrte vor Schmutz, seine Hände, seine Montur... alles war zerstört. Er roch nach Fusel und Tabak.« Angewidert setzte sie ihn vor die Tür. Der kurzfristige Liebesentzug schien ihr durchaus gerechtfertigt, hatte doch Werfel, wie sie entrüstet erzählt, »auf Bänken auf dem Ring stehend, wilde kommunistische Reden gehalten und ›Stürmt die Banken!‹ und ähnliche unbedachte revolutionäre Schlagworte geschrien«.

Diesen Fauxpas, zumal von einem notorischen Millionärssohn begangen, vermochte Bürgerin Alma selbstverständlich nicht zu billigen, und so hat sie sich im Laufe des später legitimierten Zusammenlebens redlich und offensichtlich mit Erfolg bemüht, ihrem »Mannkind« das Revolutionäre gründlich auszutreiben.

Der »Weltfreund« Werfel liebte die große Oper, den Überschwang der Worte und Gefühle. Sein stürmisches Gastspiel in der tagespolitischen Arena hing wohl auch mit dieser Neigung zum leidenschaftlichen Ausdruck zusammen. Wie immer – Revolution im Klassenkampfsinn war im Grunde seine Sache nicht, ebensowenig Politik im allgemeinen. Wer seine einschlägigen Schriften liest, gesammelt in dem postum edierten Band *Zwischen oben und unten*, wird daran nicht zweifeln.

Dennoch verdankt die deutsche Literatur Werfel einen ihrer wichtigsten Revolutionsromane, der uns ein gewöhnlich plastisches Bild der Epochenwende von 1918 vermittelt: *Barbara oder Die Frömmigkeit.* Mit diesem Werk hat es nun eine seltsame Bewandtnis: Obwohl es zu Werfels interessantesten zählt, ist es sein am wenigsten bekanntes. Während *Die vierzig Tage des Musa Dagh, Die Geschwister von Neapel, Verdi, Der veruntreute Himmel* oder gar *Das Lied von Bernadette* Auflagen von vielen hunderttausend Stück erzielten, erschien *Barbara oder Die Frömmigkeit,* zuvor lange vergriffen, erst wieder 1988 auf dem Markt. Der gewaltige Umfang der Erstausgabe von mehr als 800 Seiten kann diese Nichtbeachtung, dieses Verschwinden in der Versenkung, kaum erklären. Ist der Text etwa mißglückt und das die Ursache des Vergessens? *Kindlers Literatur Lexikon* legt die vorlaute Vermutung nahe, wenn es dort heißt, von allen Werfelschen Romanen biete »dieser der Kritik am meisten Angriffsfläche«, weil ihm »die konsequente Durchgestaltung, die formale Disziplin, die durchdachte Ausgewogenheit« fehlten. Dergleichen ästhetische Einwände wären jedoch gewiß nicht bloß gegen dieses eine Mammutepos geltend zu machen, und das große Publikum nahm und nimmt an solchen Defekten selten Anstoß.

Auf dem Semmering hatte Werfel im Sommer 1928 mit der Niederschrift des Romans begonnen, vollendet hat er ihn im Jahr darauf in Italien und Wien. Die jeweils fertiggestellten Kapitel las er Alma vor, die in ihren Memoiren berichtet: »Die Atmosphäre des Kriegs und des Wiener Umsturzes ist großartig geschildert. Später hat er es gemildert.« Das bedeutet, daß zwei Fassungen vorliegen – die beiden Manuskripte werden im Franz Werfel-Archiv an der University of Pennsylvania aufbewahrt; was und wie »gemildert« wurde, hat man erstaunlicherweise noch nicht untersucht.

Der Titel des Romans führt in die Irre, denn vordergründig ist Barbara nicht die Hauptfigur. Als roter Handlungsfaden durchzieht vielmehr das Schicksal des Schiffsarztes Ferdinand R., aufgezeichnet von vier »Lebensfragmenten«, das Buch. Den Typ des strahlenden Helden verkörpert Ferdinand keineswegs, er ist eher sympathischer Durchschnitt, ein

wenig blaß und unauffällig, kurz: ein einfaches Gemüt, dem Außerordentliches widerfährt.
Ferdinand wird in eine Welt geboren, deren dominante Farbe Schwarz-Gelb ist – symbolträchtig an Kaisers Geburtstag. Der Vater, k.u.k. Oberst eines Infanterieregiments, hat sich aus ärmlichen Verhältnissen die militärische Karriereleiter emporgearbeitet, die Mutter jedoch ist ein hochmütiges und leichtfertiges Geschöpf und wagt ein amouröses Abenteuer mit einem Dragonerrittmeister. Nachdem die Affäre ruchbar geworden, folgt eine »Ehetragödie im Stil der Neunzigerjahre« – das ertappte Paar setzt sich nach Südamerika ab. Ferdinand bleibt in der Obhut des Vaters, seine wesentlichste Bezugsperson aber ist das ältliche böhmische Kindermädchen, die fromme Barbara, die den Buben umsorgt, als wär's ihr eigener. »In Barbara könnte man eine Frau des zwölften oder dreizehnten Jahrhunderts erblicken«, schreibt Werfel. »Für Ferdinand wenigstens ist sie auf Goldgrund gemalt.«
Bald nach der Trennung stirbt der Oberst eines plötzlichen Todes, als Dank vom Hause Habsburg wird ihm die Ehre einer »Generalsleich'« erwiesen. Mit dem Begräbnistag endet Ferdinands wohlbehütete, sorgenfreie Kindheit – man steckt ihn, zu seinem Unglück, in ein Kadetteninternat. Doch nicht die Schule soldatischen Drills und Zwangs bricht den Zögling R., sondern der Haß eines Mitschülers, der einmal den vertrauten Umgang Ferdinands mit Barbara beobachtet hat und behauptet, dieser sei der illegitime Sohn einer Magd und deshalb für die Offizierslaufbahn ungeeignet. Zermürbt durch die fortgesetzten Sticheleien, versagen Ferdinands Nerven. Er attackiert in einem hysterischen Anfall einen Vorgesetzten, worauf man den rebellischen Jungen unverzüglich aus der Anstalt weist. Obgleich oder vielleicht weil er kein ausgeprägtes religiöses Interesse zeigt, schickt ihn sein Vormund in ein Alumnat und später ins Priesterseminar nach Wien. Ein älterer Freund aus reicher Familie, der genialische christus-

gläubige Jude Alfred Engländer, ermöglicht ihm die Flucht aus dem Seminar, finanziert außerdem sein Medizinstudium, bis ihm selbst das Geld knapp wird. Völlig mittellos, muß sich Ferdinand fortan seinen Lebensunterhalt durch Nachhilfestunden verdienen.

Als der Weltkrieg ausbricht, meldet er sich – wie die vielen – freiwillig zum Dienst mit der Waffe. Während der Ausbildung sucht abermals jemand seine Nähe und Freundschaft, der ihm nach außen weit überlegen ist: Ronald Weiß, trotz seiner Jugend ein vielumworbener Reporter, dessen Spezialität es ist, immer über alles Bescheid zu wissen. Ferdinand, ordentlicher Sproß eines ordentlichen Vaters, bewährt sich im Felde, an der russischen Front, und wird zum Leutnant befördert. Aber je aussichtsloser der Krieg wird, desto mehr erweist sich die Armee auch den eigenen Truppen gegenüber als kolossale Mordmaschinerie. Die Militärjustiz wütet, fällt zur Abschreckung standrechtliche Todesurteile am laufenden Band. Eines Tages erhält Ferdinand – ausgerechnet von seinem ehemaligen Feind aus dem Internat – den Befehl, drei angeblich bei einem Desertionsversuch gefaßte Soldaten exekutieren zu lassen. Auf der Richtstätte gibt Ferdinand den Delinquenten Gelegenheit zu entweichen. Indem er ihnen das offiziell verwirkte Leben schenkt, hat er »etwas Ungeheuerliches« getan: »das militärische Naturgesetz durchbrochen und damit aufgehoben«.

Strafweise wird Ferdinand zu einem Himmelfahrtskommando versetzt und dort schwer verwundet. Wieder genesen, irrt er im Frühherbst 1918 ziellos durch Wien, dessen glanzlos gewordene Straßen Krüppel und Elendsgestalten bevölkern. Ferdinand begegnet Ronald Weiß. Dieser hat bereits von der »heroischen Unbotmäßigkeit« des Kameraden gehört und schleppt ihn eilig in sein Reich: in den Säulensaal des Café Central, wo man dem gleichsam ungewollt revolutionären Leutnant R. einen herzlichen Empfang bereitet. Die geistige und sinnliche Atmosphäre dieses »Schattenreichs« mit seinen Intellektuellen, Künstlern, Scharlatanen und zugehörigen Frauen zieht den Neuankömmling in ihren Bann, obschon sie ihn andererseits befremdet und abstößt. Da ist, als eindrucksvollste Erscheinung, der Arzt Gebhart, seines Zeichens Psychoanalytiker und Kommunist, der die freie Liebe und den Kokaingenuß predigt und praktiziert. Da ist der Literat Basil, ein professioneller Schöngeist und ebensolcher Zeitschriftengründer, den man ungeachtet seiner schlohweißen Haare allzeit auf seiten der Jungen findet. Zu seinem Kreis gehört Hedda, bei Tag die charmante Adoptivtochter des Industriemagnaten Aschermann, bei Nacht dessen Geliebte. Ihrem Einfluß verdankt Basil eine Sekretärsstelle im Palais Aschermann. Da sind ferner der erfolgreiche Enthüllungsjournalist Koloman Spannweit und sein idealtypischer Gegenspieler, der Dichter Gottfried Krasny, der die Welt der Arbeit und des Verdienens radikal ablehnt und allein von Gaben der übrigen Stammgäste lebt. Diese wiederum lassen sich ihre Mildtätigkeit durch die Selbsterniedrigung des Schnorrers abgelten.

Das große Wort im »Schattenreich« führt Ronald Weiß. Er schwärmt von der Revolution, will sie allerdings – als Mann der Tat – auch machen. Weiß nimmt Ferdinand zu einer illegalen kommunistischen Versammlung mit, in deren Verlauf der russische Bolschewik Elkan den anwesenden »Genossen« auseinandersetzt, was sie so eifrig debattierten, seien nichts als »Ästheten-Sorgen von 1910 und der typische Zeitvertreib von kleinbürgerlichen Intellektuellen«. Statt zu schwätzen, sollten sie das revolutionäre Potential der in Scharen heimkehrenden Frontsoldaten nützen. Bei der Gründung der »Roten Garde« (im Roman »Rote Wehr« genannt) steht dann unvermittelt Ferdinand im Mittelpunkt. Man nötigt ihn, eine Rede zu halten, die – ohne politisch sonderlich überzeugend auszufallen – dank ihres warmen, menschlichen Tons für ihn

einnimmt. Er wird ins revolutionäre Militärkomitee delegiert.
Am 12. November 1918, als die Republik Deutsch-Österreich proklamiert wird, befindet er sich mitten in der Masse der Demonstranten und Schaulustigen vor dem Parlament. Es kommt zu Tumulten und einer Schießerei, Ferdinand wird »von der vernichtungseligen Lust, die auch ihm alle Sinne raubte«, mitgerissen und erlebt eine »unbeschreibliche Sekunde orgiastischer Selbstvergessenheit«. Zurück bleiben Ernüchterung im Herzen und Blut auf dem Pflaster.
Gottfried Krasny hat man in den hektischen Wochen des Umbruchs vergessen; der Bettler-Poet, aller Gönner beraubt, verhungert. Seinem Sarg geben dann die »Centralisten« das feierliche Geleit, und Basil spricht einen hauptsächlich ihn selbst ergreifenden Nekrolog, dessen würdevolle Trauer nur dadurch gemindert scheint, daß der Nachrufer den Vornamen des Verblichenen hartnäckig verwechselt. Alfred Engländer taucht auch wieder auf, aber nur um endgültig dem religiösen Wahnsinn zu verfallen. Er wird in ein Sanatorium eingeliefert.
Im bitteren Frieden, der dem Kriegsende folgt, schließt Ferdinand sein Studium unter Entbehrungen ab. Am Promotionstag verreist er überstürzt, Barbara, von der er jahrelang nichts gehört hat, in ihrem Heimatdorf zu besuchen. Er trifft sie wohlbehalten und im Wesen unverändert an. Sie überreicht ihm als Nachlaß zu Lebzeiten einen bescheidenen Goldschatz: den Ertrag ihres mühevollen und sparsamen Lebens. Er weist das Geschenk nicht zurück. Da sich Ferdinand mit einer bürgerlichen Existenzform nicht anfreunden kann, heuert er als Schiffsarzt an. Und als ihm eine innere Stimme sagt, Barbara müsse gestorben sein, leert er den kostbaren Beutel ins Meer. »Barbaras Gold liegt von Stund an in der Tiefe der Welt. Der Honig der heiligen Arbeitsbiene ist für ewig geschützt und dem entweihenden Kreislauf entzogen.« So

endet, in seinem sechsunddreißigsten Lebensjahr, Ferdinands Geschichte.
Kein Zweifel, es ist eine wunderliche Geschichte, angefüllt mit Gestalten und Motiven, mit Schicksalen und Historie: das Monumentalgemälde einer Epoche in Miniaturen.
Die Zeitgenossen, zumindest die zu öffentlichem Urteil berufenen, waren darüber so geteilter Meinung wie nur irgend möglich: Kasimir Edschmid hatte ein »Buch von tolstoischem Atem« gelesen, und ein Paderborner Ordenspriester handelte am Beispiel Werfels das Thema »Falsche Frömmigkeit im modernen Roman« ab.
Richard Specht, der Werfel-Biograph, wußte vor Begeisterung über die »Romansymphonie der ewigen Liebe« nicht ein noch aus, der Schweizer Literaturpapst freilich, Eduard Korrodi, mißtraute dem Jubel österreichischer Rezensenten, dieser »Roman gehöre der Weltliteratur an«: »Achtzig von achthundert Seiten bleiben. Von einem Romankoloß eine Legende, von einer Legende ein Zauberklang.« Werfels Prager Schulfreund und »Entdecker«, Willy Haas, zeigte sich von der Lektüre äußerst angetan und zugleich sichtlich irritiert: Des Werkes »Tugenden« seien »von so intuitiver, unintellektueller Art, daß man seine Erschütterung kaum näher beschreiben kann; die Fehler liegen so auf der Hand, sie sind so primitiv und wären so leicht zu vermeiden gewesen, daß man sich fast geniert, sie auch nur zu nennen«.
Einen etwas pompösen »Fall Werfel« konstruierte Herbert Ihering. Für ihn war der Verfasser der *Barbara* ein »falscher Priester des Worts«, ein »Wahrsager ohne Inhalt. Ein Prophet ohne Ziel«. Ihering ging mit Werfel scharf ins Gericht: »Hier wird der Geist verraten und die Sprache. Hier wird ein Tiefsinn verbreitet, der keiner ist.... Auch dieses Buch gehört zur gespenstischen Heerschar jener schleichenden Reaktion, die ringsum näher rückt.« Wer glaubt, damit sei das Inventar an kritischen Invektiven erschöpft, kann sich in der *Fackel* eines

Besseren belehren lassen. Ginge es nämlich im Literaturbezirk mit rechten Dingen zu, so Karl Kraus, müßte »der Herr Werfel mit nassen Fetzen aus dem Olymp gejagt« werden – »sowohl in Ansehung der moralischen Unbedenklichkeit wie der Tatenlosigkeit, mit der Privatgeschichten abgeklatscht werden«.

Haben wir es demnach mit einem Skandalroman zu tun? Ja und nein. Die Aufregung unter den Eingeweihten war jedenfalls Ende 1929, als der Zsolnay-Verlag 50 000 Exemplare der *Barbara* auf den Werfel-hungrigen Markt warf, beträchtlich. Egon Erwin Kisch wurde von Zeitungsinterviewern gefragt, ob er nicht beabsichtige, »Werfel auf Ehrenbeleidigung« zu klagen, weil dieser ihn doch so gehässig in der Figur des Ronald Weiß porträtiert habe. Kisch verneinte mit einer aufschlußreichen Begründung. Er sehe sich überhaupt nicht verzerrt dargestellt, der Autor sei in jenen Tagen sein Freund und er selbst schließlich »schuld« gewesen, »daß Werfel in den Strudel der Revolution gezogen wurde, was er genug bedauerte«. Im übrigen sei das Erinnerungsvermögen des Romanciers bewunderungswürdig, »und da Gedächtnis Genie ist, ist das Buch bedeutend. Was Ronald Weiß anbelangt, sind die Gespräche, die wir miteinander geführt haben, mit der Genauigkeit einer Grammophonplatte wiedergegeben.« Fürwahr, für einen Betroffenen eine bemerkenswerte Stellungnahme!

Im Abstand der Jahrzehnte können wir die »moralische Unbedenklichkeit«, mit der Werfel hemmungslos seine Erfahrungen verarbeitete und die Kraus so heftig erboste, positiver beurteilen. Denn den Schlüsselroman *Barbara* zeichnet eine Qualität aus, die diesem Genre zumeist abgeht und die bereits Kisch in bezug auf die Beschreibung seiner Person gewürdigt hat: erstaunliche Verläßlichkeit der Wiedergabe. Werfel selbst bekannte später, die *Barbara* sei auf eine ihm ungewohnte Weise entstanden, er habe im Akt des Schreibens »sozusagen erinnertes Leben unbeweglich« vor sich gehabt.

Der »rasende Reporter« war natürlich nicht das einzige »Opfer« von Werfels photographischem Gedächtnis. In der Porträtgalerie des Café Central sind unter anderen vertreten: Franz Blei als (nicht ohne Bosheit gezeichneter) Basil; Otto Gross, der heute berühmte, seinerzeit berüchtigte »Paradies-Sucher zwischen Freud und Jung«, als Gebhart; der Krösus Josef Kranz als Präsident Aschermann und die erst Ende 1985 verstorbene Autorin Gina Kaus als Hedda. Sogar der Bolschewik Elkan hat ein historisch verifizierbares Vorbild. Es ist Dr. Jakob Bermann, der nach dem Frieden von Brest-Litowsk die sowjet-russische »Kriegsgefangenenfürsorgekommission« in Wien leitete. Dem tatsächlich verhungerten Lyriker Otfried Krzyzanowski hat Werfel mit seinem Gottfried Krasny ein liebenswertes Denkmal gesetzt, und hinter Koloman Spannweit verbirgt sich ein einst gefürchteter Boulevardjournalist: Chefredakteur Karl Colbert. Autobiographische Parallelen sind am ehesten in der Figur des Pazifisten Ferdinand zu entdecken, die hysterische Religiosität des Juden Alfred Engländer bezeichnet jedoch gleichfalls – auf die pathologische Spitze getrieben – eine in Werfel angelegte Entwicklungsmöglichkeit. Immerhin trat er, knapp nach Vollendung der Erstfassung, aus der jüdischen Religionsgemeinschaft aus: für Alma unverzichtbare Voraussetzung der von Werfel gewünschten Ehe. Gewiß, die Caféhaus- und Revolutionsszene wird dem Autor zum Tribunal, und daß persönliche Vorlieben und Abneigungen bei einem solchem Prozeß eine nicht zu unterschätzende Rolle spielen, versteht sich von selbst. Trotzdem ist Werfels Charakterisierungskunst ausreichend differenziert, um einseitige Schuldsprüche vermeiden zu können. Er will nicht richten, sondern beschreiben: die Widersprüche im menschlichen Handeln und Fühlen, das Chaotische einer sogenannten Sternstunde, da Literaten –

aufgescheucht vom Machtvakuum zerfallener Ordnung – sich als (reichlich dilettantische) Politiker versuchten. Aus heutiger Perspektive wirkt gerade die Beschwörung dieses »Schattenreichs« faszinierend, und seine Bürger haben nichts Gespenstisches, Lemurenhaftes.
Über weite Strecken ist *Barbara oder Die Frömmigkeit* zudem ein Diskussionstext, in den die Thesen und Antithesen der Zeit eingegangen sind. Für Ferdinand, den ewigen Knaben und reinen Toren, bedeutet der Aufenthalt im Säulensaal des Café Central ein intensivstes Bildungserlebnis, vergleichbar jenem, das Hans Castorp die pädagogische Provinz des *Zauberbergs* zu bieten hat.
Als Revolutions-, Bildungs- und Schlüsselroman ist *Barbara* also in hohem Maße gelungen, ein Werk von Rang. Nicht geringe Schwierigkeiten bereitet uns hingegen heute die »Frömmigkeit« des Autors und vor allem die der Titelfigur, in der Werfel seine eigene Kinderfrau verewigt hat. Der Beziehung zwischen Ferdinand und Barbara eignet zweifellos etwas Rührendes, und um diese Wahlkindschaft bzw. Wahlmutterschaft zu verstehen, muß man nicht einmal die Metaphysik des »Gangs zu den Müttern« strapazieren. Auch mag die stille Demut des Dienens, die wortkarge Pflichterfüllung einer Magd, ohne weiteres als fromme Tat fernab von theologischen Spitzfindigkeiten gelten. Aber daß Barbara so völlig dem Mythos des Goldes erliegt, verrät eher praktischen Sinn als jenseitige Ambition. Allein als Zeichen der Liebe, des freudigen Schenkens, kann diese Gabe, die Ferdinand überdies wie einen Fetisch behandelt, jenen symbolischen Wert beanspruchen, der ihm zugemessen wird. Man müsse sich fast genieren, von den Schwachstellen des Romans zu sprechen, hieß es bei Willy Haas, so offenkundig träten diese zutage. In der Tat gerät die Werfelsche Prosa hin und wieder außer Rand und Band, schrickt vor Sentimentalitäten und fragwürdigem Pathos nicht zurück. Karl Kraus hat bloß aus einem relativ

kurzen Abschnitt (das reichte ihm) zwei Seiten mit Zitaten notiert, in denen gegen Norm und Geist der deutschen Sprache gesündigt wird. Hinsichtlich der Erzähltechnik wären desgleichen manche Vorbehalte angebracht. Wie Werfel kompositorische Probleme löst, entbehrt bisweilen nicht einer gewissen Putzigkeit, so wenn er ein Kapitel mit folgenden Worten einleitet: »Chronik (worin Einiges nachgetragen wird, was Ferdinand erzählte und mehr noch davon, was er verschwieg oder selbst nicht wußte)«.

Doch all dies wird durch glanzvolle Passagen mehr als aufgewogen, durch Szenen und Figuren, die man nicht vergißt: etwa die Episode »Das Sterben der Pferde«, in der die grausigen Auswirkungen eines Bombentreffers auf eine Pferdekoppel geschildert werden; oder jenen herzhaften Bademeister, einen Virtuosen seines Fachs, der nebenbei als Henker arbeitet; oder das Exekutionskommando auf dem Weg zum Richtplatz mit der Trostformel des Feldkuraten: »Burschen! Macht euch nichts draus! Gott geht in Ordnung. Denkt ans Jesulein!« – ein burleskes Kabinettstück menschlicher Verzweiflung und Ohnmacht. Die Liste der Vorzüge und Besonderheiten, komplett aufgezählt, wäre überlang. Denn Werfels Verhängnis war keinesfalls Talentlosigkeit, wie ihm Karl Kraus nachsagte. Im Gegenteil, er war überreich begabt, sogar mit seiner Talentfülle geschlagen. *Barbara oder Die Frömmigkeit* ist ein Beispiel dieses Reichtums, und Werfel hat mit ihm nie gewuchert, sondern ihn stets verschwenderisch ausgegeben.

Als Hitler noch der Kutzner war

Harald Weinrich über Lion Feuchtwanger: *Erfolg* (1930)

Diesen Roman heute zu lesen, ist auf paradoxe Weise richtig. Denn Lion Feuchtwanger, der sich in den Jahren nach dem Ersten Weltkrieg, insbesondere durch *Die häßliche Herzogin Margarete Maultasch* (1923) und den Bestseller *Jud Süß* (1925) einen weit über Deutschlands Grenzen hinausreichenden Ruf in der Gattung des historischen Romans verschafft hatte, hat auch sein Buch *Erfolg* (1930), obwohl dessen Ereignisse in den Jahren 1921 bis 1924 spielen, als einen historischen Roman komponiert.

Er hat für seine erzählerische Perspektive einen Standort weit in der (damaligen) Zukunft gewählt, um von dort zurückschauend zu erzählen, was »damals«, »in jenen Jahren«, als die Inflation in Deutschland zu galoppieren begann und Hitler seinen November-Putsch vorbereitete, in München und im Staate Bayern geschah. Dem Leser von heute oder, wie Feuchtwanger sich vorstellt, des Jahres 2000, der diesen Ereignissen schon weit entfremdet ist, erklärt der Erzähler daher genau, was es mit den sogenannten Rucksäcken und den sogenannten Leberknödeln der Münchner auf sich hat, und überhaupt erscheint in dieser verfremdeten Perspektive das ganze Völkchen der Bajuwaren als eine eigenartige, die Neugierde der völkerkundlichen Forschung herausfordernde Spezies des Menschengeschlechtes.

Die zeitgenössische Kritik hat an diesem erzählerischen »Trick« allerdings wenig Gefallen gefunden, und auch die zeitgenössischen Leser, die diesen Roman noch vor seinem Verbot im Jahre 1933 lesen konnten, scheinen wenig Geschmack an dieser unzeitgemäßen Betrachtung ihrer jüngsten

Vergangenheit gewonnen zu haben. *Erfolg* wurde kein Erfolgsroman.

Lion Feuchtwanger, 1884 in München geboren, stammte aus einer wohlhabenden jüdischen Familie, die seit dem sechzehnten Jahrhundert in Bayern ansässig war. So ist dieser Roman mit dem Untertitel *Drei Jahre Geschichte einer Provinz* durchaus das Buch eines Bayern. Als er es in den Jahren 1927 bis 1929 schrieb, hatte er allerdings die »schöne behagliche Stadt« München, die er an anderer Stelle auch eine »ungewöhnlich erkenntnislose Stadt« nennt, bereits verlassen und lebte als freier Schriftsteller in Berlin, der »lebendigen Stadt Berlin«. Die geistig Regeren, so klärt uns der Erzähler auf, wanderten eben ab, und nur die »Männer in festen Stellungen, mit festen Ansichten«, leider noch untermischt mit einigen »Schlawinern«, blieben auf ihren Bierbänken sitzen und richteten sich in ihrer historischen Verspätung gemütlich ein.

Die Romanpersonen bestätigen dies Bild. Es gibt in *Erfolg* nicht eigentlich einen Helden, wenn man nicht einen wenigstens latenten Helden in dem Münchener Museumsdirektor Dr. Krüger sehen will, der wegen einer modernistischen Ankaufs- und Ausstellungspolitik das Mißfallen der in Bayern herrschenden Politiker erregt und daraufhin von einem korrupten Gericht in einem rechtsbeugerischen Meineidsverfahren zu drei Jahren Haft verurteilt wird. Um den im Zuchthaus einsitzenden Krüger organisiert sich eine Gruppe von Personen, die aus unterschiedlichen Interessen und mit abgestuftem Engagement für die Rehabilitierung »des Mannes Krüger« tätig werden und bei diesen Bemühungen tief in die verfilzte bayerische Gesellschaft eindringen.

Die eindrucksvollste Gestalt unter ihnen ist Krügers junge Freundin Johanna Krain, die mit vielen sympathischen Zügen ausgestattet ist und einiges mit ihrer französischen Namensschwester, der von Domremy, gemeinsam hat. Sie setzt mit

List und Hartnäckigkeit, jedoch vergeblich, die halbe bayerische Gesellschaft in Bewegung, um die Freilassung des ungerecht Verurteilten zu bewirken. Aber aus diesem Harnisch steigt sie zwischendurch immer wieder aus. Obwohl sie Krüger, um ihm besser helfen zu können, sogar im Zuchthaus geheiratet hat, vergißt sie ihn nicht selten auf diesem umwegigen Marsch durch die juristischen und gesellschaftlichen Instanzen und lebt in wechselnden Lagen ein abwechslungsreiches, erregendes Leben, dessen Abschluß durch einen »Erfolg« ihrer Bemühungen sie bisweilen eher fürchtet als herbeisehnt. So ist der Zorn des Mädchens Johanna zwar der Motor des Romans, aber ihre »Zappelei« macht, daß dieser Motor nicht allzu regelmäßig läuft.

Um Johanna Krain sind drei Schriftsteller. Der eine ist der jüdische Rechtsanwalt Dr. Siegbert Geyer, der an einem Buch zur Geschichte des Unrechts im Lande Bayern arbeitet und bereit ist, den Fall Krüger als ein Beispiel für den Niedergang der Justiz aufzugreifen. Aber sein Kopf denkt nur analytisch, und so gelingt es ihm nicht, das Unrecht konkret zu packen. Der zweite Schriftsteller ist Jacques Tüverlin, ein Schweizer, der sich bei München niedergelassen hat, weil er dieses Land Bayern »schmecken« will. Er ist ein »ausgelüfteter richtiger Mensch«, als Schriftsteller schreibt er mit leichter Hand und läßt den Spaß seinen ersten Ratgeber sein. Aber je mehr er zusammen mit Johanna, die er liebt, das konkrete Unrecht dieses Justizverbrechens aufdeckt, um so deutlicher erkennt er seine Berufung, so zu schreiben, daß die Erkenntnis von der Liebe oder vom Haß, am besten aber von einem »guten Haß« angetrieben wird. Es fällt nicht schwer, in diesem Jacques Tüverlin ein Selbstporträt des Schriftstellers Lion Feuchtwanger zu erkennen.

Der dritte im Bunde ist der Kraftfahrzeug-Ingenieur Kaspar Pröckl. Er ist nachlässig gekleidet, hat schroffe Manieren und verteidigt in endlosen Diskussionen die kantigen Ansichten seiner marxistischen Überzeugung. Es ist ein Geruch von Revolution um ihn, und hin und wieder geht ihm durch den Kopf, wen er wohl nach dem Sieg der Revolution mit Bedauern und wen er ohne Bedauern an die Wand stellen wird. Erst an seinen »hundsordinären Balladen« kann man ihn deutlich identifizieren und darf sicherlich, wie verschiedene Kommentatoren im einzelnen gezeigt haben, Bertolt Brecht in ihm erkennen, mit dem Feuchtwanger eng befreundet war.

Eine zweite Gruppe besteht aus Personen, die Macht im Staate Bayern haben. Auch sie tragen zum großen Teil verschlüsselte Namen, hinter denen man mehr oder weniger deutlich historische Personen der frühen zwanziger Jahre erkennen kann. Es sind in erster Linie die Minister Flaucher und Klenk, die Industriellen Baron Reindl und Hessreiter sowie der Zuchthausdirektor Förtsch, den Feuchtwanger in seiner derben Physiognomik gewöhnlich nur den Kaninchenmäuligen nennt. Dazu eine Reihe von weiteren großkopfeten Drahtziehern mitsamt den ausführenden Klein- und »Kleinstbürgern« (Lukács). Das Proletariat und die Bauern kommen nicht vor.

Alle diese Romanpersonen muß man sich etwa so vorstellen, wie Olaf Gulbransson bayerische Typen im *Simplicissismus* gezeichnet hat. In ihrem Aussehen sind sie gewöhnlich an dem »landesüblichen Rundschädel« kenntlich, die Körper sind fleischig, die Gesichter feist, und der Chauffeur Ratzenberger, der den Museumsdirektor Krüger mit einem Meineid belastet, hat »den landesüblichen Kropf«. Als Charaktere sind alle diese Personen machtgierig und skrupellos, bigott und verlogen und je nach Opportunität liebedienerisch oder brutal. Nur wenn es um die bayerischen Belange geht, die gegen das Reich zu wahren sind, werden sie sich schnell einig und hauen vereint auf den Biertisch.

Das gibt ein miserables Bild vom Staate Bayern, in dem sozusagen alles faul ist. Da die Satire aber bekanntlich (fast) alles darf, wollen wir die Bayern, die vielleicht erst heute Leser dieses Romans werden, freundlich bitten, unverdrossen weiterzulesen. Es ergeht dem Satiriker Feuchtwanger nämlich wie so vielen Meistern der Satire in der Weltliteratur: unterderhand gerät ihm die anfangs bitterböse Satire zu einem immer stärker von Sympathien aufgehellten Bild dieses eigenwilligen Landes und seiner urwüchsigen Charaktere. Von seinem Doppelgänger im Roman sagt er schließlich: »Es liegt Tüverlin fern, diese Stammeseigentümlichkeiten zu verhöhnen, im Gegenteil, er möchte am liebsten aus der bayerischen Hochebene mit allem, was darauf lebt, säuft, hurt, in den Kirchen kniet, rauft, Justiz, Politik, Bilder, Fasching und Kinder macht, er möchte am liebsten aus diesem Land mit seinen Bergen, Flüssen, Seen, seinem Getier und seinem Gemensch einen Naturschutzpark machen.«

Aber Feuchtwanger hat kein nostalgisches Buch geschrieben. Denn *Erfolg* ist gleichzeitig der erste deutsche Roman, der sich mit Hitler und der Nazi-Partei auseinandersetzt. Hitler selber tritt verschlüsselt unter dem Namen des (bayerischen!) Monteurs Rupert Kutzner auf, an seiner Seite finden wir den närrischen General Vesemann/Ludendorff, und um ihn herum sind seine fanatischen Anhänger, darunter viele junge Leute in Windjacken, die aus einer Verbindung von bayerischer Rauflust und Frontsoldatenerlebnis zu SA-Schlägern und Fememördern werden.

Hinzu kommen die von der Inflation geschädigten und vom Staat enttäuschten Kleinbürger wie jener Cajetan Lechner, der eine wertvolle alte Kommode (das »Schrankerl«) zu einem Spottpreis an einen Holländer verkauft hat und nun am liebsten Krieg gegen die Holländer führen würde (man muß sich vorstellen: er tut es auch), um sich die Antiquität zurückzuholen. Sein Sohn allerdings, der Benno, träumt von der proletarischen Revolution, und die Anni geht mit dem Kommunisten Pröckl. Der Sohn des jüdischen Rechtsanwalts

Geyer hinwiederum, blond und blauäugig, geht zu den Nazis und wird Gauleiter. So sortiert sich diese durch den Krieg demoralisierte Generation nach den heraufziehenden stärkeren Kräften, in Feuchtwangers Worten: die materiell Minderbemittelten nach links, die geistig Minderbemittelten nach rechts.

In dem Maße, wie das »System« (so sagt Dr. Geyer) sein wirtschaftliches Unvermögen und seine politische Korruptheit offenbart, wächst die Anhängerschaft der Wahrhaft Deutschen, wie Feuchtwanger in der Verschlüsselung des Romans die Nazi-Partei nennt. Die Ereignisse spitzen sich zu, der Marsch auf Berlin nach italienischem Vorbild steht unmittelbar bevor. Wir wissen inzwischen durch historische Forschung recht genau Bescheid über die Hintergründe, die im November 1923 zu Hitlers Putschversuch geführt haben, und wir müssen Feuchtwanger dafür bewundern, daß er dieses Vabanquespiel Hitlers trotz der fiktionalen Einkleidung mit großer historischer Treue dargestellt hat.

Der Marsch zur Feldherrnhalle scheitert, weil sich der Ministerpräsident Dr. Flaucher/ v. Kahr, Hitlers Mit- und Gegenspieler, den man im Roman bis dahin nur als latenten Faschisten kennengelernt hatte (er will den »Schädling Krüger ausrotten«), in der Stunde der Krise zugleich als »solider bayerischer Beamter« entpuppt, und so »der einzig rechte Staatsmann der Stunde« wird. Feuchtwanger vergißt aber nicht zu erwähnen, daß dieser Mann zum Schießbefehl sicher nicht den Mut gefunden hätte, wenn das amerikanische Großkapital ihm nicht unmittelbar zuvor mit der Aussicht auf eine Elektrifizierungsanleihe für Bayern den Rücken gestärkt hätte.

Überhaupt muß man erwähnen, daß Feuchtwanger in jedem Teil des Romans das Wirken und Wühlen anonymer wirtschaftlicher Mächte ausgiebig zur Geltung bringt, was ihm die DDR-Interpreten hoch anrechnen. Aber eindrucksvoller

ist doch die erzählerische Begabung, mit der er den großen und schwarzen Tag der Nazis in Tolstoischer Manier aus der Perspektive des kleinen Mitläufers schildert, jenes Cajetan Lechner nämlich, der schließlich nach der Sprengung des Demonstrationszuges und schimpflichen Flucht des »Führers« beschämt von der Großhesseloher Brücke in die Isar springen will, von diesem Vorhaben aber durch ein paar spöttisch aufmunternde Rotzbuben abgebracht wird und sich statt dessen entschließt, eine ordentliche Leberknödelsuppe zu essen.
Werden diese satirischen Züge den historischen Ereignissen wohl gerecht? Ist es literarisch gerechtfertigt und historisch richtig, an die überlieferten Worte »Hitlers« im Bürgerbräukeller, alias Kutzners im Kapuzinerbräu, mit ihrem pathetischen Schluß »Der Morgen findet entweder eine deutsche nationale Regierung oder mich tot« fortzufahren: »Dann, mit starker Stimme, befahl er: Maßkrug her! Trank tief«? Brecht hat geantwortet: Nein. Und heute, nachdem wir wissen, wie es mit Hitler und Deutschland ausgegangen ist, müssen wir tatsächlich einräumen, daß Feuchtwangers satirisches Porträt von Kutzner/Hitler als einem zwar blindwütigen und brutalen, zugleich aber auch bornierten und theatralischen Bandenführer weit hinter den Ungeheuerlichkeiten zurückbleibt, die später von diesem Mann bekanntgeworden sind.
Aber ich meine, wir sollten unsererseits gegenüber Feuchtwanger gerecht sein und seiner Einsicht des Anfangs nicht unser Wissen des Endes entgegenhalten. Feuchtwangers Klarsicht und Erkenntniskraft bleibt erstaunlich genug. In dem Porträt von Kutzner/Hitler und in der Einbeziehung der ersten Nazi-Untaten in die Handlung eines Romans haben wir tatsächlich die erste bedeutende Struktur- und Motivationsanalyse dieser politischen Bewegung vor uns, und es darf der deutschen Literatur zur Ehre gereichen, daß diese warnende Analyse aus der Feder eines Schriftstellers gekommen ist.
Sofort nach Hitlers Machtübernahme wurde Feuchtwangers

Roman verboten und verbrannt. Der Autor, im Ausland hoch geehrt, fand ein Exil in den Vereinigten Staaten, wo er 1958 starb. Die Roman-Trilogie, deren ersten Teil der Roman *Erfolg* bildet, setzt sich anders als geplant mit den Romanen *Die Geschwister Oppermann* (1933) und *Exil* (1940) fort. Die Trilogie trägt insgesamt den Namen *Wartesaal;* der Autor verstand sich weiterhin als Angehöriger einer Epoche des Übergangs. Mit seinen späteren Romanen und Novellen kehrte er wieder stärker zur historischen Erzählung zurück. Den Erfolg seines frühen Romans *Jud Süß* und das historische Gewicht seines Romans *Erfolg* hat er jedoch nie wieder erreicht. Unter der Teufelei des Joseph Goebbels, der ausgerechnet den Roman *Jud Süß* dieses jüdischen und antifaschistischen Schriftstellers als – freilich pervertierte – Vorlage für einen antisemitischen Hetzfilm auswählte, hat er sehr gelitten.

Feuchtwangers Wirkung auf das literarische Leben der Nachkriegszeit ist geteilt geblieben. Im Ausland, insbesondere in den Vereinigten Staaten, der Sowjetunion und in Skandinavien, hat sich sein Vorkriegsruhm als recht dauerhaft erwiesen. In der DDR, die sogar einen Lion-Feuchtwanger-Preis verleiht, gilt er als Klassiker und wird in den Schulen gelesen. Dort sind auch die (unvollständigen) *Gesammelten Werke in Einzelausgaben* erschienen, von denen der Fischer Verlag und der Verlag Langen-Müller westdeutsche Lizenz-Ausgaben herausgebracht haben – leider bei dem Roman *Erfolg* mit dem Ergebnis, daß sowohl die Ausgabe des Ostberliner Aufbau-Verlages (1955) als auch die aus urheberrechtlichen Gründen auf ihr fußenden westdeutschen Ausgaben (Rowohlt 1956, Fischer Taschenbuch Verlag 1975, Deutscher Bücherbund 1985) an mehreren Stellen gegenüber dem Original (leicht) verstümmelt sind, und zwar aus ideologischen Gründen.

In der Bundesrepublik ist dieser »Exil-Schriftsteller« lange

Zeit fast unbeachtet geblieben, obwohl Hans Mayer und Marcel Reich-Ranicki früh auf ihn aufmerksam gemacht haben, allerdings mit einigen Vorbehalten gegenüber seiner manchmal überbelichteten und dann das Triviale streifenden Erzählkunst. Diese kritischen Vorbehalte sind auch mit einem Hinweis auf die analytische Kraft und die historische Hellsichtigkeit, wie sie in dem Roman *Erfolg* zum Ausdruck kommen, nicht ganz zu entkräften. Man muß diesen Roman mit seinen häufig wechselnden Szenen und rasch ausgetauschten Perspektiven, seinem rasanten Erzähltempo ungefähr so aufnehmen wie einen jener frühen Filme, die Feuchtwanger sehr geschätzt und deren kühne Schnitt-Technik er in seinem Roman bewußt nachgeahmt hat. Am meisten bewundert hat Feuchtwanger Eisensteins Film *Panzerkreuzer Potemkin,* dem auch eine eigene Szene des Romans gewidmet ist. Der bayerische Minister Klenk, der diesen Film sieht, verläßt das Kino mit dem Ausdruck der Betroffenheit. Betroffene oder wenigstens nachdenkliche Leser, Bayern oder nicht, wünschen wir auch diesem Roman.

Geheimnis ohne Duft

Eckart Kleßmann über Hermann Hesse:
Narziß und Goldmund (1930)

»Der Frauenmund verweilte an dem seinen, spielte weiter, neckte und lockte und ergriff zuletzt seine Lippen mit Gewalt und Gier, ergriff sein Blut und weckte es auf bis ins Innerste, und im langen stummen Spiel gab die braune Frau, ihn sacht belehrend, sich dem Knaben hin, ließ ihn suchen und finden, ließ ihn erglühen und stillte die Glut. Die holde kurze Seligkeit der Liebe wölbte sich über ihm, glühte golden und brennend auf, neigte sich und erlosch. Mit geschlossenen Augen lag er, das Gesicht auf der Brust des Weibes. Es war kein Wort gesprochen worden. Das Weib hielt stille, streichelte leise sein Haar, ließ ihn langsam zu sich kommen.«

Der achtzehnjährige Klosterschüler Goldmund hat – der Leser ist Zeuge – soeben seine Unschuld verloren und weiß: »Sie hat mich gelehrt, was eine Frau ist und welches Geheimnis sie hat. Sie hat mich in einer halben Stunde um viele Jahre älter gemacht.«

Eine Szene aus Hermann Hesses Roman *Narziß und Goldmund* (1930), den ich im Sommer 1949 kennenlernte und sofort zweimal nacheinander las, bestimmte Episoden noch weit häufiger. Das hatte primär seine Gründe im Alter des Lesers, der mit seinen sechzehn Jahren genauso ein Unschuldslämmchen war wie der Klosterschüler, und dem damals, in einer Zeit gesellschaftlich verordneter Zwangskeuschheit, gewisse Sätze und Szenen in diesem Buch als der Inbegriff literarischer Erotik erscheinen mußten.

Aber meine Begeisterung für dieses Buch entzündete sich nicht vornehmlich an dessen Erotik. Vor mir liegt die Ausgabe von 1952, die ich mir kurz vor dem Abitur gekauft und mit einigen Bleistiftanstreichungen versehen hatte, und diese Markierungen erinnern mich daran, daß es Hesses Auslassungen zur Kunst und zum Entstehen von Kunst waren, die mich so sehr beeindruckten, weil sie sich in ihrer holzschnitthaften Schlichtheit nachhaltig einprägten.

Ich lernte also, daß es unter den Menschen (und das bedeutet in diesem Buch, wie sich gleich zeigen wird, stets Männer) den Typus des Sinnenfrohen, moralisch etwas Verantwortungslosen, ja sexuell wohl doch recht Fragwürdigen gab, prädestiniert zum Künstler. Ihm gegenüber, als ein Kontrapunkt, stand der »Geistige«, verpflichtet der Wissenschaft, gedanklicher Klarheit, sittlicher Disziplin und der kühlen Geschlechtslosigkeit. Der eine hieß Goldmund und wurde zum genialen Gelegenheitsbildhauer, der andere hieß Narziß (als Abt später Johannes) und war schon als hagerer, schmallippiger Asket zur Welt gekommen. Dieser nun blieb zeitlebens im Kloster und bewies Umsicht und Weltverständnis; jenen aber drängte es hinaus ins Menschengewimmel, ins Weltgetöse, erfüllt vom Schwarzen Tod, Judenpogromen, dem rechtlosen Leben der Fahrenden, dem Biedersinn der Handwerker.

Wann eigentlich diese Geschichte (Hesse nennt sie *Erzählung*, nicht *Roman*) spielt, erfahren wir nicht. Nach der Schilderung der Pest müßte es das 14. Jahrhundert sein, nach der Charakterisierung der Kunstwerke eher die erste Hälfte des 15. Jahrhunderts; das »Lied von der Paviaschlacht«, im 9. Kapitel gesungen, verweist auf 1525. Aber das ist nicht so wichtig, denn mit historischen Zeitumständen hat dieses Buch nichts zu tun (will es gar nicht), es schildert eine Epoche, die in der dargestellten Form nie existiert hat. Wäre es anders, dann hätte dieses überaus künstliche, gleichnishafte Gebilde gar nicht entstehen können.

Aber das ist mir erst jetzt aufgefallen, beim Wiederlesen nach etwa dreißig Jahren: Ich las staunend einen Roman, den ernsthafte Männer wie etwa Ernst Robert Curtius überschwenglich gerühmt hatten (»Kein Werk von Hesse hat größere Anwartschaft darauf, in den Bestand unserer Dichtung einzugehen«), und fragte mich, wo deren kritischer Verstand geblieben war.

Die Darstellung einer spätmittelalterlichen Stadt im 10. Kapitel ist die Beschreibung einer Bauklötzchensiedlung ohne eine Spur von Anschaulichkeiten (ein paar Kulissen, ein paar Versatzstücke wie zu einer realistischen *Meistersinger*-Inszenierung), und der in ihr wirkende Bildhauer Meister Niklaus ist ein Schemen ohne die geringste sinnliche Anschauung. Schon jetzt, wenige Tage nach der erneuten Lektüre, ist er aus meiner Erinnerung verschwunden. Hesses Dilemma war ja stets, daß er nie die Gabe besessen hat, in seinen Romanen lebendige Gestalten zu erfinden, sie blieben alle papierene Konstruktionen.

Aber noch weit ärger ist, wie hier mit den Frauen umgegangen wird. Für Hesse – und das hat mit seiner eigenen Biographie und seiner Herkunft aus pietistisch-schwäbischer Verklemmtheit zu tun – sind Frauen immer nur entweder Huren oder Heilige, dazwischen gibt es nichts. Gewiß war Platon kein Frauenfreund, aber in seinem Symposion läßt er doch immerhin den Philosophen Sokrates mit der klugen Diotima diskutieren. Für Hesse sind Frauen nicht einmal Gesprächspartner, sie sind Katzen vergleichbar, mit denen man schmust und sie dann vom Schoß wirft: »Mit Männern konnte man schön und klug sprechen, und sie hatten Verstand für die Arbeit eines Künstlers, aber alles andere, das Schwatzen, das Zärtlichsein, das Spiel, die Liebe, das Behagen ohne Gedanken – das gedieh unter Männern nicht, dazu brauchte es Frauen und Wanderung und Schweifen und immer neue Bilder.«

Kurz vor seinem Ende bekennt Goldmund seinem Freunde Narziß: »Dann warf ich mich auf die andere Seite des Lebens, auf die Sinne, und die Frauen haben es mir leicht gemacht, dort meine Lust zu finden, sie sind so willig und gierig. Doch möchte ich ja nicht verächtlich von ihnen sprechen und auch nicht von der Sinnenlust, ich bin oft sehr glücklich gewesen.«

Nicht verächtlich! Dabei werden die Frauen, die dem Herrn zu Diensten gewesen (»... überall von Frauen begehrt und beglückt...«), kaltherzig verabschiedet, wenn man ihrer überdrüssig geworden: »Möchte ein anderer diese Brüste streicheln.« Mit einer Frau, dies prägt sich ein, spricht man nicht, man nimmt sie nicht ernst, man nimmt sie im Heu, denn schließlich sind sie »so willig und gierig«.

Dabei verfolgt diesen famosen Liebhaber auf Schritt und Tritt die Vision von der Mutter, zunächst von der ungekannten leiblichen, charakterisiert als »ein schönes wildes Weib von vornehmer, aber unguter und heidnischer Herkunft«, was natürlich den Sohn zum Künstler prädestiniert. Daraus wird dann »das Gesicht der Urmutter, über den Abgrund des Lebens geneigt«, von dem uns gesagt wird, »tief zuckte sein fahles Leuchten in Goldmunds Seele fort, eine Woge von Leben, von Schmerz, von würgender Sehnsucht lief aufwühlend durch sein Herz... Ah, dieses aufzuckende bleiche Gesicht, dieser volle reife spätsommerliche Mund, über dessen schwere Lippen dies namenlose Todeslächeln wie Wind und Mondschein hingelaufen war!«

Wer oder was nun aber diese »Urmutter« ist oder sein soll, wird hinter der verkitschten Sprache sorgsam verborgen. Immer wieder geistert die Allmutter Eva durch die Seiten, und noch der Sterbende weiß: »Ohne Mutter kann man nicht lieben. Ohne Mutter kann man nicht sterben.« Aber diese verschwiemelte Ideologie hindert den blonden Helden in keiner Minute, Urmutters Töchter zu benutzen und wegzuwerfen. »Eines aber wußte er: der Mutter zu folgen, zu ihr unterwegs zu sein, von ihr gezogen und gerufen zu werden, das war gut, das war Leben. Vielleicht konnte er nie ihr Bild gestalten, vielleicht blieb sie immer Traum, Ahnung, Lockung, goldenes Aufblinken heiligen Geheimnisses. Nun, auf jeden Fall hatte er ihr zu folgen, ihr hatte er sein Schicksal anheimzustellen, sie war sein Stern.«

In Hesses diffuser Kunstideologie gibt es jene begnadeten, inspirierten Momente, da eine höhere Kraft dem Manne das Schnitzmesser in die Hand drückt und Geniales erschaffen läßt. Das Kunst, die des Bildhauers zumal, aber zähe Arbeit, gründliche Ausbildung, technische Fertigkeit und zweifellos auch ein Quantum Routine voraussetzt, macht sie für Hesse eher verächtlich. Sein Meister Niklaus hat zwar ein Wunderwerk von Madonnenskulptur geschaffen, werkelt aber sonst Alltägliches. Daß gerade der vielzitierte geniale Wurf nur hervorgehen kann aus der prosaischen Übung, davon will Hesse nichts wissen. Für ihn und seinen Helden ist die Welt voll von »fatalen Kunstwerken«, die Goldmund »schwer enttäuschend« findet, »weil sie das Verlangen nach Höchstem erweckten und es doch nicht erfüllten, weil ihnen die Hauptsache fehlte: das Geheimnis. Das war es, was Traum und höchstes Kunstwerk Gemeinsames hatten: das Geheimnis.«

Womit wir, der Leser hat es längst erraten, prompt wieder bei der »großen Gebärerin« sind. Und was ist ihr »Geheimnis«, das umraunte? Daß in der »Urmutter« die »größten Gegensätze der Welt, die sonst unvereinbar sind, in dieser Gestalt Frieden geschlossen haben und beisammenwohnen: Geburt und Tod, Güte und Grausamkeit, Leben und Vernichtung.«

Und wo bleibt das »Geheimnis« dieses Buches? Es ist tatsächlich – gerade wegen oder trotz seines so oft sich tiefsinnig gebenden Geraunes – ein Buch ohne Geheimnisse, doch vollgestopft mit Trivialitäten. Dabei entspricht der schablonenhaften Erfindung eine verkümmerte, abgenutzte Sprache, die von »der Nähe dieser blühenden lichten Blondheit« reicht bis zu »seinem überströmenden Herzen, mit seiner blühenden

Liebesberauschtheit« und dem inflationären Gebrauch eines so verbrauchten Wortes wie »hold«, etwa: »Nicht nur alles Holde war in der Mutter, nicht nur, süßer blauer Liebesblick, holdes glückverheißendes Lächeln, kosende Tröstung.«
Dieser Roman, in dem so schulmeisterlich penetrant von Sinnlichkeit geredet wird, ist ein Buch ohne Gerüche. Was immer in dieser Welt des Mittelalters – beredet, nicht gestaltet – vor sich geht: Jeder Duft, jeder Gestank ist aus den Seiten hinausdesodoriert. Das beschriebene Grauen riecht nicht nach Blut und Todesangst, die Werkstatt nicht nach Leim und Holz, die Liebe nicht nach Lust, die Wiese nicht nach Heu. Aus diesem Roman wurden die Sinne gründlich ausgetrieben und ersetzt durch eine austauschbare Sprache, die »das bange Schlagen des Herzens, der wehe Stachel der Sehnsucht« mit Poesie verwechselt.
Wie anders ein Roman vom Mittelalter erzählen kann und geradezu riech- und schmeckbar wird, zeigt uns *Die Kinder der Finsternis* von Wolf von Niebelschütz, aber den interessierte primär das Erzählen, nicht ein ideologisches Gerüst. Hesse hingegen wollte zuvörderst eine schon im Ansatz unhaltbare Konstruktion, für die er Kostüme und Kulissen brauchte. Da blieb für das von ihm selber postulierte »Geheimnis« kein Raum.

Eine Tragödie der Dummheit

Michael Schneider über Ödön von Horváth:
Der ewige Spießer (1930)

»Ich bereite meine Rache vor!« – mit diesen Worten kündigte seinerzeit Gustave Flaubert die Vorarbeiten zu seinem letzten großen Roman *Bouvard und Pécuchet* an, in dem er die gesammelten »Bêtisen« (sprich: Dummheiten) seines Zeitalters, die »Phraseologie des modernen Denkens« der Lächerlichkeit preisgeben wollte. Flauberts satirischer Roman ist denn auch ein sarkastisches Spottlied auf den unaufhaltsamen Vormarsch der Phrase, auf den schier universalen Dilettantismus und Eklektizismus jenes epigonalen gesellschaftlichen Typus geworden, dem – seiner düsteren Prognose nach – die Zukunft gehören sollte: dem Biedermann, dem Spießbürger!

»Nichts gibt so sehr das Gefühl der Unendlichkeit als wie die Dummheit«, hat, achtzig Jahre später, Ödön von Horváth seinem bekanntesten Stück *Geschichten aus dem Wiener Wald* als Motto vorangestellt. Seither werden seine Volksstücke als »Tragödien der Dummheit« charakterisiert. Denn es ist der Bildungsjargon – jene grausige Mixtur aus Zeitung und Kanzel, aus Börsenbericht und Rednerschule, aus Büro-Welsch und höherer Lebensmaxime, aus Reiseprospekt und Schatzkästlein –, der Horváthschen Angestellten, Kleinbürgern und Spießern das authentische Sprechen (die Artikulation ihrer wirklichen Bedürfnisse, Leiden und Probleme) nahezu unmöglich macht. Mit ihnen und ihrer gefährlichen Phraseologie hat Horváth, noch unerbittlicher als in seinen Theaterstücken, in seiner ersten größeren Prosa-Arbeit, seinem 1930 erschienenen Roman *Der ewige Spießer* abgerechnet.

Im Mittelpunkt des Romans steht die Reise des kaufmännischen Angestellten Alfons Kobler aus der Münchner Schellingstraße zur Weltausstellung nach Barcelona. Kobler »befand sich erst im siebenundzwanzigsten Lenz« – wie Ödön von Horváth – und begibt sich, mit sechshundert Mark in der Tasche, auf dieselbe Reise wie sein Autor, der gerade einen Vertrag mit dem Berliner Ullstein-Verlag abgeschlossen hat. Horváths Reiseerlebnisse spiegeln sich wider in den Erlebnissen Koblers und seines zeitweiligen Reisegefährten Rudolf Schmitz, eines Journalisten und Gelegenheitsliteraten, der gleichfalls Züge des Autors trägt.
Koblers und Schmitz' Reise nach Barcelona – auf dem Weg über Österreich, die Schweiz, Italien und Südfrankreich – gerät Horváth unversehens zu einer bitterbösen Kleinbürgersatire auf die klassische Bildungsreise. Ihre viel gerühmten Sehenswürdigkeiten prallen, nach einer durchzechten Nacht, an den verkaterten Hirnen der beiden Junggesellen ab. Ihr »Bildungserlebnis« bleibt sogar unter dem Niveau der Reiseprospekte. Dafür führt uns Horváth durch die makabre Ruinen-Landschaft zeitgenössischen Bewußtseins. In den zahlreichen Passagieren, denen Kobler und Schmitz begegnen, hat er präzise Mosaiken provinzieller deutscher Geistesart und präfaschistischen Denkens festgehalten. Die mörderischen Bêtisen der (durch den verlorenen Krieg und die Wirtschaftskrise demoralisierten und fanatisierten) deutschen Klein- und Besitzbürger, vor allem ihre antisemitischen Projektionen und nationalen Omnipotenzträume, blitzen in den Episoden dieser kleinen, stets wechselnden Reisegesellschaft schon gefährlich auf. Man spürt auf Schritt und Tritt: diese »Geschäftsreise« führt – auf dem Umweg über den italienischen – zuletzt in den deutschen Faschismus.
»Geschäftsreise« ist der richtige Ausdruck; denn es ist das »Zeitalter der Kaufleut'« und das durch Kobler vertretene

»kaufmännische Weltbild«, das ihn und seinesgleichen zum idealen Mitläufer disponiert. »Man sollt halt nur mit Menschen verkehren, von denen man was hat«, lautet der erste Glaubensartikel im Kanon des »ewigen Spießers«. So bändelt denn Kobler im Zug mit der reichen Erbin eines Ruhrindustriellen an, in der Absicht, sie erst in Barcelona zu kompromittieren, um danach in den Aufsichtsrat ihres Vaters einzuheiraten. Dieser Dame namens Rigmor, die von einer »akrobatischen Sinnlichkeit« und faschistischer Geistesart ist, präsentiert sich Kobler zunächst als ein eingefleischter Gegner europäischer »Verständigungspolitik«, um sich alsbald in einen enthusiastischen »Paneuropäer« zu verwandeln, nachdem der in Barcelona plötzlich auftauchende amerikanische Geschäftsfreund und Bräutigam Rigmors seinen erotischen Spekulationen ein jähes Ende bereitet hat. »Der Spießer« – schreibt Horváth im Vorspann zu seinem Roman – »ist bekanntlich ein hypochondrischer Egoist, und so trachtet er danach, sich überall feige anzupassen und jede neue Formulierung der Idee zu verfälschen, indem er sie sich aneignet.«

Wenn auch die historische Entwicklung nach 1933 Horváths literarische Diagnosen (beziehungsweise Prognosen) des »dämonologischen Kleinbürgertums« (Csokor) im nachhinein beglaubigt hat, so hat mich seine Spießer-Satire beim Wiederlesen doch merkwürdig kaltgelassen, ja, streckenweise regelrecht verstimmt. Sein Talent zur anekdotisch-knappen Figurenzeichnung, die seine Theaterstücke so auszeichnet, führt in dieser ersten größeren Prosaarbeit teilweise zu bedenklichen Verzeichnungen und denunziatorischen Charakterisierungen, in denen sich gerade die Spießer von damals und heute kaum wiedererkennen werden.

Hinzu kommt, daß er den Typ des »werdenden Spießers« (oder Mitläufers) nur in moralischen Kategorien (»hypochondrischer Egoismus«, »feige Anpassung«), allenfalls noch in vulgärmaterialistischen Begriffen (»Zeitalter der Kaufleut'«) zu fassen sucht. Die Verlötung des »kaufmännischen Weltbildes« mit Versatzstücken der deutschen Romantik und des deutschen Idealismus sowie die nationalsozialistische Umbiegung von Idealen und Wertvorstellungen, die aus der Begriffswelt der traditionellen Arbeiterbewegung stammen – diesen eigentümlichen ideologischen Mischmasch also, der die Weimarer Kleinbürger erst für das Dritte Reich anfällig machte, hat Horváth kaum registriert.

Da er zudem die sozialen Lebensschicksale seiner Figuren weitgehend ausgespart hat, gerinnen deren abstoßende Eigenschaften gleichsam zu Natureigenschaften, wird die Soziologie der (durch Versailles und Wirtschaftskrise depravierten) deutschen Kleinbürger zur »Biologie des werdenden Spießers« verdinglicht. Auch scheint der Autor zuweilen selbst in der platten Antithese jener Spießer-Klischees stekkenzubleiben, die er mit bösem Witz demontiert. Und dem Gefühlskitsch seiner Zeit hat er nicht viel mehr als die vulgärmaterialistische Maxime entgegenzusetzen, daß »das Geschwätz von der Seele in der Liebe bloß eine Erfindung jener Herrschaften (sei), die wo nichts zu tun hätten, als ihren nackten Nabel zu betrachten«. Die Horváthsche Männerwelt kennt entweder nur den Seelenkitsch oder die profane Sexualität, die dann zumeist identisch mit Prostitution ist. Das macht das Innenleben seiner Männerfiguren doch recht dürftig.

Opfer dieser rüden, sexistisch-platten Männerwelt ist Anna Pollinger, eine jener typischen Münchner »Wiesenbräute«, denen schon immer Horváths Sympathie gegolten hat. »Seit es eine Oktoberwiese gibt«, so heißt es in einer Skizze, »seit der Zeit gibt es eine Wiesenbraut... Die Wiesenbraut verläßt die Ihren, verläßt ihr Milljöh – geht mit Herren, die sie nicht kennt, interessiert sich wenig für den Charakter, mehr für die Vergnügungen... Nur im Märchen bekommt die Wiesen-

braut einen Prinzen. In Wahrheit versinkt sie ins Nichts, sobald die Wiese aufhört.«
So wird die stellungslose (bei ihrer Tante wohnhafte) Anna, die bereits zwei Liebesgeschichten »mit direkt tragischem Ausgang« hinter sich hat, durch den Kastner von nebenan, einer »typischen Bohème-Natur«, an den Radierer Arthur Maria Lachner als Modell vermittelt, um endlich »ihre Sinnlichkeit produktiv zu gestalten«. Dort begegnet sie Harry Priegler, »der bereits mit sechzehn Jahren als eine Hoffnung des deutschen Eishockey-Sportes galt« und ein »blendender Herrenfahrer« ist. Harry lädt Anna zu einer Spazierfahrt ein; nachdem er ihr ein Wiener Schnitzel mit Gurkensalat spendiert hat, läßt sie sich auf der Heimfahrt von ihm nehmen, ohne sich ihm zu geben: »Das war auf einer Lichtung, daß sie zum ersten Mal Geld dafür nahm ... Es war ein Fünfmarkstück, und nun hatte sie keine Gefühle dabei, als wär sie schon tot.« Doch erscheint ihr zuletzt in der Gestalt des arbeitslosen österreichischen Kellners Eugen Reithofer ein rettender Engel, der ihren endgültigen Abstieg in die Prostitution verhindert, indem er ihr, ohne Gegenleistung, eine Stelle als Näherin vermittelt.
Die Geschichte der Anna Pollinger hatte Horváth ursprünglich als eigenen Roman unter dem Titel *Sechsunddreißig Stunden* konzipiert und dem Berliner Ullstein-Verlag im Jahre 1929 zur Veröffentlichung angeboten. Ob auf Einspruch der Ullstein-Lektoren, ob aus eigenen Skrupeln heraus, jedenfalls hat er die etwa hundertvierzig Manuskriptseiten umfassende Agnes-(=Anna-)Geschichte wieder zurückgezogen, um sie in verkürzter Form dem *Ewigen Spießer* anzufügen – eine Entscheidung, die im nachhinein schwer begreiflich scheint!
Denn das ursprüngliche Romanfragment, das erst der Nachlaß wieder zutage gefördert hat, ist ein Meisterwerk Horváthscher Prosa, mit dem seine nachträglich geschriebene Spie-

ßersatire den Vergleich kaum aushalten dürfte. Es ist, als habe der Autor mutwillig wieder verstümmelt, was ihm auf Anhieb gelungen war: nämlich eine der poetischsten und (in ihrer Naivität) anrührendsten Liebesgeschichten, die er wohl je geschrieben hat.

Auch in den *Sechsunddreißig Stunden* kreuzen die Kastner, Lachner, Priegler und Konsorten Agnes' verworrenen Weg; doch zeichnet Horváth hier in wundervoll knappen und treffsicheren Porträts die Biographien all jener Spießer und vermeintlichen Anti-Spießer nach, ohne sie je zu denunzieren. Selbst ihre Roheiten und »mittleren Gemeinheiten« verstellen ihm nicht den Blick für ihre enttäuschten, in brutalen Egoismus umgeschlagenen Sehnsüchte und Träume, nicht den Blick für ihr fehlgeschlagenes Leben. Zwar wird Agnes auch hier zur Beute männlicher Gier und der sozialen Verhältnisse, doch im Unterschied zu Anna (im *Ewigen Spießer*) prostituiert sich die Münchner »Wiesenbraut« nicht, das Menetekel der Hure bleibt ihr erspart. Und am Ende bleibt offen, ob sie nicht doch den Rückweg zu Eugen Reithofer findet, der ihr, außer einem Gefühl der »Solidarität«, auch eine zärtlich-verstörte Liebe entgegenbringt.

Es ist erstaunlich, wie hier dieselben Figuren durch einen veränderten Blick auch ein anderes Gesicht bekommen; als habe ein anderer Horváth diesen Roman geschrieben! Auf dem Wege der *Sechsunddreißig Stunden* zum *Ewigen Spießer* scheint er nicht nur das Bild der Frau (die nun zur Hure wird), sondern auch ein Stück der eigenen Identität verloren zu haben: das Bild jener durch Eugen Reithofer vertretenen Männlichkeit, die »männliche Gier« und »seelische Liebe« noch zu vereinen wußte.

Welche Erfahrungen (mit seinen Zeitgenossen wie mit sich selbst) haben Horváth nach der Niederschrift der zärtlich-hoffnungsvollen Agnes-Geschichte veranlaßt, auf so unerbittliche Weise mit denselben Figuren abzurechnen, für die er

zuvor soviel Sympathie und kritisches Verständnis aufgebracht hatte? Und warum hat er diese – nunmehr verzeichneten – Spießer-Varianten mit unverkennbaren Zügen der eigenen Biographie verknüpft?
Zwar gibt Horváths Biographie bis zum Jahre 1930, der Veröffentlichung des *Ewigen Spießers,* keine direkten Anhaltspunkte für die (hier unterstellte) Nähe des Autors zu seinen eigenen ungeliebten Spießer-Figuren. Sein weiterer Lebensweg jedoch (vor allem nach 1933) sowie zahlreiche Selbstzeugnisse aus späteren Jahren geben Grund zu der Annahme, daß zu seinen zentralen Lebensängsten auch die Angst gehörte, den von ihm gegeißelten Kleinbürgern, Spießern und opportunen Mitläufern selber ähnlich zu werden.
Daß Horváth gegenüber dem Nationalsozialismus eine eindeutig kritische und ablehnende Haltung eingenommen hat, ist durch Stücke wie *Sladek oder die Schwarze Reichswehr* oder *Italienische Nacht* sowie durch zahlreiche Äußerungen hinreichend verbürgt. Indessen scheint sein persönliches Verhalten in den Jahren der Hitler-Diktatur, wie aus Traugott Krischkes unlängst erschienener Horváth-Biographie hervorgeht, zwiespältiger gewesen zu sein, als sein literarisches Werk bis dahin vermuten ließ.
Immer wieder hält sich der Dichter in der Zeit seines »Exils« in Berlin (und Murnau) auf. Horváth verweigert jedenfalls die Unterschrift auf einer Protestnote des PEN-Clubs gegen die Bücherverbrennung. Er verweigert ebenso die Mitarbeit an der (von Klaus Mann herausgegebenen) antifaschistischen Exil-Zeitschrift *Die Sammlung.* Am 11. Juli 1934 stellt er den Antrag, in den nationalsozialistischen »Reichsverband Deutscher Schriftsteller e. V.« aufgenommen zu werden. Er erhält die Mitgliedsnummer 875. Zu der Zeit war er, nach eigenen Angaben, bereits Mitglied der »Union Nationaler Schriftsteller«, die eine nationalsozialistische Gegengründung zum PEN-Club darstellte.

In der Folgezeit beginnt er für die »Fox-Europa GmbH« in Berlin Film-Dialoge zu schreiben. Immer häufiger taucht bei Filmlustspielen jener Zeit H. W. Becker als Pseudonym eines Autors auf, hinter dem sich Ödön von Horváth zu verbergen scheint. Von seiner Filmarbeit hat er sich später mit den Worten distanziert: »Es gibt nur eine wahrhafte Zensur: das Gewissen. Und das dürfen wir nie verlassen. Auch ich habe es verlassen, habe für den Film z. B. geschrieben wegen eines neuen Anzugs und so. Es war mein moralischer Tiefstand.«

Und wie verträgt sich die postume Legende vom antifaschistischen Exil-Schriftsteller Horváth mit seinem traurigen Selbstbekenntnis aus dem Jahre 1937: »Warum mußt' ich eigentlich weg von zu Haus? Wofür bin ich denn eingetreten? Ich hab' nie politisiert. Ich trat ein für das Recht der Kreatur. Aber vielleicht war's meine Sünde, daß ich keinen Ausweg fand.«? Zur selben Zeit verwirft Horváth fast alles, was er in den Jahren 1932–36 geschrieben hat, darunter auch solche Stücke, die heute nicht nur zum festen Repertoire unserer Bühnen gehören, sondern auch das Horváth-Bild seiner und unserer Zeit entscheidend geprägt haben.

Warum? Vielleicht weil dieses Bild das Bild des unbestechlichen und engagierten Sozialkritikers mit dem unentschiedenen *Hin und Her* (wie der Titel eines von ihm 1934 geschriebenen Stücks heißt) seines eigenen Verhaltens nicht mehr übereinstimmte? Wollte er dieses Bild zerstören, weil er sich seinen »Kompromiß« mit der braunen Diktatur selbst nicht verzeihen konnte? Es ist auffällig, daß Horváths Urteil über sich selbst und sein Werk jetzt genauso hart und sarkastisch ausfällt (und teilweise dieselben Begriffe und sprachlichen Wendungen benutzt) wie Jahre zuvor das Urteil des Autors über seine verachteten Spießer-Figuren. War, so gesehen, die verzweifelte Demontage des eigenen Werks nicht ein Racheakt an der eigenen Person, dem eine tiefe Enttäuschung an

sich selbst, ein als Selbstverrat empfundener Identitätsverlust vorausgegangen sein muß?
Es ist seltsam, daß kaum einer der neueren Horváth-Interpreten solche Fragen bislang gestellt hat, als ob der postume Respekt vor dem neuen Klassiker der Moderne ihnen schon wieder den Blick für die menschlichen Schwächen und die geheimen Nöte eines Autors verstellt hat, der nicht nur an dem »hypochondrischen Egoismus« und der »feigen Anpassung« seiner Zeitgenossen gelitten hat, sondern auch darunter, daß er sich selbst von dieser Kritik nicht ausnehmen konnte.
Warum aber erträgt die Nachwelt es nicht, Horváth so zu sehen, wie er sich selbst gesehen hat? Gerade daß er sich seinen eigenen Widersprüchen und Konflikten – dem Konflikt zwischen seinem Gewissen und seinem »kompromißlerischen Verhalten« im »Dritten Reich« – gestellt hat (statt diese, wie so viele seiner Zeitgenossen, durch eine lügenhafte Selbstgerechtigkeit zu verdrängen) – gerade diese kompromißlose Ehrlichkeit sich selbst und den Anfälligkeiten der eigenen Person gegenüber zeichnet Horváths Werk aus und läßt den Menschen wie den Dichter für jede Art postumer Stilisierung und Denkmalspflege als denkbar ungeeignet erscheinen.

Ein Prolet von Gottes Gnaden

Martin Walser über Heinrich Lersch:
Hammerschläge (1930)

Als ich vor kurzem an einem literarischen Ratespiel, das in einem Rundfunkstudio veranstaltet wurde, teilnahm, brachte ich, weil jeder Teinehmer nicht nur raten, sondern auch Ratestoff spenden sollte, eine Prosaseite aus Heinrich Lerschs Menschen- und Maschinen-Roman *Hammerschläge* mit, erschienen 1930.

Ich war von den Teilnehmern der letzte, der *seinen* Autor zum Raten anbieten sollte. Die anderen hatten angeboten Anna Seghers, Alfred Andersch, Karoline von Günderode, Josef Roth und Kurt Schwitters. Was sie ausgewählt hatten, waren, fand ich, samt und sonders keine Glanzstücke dieser Autoren, das heißt, ich war sicher, meine Lersch-Probe würde sich bewähren, alle müßten zugeben: Das war das Beste, was diesmal zu hören und zu raten war. Es kam anders. Ich will zuerst die Seite mitteilen, die ich ausgewählt hatte.

»Ich wusch mich und zog mich um, die ganze Kolonne wußte nun, was ich für eine Marke war, und sparte nicht mit Bemerkungen.

Vom Gesellenhaus ging ich zum Bahnhof, fuhr nach Hause und ging gleich zur Mutter. Ihr gab ich fünfzig Mark und nahm einen stummen Dank von solcher Innigkeit, daß ich die Kraft fühlte, ihretwegen den Kampf mit der harten und zerreißenden Welt gern zu führen. Am Sonntagmorgen nach der Messe ging ich mit den Brüdern in die Werkstatt. Ich mußte immerzu von den Maschinen erzählen, von den Preßlufthämmern und den Schiffbauten, von Hochöfen und Blechwalzen, von Löhnen und Akkord....

Am Nachmittag ging ich in den nahen Wald; von weitem

schon sah ich die gelichteten Äste, als ich näherkam, konnte ich durch sie hindurchsehen. Nur noch zwei Reihen Bäume standen da; bis ans Feld war schon alles niedergeschlagen, die schönen Buchen, die großen Eichen. Ich ging die Landwehr hinauf: In alle Bäume waren Zeichen eingehauen.
Wald meiner Kindheit! Ich weinte, weinte in ohnmächtiger Qual und einsamer Verlassenheit. Warf mich vor dem glatten Stamm einer Buche in die Knie, klammerte die Arme um sie hin und strich verzweifelt über die Rinde. Nun war ich ganz allein auch in der Fremde, nun war die Heimat vernichtet, nun hatte mein Traum keine Zuflucht mehr. Hier wohnte meine Seele, wenn sie nachts aus dem Leibe im Schlaf hinaus in die Welt schwebte; ach! wenn sie doch nur einen einzigen Baum stehenließen! Gott, mein Gott, nimm Vater und Mutter und die Geschwister, nimm die Werkstatt, nimm die ganze Stadt – aber laß mir einen Baum! Ich leckte an der Baumhaut, riß mit den Zähnen nagend Stücke aus der Rinde, schmeckte den bittern Saft, sank, vor Schmerz wild, ganz auf die Erde und schlug mir die Fäuste wund.
Als ich aufstand, waren meine Kleider feucht, mein Sinn dumm und müde. Ich ging nach Hause; in meiner Kammer sah ich mein Tagebuch auf dem Tisch liegen, der Wind, der durch das offene Fenster wehte, trieb die Blätter auseinander. Schreiben, schreiben! schrie es in mir.«
Auf diese Seite Lersch reagierte die Runde aus Kritikern, Literaturwissenschaftlern, Schriftstellern mit einer Mischung aus Spott und Entsetzen. Das Urteil: schwülstig und schlimm. Dabei war das Raten gut gediehen. Zwei Ratende hörten dem Text genau an, daß er in der Weimarer Zeit geschrieben sein mußte, sich aber beziehe auf die Zeit vor 1914, daß der Autor ein katholischer Kleinbürgersohn gewesen sein müsse, der durch Lebenslauf zum Proletarier geworden sei, und daß das wohl sein Daseins- und Schreibproblem geworden sein könnte.

Auch die Form entdeckten sie aus der Probe: eine zum Roman stilisierte Autobiographie. Sie kamen auf alles Wesentliche. Daß keiner den Namen nennen konnte, ist dem Lauf der deutschen Geschichte von 1914 bis 45, nicht diesen Literaturkollegen anzulasten. Und, glaube ich, auch die fast schroffe Ablehnung dieses Textes hat mit deutscher Geschichte zu tun. Schwülstig und schlimm. Schwülstig im Stil; schlimm der Inhalt, die Tendenz, der Autor. Ich hatte zu sehr damit gerechnet, daß sie sagen würden: Her mit dem Buch, das wollen wir lesen. Ich war durch die schrille Ablehnung *meines* Lersch richtig gekränkt und machte mich als eifernder und aggressiver Verteidiger gegenüber den ruhig Urteilenden, die sich spürbar in Übereinstimmung mit der heute herrschenden Meinung wußten, rasch lächerlich.
Vielleicht provoziert ein Stil, der kein Pathos scheut, in kurzen Proben eher Ablehnung als Zustimmung. Schwulst nennt man ja wohl ein Pathos, das nicht aus einem Sachverhalt wächst, sondern aus der mühelosen Selbstaufblasbarkeit des Autors. Pathos darf man dann einen Schwulst nennen, den der Sachverhalt auch noch gegen den Widerstand des Autors erzwingt. Pathos ist wohl die am wenigsten individuell zu verantwortende Stilhöhenlage. Vaterland, Natur, Humanität, Liebe sind als Pathos-Souffleure ruchbar geworden.
Heinrich Lersch hätte ohne Pathos den Mund gar nicht auftun können. Ich möchte diesen Ton keinem aufdrängen. Ich muß aber zugeben, daß ich, Seite für Seite, die Berechtigung dieses Tons durch die Erfahrungen, die ihn erzeugen, empfinde. Ich lese, wie schlimm die Erfahrungen eines Kleinbürgerkindes gewesen sein müssen, das schon als Kind in die vom Vater dirigierte Arbeitskolonne eingereiht wurde und das dann nicht nur sein Auskommen, sondern auch seine Erlösung finden wollte in dem kesselreinigenden, nietenhämmernden Proletarierkollektiv, in dieser durch Dreck, Schweiß und Rhythmus produzierten Menschenmaschine.

Der Vater warf ihn hinaus. Er unterstellte dem Söhnchen Absichten auf die Mutter. Der Sohn versucht sich also in der Welt, in der großen Industrie. Ruhrgebiet, kurz vor 1914. Er wird ein Rädchen. Aber er hat durch seinen von der Mutter eingerichteten Katholizismus das Bedürfnis, sich immer in einem großen Zusammenhang zu empfinden. Ohne Gott *und* die Welt sieht er sich nicht. Einmal steht er »schon beim Sonnenaufgang auf dem höchsten Träger, immer noch eine Leibesgröße höher als alles andere ...« Da schwillt es wieder, das Pathos oder der Schwulst; je nachdem, ob man von seinem Ernst ergriffen oder von seinem Ton abgestoßen wird.
Immerhin kommt in diesem Buch auch der »aufrechte Gang der Kämpfenden« vor, das heißt, ein Bloch-naher Satz wird hier nicht durch Bloch-Lektüre, sondern durch eigene Erfahrung erzeugt. Einmal legt er sich auch zu einem sterbenden Buchbinder, der Musiker werden wollte, ins Bett und erinnert so an das Naturvorkommen, aus dem Kafkas *Landarzt* gewonnen werden konnte. Nie in seinem Leben war er so »erschüttert« gewesen wie im Augenblick des ersten Streiks, den er mitmachte; siebzig Arbeiter streiken: »Nun aber gehörte ich zu siebzig Männern.« Dazuzugehören, das ist sein Identitäts-Traum.
Mir ist dieser Traum kein Greuel. Ich verstehe, daß ihn das Erlebnis der Zugehörigkeit hinreißt. Er macht ein Gedicht. Wer seine Gedichte liest, muß zugeben, sie sind nicht gut. Die besten sind Whitman-Echos, die meisten erschöpfter Schiller. In seinem Kesselschmied-Roman singt er auch, auch das sogenannte Lied der Arbeit, aber wie sehr er auch aus Liebe zum Vorgang und aus einer religiösen Begeisterung ins Schwimmen gerät, ich finde nicht, er verliere sich oder den wirklichen Anlaß. Sein religiöses Gemüt verlangt, daß Arbeit einen Sinn habe für den, der sie tut; Geldverdienen allein liefert ihm den nicht. Dieses Bedürfnis, die durch die Entwicklung längst entfremdete Arbeit zu verwandeln in das Eigentliche, Erfüllende,

kommt mir unter den Umständen, unter denen er es gegen alle Erfahrungen verteidigt, heroisch vor.
Daher stammt, glaube ich, seine Tonhöhe. Da ist einer, nichts als eine Nummer in einer Akkordkolonne, auf der Großbaustelle, beim Brückenbau, Tag um Tag hat er nur Löcher in Eisenträger zu bohren, aber er, der verrückt ist nach Sinn, ein Mensch offenbar, der nichts tun kann, ohne daß er sich etwas vorstellt – er bohrt, als müsse er »das Loch für die Weltsache durch den Erdkern bohren«. Und wenn er als Nieter arbeitet, hoch über der Baustelle Ruhrgebiet, dann hat er Erlebnisse, die wir Nietzsche oder einem frommen Gegenteil in jedem Gebirge abnehmen: Ekstase, ob nun gegen Gott oder mit Gott, macht da keinen Unterschied. Aber der Nieter vibriert nicht am Gletscherrand, sondern auf dem Brückenstück, Gott reicht dem Nieter den Hammer, dem Nieter macht es wilden Spaß, den ganzen »Welt-Gott« ins Nietloch zu sperren: »Ein Pinn kam heraufgesaust, ich kippte den Döpper darüber, und nun nietete ich Gott in die Brücke hinein.« Aber der nächste Satz: »Nun fängst du an zu murksen, sagte der Monteur.«
Erst recht heroisch wird seine Rolle, als sich herausstellt, daß er gar nicht dazugehören kann, daß die erträumte Identität ein Traum bleiben muß, weil er nicht organisierbar ist. Auf den großindustriellen Arbeitsstellen kann er sich – wahrscheinlich auch wegen des von der mütterlichen Religion gestifteten Eigensinns – von keiner Gewerkschaft organisieren lassen. Gekämpft wird da mit harten Bandagen, von »schwarzen« und von »roten Pfaffen«!
Diese Zwischenlage hat dem Heinrich Lersch in der Raterunde das Verdikt »schlimm« eingetragen. Die ästhetische Rüge war im Ton eines nur leicht gereizten Mitleids vorgetragen worden; von einer kritischen Kollegin war mir sogar großzügig der voll mildernde Umstand des »Generationenproblems« angeboten worden. Aber als es politisch wurde,

betraf mich dann doch der Ton wirklicher Besorgnis, in dem ein teilnehmender Literaturwissenschaftler mir erklärte, daß Lersch nie zum proletarischen Standpunkt gefunden habe und deshalb brauchbar geworden sei für die Nationalsozialisten. Und einer der Kollegen von der Kritik sah in ihm deshalb den Inbegriff der deutschen Misere.

Diese Brauchbarkeit, wenn einer sie nicht selbst gesucht hat, sagt mir nichts. Franz Koch, sicher eine Koryphäe brauner Literaturgeschichtsschreibung, kann in seiner *Geschichte deutscher Dichtung* mit Lersch nicht viel anfangen. Er zitiert nur den patriotischen Lyriker des 1. Weltkriegs. *Hammerschläge,* Lerschs wichtigstes Buch, sieben Jahre vor Kochs Literaturgeschichte erschienen, wird überhaupt nicht erwähnt! Kann man sich diesen Entwicklungsroman, der der Nichtentwicklungsroman eines Kleinbürgers zum religiösen Sozialisten ist, als Nazi-Literatur vorstellen?

Ernst Jüngers *Marmorklippen* werden von Koch gelobt, die *Hammerschläge* verschweigt er. Daß Lersch von der *Weltbühne* nicht bemerkt wird, versteht man. Es spricht aber weder gegen Tucholsky noch gegen Lersch, daß sie einander nicht wahrnehmen konnten. Daß die achtbändige *Geschichte der deutschen Arbeiterbewegung* den Namen nicht führt, ist schon eher ein Mangel. Mir kommt das vor wie Bewältigung. Das heißt, es geht nicht um Geschichte, sondern um aktuelle Opportunität. Diese in der DDR verübte Schreibung hält nachträglich an jener Fraktionierung fest, die die Weimarer Republik zugrunde richtete. Thomas Manns *Mario der Zauberer* wird in der Arbeitergeschichte für »kämpferischen Humanismus« lobend erwähnt. Also Lerschs Buch ist weder denen, die Jünger lobten, noch denen, die Thomas Manns Engagement priesen, brauchbar gewesen.

Als ich die *Hammerschläge* las, las ich in meiner Geschichte und hatte das Gefühl, es sei unsere Geschichte. Mich interessiert nichts so sehr wie die Frage, warum der »Nationalsozialismus« nicht vermeidbar war, diese unauslöschliche Blamage von allem, was vorher heilig war. Da müssen doch wohl beiden Fehlentwicklungen passiert sein: dem Nationalismus und dem Sozialismus.

Zu welchen Fehlentwicklungen der Nationalsozialismus schon eher entschlossen als bereit war, kann man immer noch und sollte man immer wieder nachlesen in Thomas Manns auch nicht gerade unschlimmen *Betrachtungen eines Unpolitischen*. Zu welchen Borniertheiten der Sozialismus wild neigte, ist nicht nur seitdem erfahrbar geworden, es steht zu einem wichtigen Teil auch in Lerschs Buch. Der Sozialismus hat gemeint, konstatieren zu dürfen, was Religion sei. Eine Funktion der Religion, ein von Herrschenden betriebener Mißbrauch der Religion wurde sehr kurz und bündig zu ihrem Wesen erklärt. Und fast ebenso erging es dem Nationalen. Der Mißbrauch, den der bürgerliche Chauvinismus damit betrieb, provozierte links einen unvermittelten, später willkürlich benutzbaren Internationalismus-Kult.

In Lerschs *Hammerschlägen* kann man Zeuge werden, wie einer kein Proletarier werden kann, weil er auf seinen von der Mutter besorgten Gott und auf sein heilig Vaterländisches nicht verzichten kann. Er fand also nicht zur Kommunistischen Partei. Aber ist es nicht ein bißchen luxuriös, auch noch im nachhinein eine Alternative, hie Bredel, hie Lersch, aufrechtzuerhalten, nachdem man das Unglück, das sie in den zwanziger Jahren anrichtete, betrachten kann?

Warum hat ein Radek, der sogar Albert Leo Schlageter der Reaktion streitig machte – und auf Schlageters Schönauer Grabstein steht die Lersch-Zeile aus *Soldatenabschied:* »Deutschland muß leben, und wenn wir sterben müssen« –, warum hat er Lersch nicht für den Sozialismus beansprucht? Schlageter war mindestens so katholisch wie Lersch. Aber vielleicht war das National-Bolschewistische nur ein von der Zentrale befohlenes taktisches, ein kurzlebiges Experiment und nicht das, was es hätte sein müssen: historischer Materialismus.

»Ich bin wie du ein armer Knecht/Bin ein Prolet von Gottes Gnaden.« Das war Lersch. Daß er die Unmöglichkeit seiner Position – was die politische Organisierbarkeit angeht – nicht mit Abstraktionen oder Selbstverblendung zukleisterte und dann sich und andere mit beflissener Willkür über die wirkliche Kluft hinwegbetrog, macht ihn für mich anziehend. Es hat, umgekehrt, viele deutsche Arbeiter gegeben, die Kleinbürger geworden sind und deshalb auch ein Naserümpfen bei Leuten hervorrufen, die weder Arbeiter noch Kleinbürger sind und die mehr Freude an schöner Einteilbarkeit haben als wirkliche Erfahrung mit dem Einzuteilenden.

Wer sich für die Geschichte der menschlichen Arbeit interessiert, wer es interessant findet, wie einer, was er tun muß, sinnvoll machen will – und das mit ans Heroische grenzendem Eigensinn –, der kann die *Hammerschläge* schon lesen, ohne daß er Schaden nähme an seiner Seele. Es ist der Roman eines deutschen Jünglings, sehr deutsch, sehr katholisch, sehr kleinbürgerlich, sehr sozialistisch. Weiß jemand ein gewinnenderes Ensemble?

Ein epischer Gottesbeweis

Harald Hartung über Joseph Roth: *Hiob* (1930)

Im Exil in Paris, wenige Wochen vor seinem Tod, soll Joseph Roth sich von seinem *Hiob* distanziert haben. Roth ließ das Buch nicht mehr gelten: »Es ist mir zu virtuos in seinem Geigenton; Paganini; das Leid ist zu schmackhaft und weich.« Hans Natonek, der dies berichtete, fügt zur Erklärung hinzu: »Er war über dieses erfolgreiche Buch schon hinausgewachsen, wiewohl er, mit Ausnahme des *Radetzkymarsch*, kaum ein besseres geschrieben hat.«

Wie sehr darf man den Selbstvorwürfen der Dichter, darf man ihrer Selbstkritik trauen? Auch und gerade im Fall Joseph Roth nur mit Einschränkung. Er war nicht bloß kritisch, er war manchmal geradezu unnachsichtig gegen sich selbst. Die vielen Selbstbezichtigungen, mit denen der Journalist wie der Erzähler Roth zu operieren liebte, waren nicht immer bloß kokett. Sie waren auch aus der Einsicht gewonnen, daß der Schreibende unter anderen, günstigeren Umständen noch mehr hätte leisten können. So war wohl auch Roths *Hiob*-Urteil ernst gemeint – unter dem Aspekt einer rigorosen Forderung an Sprache und Literatur, vielleicht auch unter dem des Todes, dem Roth entgegentrank. Es ist ein Vorrecht der Nachwelt (wenn sie denn welche hat), nachsichtiger zu sein als ein Autor, der eines seiner schönsten Werke der Verharmlosung zeiht. Nicht bloß der *Hiob*-Roman liefert Argumente in dieser Sache, auch der Autor selbst tut es.

Wiederum ist Hans Natonek Zeuge. Ihm, dem Verfasser des Romans *Kinder einer Stadt*, hatte Roth 1932 brieflich kritische Ratschläge zukommen lassen und sich dabei – nicht ohne sich dafür zu entschuldigen – auf seinen zwei Jahre zuvor erschienenen *Hiob* bezogen. Natonek habe in seinen Roman »zuviel hineingepackt«, anstatt seine Geschichte »detailliert« und »Phase für Phase« einfach zu erzählen: »So etwa, ein *ganzes* ›Kaltes‹ wie z. B. *Hiob* von mir ein ›Warmes‹ ist.«

Ein »Warmes«. Das scheint mir die knappste Formel für Roths Intention wie für seine Leistung im *Hiob*. Nur quillt dies Warme nicht schlicht aus dem Gefühl, sondern ist durchaus etwas, das man anstrebt, das man erzeugen, das man machen muß, ein Kunstprodukt – aber als Extrakt gelebten Lebens. Die »Wärme«, die von diesem Buch ausgeht und der sich kein fühlender Leser entziehen kann, erklärt auch seine Wirkung. Liebevoll-lakonisch notierte Marlene Dietrich im *ABC meines Lebens*: »Hiob. Eine meiner Lieblingsgestalten aus der Bibel. Auch mein Lieblingsbuch, geschrieben von Joseph Roth« – ein »Auch«, so meine ich, das es in sich hat. Mag die Vermischung der beiden Hiobs problematisch sein – ein Kompliment ist sie in jedem Fall. Noch heute – reichlich fünf Jahrzehnte nach seiner Entstehung – ist es die Menschlichkeit (das *»gewöhnlich«* Menschliche, wie es Roth nennt), die den Leser an Roths *Hiob* anrührt.

Aber ist sie auch – *Kunst?* Wünschen wir nicht – à la Benn – das Material »kalt« gehalten zu sehen und wittern, wo das Einfache und das Menschlich-Warme zusammenkommen, Naivität und Sentimentalität? Und die ausgepichten Avantgarde-Anhänger, wo finden sie ihre Erzählproblematik und die Unmöglichkeit von Fabel und Figur? Im *Hiob* finden sie alles, was angeblich nicht mehr »geht« und was um 1930 auch schon im Verdacht stand, nicht mehr zu gehen. So bereits der Anfang: »Vor vielen Jahren lebte in Zuchnow ein Mann namens Mendel Singer. Er war fromm, gottesfürchtig und gewöhnlich, ein ganz alltäglicher Jude. Er übte den schlichten Beruf eines Lehrers aus. In seinem Haus, das nur aus einer geräumigen Küche bestand, vermittelte er Kindern die Kenntnis der Bibel. Er lehrte mit ehrlichem Eifer und ohne aufsehenerregenden Erfolg. Hunderttausende vor ihm hatten wie er gelebt und unterrichtet.«

Legendenhaft wie der Anfang ist die ganze Geschichte dieses neuen Hiob – der einfache, klare Bogen einer Parabel von Heimsuchung, Prüfung, Wunder und Erlösung. Die Idylle des gerechten Mendel Singer zerbricht, nachdem ihm Menuchim, sein viertes Kind, als Epileptiker geboren wird und er es bei seiner Auswanderung in Rußland zurückläßt. Die Eingewöhnung in der Neuen Welt ist schwer, und die aufkommende kleine Zufriedenheit empfindet er »wie ein fremdes, geborgtes Kleid«. Mendels Quietismus vermeidet alles, was Gottes Zorn hervorrufen könnte, und zieht ihn so erst recht auf sich. Der Weltkrieg bricht aus, ein »amerikanischer« Sohn fällt, ein anderer bleibt in Rußland verschollen. Über all dem stirbt Deborah, seine Frau, und wird seine Tochter Mirjam irre.

Als Mirjam in die Nervenklinik eingeliefert wird, geht eine Verwandlung in Mendel vor – »seine Majestät, der Schmerz« hat sie bewirkt. Aber die Klimax ist noch nicht erreicht – Mendels Auflehnung gegen Gott gipfelt in dem Versuch, seinen Gebetsmantel zu verbrennen. Erst als er – immer noch im Hader mit Gott – seinen Nachbarn im Judenviertel dient, geht die Prophezeiung des Rabbi, zu dem Deborah einst gepilgert war, in Erfüllung. Menuchim hat überlebt, wurde von Ärzten geheilt, kommt nun als berühmter Musiker und holt seinen Vater zu sich. Der Schmerz hat Menuchim weise gemacht, die Häßlichkeit gütig, die Bitternis milde und die Krankheit stark – wie der Rabbi prophezeit hatte. Am Schluß ruht Mendel Singer im Hotel Astor auf einem Sofa und betrachtet ein Photo mit den Kindern Menuchims, und während vor seinem versöhnten Blick seine ganze Familie aufscheint, gleitet er hinüber: »Und er ruhte aus von der Schwere des Glücks und der Größe der Wunder.«

Ein schlechthin bezwingender Schluß, der die Essenz des Buches faßt – wie ein schweres, warmes Glück, dem sich auch der Leser überläßt. Als hätte sich die Legende selbst erzählt, so scheint der Autor im Glanz und Schmelz der Bilder verschwunden. Und doch ist bei der Lektüre etwas Irritierendes spürbar gewesen: eine sanfte Gebrochenheit der Töne, die man nicht für Ironie halten mochte, weil sie so diskret war.

Man hat von Roths Simplizität gesprochen. Aber diese Simplizität ist alles andere als simpel, Roths Naivität alles andere als ein-fältig. »In einem Märchen ist alles so einfach«, schrieb Roth in einem frühen Text, doch das hatte schon den Ton der Ironie. Im *Hiob* ist die Ironie gedämpft, die Naivität – wenn man so sagen darf – mehrdimensional. Der Anschein von Naivität ist das Resultat sehr entwickelter Kunst und einfühlender Menschlichkeit. So verstehe ich Marcel Reich-Ranickis Bemerkung, Roth sei nicht naiv von Anfang an – er sei es erst *geworden*. Schließlich ist *Hiob* nicht wirklich ein Märchen oder eine Legende, sondern trägt die Gattungsbezeichnung *Roman*, wobei man das Zweideutige, etwas Schwindelhafte durchaus mitlesen darf.

Und gewiß ist *Hiob* kein theologischer Traktat; was aber den Ernst der religiösen Thematik nicht aufhebt, sondern ihm erst das *wahre* Gewicht gibt. Dennoch sind auch theologische Interpretationen interessant und nützlich, wenn sie dem Roman keine gültige Aussage abpressen wollen. Auch dem theologisch wenig versierten Leser geht auf, daß Mendel Singer keine reine Reinkarnation des biblischen Hiob ist. Während der nämlich um seinen Gott ringt und ihn wiederfindet, weil er ihn nie ganz verloren hat, bleibt Mendels Rückwendung zu Gott eigentümlich unsicher und traumhaft. Das Wunder hat das letzte Wort und überstrahlt alle Spekulationen. Schon die zeitgenössischen Leser hatten damit ihre Probleme. Die einen hielten es für »aufgesetzt«, für eine kompositorische Verle-

genheit und unzulässige Aktualisierung des Hiob-Segens. Die anderen rechtfertigten seine Unmäßigkeit als legitimes Element der Legende.
Roth hatte es immerhin in den Plural gesetzt. Gehörte also zu den »Wundern« nicht auch die Wanderung seines Helden, die Einsicht in sein Verschulden, seine Unterlassung, seine Verhärtung in Trotz und Aufbegehren? War zum andern nicht die Heilung Menuchims ein Wunder, gegen alle Annahmen der Orthodoxie? »Man wird nicht geheilt in fremden Spitälern«, und nun hatten fremde Ärzte das Wunder wenn nicht bewirkt, so doch vollendet. Wenn die »Wunder« schon erklärt werden können – ist nicht auch das »Erklärliche« manchmal ein Wunder? Ist das nun aber ein aufklärerischer Impuls im *Hiob* oder ein Stück Theologie? Sie könnte – thesenhaft verkürzt – von Mendels Weg aus der Orthodoxie des Gerechten in die Öffnung gegenüber chassidischen Impulsen sprechen.
So liest sich der *Hiob*-Roman fast wie ein epischer Gottesbeweis. »Obwohl Mendel mit Gott böse war, herrschte Gott noch über der Welt«, heißt es einmal. Und der so spricht, ist nicht der bekannte, allwissende, sondern eher ein verborgener Erzähler, fast so verborgen wie der Gott, den auch er zu suchen scheint. Im *Hiob* leidet auch er an Trauer und Skepsis, denn der anschließende Satz lautet: »Der Haß konnte ihn ebensowenig fassen wie die Frömmigkeit.«
Noch lapidarer hat sich der Autor selbst geäußert. »Mein Hiob findet ihn nicht«, soll er gesagt haben. Und zwar so »als spräche er von sich selbst«. Das ist der Punkt. Hier ist die autobiographische Wahrheit buchstäblich zu fassen. Roth war Hiob – will sagen, er verwandelte sich in Mendel Singer, der sich mit Hiob vergleichen konnte. Auf diese Weise konnte Roth sein eigenes Leid gestalten, ohne süchtig sein Ich und seine private Misere zu umkreisen. Der Roman wird – im Sinne Ibsens – zum Gerichtstag über sich selbst, zum Versuch,

wirkliche oder angenommene Verschuldung abzubüßen. Das Wunder, das im Roman eintraf, ja eintreffen mußte, um ihm seine Wahrheit zu geben, blieb im Leben aus.
Während Roth die ersten Seiten seines *Hiob* schrieb, saß Friedl, seine schwer gestörte Frau, im Nebenzimmer; und das Erlebnis ihrer Anfälle ging in die Schilderung von Mirjams Geisteskrankheit ein. Vor allem aber der Selbstvorwurf, auf Friedl nicht besser aufgepaßt, ja sie nicht genügend geliebt zu haben – Roths Menuchim-Trauma also: Die Kunst konnte nicht kompensieren, was das Leben versagte.
Auch wer die biographischen Hintergründe nicht kennt, spürt im Roman die Authentizität der Erfahrung von Leiden und Schuld. Doch ist dieses Selberlebensbekenntnis künstlerisch umgesetzt: Die große Fabel trägt den »einfachen« oder gar nicht so einfachen Mann und macht das Private allgemein. Nicht ohne Grund empfahl Roth seinem Kollegen Hans Natonek die »ganz großen ewigen Sachen« zur Lektüre, darunter Homer und die Bibel.
Aber wir wollen nicht darüber rechten, ob Roths *Hiob* zu den ganz großen ewigen Sachen gehört. Eine kleine Ewigkeit, dies halbe Jahrhundert Nachleben, hat er mit Anstand hinter sich gebracht. Patina – wenn man so sagen darf – hat er nicht angesetzt: sie war ihm gewissermaßen von Anfang mitgegeben – wie zur Konservierung. Schon beim Erscheinen war *Hiob* ein Stück Vergangenheitsverklärung. Er beschwor eine versunkene Welt und – soweit sie noch nicht versunken war – eine bedrohte.
Nicht ohne Ergriffenheit, ohne Schmerz liest man heute eine Szene des Romans, in der noch einmal die Utopie vom guten Zusammenleben der Menschen aufscheint. Ich meine die Szene, in der Mendel Singer – nach der Rückkehr vom Amt, auf dem er sein Auswanderungsgesuch gestellt hatte – mit dem Bauern Sameschkin die Nacht am Straßenrand, auf nackter Erde verbringt und, überwältigt und geängstigt, sich

an den Bauern schmiegt und weint: »Der Bauer drückte seine Fäuste gegen die Augen, denn er fühlte, daß auch er weinen würde. Dann legte er einen Arm um die dünnen Schultern Mendels und sagte leise: ›Schlaf, lieber Jude, schlaf dich aus!‹« Eine solche Szene, ein solcher Roman, so begreift man, kann nicht mehr geschrieben werden nach dem, was inzwischen geschah.

Auf chronische Weise deutsch

Klaus Harpprecht über Ina Seidel:
Das Wunschkind (1930)

Dieser Roman zählt zu den erfolgreichsten Büchern, die in deutscher Sprache geschrieben wurden. Und immer noch, ein halbes Jahrhundert nach seinem ersten Erscheinen im Jahr 1930, findet er seine Leser, obwohl die Autorin seit dem Kriegsende durch ein fast undurchdringliches Schweigen aus der literarischen Öffentlichkeit verbannt wurde. Selbst Ina Seidels Tod im Oktober 1974 nahmen die Zeitungen nur am Rande zur Kenntnis.

Gelegentlich wird sie als Beispiel für den Verfall bürgerlicher Gesinnung und den Kotau konservativen Geistes vor dem Führer-Mythos zitiert. Doch auch die unerbittlichsten Großsprecher demokratischer Moralität schienen sie nicht als einen notorischen Fall zu betrachten. Die Bücher der Seidel wurden nicht mit dem Schund der Vesper, Burte, Dwinger und Konsorten in den Orkus geworfen. Man überging freilich ihre Signale der Einsicht und Reue mit Gleichgültigkeit. Ina Seidels Versuch, das Verhängnis bürgerlicher Existenz im Dritten Reich in dem Buch *Michaela* wahrhaftig zu schildern und damit die eigenen Verfehlungen aufzuarbeiten, fand kaum Beachtung.

In einer seriösen Auseinandersetzung mit dem Werk Ina Seidels wäre indes die komplizierte Verflechtung der Denk- und Empfindungswelt des deutschen Bürgertums mit dem Nazismus sichtbar geworden: die Elemente der Identität und jene des Widerstrebens, das Versagen und die konservative Résistance, die beide in religiösen Grundschichten vorgeprägt wurden, die deutschen Schwierigkeiten mit der Nation, die Überwältigung durch den Nationalismus, auch die bürger-

liche Überlebenskraft, die am Dritten Reich nicht zerbrach und mit ihm nicht unterging.
Aber das Schweigen hält an. Es ersparte den Söhnen und Töchtern die schmerzliche Wiederbegegnung mit Gemütswerten, von denen sie selber geprägt sind. Im Bücherschrank der Eltern stand das *Wunschkind* gewiß, und viele haben den Roman mit hungriger Seele gelesen. Der Verfasser dieser Zeilen gesteht, daß ihn die Lektüre leidenschaftlich berührte. Er war zwölf oder dreizehn Jahre alt, als er den Weg der Cornelie Echter von Mespelbrunnée von Tracht und ihres Wunschkindes Christoph von der Besetzung des Rheinlandes durch die französischen Revolutionsarmeen bis zu den Befreiungskriegen in völliger Verzauberung verfolgte.
Damals war Krieg. Brüder zogen ins Feld und fielen. Der Knabe spiegelte sich gern im schönen Bild des Christoph, der ein Wunschkind im doppelten Sinne war: von der Mutter Cornelie dem Vater in einer düsteren Abschiedsnacht mit dumpfer Entschlossenheit abgewünscht und von frühester Kindheit an mit der gefährlichen Magie des Wünschens begabt. Wie gern hätte damals, im Krieg, der lesende Knabe in seinen kleinen Freundinnen die Grazie der Delphine erkannt, dieses halben Franzosenkindes, das mit betörendem Charme, einer schwebenden Sinnlichkeit und einer unfaßbaren Melancholie durch die deutsche Fremde glitt. Viele fanden ihr Bild in den Gestalten dieses Buches. Die Mütter zumal, die in den beiden Kriegsjahren um Söhne und Männer bangten, Mädchen, die es danach verlangte, Delphine ähnlich zu sein, Männer, die um die Jünglinge trauerten, die sie waren oder insgeheim gern gewesen wären.
Das *Wunschkind* Ina Seidels nach Jahrzehnten wiederzulesen, war ein peinliches Examen, und es wurde mit angebrachter Ängstlichkeit begonnen. Die Schatten der Kriegsjahre fielen schwer auf das Buch, schwerer die Erinnerung einer Frau, die sich in einem deutschen Zuchthaus mit diesem Buch zu

trösten vermochte, ehe sie nach Auschwitz gebracht wurde. Sie sagte, die Erinnerung sei ihr kostbar. Als kritische Maßstäbe taugen Reminiszenzen nicht. Doch zum Schicksal der Bücher gehören die Bedingungen der Rezeptionen, die Augenblicke der Zeitgeschichte, in denen sich Autor und Leser begegnen – in der Tat, auch die Leser »machen« ein Buch. Dies gilt für das *Wunschkind* in besonderem Maße.

Die Bewunderung für dieses Werk, die auf heimliche Weise und im Windschatten der Kritik bis heute anhält, ist keineswegs unverdient. Nicht oft wurde eine geschichtliche Landschaft so souverän und sicher gezeichnet. Ina Seidel präsentierte die großen Bewegungen in der Wende vom achtzehnten zum neunzehnten Jahrhundert in schöner und mitunter kühner Klarheit. Sie hatte alle Schlachten der napoleonischen Kriege und ihre Gestalten im Kopf, aber wichtiger: Sie verstand es, ihr Publikum in den Sog der geistigen Ströme jener Epoche zu ziehen.

Selten verlor sie sich in didaktischen Exkursen, sie vertraute lieber der Beiläufigkeit. Sie schuf Charaktere und pflanzte den Geist der Zeit in Menschen, denen sie unverwechselbare Gesichter und eine eigene Sprache gab. Niemals nannte sie die französische Aufklärung und die deutsche Romantik wörtlich, redete sie von der universalistischen Idee der Großen Revolution und vom deutschen Idealismus, doch diese Mächte sind ganz gegenwärtig.

Sie bestimmen den Dialog des Romans. Er ist dem aufwendigen Disput zwischen Settembrini und Naphta gewiß nicht vergleichbar, von anderem Timbre als der heroisch-brillante Streit des zukunftsfrohen Demokraten mit dem pessimistisch-konservativen Beunruhiger im *Zauberberg:* Er ist zurückgenommen und eher unaufdringlich. Doch in der Führung der geistigen Linien bewies die Autorin intellektuelle Energien, die nicht unterschätzt werden sollten. Der bürgerliche Bildungswille, der sie durchdrang, öffnete weite Räume.

Der historische Stoff war für Ina Seidel keine Flucht aus der Zeit. Vielmehr wählte sie die Epoche von Revolution und Freiheitskriegen als Spiegel ihrer Gegenwart: der Republik Weimar, in der demokratische Aufklärung und ein konservativer Patriotismus um die Seele der Deutschen kämpften. In ihrem Buch ringen die Mächte um die Seele des Christoph, auch um jene der Mutter, deren Entscheidung freilich rascher und eindeutiger fiel.
Im traulichen Umgang mit den französischen Besatzungssoldaten gerät der kleine Christoph in den Bann Bonapartes. Er sieht den Helden mit den Augen seiner großen Kameraden, des Koberlé, des gemütlichen Leroux und vor allem des Tambours Lalande, mit dem die Autorin ihren Gruß an Heinrich Heine schickte. Die Soldaten der Trikolore sind mit beklagenswerten Ausnahmen sympathisch geschildert. Die Erinnerung an die Besetzung des Rheinlandes war bei der Niederschrift des Romans noch frisch. Es ist darum bewegend, mit welcher Zärtlichkeit Loriot gezeichnet ist, der hübsche Offizier aus der Provence, der Cornelies blutjunger Schwester Charlotte in den Wirren des Krieges den Hof und ein Kind machte, an dessen Geburt sie elend verstarb. Die kleine Delphine, kaum lebensfähig, legte man zu dem blühend gesunden Christoph in die Wiege. Von ihm holte sich das arme Geschöpf Energie zum Leben. Später, lang nach ihrer Entführung durch den preußischen Großvater, als sie am Berliner Theater am Gendarmenmarkt debütierte, trat Mademoiselle Delphine Loriot – die Goldamsel – unter dem Namen Bülow auf (und so weiß man nun endlich, bei wem sich der geschätzte Unterhaltungskünstler sein Pseudonym entlieh).
Die ersten beiden Drittel des Romans sind von französischen Wendungen durchsetzt, wie es dem Stil der Zeit entsprach. Mitunter vermengt sich die Sprache der Aristokratie, die nun die Sprache der Revolution war, mit erfrischenden Anklängen ans Mainzerische, das Ina Seidel von Carl Zuckmayer

gelernt haben mag, dem Freund ihrer Schauspielerinnen-Schwester Mirl. Sie setzte ihm als Oberhaupt einer Schülerbande nach dem Vorbild des Schinderhannes ein angemessenes Denkmal. In jenen »europäischen« Passagen hat ihr Stil eine Schönheit von klassizistischen Maßen. In der Zeichnung der Gesellschaft unternahm sie Spiele von graziöser Ironie, als wollte sie Thomas Mann eine Kußhand zuwerfen. Gegenständliches übersetzte sich ihr in eine ruhige und bildhafte Prosa, die so lebensvoll nicht vielen ihrer Zeitgenossen gelang. Straßenszenen und Landschaften sind mit zärtlichem Elan und einer manchmal betörend neuromantischen Poesie geschildert. Weiß Gott, diese Frau konnte schreiben.

Doch dann, oft übergangslos, stürzt sie von ihren glänzenden Gipfeln und versinkt in »Tiefen« des Dichterischen, in denen sich der Grundschlamm deutscher Seele sammelt. In der mystischen Rede des Doktors Buzzini, dem Genie des Messmer nachgezeichnet, orgelt Kolbenheyers Paracelsus-Ton. Das mag noch angehen. Der Armenarzt aus Italien, dem Cornelie sich opferbereit und liebend hingibt, beschwört nicht nur die Heilkraft der Erde: Er ahnt auch Sigmund Freud voraus, und wiederum hat man Anlaß, die intellektuelle Kompetenz dieser Schriftstellerin zu respektieren. Die Psychoanalyse war ihr nicht fremd. Kunstfertig lockte sie ihre Leser mit diskreten Symbolen zu den Geheimnissen, die sich auf der Chaiselongue offenbaren. Aber in diesem Umkreis schlittert sie unversehens in die gefährlichsten Assoziationen: »Heilung!« sagte Cornelie beim Anblick ihres leidenden Sohnes zu sich selber ergriffen, »Heilung wäre nur, wenn er wieder in mich eintauchen könnte.«

Unfreiwillige Komik deutet darauf hin, daß in der Schreiberin, die nicht weltfremd war, die Übermacht des Gefühls alle Sicherungen des Geschmacks und des Taktes aufsprengen konnte: »Tief innen«, sagt sie vom Sohn, »in unverletzlicher Ader, pocht der steigende Saft.« Die Mutter-Sohn-Beziehung entglitt ihr allemal in die peinlichste Verkitschung. So stand Christoph vor ihr, »wie die Verkörperung seines blanken Wappenschildes«. Der sterbenden Großmutter gar wird der Enkel zur Lichtgestalt eines Engels, ein Bild, das am Ende auf überhöhte Weise in dem Zitat des Verses wiederkehrt: »Dann setzte der Sohn der Mutter die Krone aufs Haupt...«

Die Darstellung der Zeugungsnacht des Wunder-Wunsch-Kindes ist schon von einem schwer erträglichen Pathos bedroht, das Schlimmes fürchten läßt, und zuweilen nimmt die Feier der Mütterlichkeit auf so bedrohliche Weise überhand, daß der eingeschüchterte Leser meint, das Fruchtwasser aller Mütter aus Urzeiten gurgeln zu hören. Ach, Cornelie! »Im Blut hatte sie die schwere Zärtlichkeit ihrer mecklenburgischen Mutter, die schwere Wucht des Bodens, der Weizen trägt. Ihre Liebe war die dunkle Glut und Stille, inbrünstige Sehnsucht, das Geliebte zu umschließen, zu hegen, zu nähren: Mütterlichkeit.« (In Ina Seidels *Michaela*-Roman begegnen wir nicht von ungefähr dem verzweifelten Ausruf: »Verschonen Sie uns mit Mütterlichkeit.« Die alte Dame hatte schließlich erkannt, daß es von ihrem Mutterkult zu Führers Mutterkreuz nur einiger Schritte bedurfte.)

Im Verfall der sprachlichen Qualität, der eintrat, wann immer die Autorin den Mysterien von Samen und Frucht, Saat und Erde, Blut und Boden nachhing, kündigte sich das gesammelte Elend des »nationalsozialistischen Schrifttums« an. Die stilistischen Entgleisungen scheinen unaufhaltsam zu sein, wenn im *Wunschkind* das Deutsche und Nationale überhandnimmt. Der Absturz aus klassizistischer Höhe und Fontaneschem Realismus in die Niederungen der Courths-Mahler oder der Sümpfe des Hanns Heinz Ewers vollzieht sich unaufhaltsam. Diese Konsequenz ist lehrreich genug.

Daß es die Cornelie jederzeit in die Gesellschaft gallischer Liederjahre zieht, wundert nicht, da sie selber zu drei Vierteln Französin ist, doch sucht sie auch den Umgang mit Schauspielern und geht bei Juden aus und ein. Über den Bankier Kalischer und seine Familie fallen nur ein paar spöttisch-abfällige Worte, die man nicht auf die Goldwaage legt. In der Überzeichnung des Milieus neureicher Israeliten hat Thomas Mann weniger an sich gehalten, von Feuchtwanger nicht zu reden. Antisemitismus? Doch wohl kaum. Mit Erleichterung stößt man auf die enthusiastische kleine Passage über Rahel Levin, dieses »Wunder von einer Frau«, in deren Salon sich der Prinz Louis Ferdinand des öfteren aufhielt. Und? »Ihr Vater... muß einem anderen der zwölf Stämme angehört haben!«

Die Wahrheit ist, daß Ina Seidel die üblichen Vorurteile der Bildungsbürger mit sich schleppte: einen gezähmten, gleichsam zivilisierten Antisemitismus, der durchaus die Bereitschaft zuließ, Ausnahmen anzuerkennen. Die Untertöne bei der Beschreibung des Hauses Kalischer fügen sich allzu natürlich zum Pathos des nationalen Hochgesangs, wenn der geistreiche Rappelkopf Vesper von Dürer und Erwin von Steinbach schwärmt, von den Elementen des »über uns vollendet daseienden Deutschland« und vom »Reich... das Wirklichkeit werden soll«. Diese Sprache konnte 1930 eines Publikums sicher sein, das unter dem Anhauch nationaler Mystik bis in die Herzkammern erbebte. Die Künder des »Reiches«, das kommen sollte (und rasch genug kam), durften sich in innerster Seele an der Verschwörung der Jünglinge in den Freikorps von 1813 erbauen: »Preußen... ist geworden im Kampf, im Gegensatz zu Europa, darum kann Preußen nicht bleiben, und Deutschland muß werden.«

Welches Deutschland? Die Autorin war zu gescheit, nicht zu durchschauen, daß der deutsche Nationalismus sich nicht nur im freiheitlichen Zorn gegen den gallischen Despoten, sondern in der Notwehr konservativer Instinkte gegen den revolutionären Nationalismus Frankreichs erhob. Er sucht nicht nur aus machtpolitischen Gründen, vielmehr in eindeu-

tiger Verwandtschaft die Anlehnung ans zaristische Rußland. Das »Reich«, das werden sollte, wuchs aus der Résistance gegen Revolution und Rationalität, Aufklärung und Liberalität – aus dem Widerstand gegen den »Westen«.
»Wem gehört Deutschland?« ließ die Autorin den alten Türmer des Mainzer Domes fragen. Sie ergriff am Ende ihres Buches Partei – gegen sich selber und ihre »westlichen« Einsichten, gegen die nobleren Ideen, die klareren Gedanken, den präziseren Stil, die schönere Sprache. Es hat seine Logik, daß Christoph, der sich nach dem Debakel von Jena zu einem tätig-bürgerlichen Leben entschlossen hatte, im patriotischen Rausch schließlich den Soldatentod fand. Daß sich Delphine wie nur irgendein Pariser Flittchen mit einem Windhund von Schauspieler davonmachte, war freilich ein miserabler Einfall, der das Buch einem Finale preisgibt, in dem Spießerei und Muffigkeit triumphieren.
Dies hatte der Roman nicht verdient. Hier versagte die freiwillig-unfreiwillige Dialektik, die mitunter bis zur Schizophrenie geht. Dieses Buch könnte tatsächlich von zwei Autoren unterschiedlichsten Ranges geschrieben sein. Aber aus solcher Gegensätzlichkeit ergab sich auch die Kraft der Verfügung, die dem *Wunschkind* eine hingegebene Gemeinde von Millionen zutrieb. Dieser Roman ist ein getreues Spiegelbild der deutschen Bürgerseele – in ihren Zerrissenheiten, ihren Sehnsüchten, ihren Ressentiments, ihren Hoffnungen. Das Buch hatte seine große Stunde, als der Nazismus allen Widerstand zu zermalmen begann.
Wehten damals warmherzige Worte für Frankreich und die Franzosen, Verständnis, ja Sympathie für die Revolution und Bonaparte nicht wie ein Windhauch der Freiheit in die Häuser der Bürger? Ließ die Autorin nicht für Europa hoffen? Strahlten die lateinische Sensualität der Delphine, ihre spielerische Anmut nicht wie eine Botschaft der Lebensfreude in die graue deutsche Gegenwart? Verkündeten die Lobgesänge auf die

una sancta ecclesia, die Schilderung eines gemeinsamen Abendmahls von Katholiken und Protestanten, nicht eine Botschaft der Hoffnung? Konnte man ohne beifällige Tränen die letzten Sätze des Feuergeistes Vesper lesen: »Aber der Tag wird kommen... da die Tränen der Frauen stark genug sein werden, um gleich einer Flut das Feuer des Krieges für immer auszulöschen...«?

Ina Seidel war es mit diesem pazifistischen Bekenntnis Ernst. Mit der gleichen Wahrhaftigkeit lobte sie den Führer, den sie als Garanten des Friedens verstand, pries ihn mit gleißenden Phrasen, die dem Lichtdom entsprachen, den Albert Speer über dem Parteitagsgelände von Nürnberg aufstrahlen ließ. So schlecht, wie jener Hymnus war, konnte man nur ehrlichen Herzens dichten. So schrecklich, wie manche Passagen im *Wunschkind* sind, schreibt man nur, wenn man es aufrichtig auch so meint. Diese Wahrhaftigkeit wollte, daß Deutschland recht behalte, gegen Frankreich, gegen Europa, den Westen und die kleine Delphine.

Wer wissen will, wie es ums Gemüt des deutschen Bürgertums damals bestellt war (und wohl zum Teil auch heute noch ist), darf dieses Buch nicht übersehen. Man kann es sich auch nicht länger leisten, Ina Seidel und ihr Werk außer acht zu lassen. Die deutsche Literatur dieses Jahrhunderts ist nicht so reich, daß man eine Schriftstellerin von einem grandiosen und zugleich fatalen Talent ins Vergessen schweigen sollte. Täuschen wir uns nicht, sie ist auf eine chronische Weise deutsch. Die Epoche der Innerlichkeit ist nicht zu Ende, und an Machtschutz fehlt es nicht.

Schule oder Kasernenhof?

Christian Ferber über Friedrich Torberg:
Der Schüler Gerber hat absolviert (1930)

Es muß wohl ein Mitglied des Abitur-Kollegiums sein, das das letzte gesprochene Wort hat in Friedrich Torbergs Roman *Der Schüler Gerber hat absolviert:* »Gerber!! Um Gottes willen!! Was machen Sie?!« In der nächsten Zehntelsekunde empfindet der Abiturient Kurt Gerber dies: »Die Sonne ist so rot. Sie fällt auf mich herab, ganz...«
Danach empfindet er nichts mehr, was ein Autor wissen könnte. Um jedes Mißverständnis auszuschließen, beendet den Roman eine als Zeitungsnotiz formulierte Mitteilung: der neunzehnjährige G. habe dadurch Selbstmord begangen, »daß er sich knapp vor der Bekanntgabe des Prüfungsergebnisses aus dem Klassenzimmer auf die Straße stürzte... Eine besondere Tragik liegt darin, daß Gerber, der zweifellos aus Furcht vor dem ›Durchfall‹ in den Tod ging, von der Prüfungskommission für reif erklärt worden war.«
Mithin, das letzte Signum seines ersten Romans (geschrieben 1929, der Autor feierte seinen einundzwanzigsten Geburtstag) stammt von jenem Torberg, den wir als streitfertigen Publizisten gekannt haben, bewundert oder gescholten: wo er zu enden schien, traf er stets noch einmal, unvermutet und genau. Aber dieser frühe Roman, Grundstein eines frühen Ruhms, ist nicht ein Pamphlet in der Form erzählender Prosa.
Max Brod, Autor, Mentor und Redaktor zu Prag, hat mit Exempel und Hilfe Einfluß gehabt auf den Schüler Torberg. Er brachte ihn ab von den netten Albernheiten eines satirischen Nachwuchs-Alleinunterhalters. Er gab des zwanzigjährigen Poeten Gedichtband *Der ewige Refrain* wohlwol-

lende Einleitungsworte mit – just nachdem Torberg das Abitur nicht bestanden hatte, wegen Schwäche in den Fächern Mathematik und Darstellender Geometrie. Mit diesen Disziplinen schreckte dann der Erzähler T. seinen Roman-Helden, doch war die Wolke über Gerber weniger der Lehrstoff als ihr Vermittler: Professor Kupfer, »Gott Kupfer« genannt von seinen Opfern. Max Brod schickte Torbergs Manuskript an Zsolnay. Dort erschien 1930 *Der Schüler Gerber hat absolviert.* (Den verkürzten, entdonaumonarchisierten Titel *Der Schüler Gerber* bekam der Roman erst in Ausgaben nach dem Zweiten Weltkrieg.)

»Es schlug Torbergs Roman buchstäblich ein wie eine Bombe«: so Jean Améry, als er über den Jugend-Selbstmord bei Emil Strauß, Hermann Hesse und Friedrich Torberg nachdachte. Er nennt Gerbers Geschichte einen »Schul-Thriller« und verweigert ihm das Gütesiegel für ein Werk von Bestand. Torberg schreibe »sich seine Wut von der Seele« und habe »nicht eigentlich ein Stilprinzip«. (Dies im Gegensatz zu Heinrich Mann und seinem Professor Rath.)

Über das Buch und seinen jungen Autor läßt sich auf mancherlei Art richten, aber so eigentlich nicht. Gewiß, der Professor Kupfer wird konsequent als vehementes Monstrum abgemalt, das zum eigenen Wohlbefinden alljährlich einen Schüler fressen muß, und zwar einen begabten. Doch der Professor ist nicht wie Unrat zentraler Held. Er ist nur Teil (ein wesentlicher Teil, das schon) des Verhängnisses, das über Gerber kommt – aber wie dieses Verhängnis sich zusammensetzt aus mancherlei Elementen: in dieser Darstellung, in diesem ersten Für und Wider der Torberg-Prosa, diesem Jedoch und Hinwiederum und Aber-auch, da zeichnet sich ein handfestes Stilprinzip ab. Es gilt ganz frei von Wut eher dem Gegenstand als den Personen.

Etwa 50 000 Exemplare des Romans wurden in den Ländern deutscher Sprache bis zum Ende der ersten Republik Österreich verkauft, ungefähr 200 000 mehr dann nach dem Ende des Zweiten Weltkrieges. Auch einer Verfilmung ist das Buch nicht entgangen. Während der dreißiger Jahre erschienen Übersetzungen ins Englische und Französische und in nahezu alle Sprachen der ehemaligen Donaumonarchie.

Die Verwechslung von Kasernenhof und Schule war damals ein nicht allgemeines, wohl aber internationales Pädagogen-Leiden. Noch während des Zweiten Weltkriegs ging in allen Heeren Europas das Umkehrungswort um, ein Ende der Feindseligkeiten werde es erst geben, wenn der letzte Lehrer zum Leutnant befördert worden sei. Und endlich: just um 1930 stülpten sich erste Eleven Jakobinermützen jener Revolution auf, die mittlerweile in historischer Betrachtung die sexuelle zu nennen wir angehalten werden.

Jedoch, selbst so etwas wie »Jahresaktualität« hat bei Romanen mit Anspruch allenfalls zusätzliche Schubkraft. Es muß schon etwas dasein, das zu schieben sich lohnt. Selbst ein so anspruchsvoller Leser wie Robert Musil hat (in der *Frankfurter Zeitung* vom 11. Mai 1930) am Erstlingsroman »die Begabung der Darstellung« gerühmt: »Am stärksten tritt diese aber nicht in den Figuren hervor, sondern in der Gestaltung der Schul- und Prüfungsatmosphäre, die alle umfängt. Man bekommt die Qual der geistigen Belastung zu spüren, der kein Lebenszweck entspricht... Wenn die Maturapsychose Lehrer wie Schüler ergreift, wird das Ganze, über die Schule hinausgreifend, beinahe zum Bild aller auf Zwang gegründeten Verhältnisse.«

Für die Wirkung auf schlichtere Leser mag ein bescheidenes Zeugnis nützlich sein. Der Schüler Ferber begegnete 1935 dem *Schüler Gerber* an sehr passendem Ort – der Schülerbibliothek des Landerziehungsheims Schondorf, einer niemals »gereinigten« Ansammlung von Lesestoff. (Soweit F. sich erinnert, ist daraus in jenen Jahren nur ein Buch entfernt worden, nämlich *Horst Wessel* des unseligen Hanns Heinz

Ewers, und dies nur aus Gründen des vaterländisch guten Geschmacks bei der Behandlung neu installierter Nationalhelden.) Torbergs *Gerber,* wie so manches andere verbotene Buch, wurde ohne Auflagen ausgeliehen, und der fünfzehnjährige F. las den Roman mit einiger Erregung. Er wußte nicht, wer Torberg war. Ohnehin hatte ihm niemand mit Erfolg beibringen können zu unterscheiden zwischen jüdischen und anderen Autoren. Daß er aber etwas irgendwie Unerlaubtes zu sich nahm, das war ihm von Anfang an angenehm klar.

Es kann dies kaum an den sehr bescheidenen erotischen Einsprengseln gelegen haben, an Gerbers Verhältnis zu, aber nicht mit der gutgewachsenen Demi-Vierge Lisa Berwald oder an den etwa zwanzig anderen Sätzen, die auf Geschlechtsverkehr hinweisen in Situationen, aus denen Gerber »taumelnd« türmt. Auch die Attraktion des quälenden Duells zwischen »Gott Kupfer« und dem Schüler, auch die entkleidende Beschreibung verschiedenartiger Lehrkraft-Typen, auch der Ruch von unerfüllter Sehnsucht nach Gerechtigkeit und Liebe: all dies war es im einzelnen nicht, und der Tod, der Freitod am Ende, schon gar nicht – dafür war F., lebhaft bei Lektüre, doch träge in Dasein und Phantasie, zu dickfellig.

Nein, die Aufregung und das Gefühl, hier stünde eine Tür halb offen zum verbotenen Zimmer, sie können nur daher gerührt haben, daß der Leser F. zum einen in Torbergs Niederschrift seine eigene Zeit vorfand, weit mehr unmittelbar als anderswo und ganz ohne jenen Glitzerfirnis namens »Uns geht die Sonne nicht unter«, der damals selbst in liberalen deutschen Schulinstituten über die Wirklichkeit gepinselt war. Zum anderen aber bestach ihn gewiß Torbergs episches Arrangement, seine Erzählgebärde der Argumentation, seine Versammlung der Beweisstücke. Die erste Wirkung läßt sich, wenn man will, wiederum als publizistischer, nicht literarischer Auslöser kennzeichnen. Die zweite ist literarisch und nicht frei von Drolerie, bedenkt man Torberg-Gerbers Schüler-Schwierigkeiten: es ist, in Einzelheiten kaum zu erkennen, im Gesamtmuster aber fast aufdringlich, die Wirkung einer mathematisch-geometrisch angeordneten Erzählprosa.

Natürlich, dies ist der Versuch einer Deutungsskizze viereinhalb Jahrzehnte nach der Erregung. Was damals vorlag, ist es nun nicht überwiegend geschmolzener Schnee von vorgestern und Wasser unter der Brücke? Längst sind, so scheint es doch, die Lehrkraft-Monstren Wedekinds, der beiden Brüder Mann, mancher anderer und eben auch Torbergs dahingeschmort im Pädagogen-Inferno einer alarmierten öffentlichen Meinung. Aber es ging ja nie eigentlich um die Professoren bei den »unbegreiflichen« Selbstmorden junger Menschen. Jene verkörperten nur handlich und sinnlich jene Anonyma, denen Schuld zuzuschieben war, weil Schuld stets zugeschoben werden muß: der Gesellschaft (was immer das just sei) oder den hierarchischen Systemen, unvollkommenen Ordnungen, die sich nicht abschaffen lassen – und wehe uns, wären sie gar vollkommen. Mit ihnen wird stets abgerechnet, wenn junge Leute den Tod wählen; dies geschieht heute zumeist auf dem Bildschirm, und wird garniert mit etwas soziologischem Immergrün.

Friedrich Torbergs durchaus gekühlter Zorn in Romanform war die erste epische Teenager-Tragödie im Stil des Jahrhunderts. Hier wurde individuell gestorben und doch nicht ohne einen Hauch von Langemarck. Hier starb, und das ist entscheidend, nicht mehr Hesses kindlicher Giebenrath, ergeben auf dem Wasser dahintreibend. Hier wählte der Typus Heilner den Tod, Giebenraths trutziger Gefährte.

Ein Erstlingsroman redete davon, der bei all seinen attraktiven Eigenschaften die Schwächen des Erstlingsromans musterhaft präsentiert. Schon das zumeist benutzte Präsens ist aufreizend genug. Der ältere Torberg, dieser Elegant einer schmiegsamen, gezüchteten und gezüchtigten Sprache, ist hier noch nicht zu erkennen. Der junge Autor läßt auf seine anregende Handlung Klischees dermaßen regnen, als sprühten permanent Kopfschuppen auf einen dunklen Abitur-Anzug. Doppelbetten sind »zerwühlt«, Ausreden »kümmerlich«, Kurts Sinn wird »von der Schule umzingelt«, »flüsternde, besinnungslose Worte« werden »heiß gestammelt in unfaßlich seligem Rausch«. Und »er streicht über ihr volles gewelltes Haar, hart, hastig, als könnte es ihm entflattern«. Diese prachtvolle und permanente Offerte hurtig gefertigter Banalitäten über nahezu dreihundert Seiten hinweg, sie hat allerdings auch einen kaum beabsichtigten Porträtierungswert. Sie ist aufreibend, aber sie ist abgedeckt durch die Sprach- und Daseinsgebräuche der dargestellten Personen.

Jedoch, da ist auch die einigermaßen unwahrscheinliche Zentralgeschichte. »Gott Kupfer« gibt schon im Urlaub vor dem entscheidenden Schuljahr dem Vater Gerber ziemlich klar zu verstehen, er werde seinen Sohn fertigmachen. Vater Gerber, gar nicht gut bei Gesundheit, möchte den Kurt deswegen in eine andere Schule schicken. Aber Kurt weigert sich. Er fühlt sich dem Feinde gewachsen. Er erweist sich dann zumeist als erstaunlich robust, mag er auch am Ende dem Prüfer Kupfer ins Messer laufen.

Der Prager oder Wiener Fenstersprung (der junge Torberg lebte in beiden Städten, der Autor Torberg verzichtet auf Spezifizierung) ist nicht ausreichend, nicht mit genügend Bedrückung des Lesers gerechtfertigt, auch die Zutaten Liebes-, Lebens- und Sohneskummer reichen nicht völlig hin: vermutlich, weil der durchgefallene Torberg gar nicht daran dachte, zu unternehmen, was er den nicht durchgefallenen Gerber tun läßt. Hier stockt der Schub der so schön angesammelten, so trefflich ausgebreiteten Beweisstücke, stockt knapp vor

Schluß und am entscheidenden Punkt. Der Leser nimmt den Freitod nur darum bereitwillig hin, weil dieser Roman ohne ihn keinen Zweck hätte.
Er, der Roman, geht seinen Weg zu Ende an der Krücke eines publizistischen Hinweises, der zu Beginn gegeben wird: in einer einzigen Woche seien dem Autor während der Niederschrift zehn Schülerselbstmorde zur Kenntnis gebracht worden. Was anders also könnte hier am Ende geschehen? Viele hunderttausend Leser haben so geschlossen, haben hingenommen, was Gegenstand des Romans ist, aber nicht bis zum Ende begründeter Inhalt, sondern arrangierte Suggestion. Dies ist ärgerlich, auch im Hinblick auf die Kategorie »literarische Stubenreinheit«, die Torberg Jahre später dankbar als etwas erwähnt, das Karl Kraus ihn gelehrt habe.
Aber die Gabe der Suggestion ist ja nun auch nicht der schlechteste Teil im magischen Fächer eines Erzählers. Und der publizistisch aggressive Roman, mit dem »etwas erreicht werden soll« und möglicherweise erreicht wird dank Widerhalls, zeitgenössischer Bestrickung und Diskussion, er besetzt einen Ehrenplatz in allen Literaturgeschichten – auch wenn ihn ein Jahrhundert nach Entstehen nur noch Literarhistoriker und ihre Studenten pflichtgemäß zu sich nehmen.
So weit, zum einen, ist *Der Schüler Gerber* noch nicht. Er wird auch heute mit Anteilnahme da und dort gelesen – nun ja, häufig vielleicht als »Schul-Thriller«, aber warum auch nicht. Wie weit, zum anderen, es am Ende kommen wird mit den Romanen vom Selbstmord junger Leute, und ob von ihnen außer dem *Werther* nur einer in der lebendigen Literatur überleben kann: wer wagte das zu entscheiden?
Des jungen Friedrich Torbergs Beitrag zum Thema, sein erstes episches Unternehmen, geschrieben in einer Zeit mit heftigem Juckreiz für eine Gegenwart, die sich gefälligst kratzen möge: er hat als Roman mit all seinen ärgerlichen und gelegentlich liebenswerten Schwächen bis in unsere Tage erstaunlich ju-

gendkräftig überlebt. Das kommt wohl doch daher, daß der Autor von den meisten Dingen, Menschen und Gefühlen etwas verstand (in jedem Wortsinn), über die er da zu schreiben unternahm. Ein Bonus zudem ist gewiß sein empörender Mangel an ideologischer Auseinandersetzung.

Klatsch, Kabale und Korruption

Rolf Schneider über Hans Fallada: *Bauern, Bonzen und Bomben* (1931)

Der Ostberliner Aufbau-Verlag, der DDR feinstes belletristisches Etablissement, wohnt seit seiner Gründung vor dreieinhalb Jahrzehnten in einem Gebäude, das zuvor einem gediegenen Privatbankhaus zugehörte. Die Gänge in diesem Haus sind lang, die Dielen solide und die Läufer von einer Art, daß sie auch einen gewichtigen Schritt abzufedern vermögen. In den fünfziger Jahren, als ich dort angestellter Mitarbeiter war, erlebte ich es einmal, wie jemand in diesen Gängen umherstapfte, daß die Dielen schmerzlich seufzten. Ich riß meine Bürotür auf und stand vor einem männlichen Koloß, den ein vager Geruch nach Kuhdung umgab. Ob ich ihm helfen könne, fragte ich den Mann. Er suche Bodo Uhse, entgegnete dieser in einem Akzent, der jedenfalls plattdeutsch, wenn nicht friesisch klang. Ich brachte den Besucher auf den Weg, und als ich hernach fragte, wer denn das gewesen sei, wurde mir der Name genannt: Claus Heim.

Ich kannte diesen Namen. Ich wußte, Claus Heim war Anführer der Landvolkbewegung in Schleswig-Holstein gewesen, Ende der zwanziger Jahre. Ich wußte, die Landvolkbewegung hatte Spuren hinterlassen in Leben und Werk von drei deutschen Schriftstellern, die hießen: Bodo Uhse, Ernst von Salomon und Hans Fallada. Bodo Uhse, nunmehr Kommunist und mit Schreibtisch im Aufbau-Verlag, war 1929 ein eingeschriebener Hitler-Anhänger gewesen; um der Landvolkbewegung willen wurde er nach Itzehoe geschickt, dort die erste NSDAP-Tageszeitung neben dem *Völkischen Beobachter* zu redigieren; aber statt, was die Absicht gewesen war, die aufgebrachten Bauern zu den Nazis herüberzuziehen, zo-

gen diese ihn von den Nazis weg. Uhse hat darüber Rechenschaft abgegeben in einem Erinnerungsbuch, *Söldner und Soldat*, das er 1935 in der Pariser Emigration verfaßte.
Auch ein Journalist in Itzehoe gewesen, zeitweilig, war Ernst von Salomon; auch er hat darüber rapportiert in einem Erinnerungsbuch, es heißt *Der Fragebogen*. Bei Salomon und Uhse läßt sich nachlesen, wie es zu der Landvolkbewegung gekommen ist: Die holsteinischen Marschbauern, man nannte sie »Graser«, waren Viehzüchter. Sie erwarben jeweils im Frühjahr mit geliehenem Geld Jungtiere, die sie über den Sommer fettweideten; von den Verkaufssummen im Herbst zahlten sie ihre Kredite zurück. Die Zeit ging auf die kommende Wirtschaftskrise zu. Die Kreditzinsen stiegen, während die Viehaufkaufpreise sanken, und die Marschbauern gerieten in Not. In der Wilstermarscher Gemeinde Beidenfleth mußten zwei Bauern gepfändet werden. Als der Gerichtsvollzieher die beschlagnahmten Ochsen davontreiben wollte, hatten ein paar hundert zusammengelaufener Bauern Strohfeuer auf den Straßen entzündet; die erschreckten Tiere rissen sich los und strebten in ihre Ställe zurück. Wegen Pfandverschleppung, Landfriedensbruch und Widerstand wurden insgesamt 57 Personen unter Anklage gestellt.
Es kam zu Demonstrationen gegen die Verhaftungen, es kam zum ökonomischen Boykott einer Stadt, schließlich explodierten Bauernbomben vor Landrats- und Finanzämtern. Die Gerichtsverfahren gegen die Landvolkleute erregten überregionale Aufmerksamkeit, und es saß in einem dieser Prozesse als Berichterstatter auch der Hilfsredakteur des *General-Anzeigers* aus Neumünster mit Namen Rudolf Ditzen, der unter dem Pseudonym Hans Fallada bald recht berühmt werden sollte.
Dies geschah vermittels des Romans, den er über das Thema dieser Landvolkbewegung schrieb und der den (nicht von

Fallada ersonnenen) Titel *Bauern, Bonzen und Bomben* erhielt. Das Buch erschien 1931 bei Rowohlt in Berlin und als Fortsetzungsabdruck in einer großen Illustrierten; es bescherte seinem Autor einen hübschen Erfolg. Kurt Tucholsky schrieb eine enthusiastische Kritik in der *Weltbühne*, die seither ständig zitiert wird (»Es ist eine Atmosphäre der ungewaschenen Füße. Es ist der Mief der Kleinstadt, jener Brodem aus Klatsch, Geldgier, Ehrgeiz und politischen Interessen...«). Hans Fallada saß inzwischen an seinem nächsten Roman, *Kleiner Mann – was nun?*, der ihn zum Bestsellerautor machen sollte und zu einem reichen Mann.

Bauern, Bonzen und Bomben ist ein erfolgreiches Buch geblieben, übrigens auch in Hitlers Reich, wo es mit ein paar Strichen – die kaum politischen, wohl aber erotischen Passagen galten – problemlos gedruckt werden konnte. Nach dem Krieg hat man es in jedem der beiden deutschen Staaten fleißig wiederaufgelegt, und als vor nunmehr zehn Jahren Egon Monk eine fünfteilige TV-Adaption zeigte, war man sich publizistisch einig, man habe die kongeniale Verfilmung eines bedeutenden Buches erlebt.

1973 war ein Jahr der Vollbeschäftigung und des üppig wachsenden Sozialprodukts. 1983 ist nicht bloß das düstere Jahr des Gedenkens an jene Machtübernahme, die in Falladas Roman erahnbar wird, es ist auch das Jahr der schwersten Wirtschaftsrezession seit einem Halbjahrhundert. Zwar ist in Schleswig-Holstein das Bauernlegen kein Thema mehr, und Bomben detonieren, wenn überhaupt, eher vor alliierten Militäreinrichtungen, aber wie ökonomische Not auf eine ihrer selbst nicht sichere Demokratie zu wirken vermag, können wir inzwischen wieder nachschmecken. Von nichts anderem handelt Falladas Roman.

Ich habe das Buch wiedergelesen in jener zerfledderten Ausgabe von 1931, die ich irgendwann antiquarisch erwarb und die auf chamoisgetöntem Leinen die in Blaufarben gedruckte

Figur eines männlichen Hünen zeigt; der Zeichner war Olaf Gulbransson. Man hat die Wahl, in dieser Figur den Bauern Reimers (alias Heim) zu sehen oder den Bürgermeister Gareis oder den Zeitungsmacher Stuff. Alle drei werden von Fallada, der selber kleinwüchsig war, als Beispiele aufgetriebener Männlichkeit vorgeführt; allen dreien gilt seine Bewunderung.

Mir sind beim Wiederlesen zunächst Äußerlichkeiten aufgefallen. Die in unseren Feuilletons gern geäußerte Klage, die Druckfehler-Frequenz in neuerschienenen Büchern werde immer erheblicher, setzt stillschweigend voraus, daß es früher anders und besser gewesen sei. Bei Rowohlt 1931 war es das nicht. Die satztechnischen Schlampereien sind bemerkenswert; sie sind die einzigen nicht. Fallada kompariert regelmäßig nach dem Muster »größer wie«, »trotzdem« wird als Nebensatz-Konjunktion verwendet, einmal steht statt des erforderlichen Reflexiv- das Personalpronomen – und was dergleichen Abscheulichkeiten mehr sind. Ein einigermaßen gewissenhaftes Lektorat hätte hier stillschweigend korrigiert. Ein solches hat es bei Rowohlt 1931 nicht gegeben.

Auch von anderen Schwächen ist das Buch nicht frei. Im Sinne einer etwas törichten Typisierung sehen die handelnden Personen immer genauso aus, wie sie sich benehmen: schmierige Leute sind schmierig, brave Leute sind sauber, mächtige Leute sind von mächtiger Statur; alle Bauern sind bieder, grob, langsam im Denken. Sodann wird der Dramaturg Zufall bemüht. Hilfsredakteur Tredup, Falladas anderes Ich, vergräbt eine auf krummen Wegen erworbene größere Geldsumme in einem Ackerstück; dessen Besitzer findet das Geld, beläßt es zunächst an seinem Ort; eines Nachts wollen beide, Eigner und Finder, im nämlichen Augenblick das Geld ausgraben, sie geraten ins Handgemenge, der Redakteur wird erschlagen: bitterer Lohn für böse Tat. Seiner Hinterbliebenen aber erbarmt sich ein ehemaliger Gegner, eigentlich ein

Scheusal, das dadurch Gelegenheit zum tätigen Mitleid erhält.
Man darf sich Gedanken machen, weshalb Fallada so verfährt. Eine Anfängerschwäche ist dies keinesfalls, denn in späteren Büchern wird der routiniert gewordene Autor ebenso vorgehen und manche solcher Untugenden noch forcieren. So handelt es sich wohl um zunächst unbewußte, später dann bewußt eingesetzte Zugeständnisse an den trivialen Geschmack: das Einlösen geradliniger Erwartungen hinsichtlich der Moral oder des allgemeinen Verhaltens, die freundliche Philosophie des Happy-End verleihen das Gefühl der Souveränität inmitten einer sonst rätselhaften und erschrekkenden Welt. Wir können annehmen, daß Hans Fallada nicht zuerst um des Publikums willen so vorging. Er tat dies alles für sich selbst.
Denn er war eine zutiefst verstörte Natur, ein haltloser Charakter, lebenslang auf Rauschmittel fixiert und schließlich von diesen zugrunde gerichtet. Er war eine gescheiterte bürgerliche Existenz mit mehrfacher Knast-Erfahrung, ein ins Bohème-Dasein der Künstler Verstoßener mit quälerischer Sehnsucht nach Heilung, heilem Leben und heiler Welt.
Solche Sehnsucht machte ihn keineswegs blind für die Zustände der Wirklichkeit. Eher war es so, daß er die eigenen Beschädigungen mit der Miserabilität des allgemeinen Lebens begierig rechtfertigte. Die von Fallada geschilderte Welt ist trostlos; seine mitgelieferten Tröstungen haben den Beigeschmack von Märchen.
Allen aufgezählten Schwächen zum Trotz ist *Bauern, Bonzen und Bomben* ein bemerkenswertes, ein in Teilen grandioses Buch. Ich persönlich ziehe es allen anderen Büchern Falladas vor. Hier haben wir einen der wenigen politischen Romane unserer Literaturgeschichte.
Das Erzählte wird vorgeführt in einem Gestus des Unbetei-

ligtseins, der leidenschaftslosen Objektivität. Fallada hat das in Schleswig-Holstein selbst Erlebte nach Pommern transponiert, wo er, in einem früheren Abschnitt seiner Biographie, einmal Landwirtschaftseleve gewesen war, das er darum kannte. Das reale Neumünster trägt den imaginären Namen Altholm. Für das Stolpe des Romans muß man Itzehoe setzen und für das Stettin des Romans Altona. Für den Namen von Salomon aber steht der Name Padberg, und das geht so weiter bis zur belletristischen Maskerade historischer Figuren, die inzwischen keiner mehr kennt.
Beschrieben wird zunächst die bekannte Bauernrevolte, die über den Widerstand gegen Zwangspfändungen, über Boykottmaßnahmen und Demonstrationen bis zu Bombenattentaten und bis zur Gerichtsverhandlung führt. Beschrieben werden vor allem die Reaktionen der nichtbäuerlichen Umwelt auf die Ereignisse. Radikale Agitatoren versuchen Einfluß zu gewinnen. Honoratioren, Geschäftsleute, Beamte, Journalisten versuchen zu reagieren und zu arrangieren; ihr aus Korruption, Lüge, Klatsch und Kabale gemachtes Beziehungssystem gerät durcheinander und muß neu geordnet werden; ein paar Opfer bleiben auf der Strecke.
Das Buch präsentiert zwei einander ebenbürtige Gegenspieler: den deutschnationalen Journalisten Stuff und den sozialdemokratischen Bürgermeister Gareis; ein wenig erinnert ihre Auseinandersetzung an Brechts *Im Dickicht der Städte*, ein Stück, das Fallada kaum gekannt haben dürfte; es scheint, solche Konstellationen boten sich an, da sie der Stil der zeitgenössischen Wirklichkeit waren. Hier wie dort wie überhaupt geht es ausschließlich um Macht und Sieg. Die Ideologeme verdorren. Bei Fallada behält der Deutschnationale am Ende die Nase vorn. Es stimmt überein mit den Tendenzen der Zeit.
Das heimliche Subjekt des Buches aber heißt: die Demokratie. Dies ist zunächst jene im nordwestlichen Zipfel des sozial-

demokratisch regierten Preußen von 1929. Unterm Ansturm der Krise enthüllt sie sich als das institutionalisierte System aufeinander bezogener Egoismen. Die bürgerlich-demokratische Republik von Weimar starb nicht bloß an der Gnadenlosigkeit ihrer Gegner. Sie starb auch an der aus Bestechlichkeit und Zynismus hergestellten Verkommenheit mancher ihrer Verteidiger.

Psychologie, Leidenschaft, gewichtige Stimmungen finden in Falladas Buch nicht statt. Der Autorenkommentar begnügt sich mit fast protokollarischen Angaben; nur ganz selten wird er expressionistisch bewegt. Vermittelt werden soll ein Höchstmaß an Wirklichkeitstreue; das Buch ist darum (wie auch die meisten späteren Bücher Falladas) durchgehend im Präsens erzählt, und mehr als die Hälfte der 550 Seiten des Buches enthält Dialoge. Tucholsky: »Was vor allem auffällt, ist die Echtheit des Jargons. Das kann man nicht erfinden, das ist gehört. Und bis auf das letzte Komma richtig wiedergegeben: Es gibt eine Echtheit, die sich sofort überträgt: Man fühlt, daß die Leute so gesprochen haben und nicht anders ...«

Dies macht Falladas Roman und seine Figuren glaubwürdig. Das Fundament dieses Stils ist der Journalismus, wie er während der zwanziger Jahre vor allem in den Blättern des Hauses Ullstein entwickelt und gepflegt worden ist. Er war, man denke an die Gerichtsreportagen Slings, nicht ohne literarischen Glanz; vor allem aber ging es um ein Höchstmaß an sachlicher Überzeugungskraft, herzustellen durch ein Höchstmaß an Genauigkeit. Fallada war ein Kind dieser Praxis. Er hat solchen Stil in die Belletristik übertragen. Er entwickelt damit eine Form der Epik, die sonst bloß im Angelsächsischen zu Hause ist: bei Dreiser, bei Cronin, bei Sinclair Lewis.

Als ich *Bauern, Bomben und Bonzen* wieder las, drängte sich mir die Frage auf, inwieweit bürgerliche Demokratie in

Deutschland stärker geworden sei, weniger morbide, weniger korrupt und zynisch als in den Zuständen des Jahres 1929. Ich dachte an Affären wie die bei der Neuen Heimat, an die Bestechungsgelder der Firma Flick, an Garski und Berlin-Präferenzen und Bauherren-Modelle. Ich erkannte, daß Fallada bei aller Detail-Treue in seinem Roman ein zeitloses Modell vorgeführt hat, das, wenn man es hochrechnet auf unsere mittelbare Gegenwart, einem den Atem benimmt. Geschichte muß sich nicht zwanghaft wiederholen. Manchmal aber tut sie es durchaus.

Fräulein Julie im Arbeitskleid

Michael Schneider über Marieluise Fleißer: *Eine Zierde für den Verein* (1931)

Seit der Wiederentdeckung des dramatischen und epischen Werkes der Marieluise Fleißer (gegen Ende der sechziger, Anfang der siebziger Jahre) gehören ihre Dramen nicht nur zum festen Bestand der deutschsprachigen Bühnen, sondern stehen heute auch gleichwertig neben denen Horváths und Brechts. Es sind vor allem zwei literarische Topoi, die sich mit dem Namen der Ingolstädter Dichterin seither verbinden: die bedrückend genaue Milieuschilderung *deutscher* (zumal bayerischer) *Provinz* und die poetische Darstellung geknechteten *Frauenlebens* im Deutschland der Vorkriegszeit.
Wie ein roter Faden zieht sich das Leidensschema vom verlassenen und zurückgesetzten Mädchen schon durch die frühen Erzählungen der Fleißer (vgl. *Der Apfel, Stunde der Magd, Ein Pfund Orangen, Die Ziege* und *Moritat vom Institutsfräulein*). Das Drama der vom Mann in Abhängigkeit gehaltenen und gedemütigten Frau, die, im Ringen der Geschlechter, fast immer unterliegt, zerstört wird oder sich selber zerstört, bildet auch den innersten Motivkreis ihrer Theaterstücke. Der herrische und egozentrische Mann, der das Mädchen bzw. die Frau zum Objekt seiner Macht- und Besitzansprüche macht oder als Krücke seines lädierten Selbstbewußtseins benutzt (vgl. Korl und Berta in den *Pionieren in Ingolstadt*), gehört offenbar zum traumatischen Grundmuster der Fleißerschen Erfahrung mit der Männerwelt ihrer Zeit. Am schärfsten hat sie diesen Typus in dem Fragment gebliebenen Drama *Der Tiefseefisch* gezeichnet, in das auch ihre Erfahrungen mit dem jungen Brecht und der männerbündelnden Brecht-Gruppe (»Ihr seid alle Napoleons!«) einge-

gangen sind. Vor dem Zugriff ihres literarischen Lehrmeisters und kannibalischen Frauenverschlingers (»Er frißt mich auf«) flüchtete sie in die Gegenwelt des Exzentrikers und nordischen Mythomanen Hellmuth Draws-Thychsen, der ihren originären poetischen Ausdruckswillen freilich ebenso zu maßregeln suchte wie sein literarischer Antipode Brecht. Es gehört wohl zur Tragik der Fleißerschen Biographie, daß sie, auf der Flucht vor künstlerischer und männlicher Bevormundung, sich immer gleich in die nächste Abhängigkeit begeben hat.

Und doch gibt es eine andere, gegenläufige und zumeist verschwiegene Linie im Leben und Werk der Marieluise Fleißer, die zu dem Leidensschema der an der Egozentrik und Brutalität der Männerwelt zerbrechenden Frau nicht recht paßt. Aus ihrem ersten und einzigen Roman *Eine Zierde für den Verein*, dessen Bedeutung als zentraler epischer Schlüsseltext zur Biographie und Persönlichkeit der Verfasserin bisher kaum gewürdigt worden ist, tritt uns nämlich ein ganz anderer, heiklerer Frauentypus entgegen als jene sympathisch-bemitleidenswerten »Opfer der Männergesellschaft«, welche die frühen Erzählungen und Stücke der Fleißer bevölkern. Um so erstaunlicher, daß dieser *Roman vom Rauchen, Sporteln, Lieben und Verkaufen* (der 1931 unter dem Titel *Mehlreisende Frieda Geier* erschien und 1972 noch einmal überarbeitet wurde, ohne allerdings tiefgreifende Veränderungen zu erfahren) das – schon fast zum Klischee gewordene – Bild der Ingolstädter Dichterin und ihrer leidenden Frauengestalten, die immer als Objekte, ja, Opfer männlicher Prädominanz gesehen werden, nicht im geringsten tangiert hat.

Wie fast alles, was die Fleißer geschrieben hat, ist auch dieses Stück Prosa (das die Literaturkritik der Weimarer Republik mit Respekt, wenn auch ohne sonderliche Emphase aufgenommen hat) im Milieu einer bayerischen Kleinstadt angesiedelt, die unschwer die soziale Anatomie und Atmosphäre Ingolstadts zur Zeit der Weltwirtschaftskrise erkennen läßt. Ruinöser ökonomischer Wettbewerb (»Ein Härtekrampf bildet sich in den Edelsten unter ihnen, Frieda Geier hat ihn«), zunehmende Arbeitslosigkeit, latente Kriminalisierung, schleichende Pogromstimmung gegen Außenseiter (vor allem gegen Juden), aber auch munteres Vereinsleben und Sportbegeisterung bilden das soziale Environ dieser Kleinstadt-Novelle, in deren Mittelpunkt die Geschichte einer kurzen herzhaften Liebe und einer langen schmerzhaften Trennung steht.

Frieda Geier, Vertreterin für Kolonialwaren, die alle Tricks und Finten ihres Geschäfts kennt, an harte Arbeit ebenso wie an ihre Selbständigkeit gewöhnt, schleicht, in einem Anfall von Lebensmüdigkeit, an den nächtlichen Donauufern entlang. Buchstäblich in letzter Minute wird sie von Gustl Gillrich, einem stadtbekannten Sportschwimmer und vielfachen Lebensretter, zurückgehalten – und zugleich geködert. Schon lange hat es der Star des Schwimmvereins auf die stolze und attraktive Frieda abgesehen, nachdem sie sich seinem ersten Überrumpelungsversuch widersetzt hat. Nach anfänglichen Reserven und schüchternen Besuchen in Gustls eben erst eröffnetem Tabakladen treten beide aus der Heimlichkeit heraus. Die Fahrt nach Nürnberg – zum Turnier der Kunstschwimmer –, die erste Liebesnacht im Hotelzimmer markieren den Höhepunkt und auch schon die Wende des jungen Glücks. Der Mann Gustl blüht zwar auf; doch in dem Maße, wie er Frieda, »seine Flamme«, als Frau fürs Leben festmachen will und sie bald auch im Geschäft verlangt, sperrt und entzieht sie sich ihm: »Wenn es nach Frieda ginge, sie würden die längste Zeit bei der Anziehung der Geschlechter bleiben. Gustl will weiter. Er ist auf das aus, was sie den trüben Satz am Boden nennt. Er drängt auf die ökonomische Verwertung.« Schließlich verabschiedet sie ihn und hüllt sich in ein verstocktes Schweigen, während er, nun seinerseits am Rande des Selbstmordes, in den Donausümpfen herumirrt. Nach dem gescheiterten Versuch, das »sinnenfreudige Weib mit einem Kinde zu beschweren«, und einem sexuellen Attentats-Versuch auf Linnchen, Friedas jüngere Schwester, kehrt er zuletzt zu den »weniger halsbrecherischen Freuden« einer ihm gemäßen Lebenstüchtigkeit mit Rauf-, Sauf- und Sportgelagen zurück. Der Verein hat ihn wieder, während Frieda durch die Absage, die sie dem »beliebten Krauler« erteilt hat, zunehmend in die Rolle der Außenseiterin gerät und von den Vereinsmitgliedern fortan geächtet und sogar tätlich angegriffen wird.

Wie fast alle Erzählungen der Dramatikerin Fleißer hat auch diese eine ausgesprochen szenische Qualität. Ihre naiv scheinende (zuweilen an Kinderzeichnungen erinnernde), in Wirklichkeit hochstilisierte und episch ausgestellte Sprache zeigt immer auch die mit dem Sprechen verbundene psychische und körperliche Aktion. Kein platter Abbildungs-Realismus, vielmehr ein mit biblischen Metaphern angereicherter visionärer Realismus (»Die Menschen sind ja Steine«, »Tal der Zähren«, »Der Schweiß... des Gewissens gußeiserne Tränen«) ist hier am Werk, dessen Bildersprache oft auch in den Surrealismus übergeht. Dem korrespondiert eine weniger logisch als visuell aufgebaute Erzählstruktur, die sich am ehesten mit dem Begriff der Rollenprosa umschreiben ließe. So setzt sich Gustl, als Charakter wie als Akteur, allein aus den Assoziationen und Bildern zusammen, die Frieda sich von ihm macht. Nur bei der Charakterisierung Friedas, diesem »zusammengesetzten Charakter«, den auszuloten Gustls Möglichkeiten übersteigt, greift zuweilen die Erzählerin kommentierend ein.

Neben dem elegisch-psalmodischen Ton, der die Geschichte der Trennung grundiert, gibt es aber auch den satirischen und humoresken Tonfall, wie man ihn sonst von der Fleißer nicht gewohnt ist. Das gilt vor allem für die Darstellung des männerbündischen Sportvereins, der in seiner ganzen aufgeblähten Zwergenhaftigkeit als Karikatur einer Männergesellschaft erscheint, in der die Liebe nur insoweit toleriert wird, als sie sich nicht leistungsmindernd und karriereschädigend auswirkt: »Der keusche Joseph und die Selbstzucht leuchteten aus Rihs Gesicht wie eine erste Kraft. Er ist noch so wenig niedergebrochen, daß es von ihm aus überhaupt keine Weiblichkeit zu geben braucht. Er genügt sich selbst.«

Nach Günther Rühle ist dieser Roman »die erste Erzählung, die das Leidensschema vom wartenden, verlassenen, zurückgesetzten Mädchen aufgibt, das den Erzählungen ... aus der Brechtzeit ihren Inhalt gab ... Frieda Geier ist die erste, die sich durch ihren Beruf verselbständigt hat.« Und doch wäre es eine allzu glatte Lesart, wollte man in Frieda Geier nun eine Vorkämpferin der Frauen-Emanzipation im beengten Milieu einer bayerischen Kleinstadt erblicken. Zwar scheint die Fleißer ihr streckenweise diesen Anstrich geben zu wollen. Nicht ohne Pathos nennt sie sie »die unbewußte Bereiterin einer Entwicklung im Arbeitskleid« und ernennt sie zur großen Nonkonformistin, deren »Weg nicht mit denen zusammen(geht), die in überkommenen Trott verfallen«. Doch liegt unter solch respektvollen Attributen ein anderer, heiklerer Text verborgen, der zum offenbaren Wunschbild einer um ihre Selbständigkeit ringenden Frau nicht recht passen will; ein verquerer psychischer Subtext, an dem jene von zeitgenössischen Emanzipationsbegriffen abgezogenen Interpretationsmuster sehr schnell zunichte werden, die man den Fleißerschen Frauenfiguren so gerne überstülpt.

Sosehr Frieda ihren heiratswütigen Gustl auch verdächtigt, seine Geschäftsinteressen über die Liebe stellen und sich durch die Ehe nur eine kostenlose Arbeitskraft einhandeln zu wollen – die eigentlichen Gründe ihrer Ablehnung liegen auf einer ganz anderen Ebene. Sie fürchtet nämlich in ihm weniger den künftigen Patriarchen und seinen Herr-im-Haus-

Standpunkt (auch wenn sie sich dies einzureden sucht), vielmehr vermißt sie in ihm gerade den Mann, der ihrer Herr werden könnte: »Es stört sie, daß er niemals mehr bei ihr erreicht, als sie ihm freiwillig gibt. Er wird ihr nicht Herr. Er besitzt nicht die Fähigkeit, ihren Widerstand aufzuzehren.« Dem Anschein nach ein bündig-plausibles Dramolett weiblicher Selbstbehauptung, spielt sich hier in Wirklichkeit das Drama einer mißlungenen »widerspenstigen Zähmung« ab, dessen Opfer am Ende der Mann ist. Denn Frieda – sieht man genauer hin – verläßt Gustl nicht, weil er sie ins Joch der Ehe und des Geschäfts spannen will, sondern läßt ihn in dem Augenblick fallen, da er sich ihr, nach anfänglichen Reserven, endlich ganz ausgeliefert hat – und zwar im Sinne ihrer eigenen Forderung: »Alles oder nichts. Sie kennt nur Verachtung dafür, wenn der andere Teil seine Seele rettet.« Nun ist sie es, die ihre Haut retten will und den männlichen Teil jener Verzweiflung überläßt, die in früheren Fleißer-Geschichten meist zur Bürde des weiblichen Teils gehörte.
Frieda Geier ist mehr aus dem Material, aus dem Strindberg (der auf die Fleißer schon früh einen prägenden Einfluß ausübte) seine Frauengestalten geformt hat: eine in die bayerische Provinz (straf)versetzte »Fräulein Julie« mit den virulenten Träumen einer höheren Tochter, die von ihrem »Jean«, sprich: Gustl – diesem proletarischen Naturburschen mit seiner sportiven Männlichkeit und herzhaften Biederkeit –, ebenso angezogen wie abgestoßen wird. Nur hat Frieda, anders als »Fräulein Julie«, ihre höheren Ambitionen und Jungmädchen-Träume gleichsam von sich abgespalten und auf ihre jüngere Schwester Linnchen übertragen. Für deren »höhere Bildung« im Internat der Englischen Fräulein – einer Klosterschule mit mittelalterlichem Reglement, in dem auch die Fleißer ihre Jugend verbracht hat – legt sie sich krumm, obwohl vollständige Verbildung an Geist und Gemüt das Resultat dieser Erziehung ist. »Linnchen« heißt Friedas bestän-

dige Ausrede, wenn Gustl an »Hochzeiterei« denkt. Aber man spürt zu deutlich: Hier tarnt sich die Angst vor und die Aversion gegen den Mann mit sozialer Verantwortung für die jüngere Schwester. Und Linnchen, Friedas Alter ego, ist es denn auch, die ihn zuletzt mit dem Bannstrahl der Verachtung belegt: »Der Mann sah wie ein Nußknacker aus... Warum warf Frieda sich weg?« Erst wenn man beide Schwestern als verschiedene Spiegelungen ein und derselben Frauenfigur in verschiedenen Altersstufen begreift – »Linnchen, das ist Frieda Geier zwölf Jahre zuvor« –, erhält auch Gustls Attentat, das sonst völlig unmotiviert und konstruiert erscheint, einen Sinn: nämlich als hilflos-draufgängerischer Versuch, sich dieses Alter egos seiner Geliebten zu bemächtigen, in dessen Namen er als Mann abgelehnt und degradiert wird.

Aber Linnchen steht nicht nur als Chiffre für Friedas unerlöste Träume, deren Verstiegenheit zuweilen an die der Madame Bovary erinnern, sondern auch als Chiffre für ihr unbewältigtes Erziehungs-Trauma. Erst in dieser Sicht wird Friedas irrationale Härte und Abweisung gegenüber dem Mann, der »ausschließlich nach seinem Herzen gewählt hat«, verständlich – und zwar aus den bleibenden Verletzungen und Verstörungen, die das repressive Erziehungssystem in der Klosterschule ihr zugefügt hat; aus der traumatischen Angst heraus, in die alte selbstquälerische Linnchen-Rolle zurückzufallen. Denn »Linnchen ist nicht dazu erzogen, daß sie sich wehrt... Sie bringt sich zum Opfer dar.« Frieda kehrt den Spieß um, indem sie das Liebesopfer, die Selbstaufgabe bis an den Rand der Selbstvernichtung, nunmehr vom Mann fordert; eine Art unbewußte Revanche, die leicht mit weiblicher Selbstbehauptung und »Emanzipation« verwechselt werden kann.

Die Umkehrung des traditionellen Leidensschemas geht mit einem auffälligen Wechsel der Sympathie-Besetzungen einher. Bietet sich die sensible und selbstbewußte Frieda dem Leser zunächst als Identitätsfigur an, während Gustl eher als sportiver Provinz-Don-Juan ohne Tiefgang erscheint, so verkehren sich im Zuge der Trennung die emotionalen Gewichtungen: Zwar ergreift die Autorin bis zuletzt für die Frau Partei, die ihren Weg alleine geht; doch hat diese Parteinahme eher den Charakter einer Pflichtübung. Ihre eigentliche, wenn auch versteckte Sympathie gilt dem abgewiesenen Liebhaber, für dessen »Werther-Leiden« sie die stärksten und poetischsten Bilder findet. Und auch wenn dieser zuletzt über den Schwimmverein und seine neue Berufung als Trainer sich wieder das Rückgrat stärkt – für Frieda eine billige Vertröstung –, so ist doch der ganze Roman eine nur schlecht kaschierte Liebeserklärung für Gustl, den Genuß-, Gemüts- und Tatmenschen, eine einzige Hommage für den »Lebensretter« (in des Wortes voller Bedeutung). Nach der Lektüre jedenfalls hat man den Eindruck: Frieda kommt von dem Mann, den sie da, scheinbar aus guten Gründen, verläßt, nicht los. Die Trennung von ihm erscheint simuliert, die Rückkehr nur eine Frage der Zeit.

Die autobiographischen Züge des Romans liegen auf der Hand. Gustl weist unverkennbare Züge des ersten Verlobten der Marieluise Fleißer auf, des Sportschwimmers und Tabakwarengroßhändlers Joseph Haindl, den sie, nach ihrer endgültigen Rückkehr nach Ingolstadt, im Jahre 1935 geheiratet hat. Schuldgefühle bezüglich Haindls – unter dem Einfluß von Brecht und Feuchtwanger hatte sie die Verlobung mit ihm gelöst – wie auch die instinktive Vorahnung, eines Tages doch zu ihm zurückzukehren, bilden wohl den innersten Motivkreis dieses Romans. Zugleich scheinen Motive der Trennung von Brecht auf Gustl übertragen; desgleichen die zur Zeit der Niederschrift beginnende Krise mit Draws-Thychsen, die zum Bruch mit der literarischen Bohème und zum endgültigen Rückzug in die Ingolstädter Provinz führen sollte. Auch ihr Selbstmordversuch im Jahre 1932, ein Jahr

nach Erscheinen des Romans, scheint in Friedas Todessehnsucht vorweggenommen.
Liest man den Roman als Schlüssel zur Autobiographie seiner Verfasserin, dann ergibt sich ein weit widersprüchlicheres Bild vom Wesen und Charakter der Marieluise Fleißer, als dies in den meisten literaturwissenschaftlichen Darstellungen der Fall ist: nämlich das Bild einer Frau, die an ihrer eigenen Zerrissenheit, an ihrer gefühlsmäßigen Ambivalenz (im Verhältnis zum Mann) nicht weniger zu leiden schien als an den Härten und der Egozentrik der Männerwelt, gegen die sie sich zeitlebens zur Wehr setzte. Auch scheint sie die psychischen Spesen einer radikalen weiblichen Selbstbehauptung, die damit verbundenen emotionalen Einbußen und Verluste zunehmend problematisiert zu haben. So kann Balbina (im *Starken Stamm*) – diese älter gewordene, härter gewordene Frieda – ihre Selbständigkeit und Freiheit nur noch um den Preis einer rüden Vermännlichung bewahren – ein tragikomisches Zerrbild weiblicher Wehrhaftigkeit und Emanzipation. Überhaupt fällt auf, daß die Fleißer in ihren mittleren und späten Werken Herzenswärme, Menschlichkeit, Güte, Liebes- und Poesiefähigkeit eher mit ihren Männer- als mit ihren Frauenfiguren verknüpft hat; von Gustl über Nickl (in *Avantgarde*) bis zu Bitterwolf (im *Starken Stamm*) gibt es hier eine aufsteigende Linie. Ein immerhin erstaunliches Phänomen, das all denen zu denken geben sollte, die gewohnt sind, in der Ingolstädter Dichterin den literarischen Anwalt geknechteten Frauen-Daseins in Deutschland zu erblicken.

Geld regiert die Welt

Günter Kunert über Franz Jung:
Hausierer (1931)

Wie die Bücher haben auch Schriftsteller ihre Schicksale. Manchmal sogar in einem Übermaß, daß davon noch diverse »normalere« Lebensläufe zehren könnten. Einer dieser durch die Epoche gewirbelten Autoren war Franz Jung. Wenn man in die ach so kurzen Tage der Weimarer Republik zurückblickt, begegnen einem unerhört farbige Gestalten, Typen, die zwischen Literatur, Revolution und Abenteurertum heftig changieren. Der Schock des Ersten Weltkrieges und der Zusammenbruch des Kaiserreiches, Chaos und Anarchie setzten Talente in ungewöhnlicher Anzahl frei. Und man artikulierte sich und seine Ansichten auf vielfältige Weise: als politischer Aktivist, häufig sogar mit der Waffe in der Hand, als Demagoge oder als Schriftsteller – falls nicht alles zusammen in Personalunion vereint auftrat. Franz Jung gehörte zur letzteren Sorte. Seine Vita liest sich wie ein Konzentrat jener Zeit.

Jung, ein Freund Georg Heyms, wurde 1888 in Neiße geboren. Er studierte Nationalökonomie und war bereits 1912 Mitarbeiter an Pfemferts *Aktion* und Waldens *Sturm*; er gab selber Zeitschriften heraus, in Berlin lebend und mit Erich Mühsams Gruppe »Tat« verbunden. Doch während der Erste Weltkrieg vielen Linken endlich den ersehnten Aktionismus brachte und sie zu Patrioten mutierten, desertierte der Soldat Franz Jung 1915, wurde eingefangen und inhaftiert. So finden wir ihn selbstverständlich 1918 als Mitglied eines Arbeiter-und-Soldaten-Rates wieder und 1920 in der KPD.

In dieser Partei, lange bevor blinder Gehorsam und autoritäre Führung sie erstickten, sammeln sich Figuren, wie man sie

heutzutage nur noch auf Leinwänden trifft. Franz Jung zum Beispiel entführt 1920 das deutsche Schiff *Senator Schröder* nach Murmansk und wird nach seiner Rückkehr eingesperrt, doch schon ein Jahr später beteiligt er sich ungehemmt am mitteldeutschen Aufstand; anschließend zieht er in die Sowjetunion, wo er, wie es heißt, für die »Internationale Arbeiterhilfe« arbeitet: eine Kette grotesker Erlebnisse, die er in seiner Autobiographie *Der Weg nach unten* schildert.
Wieder in Deutschland, ist er nicht nur literarisch, sondern auch im »Verlag für Literatur und Politik« tätig, bis ihn 1933 das Schreibverbot der Nazis ereilt. 1936 wird er als Widerständler festgenommen, flieht 1938 über Prag und Wien nach Budapest und wird dort verhaftet und zum Tode verurteilt. Dem Todeskandidaten gelingt wunderbarerweise erneut die Flucht, freilich bloß in die Fänge des deutschen Sicherheitsdienstes. Aus dem KZ Bozen befreien ihn die Amerikaner, und er geht nach New York, bald nach San Francisco, Los Angeles und Houston. 1960 verlegt er seinen Wohnsitz nach Europa, in die Bundesrepublik, nach Stuttgart, wo er in einem Hotelzimmer haust, am Bett drei große Koffer voller Manuskripte, von denen einer nach dem Tod – er starb 1963 – nicht mehr auffindbar ist.
Was zurückbleibt, ist ein in sich widersprüchliches, ungleichwertiges Werk, bestehend aus Theaterstücken, Reisereportagen, Romanen, von denen einer Anlaß der Wiederbeschäftigung ist: *Hausierer*, mit dem signalementartigen Untertitel: *Gesellschaftskritischer Roman,* erschienen im Verlag »Der Bücherkreis« 1931 – zwei Jahre vor Hitler und insofern aufschlußreich, weil er die Atmosphäre widerspiegelt, in der und aus der heraus der »nationale Sozialismus« seine Erfolge zeitigen konnte.
Dabei sind es nicht einmal die Ärmsten der Armen, die das Personal des Erzählten stellen, obwohl auch auf sie ein Blitzlicht fällt. Hauptsächlich jedoch erscheinen hier die Abon-

nentenwerber für eine Zeitschrift und das sogenannte mittlere Verlagsmanagement, das nichts anderes anvisiert als den Verkauf von Druckerzeugnissen, gleich welchen Inhalts, sowie die gehobenere, doch vom ökonomischen Desaster des Nachkriegs angegriffene »gutbürgerliche« Schicht.

Am Beginn wird dem Leser eine Werber-Kolonne vorgeführt, die im Görlitzer Bahnhof in Berlin auf den Zug wartet; ihre Mitglieder, ein buntes soziales Sammelsurium, sind aufs unterschiedlichste aufeinander bezogen. Alkohol, sexuelle Neugier, Animosität, Unterwürfigkeit. Alle diese Leute sind eindeutig Entwurzelte, meist aus dem Kleinbürgertum jener Tage. Jung verabsäumt in keinem Falle, akribisch den sozialen Hintergrund mitzuteilen, als würden dadurch seine Akteure lebendiger. Doch diese »gesellschaftskritische« Absicht erreicht eher ihr Gegenteil, denn unerwartet wird die soziale Verankerung zu einer Vorgabe, welche das Verlebendigen fesselt und behindert: Aus der Sucht nach Genauigkeit wird Schematismus. Und das gleiche ereignet sich, sobald die *underdogs* zurücktreten, damit die oberen Zehntausend in einigen ausgewählten Exemplaren ins rechte, also satirisch-kritische Licht geraten.

Doch Jungs Rechnung geht durch seine künstlerisch falsche Prämisse nie auf. So berechtigt die Intentionen solch »sozialkritischen« Romans nach dem Ersten Weltkrieg auch waren, so selten ist es gelungen, in der Erzählform überzeugend und einigermaßen ästhetisch befriedigend den selbstgesetzten politischen Auftrag zu verwirklichen. Diese Großbürger und Kleinbürger sind meilenweit von Siegfried Kracauers Chefs und Angestellten entfernt, zugleich aber reden sie unmittelbar von den Sorgen und Obsessionen der späten zwanziger Jahre als die weitaus gelungeneren Darstellungen von Menschen innerhalb wirtschaftlicher Verstrickungen.

Jungs Figuren, deren Psyche äußerst vereinfacht dargeboten wird, werden von der Sucht nach Geld und Geldesmacht getrieben, weil in allen Bereichen und Schichten nichts anderes gilt. Es existiert keine andere Wertskala. Es gibt keine andersgearteten Verdienste mehr; weder den Thomas Mannschen »Adel des Geistes« noch den über allem Sumpf leuchtenden »Charakter des Humanen«. Beim Romancier und Nationalökonomen Jung regiert Geld die Welt. Und als Kehrseite dieses Regiments oder besser: als graue Eminenz herrscht weithin die soziale Angst. Nirgendwann vorher kannte man den gesellschaftlichen Absturz vergleichbaren Ausmaßes. Jede lebenslang erworbene oder ererbte Sicherheit ist aufgehoben.

Kein Wunder, daß einer der Aufsteiger in Jungs Roman die diffuse Grenze zur Kriminalität überschreitet: *business* und Verbrechen gehen ineinander über, wie wir es aus einem anderen der damaligen Werke, der *Dreigroschenoper*, kennen. Doch dieses Ineinanderverschwimmen von Norm und Regel mit ungesetzlicher Norm und Regel in einem Roman glaubhaft zu machen, erfordert ein Genie. Franz Jung war keines. Und Bert Brechts Versuch, dieses Thema noch einmal erzählend in seinem *Dreigroschenroman* aufzubereiten, ist denn auch gründlich mißlungen, weil ökonomische Beziehungen sich gegen das Erzählen sperren. Erzählt werden kann nur, was in und zwischen Menschen sich begibt, nicht das, was in Kontobüchern aufgezeichnet wird. So muß auch Jung immer wieder notwendigerweise zum Kommentar greifen:

»Der romantischen Vorstellung vom großen Geschäft ist die mit Verachtung gemischte Unterschätzung des Hausierers verwandt. Der Hausierer ist der vom Geschäft Deklassierte, dessen letzte und bedeutende Funktion, die des Umsatzes, er allerdings zu Ende führen darf. Die Vorstellung, daß der Hausierer lästig ist, aufdringlich und teils von Diebstahl lebt, teils jedes Verbrechens fähig – das ist genau auf den Punkt die Vorstellung, die sich der Leser in dieser Gesellschaftsordnung von jedem Geschäft zu bilden in die Lage versetzt werden kann. Es gibt... nicht den Elan höchster persönlicher Leistung im Aufbau von Kartellen und Trusts, kein Überragendes des genialen Kaufmanns, der das Glück an seine Bilanz sozusagen heftet – schildere ihn ohne Verklärung, ohne Tiefenwirkung auf die Vorstellung einer mystischen höheren Ordnung im Wirtschaftlichen, schreibe seine Umgebung mit umgekehrten Vorzeichen, ohne Haß, aber auch ohne Verherrlichung, und du wirst einen Gott in Unterhosen finden.«

So weit Jungs Absichtserklärung, die ihm in ihrer Selbstbeschränkung, als reine Schilderung wirtschaftlicher Verhältnisse anhand von Figuren, gelungen ist. Nur: Die Dominanz ökonomischen Bewußtseins in letzteren verhindert, daß sie so etwas wie »Seele« zeigen, wie eigentümlich oder deformiert diese auch sein mag. So finden weder er noch der Leser einen »Gott in Unterhosen«, denn den aufs Papier zu bringen, hätte der Einfühlung, nämlich des Mitfühlens und des Mitgefühls bedurft.

Dem steht entgegen, was ein nahezu abgetakelter Begriff als »Ideologie« bezeichnet. Kein Zweifel: Ideologien sind Weltbeweger. Aber sie haben die selbst-entlarvende Eigenschaft, daß sie im Bereich der Kunst, der Literatur nichts gelten – ja, vielmehr das Gegenteil bewirken: nämlich Erstarrung. Überträgt ein Autor, gutwillig und überzeugt und manchmal sogar reinen Herzens, sein ideologisches Muster auf seine Figuren, verlieren diese sofort alles Leben und werden zu Vertretern, zu Stellvertretern besagter Ideologie.

Jung sah sich als Aufklärer wie so viele linke und kommunistische Autoren seiner Zeit. Doch die Verspätung solcher Art von Aufklärung ist spätestens zwei Jahre nach Erscheinen der *Hausierer* klargeworden: mit Hitlers Machtübernahme. Denn daß die Reichen dank der Armut der Armen reich sind und diesen Zustand erhalten wollen, war längst eine Binsenweisheit, und alle jene, die unter diesem ökonomischen Mechanismus litten, erfuhren am eigenen Leibe, was sie nicht erst Romanen entnehmen mußten. Die Kenntnis der Umstände nutzte leider wenig, wie sich zeigte, da die in jeder Hinsicht Armen gar nicht wissen wollten, wohin sie der Führer führen würde. Wir wollen doch nicht vergessen, daß alle linke Aufklärung angesichts der Hitlerschen Versprechen versagte und der weitaus größte Teil der proletarischen Kämpfer sich in der SA wiederfand.

Das tatsächliche Ergebnis solcher Schreibweisen war ja nicht Einsicht in die vielförmigen Zwänge der Gesellschaft, sondern nur die Favorisierung schlechter Literatur – jedenfalls in der Sowjetunion. Merkwürdigerweise und dennoch völlig logisch erhob der Chefideologe Schdanow die ideologische Schreibweise 1936 zur einzig genehmen. Weil sie für jeden Amtsträger, jeden Feldwebel klar war. Sie bot, weil ohne jeden ästhetischen Impetus, ohne jeden psychologischen Anspruch, die Eindeutigkeit eines Leitartikels. Wer anders zu schreiben wagte, wurde kaltgestellt oder sogar »kaltgemacht«. Der ferne Nachhall dieses Mordes an der Literatur klingt noch auf in Forderungen wie solchen lange in der DDR gängigen, Aufgabe sei es, das »Antlitz der Arbeiterklasse« zu gestalten.

Jungs Roman ist ein Vorläufer. Mit Büchern wie dem *Hausierer* kündigt sich außerhalb der Sowjetunion der dort später zur Doktrin erhobene »sozialistische Realismus« an. Insofern ist Jungs *Hausierer* auch ein Dokument der fruchtlosen Verirrung.

Spiegelbild einer Generation

Hilde Spiel über Erich Kästner: *Fabian* (1931)

»Fabian, Jakob, 32 Jahre alt, Beruf wechselnd, zur Zeit Reklamefachmann, Schaperstraße 17, herzkrank, Haarfarbe braun.« Hinter diesen schlichten Personalien, der Besitzerin eines Klubs zur Anbahnung zwischengeschlechtlicher Beziehungen mitgeteilt, verbarg er sich: ein Mann ohne Eigenschaften in der Weimarer Republik, mit dem wir uns, auch wenn wir Mädchen und nicht einmal Deutsche waren, durchaus identifizierten. Seine illusionslose Heiterkeit und unterspielte Verzweiflung, sein schlendernder Gang durch den Alltag, jedem Reiz und Stimulans ausgeliefert, weil die Neugier immer noch über die Trägheit siegt, seine skeptische Suche nach dem »System, in dem ich funktionieren kann« – es war ein Lebensgefühl, eine Wesenshaltung, in der wir uns wiedererkannten. In Kästners Spiegelfigur spiegelte sich eine mitteleuropäische Generation. Sein *Fabian* war der Schlüssel zu einer ganzen Epoche.

All das ist heute jedem klar. Erstaunlich bloß, daß es damals schon alle wußten. »Es gibt kaum ein Buch«, schrieb Peter Flamm im *Berliner Tageblatt,* »das unsere Zeit so einfängt wie dieses.« »Daß sein Roman künftig einmal den Wert eines Dokuments haben wird, eines Dokuments des Jahres 1931«, sagte Monty Jacobs in der *Voß* voraus, »ist Erich Kästners Lohn.« Im *Hamburger Fremdenblatt* urteilte Joachim Maass: »Hinter diesem Buch steht ein Dichter, der mit seinem Werk die Hülle, in der wir alle stehen, von innen erreicht hat. Einer, der den Weltuntergang im Blut hat. Und der mit dem Teufelspanorama dieses Negative beiträgt, wie kaum einer, zur positiven Änderung und zum Aufbau einer wegsinkenden

Welt.« Einsichtig und verblendet zugleich war der Zeitgenosse: denn diese Welt war nicht mehr positiv zu ändern, vor unser aller Augen sank sie weg, wurde an ihrer Statt eine schlimmere aufgebaut.

Kästner, ein Jahr älter als das Jahrhundert, hatte satirische Gedichte, politische Glossen, Reportagen, Feuilletons, Theater- und Kunstkritiken und zwei Kinderbücher geschrieben, bevor seine *Geschichte eines Moralisten* erschien. Zunächst hatte er sie *Der Gang vor die Hunde* nennen wollen, dann einigte man sich auf *Fabian*. Im Untertitel wurde die *captatio benevolentiae* vorgenommen, denn freilich strotzte das Buch von kleiner Unmoral, von unentrüsteten Schilderungen der Berliner Bumslokale, Nuttencafés, Stätten des Ausländernepps und privater Orgien, im Grunde aber auch von großer, denn es wurde hier an nichts geglaubt, und das Unrecht siegte allemal. »Ein unmoralisches, doch kein moralloses Buch«, nannte es gleichwohl die kommunistische *Volksstimme* in Magdeburg und klagte nur, es sei »schade um diese klugen und vornehmen Menschen von Fabians und Kästners Art, die ihren Widerspruch in sich tragen, indem sie Aristokraten des Sozialismus sind«.

War er das wirklich, ein Aristokrat des Sozialismus, dieser aufgeweckte, junge Provinzler, Sohn des Sattlers Emil Richard Kästner, geboren in Dresden-Neustadt in einer Mansarde im vierten Stock? Von Robert Neumann stammt das bekannte Etikett »Halb ein Bürgerschreck und halb ein erschrockener Bürger«, und als Sprachrohr der kleinen Leute sah Kästner sich sein Leben lang – trotz gelegentlicher Auftritte im Frack und seiner Vorliebe für Sekt, weil Bier ihm nicht »anschlug«. Die *Volksstimme* irrte. Es gab da keinen Widerspruch. Daß Kästner, obschon sicher links, wo das Herz war, in die uneingeschränkte Panazee eines sozialistischen Staates keine Hoffnungen setzte, nicht setzen konnte, ebendies wird im *Fabian* begründet und erklärt. Vielleicht besaß er noch Idealvorstellungen von den Menschen und deren Eignung zum Guten, als er 1927 Berlin betrat. Doch nach vier Jahren waren sie ihm abhanden gekommen: »Soweit diese riesige Stadt aus Stein besteht, ist sie fast noch wie einst. Hinsichtlich der Bewohner gleicht sie längst einem Irrenhaus. Im Osten residiert das Verbrechen, im Zentrum die Gaunerei, im Norden das Elend, im Westen die Unzucht, und in allen Himmelsrichtungen wohnt der Untergang.«

Die Wahrheit war – Kästners Geistesverwandte Otto Dix und George Grosz, Tucholsky und Ringelnatz begriffen es gleich ihm –, daß Berlin sein Rückgrat verloren hatte. Laster der Großstadt, faulen Kommerz, hemmungslosen Sex, Kälte dem erbarmungswürdigen Mitbürger gegenüber: all das gab es in sämtlichen Kapitalen der Welt. Hier versagte die politische Führung, und die Intellektuellen, mit wenigen Ausnahmen, schoben die Verantwortung von sich ab. Es ist kein Zufall, daß im *Fabian* immer wieder der Flaubertsche Begriff »Trägheit des Herzens« auftaucht: *mutatis mutandis,* und aufgrund nahezu entgegengesetzter Stilprinzipien steht diese Morphologie einer im Morast versinkenden Metropole in der unmittelbaren Nachfolge der *Verlorenen Illusionen* Balzacs und der *Lehrjahre des Gefühls* Flauberts. Kästner hat, genauer noch als die gesellschaftlichen Zustände dieser Stadt, die in ihr vorherrschende resignative Denkrichtung beschrieben. Daß er selbst in ihr verharrte, über den eigenen Schatten nicht springen konnte, war seine Tragik, und er hat es gewußt.

Es läßt sich behaupten: der *Fabian* ist – neben Heinrich Manns *Untertan* – der politischste Roman, den die Deutschen vor 1945 hatten. Daß dies übersehen werden kann, liegt an seiner Form, an der fast frivolen Knappheit, der trügerischen Leichtigkeit, der scheinbaren Désinvolture jener literarischen Schule, der man den Namen »Neue Sachlichkeit« gegeben hat. In der Malerei ging diese Schule aus dem

Surrealismus hervor, vielmehr aus dessen Abzweigung, dem »magischen Realismus«. »Forciertes Studium des Sichtbaren« und »sezierende Darstellung« hat Will Grohmann sowohl Grosz wie Dix attestiert. Auch das findet sich bei Kästner. Aber was er, und mit ihm Kesten, Ernst Weiss, Hermann Ungar, mit solcher Prägnanz der Schilderung verbindet, ist eine gewisse atemlose Ungeduld, ein Weiterhasten, ein Hinweggleiten über Abgründe, in die genauer hinabzublicken dem Leser überlassen bleibt. Scheut dieser vor ihnen zurück, dann ist ihm nicht zu helfen. Die Markierungen jedenfalls sind gesetzt.

In zwei Figuren hat Kästner die Antinomie des Zeitalters beredt werden lassen: in dem Handelsredakteur Malmy und in Labude, Fabians Freund. Auf seinen Irrwegen durch Berlin, Ausschau haltend nach Arbeit und Liebe, gerät Fabian dorthin, wo nach Karl Kraus die Lüge jeder Epoche am dichtesten anzutreffen ist, wo »die Welt zur Zeitung« wird, zur »Journaille«. Was vorgeht, verwandelt sich in ein »Erdbeben aus Papier«, Unruhen in Kalkutta werden erfunden, weil es keine brauchbaren Nachrichten gibt, und Münzer, der politische Redakteur, erklärt schlechthin: »Meldungen, deren Unwahrheit nicht oder erst nach Wochen festgestellt werden kann, sind wahr.« Was von ihnen hinzugedichtet werde, teilt er Fabian mit, sei nicht so schlimm wie das, was sie wegließen. In jedem Fall habe man Anweisung, der Regierung nicht in den Rücken zu fallen. »Wenn wir dagegen schreiben, schaden wir uns, wenn wir schweigen, nützen wir der Regierung.« Darauf Fabian: »Ich mache Ihnen einen Vorschlag, schreiben Sie dafür.« Und Münzer: »O nein. Wir sind anständige Leute.«

Ist damit schon deutlich gemacht, wie die – offenbar maßgebliche – Presse sich in diesem Staat verhält, so spricht Malmy, der schlanke, elegante Chef des Wirtschaftsressorts, wörtlich aus, wie wenig die Stimme der Öffentlichkeit zur Meinungs-

bildung beiträgt. »Ich weiß, daß das System falsch ist. Bei uns in der Wirtschaft sieht das ein Blinder. Aber ich diene dem falschen System mit Hingabe. Denn im Rahmen des falschen Systems, dem ich mein bescheidenes Talent zur Verfügung stelle, sind die falschen Maßnahmen naturgemäß richtig und die richtigen sind begreiflicherweise falsch. Ich bin ein Anhänger der eisernen Konsequenz, und ich bin außerdem« – kein Zyniker, wie Münzer hier einwirft, sondern – »ein Feigling. Das trifft noch genauer. Mein Charakter ist meinem Verstand in keiner Weise gewachsen. Ich bedaure das aufrichtig, aber ich tue nichts mehr dagegen.« Daß Deutschland an der »seelischen Bequemlichkeit aller Beteiligten zugrunde geht«, fügt Malmy hinzu. »Wir wollen, daß es sich ändert, aber wir wollen nicht, daß wir uns ändern.« So auch er.
Dagegen Stephan Labude, Fabians aufrechter Kumpan, der eine Arbeit über Lessing schreibt und sich dadurch wohl, ohne daß Kästner es zu betonen braucht, als Anhänger eines überholten Rationalismus und Humanismus erweist: Labude will, wie Fabian ihm vorhält, das Kleinbürgertum sammeln, das Kapital kontrollieren und das Proletariat einbürgern. Und dann will er helfen, einen Kulturstaat aufzubauen, der dem Paradies verteufelt ähnlich sieht. »Und ich sage dir«, ruft Fabian, »noch in deinem Paradies werden sie sich die Fresse vollhauen! Davon abgesehen, daß es nie zustande kommen wird.« Die beiden argumentieren gegeneinander wie der Nörgler gegen den Optimisten in den *Letzten Tagen der Menschheit*, es ist ein Gespräch, das zu jeder Zeit, auch in der unseren, seine Gültigkeit hat. Labude glaubt trotz allem, daß man das System vernünftig gestalten müsse, worauf die Menschen sich anpassen würden. »Aber du«, wirft er Fabian vor, »phantasierst lieber von einem unerreichbaren vollkommenen Ziel, anstatt einem unvollkommenen zuzustreben, das sich verwirklichen läßt.«
Immer wieder greifen die beiden dieses Grundthema auf.

»Die Vernünftigen werden nicht an die Macht kommen«, sagt Fabian, »und die Gerechten noch weniger.« Labude, der ihn vor Verzweiflung mit beiden Händen am Mantelkragen packt: »Aber sollen sie es nicht trotzdem wagen?« Kästners grimmige Dramaturgie erfindet nach diesem Wortwechsel einen Schußwechsel zwischen einem Kommunisten und einem Nationalsozialisten. Daß es keinen Sinn habe, wenn sie einander »Reservelöcher in die entlegensten Körperteile schießen«, legt Fabian den beiden Verwundeten nahe. Und dem Kommunisten sagt er, Fabian, was auch Kästner in solchem Falle denkt: »Ich bin euer Freund, denn wir haben denselben Feind, weil ich die Gerechtigkeit liebe. Ich bin euer Freund, obwohl ihr darauf pfeift. Aber, mein Herr, auch wenn Sie an die Macht kommen, werden die Ideale der Menschheit im verborgenen sitzen und weiterweinen.« Welch erschütternde Prophetie im Jahre 1931, als noch nicht einmal die Rede von einem Moskauer Schauprozeß war!
Gewiß, es geht in diesem Buch gar nicht so oft um Ideologie und Grundsatzfragen. Fabians Mädchensorgen, seine Stellungssuche, das Szenarium der Stadt und das Bestiarium ihrer Bewohner füllen den weitaus größeren Teil des Romans. Immer reiht Kästner auch, nachdem er sich kurz im Abstrakten bewegt hat, sogleich einen illustrativen Vorfall an. Eben hat Fabian sich noch, im Warenhaus, an Schopenhauers Pessimismus »festgelesen«, da erzählt er schon einem Kind, das er aus einem Ladendiebstahl gerettet hat, die Geschichte von dem kleinen Jungen, dem von einem für die Mutter erstandenen Kochtopf nur der Henkel übrigblieb.
So anschaulich ist dieses Buch, so sehr geht alles, was sich in ihm begibt, unter die Haut, daß man gar nicht merkt, wie durchlässig Kästners Realismus ist, wie sehr hinter jeder simplen Begebenheit die Parabel durchschimmert. W. E. Süskind hat am *Fabian* gerügt, daß darin der Zufall eine größere Rolle spiele, als es sich mit seinem exemplarischen Charakter

vertrage. In der Tat arbeitet Kästner gern mit dem Deus ex machina – zumeist ist es Frau Irene Moll, die im unwahrscheinlichsten Fall aufzutauchen pflegt – und eskamotiert seinen Helden ja auch am Ende, als nichtschwimmenden Lebensretter, abrupt aus der Welt hinaus. Dies eben verrät den Didaktiker, der in Gleichnissen redet. Der *Fabian*, um auch dies noch zu wagen, ist eines der wichtigsten Lehrbücher der deutschen Nation.

Wie dieses Buch ganz folgerichtig aus der »Gebrauchslyrik« hervorwuchs, die Kästner zuvor geschrieben hatte, aus den Mahn- und Warngedichten der Bände *Herz auf Taille, Lärm im Spiegel* und *Ein Mann gibt Auskunft,* wie es ihm aber auch selbst als melancholisches Gegenbild zu den heiteren Wunschträumen seiner Kinderbücher *Emil und die Detektive* und *Pünktchen und Anton* unerläßlich war – das läßt sich erklären und belegen. Einige vom Leben gelieferte Motive gehen unmittelbar aus Kästners Biographie hervor, etwa das Vorbild Labudes, der Mitschüler Ralph Zucker, ein ungewöhnlich gescheiter bayerischer Jude aus reichem Hause, der nach einem ähnlich fatalen Scherz, wie er Labude zugrunde richtet, Selbstmord beging.

Beinahe errechenbar ist der *Fabian* – einer hatte ihn schreiben müssen, sollte dieser historische Augenblick, dieser Verfall eines Staates, einer Stadt nicht unregistriert vorübergehen. Aber warum verstummte Kästner, als das Verhängnis eingetreten war? Warum fand sich tatsächlich nichts in der Schublade, nichts in einem sicheren Versteck, das dem Pandämonium, oder auch nur der kleinbürgerlichen Vorhölle, dem vergifteten Alltag der Jahre 1933 bis 1945, den Spiegel vorhielt? Darüber kann man nur rätseln, man kann es bestenfalls erraten.

Daß Kästner unerschrocken war, ist nicht zu bezweifeln – Robert Neumann selbst hat es ihm viele Jahre später attestiert. Mit seiner Vorgeschichte aus der Schweiz in die Heimat zurückzufahren, der Verbrennung der eigenen Bücher zuzusehen, trotz mehrmaligen Aufenthalts bei der Gestapo nicht an Auswanderung zu denken: dazu gehört jener Mut, jene Charakterstärke, die sein Redakteur Malmy nicht besaß. Er wollte dasein, dabeisein, Zeuge sein auch dieser Zeit. Das Zeugnis hat er nicht abgelegt, von Hervorbringungen wie der offenbar nicht sehr geglückten Komödie *Die Schule der Diktatoren* (1957) oder dem Bericht *Notabene 45* (1960) nun einmal abgesehen. Vor dem vollzogenen Unheil war er in seine zweite Welt, in den Bereich der unschuldigen Kindlein, geflüchtet oder ins Märchen vom Münchhausen, das in einem Film heraufzubeschwören dem verbotenen Autor unbegreiflicherweise ermöglicht worden war.

Nichts sonst oder so gut wie nichts. Obwohl er doch mit der gleichen satirischen Schärfe wie vor dem Anbruch des Hitler-Regimes teilnahm an dem Aufstieg der Bundesrepublik – nun offenbar zu Labudes Ansicht bekehrt, daß auch ein unvollkommenes Ziel die Verwirklichung lohne –, obwohl er das Feuilleton der *Neuen Zeitung* redigierte, für das Kabarett »Schaubude«, später für Trude Kolmanns *Kleine Freiheit* zeitkritische Texte und Chansons dichtete, Präsident des westdeutschen P. E. N. wurde, Stellung bezog, etwa gegen die Atombewaffnung, und immer weiter schrieb, und mehr als jeder andere deutsche Schriftsteller im In- und Ausland verehrt, ja geliebt wurde. Nichts, oder jedenfalls nichts, was dem *Fabian* gleichkam, über die dunkelsten Jahre seines Volkes. Selbst Karl Kraus, der zunächst von sich sagte, zu Hitler falle ihm nichts ein, widmete noch eine ganze – postum veröffentlichte – *Fackel* der »Dritten Walpurgisnacht« des Nationalsozialismus.

Nein, Kästner muß gespürt haben, daß jener gänzlich aus den Fugen geratenen Staats- und Gesellschaftsform mit seinen Mitteln nicht beizukommen war, daß selbst der Surrealismus, den seine Sachlichkeit enthielt, nicht ausreichte, um solch institutionalisierte Unmoral zu schildern. Hier war wohl, und die Gegenwart hat es bewiesen, nur strengste wahrheitsgemäße Dokumentation am Platz, wenn nicht ihr Extrem, etwa die irrational-phantasmagorische Aufbereitung eines Syberberg-Filmes, der den Teufel mit Hilfe von Beelzebub malt. So blieb denn der *Fabian*, dem Hermann Hesse nachgerühmt hat, daß »das Zeitgemäße nicht zeitloser gesagt werden konnte«, schließlich doch ein unwiederholbares Produkt seiner Zeit.

Vom epischen Charme der Industrie

Hermann Kurzke über Erik Reger: *Union der festen Hand* (1931)

Die industrielle Realität ist wenig anschaulich. Ihre sichtbare Außenseite erschließt nicht ihr Wesen. Die rauchenden Schlote geben keine Auskunft. Das Herz der Großindustrie pulst in den Strukturen, nicht in den Personen. Funktionäre, nicht Charaktere, bilden ihr Personal. Ist sie nicht prinzipiell unromantisch, unromanhaft, unerzählbar, ohne epischen Charme?

Für den heutigen Leser, dem vom süßen Mus der Eco, Ende und Süskind die Zähne locker geworden sind, ist Erik Regers 1931 erschienener Roman *Union der festen Hand* gesunde Kost. Kein Kuchen, sondern grobes Knäckebrot, ballaststoffreich – auf vielen Seiten werden Transaktionen und Bilanzen, Verhandlungen und Verträge ausgebreitet –, aber notwendig und heilsam.

Denn gute Industrieromane sind in der deutschen Literatur bis heute so selten, daß ein Reger noch immer drei Wallraff aufwiegt. *Union der festen Hand* ist etwas für Querköpfe, die ihren Geschmack nicht einfach nach dem Winde hängen. Sie wollen vom Sozialen und Ideologischen auch dann noch reden, wenn alle Welt sich in düsterer Romantik suhlt. Sie haben ihren Stolz, und der gebietet störrisches Dagegenhalten. Sie wollen nichts fürs Gemüt, sondern schätzen das kalte Licht der Laboratorien. Mögen sie die Lektüre nur aus sozialem Pflichtbewußtsein begonnen haben, werden sie doch bald intellektuell und literarisch gefesselt sein.

Der Roman erzählt in verschlüsselter Form die Geschichte des Krupp-Konzerns von 1918 bis 1928. Spannend ist er am

Anfang und am Schluß. In der Mitte hängt er etwas durch. Die dramatischen Ereignisse vom Kriegsende bis zur Inflationsgroteske von 1923 sind von selbst so abenteuerlich, daß ein Autor gar nicht viel falsch machen kann. In der Stabilisierungsphase der Republik, von 1924 an, wird das Erzählen schwieriger. Das zunehmend reibungslose Funktionieren des riesigen Stahltrusts läßt den Roman streckenweise ins Genre des Geschäftsberichts verfallen. Am Ende erst gewinnt er wieder an Spannung durch die Entscheidungen, die das Anwachsen der nationalsozialistischen Bewegung erzwingt.

Den Anfang bildet eine Satire vom Format der Musilschen »Parallelaktion« im *Mann ohne Eigenschaften*. Im Frühjahr 1918 will der Kaiser die »Waffenschmiede des Reiches« besuchen. Man möchte ihn überzeugen, daß die Arbeiterschaft treu zum Reiche steht und die revolutionären Elemente keine Chance haben. Eilends wird eine Musterabteilung mit wohlgenährten Hurra-Arbeitern abgerichtet, doch mit schöner Spontaneität geraten Majestät in die falsche Halle. »Die Kriegslage berechtigt zur größten Zuversicht«, sagt Wilhelm in die feindselige Stille hinein. »Jeder von uns bekommt seine Aufgabe von oben zugeteilt«, sagt er zu den Hungernden, »du an deinem Amboß, ich auf meinem Thron.« Seine Phrasen erlöschen im Grauen, ersticken im Elend der Realität. Hals über Kopf reist der Kaiser ab.

Nach kurzem Schlingern meistert der Konzern die Umbrüche und Katastrophen von 1918/19 souverän. Wie elegant die Herren die Revolution wegstecken! Angst vor der Arbeiterklasse haben sie nicht. Die Revolutionäre sind Dilettanten, die von den Wirtschaftsführern locker an die Wand gespielt werden. Gewiß, ein paar Manager müssen dran glauben, aber auf einzelne Personen kommt es eben nicht an. Die Konzernführung als ganze lernt ihre Lektion rasch. Es ist die, daß sich die Parteiendemokratie der Weimarer Republik noch

leichter vor den Karren der Großindustrie spannen läßt als der altmodische Kaiserstaat.
Reger erzählt karg, aber genau. Er kennt seinen Stoff, denn er war bis 1927 Pressesprecher bei Krupp. Danach arbeitete er als freier Schriftsteller und Publizist. Der Roman ist aus Reportagen erwachsen und montiert, die zuerst in der *Frankfurter Zeitung*, im *Westdeutschen Beobachter*, in der *Weltbühne* und in anderen Blättern erschienen sind. Gelobt wurde er von den bürgerlichen Linksintellektuellen, abgelehnt von den Parteikommunisten, von der Rechten und von der Industrie.
1934 emigrierte Reger in die Schweiz, kehrte jedoch 1935 ins Deutsche Reich zurück. Bis 1938 arbeitete er im Pressebüro der Arzneimittelfirma Boehringer, bis 1945 als Verlagslektor. Vom Kriegsende bis zu seinem Tod 1954 war er Chefredakteur des *Tagesspiegel*.
Er ist infolgedessen mit den Formen der Reportage, des Protokolls und der Dokumentation ausgezeichnet vertraut. Die Literaturhistoriker führen ihn zutreffend unter dem Etikett »Neue Sachlichkeit«. Das betrifft vor allem seinen Stil. Nur an wenigen Stellen kleben noch die Eierschalen der expressionistischen Industrie- und Großstadtschilderung, findet man die Raubtiervergleiche für die Maschinen und die abgenutzte Drastik des Widerlichen. »Jetzt krochen die Wanzen aus den Ritzen der Matratzen und schlürften das zarte Blut der Kinder, jetzt rieselten die Kakerlaken über die fettige Feuchte der Spülbecken.« Im allgemeinen aber schreibt Reger unpathetisch, allenfalls zurückhaltend ironisch, so wenn er die Sozialtouristen verspottet, die in jeder ungeschneuzten Kindernase eine Affäre erblicken.
Es sind weniger die Reize der Form als die dokumentarische Präzision des Inhaltlichen, was dem Roman bis heute Spannkraft gibt. Denn er lebt auch ohne das Skandalträchtige des Schlüsselromans, das ihm einst soviel Kritik eintrug, er lebt,

ohne daß man Risch-Zander als Krupp, Ottokar Wirtz als Hugo Stinnes, Schellhaase junior als Fritz Thyssen und Hachenpoot als Hugenberg zu identifizieren vermag. Mancher Leser wird die Vorlagen nicht mehr erkennen, aber er hat nicht viel verloren.

Der Roman überlebt, weil seine tieferen Schichten erschrekkend aktuell sind. Wie wenig sich geändert hat! Der ewige Kreislauf der ökonomischen Argumente bei den Lohnverhandlungen. Die verbalen Verpackungsstrategien. Der Umgang mit Umweltproblemen – nicht nur das Verfahren, schmutzige Luft und vergiftete Flüsse mit Hilfe hochbezahlter Gutachten zu verharmlosen, ist damals schon bekannt, sondern auch das raffiniertere, ohnehin geplanten wirtschaftlichen Maßnahmen bei dieser Gelegenheit das Mäntelchen des Umweltschutzes anzuziehen.

Eine beängstigende Kontinuität zeigen auch die Methoden des Managements. Der Roman ist ein Brevier der Führungspsychologie. Offene Unterdrückung gilt als veraltet. Aufrührerische Elemente läßt man leerlaufen. »Man muß den Radikalismus ermüden, indem man ihn durch Druckspalten sausen läßt.« Wer an etwas glaubt, ist verwundbar. Wer aus der Haut fährt und sich zu erkennen gibt, hat schon verloren. Die Manager sind weder Christen noch Sozialisten, weder Konservative noch Liberale im Sinne des 19. Jahrhunderts. Sie fragen nur, was sich rechnet. Alles Ideologische kalkulieren sie als Faktor. Gläubigkeiten sind nur gut für Medaillenverleihungen und Hundertjahrfeiern.

Sie glauben deshalb auch keineswegs an die wirren Theorien der radikalen Nationalisten. Aber die Nazis könnten nützlich sein, weil sie die revolutionären Energien der Massen beschäftigen, ohne je mit dem Sozialismus Ernst zu machen. »Es liegt doch an uns, ihre Phrasen zu biegen«, meinen die Industriellen. »Realitäten dürfen daraus natürlich nicht entstehen.« Man täuschte sich; Hitler wurde keine Marionette des

Kapitals. Aber vom heutigen Wissen aus wächst dem Roman prophetische Kraft zu, weil er allerorten den Nationalsozialismus als die kommende Kraft spüren läßt.

Deprimierend illusionslos ist die Darstellung der Arbeiterklasse. Das nahm die Linke natürlich übel. »Es gibt in diesem Roman kein geschichtliches Subjekt Proletariat«, konstatiert Helmut Lethen vorwurfsvoll in seinem 1970 erschienenen Buch *Neue Sachlichkeit*.

Reger kennt nicht nur die höheren, sondern auch die niederen Ränge aus eigener Anschauung. Keine seiner Figuren ist nur das Abziehbild einer soziologischen Theorie. Sie leben und erschüttern in ihrem sozialen Elend, ihrer menschlichen Hilflosigkeit, ihrer politischen Handlungsunfähigkeit. Für zwanzig Pfennig mehr die Stunde und 'ne Pulle Doppelkorn würden sie auf die Mitbestimmung pfeifen. Sie lesen die Werkszeitung, weil sie den Schimmer von oben dem Elend unten vorziehen. »Der Junge soll es mal besser haben« heißt, er soll ins Bürgertum überlaufen. »Eine Klasse aber, die über eine andere triumphieren will, müßte sich doch mit allen Mitteln als solche erhalten ... Die Arbeiterklasse ist gar nicht existent ... ist nichts anderes als degradiertes Bürgertum, das zurückkehren will in den Schoß der großen, weltbeherrschenden Klasse.«

Die Frauen sind dick von den ewigen Kartoffeln. Zum Trost essen sie Schokolade im werkseigenen Konsumgeschäft. Das erweist sich als konterrevolutionäre Handlung, denn bei den nächsten Lohnverhandlungen wird hämisch auf den vermeintlichen Luxus verwiesen. Die Frauen unterminieren das Klassenbewußtsein. Der aufrechte Kommunist Adam Griguszies wird allmählich von seiner Frau gebeugt. Sie erreicht, daß sie in ein besseres Viertel ziehen und er seinen »Polackennamen« ändern läßt und dadurch unglaubwürdig wird vor seinen Kollegen.

Dieser Adam Griguszies ist der tragische Held des Romans.

Einen positiven Helden läßt Regers kühler Verstand freilich nicht zu. Auch Griguszies darf sich ausgiebig lächerlich machen, als Intrigant, der seine Schwester verkuppelt, um seinen Gegner zu erpressen, als Revolutionsredner, dessen pathetischer Wortschatz verräterische Ähnlichkeiten mit der kurz vorher verlachten Kaiserrede aufweist. Doch gehört er während der Revolution zu den wenigen, die eine Konzeption haben. Er wird Betriebsrat, gerät zwischen die Fronten, gilt den Arbeitern als Aufsteiger, heiratet jene Frau, die was Besseres will, verliert schrittweise seine Macht, vereinsamt, wird kaltgestellt und arbeitslos und endet als Friedhofswärter. Er ist das Sinnbild für den allmählichen Abbau der Errungenschaften der Revolution. Er geht zugrunde nicht nur an den Machenschaften der Unternehmer, sondern ebenso an den inneren Widersprüchen der Arbeiterklasse selbst. Verzweifelt und immer hektischer operiert er mit einer Theorie, deren Versprechungen sich nicht erfüllt haben. Er gibt sie nicht auf, er ist kein Opportunist. Sein aussichtsloses Rückzugsgefecht gegen die Verbürgerlichung der Arbeiterklasse ist auch heute noch ergreifend.
Griguszies hat Charakter, fast niemand sonst. Sein Format, nicht sein Kommunismus, ist das Packende. Die Sozialdemokraten sind halbherzige Kompromißler, die Monarchisten lächerlich, die Christen dienstwillig, die Nazis noch zu schwach. So gibt es nichts, an das man glauben könnte in diesem Roman. Unterm Strich steht der Fatalismus gegenüber der Macht. Es gibt keine Alternative zum Weltsieg des Kapitalismus. Er wird auf die Dauer alles aufkaufen. Er finanziert noch seine eigene Opposition. Er kauft jede Idee. »Die Mystik stieg, wie der Dollar stieg.« Er frißt schließlich auch die Idee des Widerstands. Alle durchschauend, aber selbst ohne rechten Glauben, ist Reger der bittere Intellektuelle, der keine Alternative kennt.

Gespaltene Liebe

Wolfdietrich Rasch über René Schickele: *Das Erbe am Rhein* (1931)

1925 erschien in der *Neuen Rundschau* René Schickeles Erzählung *Die Gletscherspalte* und fand aufmerksame Leser. Die erzählte Situation faszinierte. Ein Ehepaar versinkt auf einer Gletscherwanderung in den Schweizer Alpen in eine enge Spalte, und in dem schmalen Schacht zwischen Eiswänden stehend, aneinander geschmiegt, erleben die beiden eine innere Nähe von höchster Intensität. Hilfe kommt erst am nächsten Tag, der Mann wird, schwer mitgenommen, gerettet, die Frau ist erfroren.

Die Leser erfuhren später, daß die Erzählung das dritte Kapitel eines Romans, *Maria Capponi,* war, der 1925 bei Kurt Wolff erschien. Schickele war bekannt, sein bedeutender Anteil an der expressionistischen Bewegung, der er als Herausgeber der *Weißen Blätter* Geltung verschafft hatte, war unvergessen. Aber als Erzähler war er lange nicht mehr hervorgetreten. Die schöne Pariser Liebesgeschichte *Meine Freundin Lo*, die Cassirer 1920 neu aufgelegt hatte, stammte von 1911. Nun kam, überraschend, dieser Roman von ihm, in einem ganz anderen Ton erzählt als die Bücher von Thomas und Heinrich Mann, von Döblin, Wassermann oder Schnitzler, den großen Autoren der Generation Schickeles, die auch in den zwanziger Jahren die maßgeblichen Romanciers waren.

Was Schickele von jenen Erzählern unterschied, war zunächst der Tonfall eines deutsch schreibenden Franzosen. Schickeles Vater war ein elsässischer Weinbauer, seine Mutter Französin, die kein Deutsch konnte, so daß man in seinem Vaterhaus nur Französisch sprach. Leichtigkeit, schwebende Grazie in der Handhabung der Sprache, das war eine auffällige Eigenheit von Schickeles Erzählstil, und dazu kam eine ungewöhnliche Intensität der Naturnähe, ein durchaus erotisches Verhältnis zu allem Wachsenden und Blühenden, auch zu Wind und Wolken, Licht und Luft.

Maria Capponi hatte Erfolg. Schickele war wieder präsent im Bewußtsein des literarischen Publikums, und die beiden nächsten Bände der Romantrilogie *Das Erbe am Rhein,* zu der *Maria Capponi* gehörte, wurden gut aufgenommen, wenn auch nicht ganz so lebhaft wie der erste Band. Nach dem Erscheinen des zweiten schrieb Wilhelm Hausenstein enthusiastisch über das Werk und gestand, keine Kritik schreiben zu können, »weil ich dieses Buch liebe, wie ich eine Frau lieben würde«. Schickele, schrieb er, sei »so gewiß ein Dichter wie sehr wenige heute«. Ebenso hoch griff Heinrich Mann in seiner Besprechung des ersten Bandes, in der Schickele mit Flaubert und Stendhal verglichen und das Universale des Romans gerühmt wurde. »Es ist das große Auftreten einer Natur in allen ihren Rollen auf einmal.« Heinrich Mann schließt mit folgenden Sätzen: »Ihr Roman, René Schickele, wird dauern. Er ist gesegnet unter den Romanen, die geistgewollt und die Wahrheit unseres Lebens selbst sind.«

Hat sich das von Mann vorausgesagte Überdauern des Romans bestätigt? Vom ersten Band läßt sich das, glaube ich, sagen. Er verdankt das zum guten Teil dem Zauber der großen Liebesgeschichte, die seinen Hauptteil füllt und ihre Leuchtkraft bewahrt hat. Freilich ist ihre Wirkung auf heutige, jüngere Leser sicherlich anders als auf die der zwanziger Jahre, die die seelische Fülle dieser Liebesgeschichte, ihre mozartisch unfehlbare Anmut, ihre Unbedingtheit noch mehr als Gegenwart aufnahmen, die innerhalb ihrer eigenen Möglichkeiten lag, während sie heute eher etwas von einer fernen Sage hat, gerade deshalb nicht weniger liebenswert.

Claus Breuschheim, aus der Gletscherspalte mit knapper Not gerettet und nach langem Krankenlager wiederhergestellt, lebt mit seinem kleinen Sohn Jacquot in einem Waldhaus bei Badenweiler, das im Roman Römerbad heißt, und erzählt nun im Rückblick die Geschichte seiner Liebe zu Maria Capponi, die schon in der Kinderzeit begann. Claus fuhr, als er vierzehn war, mit seiner Tante Sidonia nach Venedig, traf im Zug das dreizehnjährige Mädchen Maria Capponi, eine römische Marchesa, die dann mit ihrem Bruder im gleichen Hotel Danieli wohnte wie er mit seiner Tante.
Schickele gibt eine höchst sensible, suggestive Darstellung vom Anwachsen dieser Kinderliebe zu einer infantilen Form wahrer Leidenschaft, in einer subtilen Mischung von Sinnlichkeit und Keuschheit. Sie wird vorgeführt in einer Reihe gefühlsstark erlebter, bewegender Episoden; ein Beispiel wäre ein heimlicher nächtlicher Besuch Marias bei Claus, der nach zwei Jahren zum zweiten Mal in Venedig ist. Maria ist ihrem Vater, der sie nach Mailand mitgenommen hatte, entkommen, kann aber nur zwei Stunden in Venedig bleiben, um den Nachtzug nach Mailand zu bekommen, den beide, in strömendem Regen durch die Gassen laufend, knapp erreichen.
Das erste Zusammensein mit Maria in Venedig vollzieht sich vor dem Hintergrund eines mondänen Gesellschaftstreibens im Hotel Danieli, mit erotischen Spielen und Verstrickungen. Claus' obszöne Tante Sidonia hat eine große Affäre mit dem russischen Fürsten Boris, der sich wegen Spielschulden in ihrem Hotelzimmer erschießt. Claus und Maria beobachten neugierig und scharf dieses Treiben, sie werden »in die Gesellschaft der Großen aufgenommen«. Etwa zwei Dutzend Aristokraten repräsentieren die Oberschicht der Vorkriegsgesellschaft, zu der Claus und Maria soziologisch gehören, während sie geistig und in ihrer inneren Verfassung von dem frivolen Treiben distanziert sind.

Diese Verflechtung und Schickeles Fähigkeit, die irisierenden Schönheiten der Stadt Venedig, in der alles vor sich geht, mit seiner ungewöhnlichen Empfänglichkeit für visuelle und atmosphärische Werte und Reize zu vergegenwärtigen, machen diesen Roman dauerhaft. Freilich gehört dazu Schickeles sprachliche Meisterschaft. Von der Mutter des Claus heißt es: »Sechzig Jahre ruhten sauber gefältelt auf ihrem Gesicht«, von einem Boot auf dem Canale Grande: »Und dann trieb es auf schwankenden Spiegelbildern, die, flüssige Stücke von Kirchen, von Palästen, glucksend aus dem blauen Himmel zu laufen schienen.« Das ist gewiß präzis, aber doch nicht als selbstwertige sprachliche Bewältigung eines sinnlichen Eindrucks gegeben, sondern so gefaßt, daß es auf die antwortende Empfindung des Lesers zielt.

Maria, wenngleich innerlich frei, unterliegt dennoch gesellschaftlich-familiären Zwängen und muß einen älteren General heiraten, während Claus sich, als er einundzwanzig ist, mit einem Mädchen aus Köln verlobt, jener Doris, die später in der Gletscherspalte umkommt. Aber ungeachtet dieser Bindungen erleben Claus und Maria jetzt erst den Höhepunkt ihrer Leidenschaft, in Antibes. Hier und in den benachbarten Orten der Riviera ist wieder die internationale Gesellschaft mit ihrem bunten Treiben versammelt wie im Hotel Danieli, vermehrt durch neue Personen und die Gegenfigur des Sozialisten Strada, der eine Revolution prophezeit. Die politische und gesellschaftliche Situation bildet immer den Gegenpart zur Geschichte der Liebe, die jetzt ihre strahlende, durch die sinnenfroh erlebte südliche Landschaft rauschhaft gesteigerte Erfüllung findet. Schickeles Darstellungskunst bewährt sich darin, wie er den ständig wirksamen, äußerst persönlichen Charme dieser Maria, ihre besondere Aura, ihre überlegene innere Sicherheit präsent macht.

Erst nach der Abreise von der Riviera wird dem Leser ganz bewußt, daß Claus von einer lange zurückliegenden Zeit erzählt. Denn mit seiner Heimkehr, am Ende des zweiten Buches, beginnt der Erste Weltkrieg. Nicht der ganze Roman, wie vorher Thomas Manns *Zauberberg* und nachher Musils *Mann ohne Eigenschaften*, aber doch die entscheidende Lebensphase von Claus mündet in den Krieg. Über die Kriegszeit geht der Icherzähler schnell hinweg, erst das Kriegsende mit der Inbesitznahme des Elsaß durch die Franzosen ist ihm wieder berichtenswert.

Er hat inzwischen Doris geheiratet und lebt mir ihr und seinem Sohn im Schloß der Eltern in Breuschheim, trifft aber auch wieder Maria in Venedig. Doch bei dieser Begegnung trennt sie sich von ihm, weil sie seine absolute Bindung an Doris nicht mehr erträgt. Auch von Doris berichtet Claus eifersüchtige Regungen. Für ihn selbst jedoch scheint die Doppelliebe immer leicht zu bewältigen zu sein, nie fragwürdig zu werden. Das ist verwunderlich. Erst im zweiten Band der Trilogie erfährt man, was es damit auf sich hat. Es ist eines neben anderen Zeichen für die Natur des Elsässers, die Gegensätzliches in sich trägt und vereinbaren kann. Claus, von Schickele als Prototyp des Elsässers entworfen, liebt zugleich eine deutsche und eine romanische Frau und erweist damit seine elsässisch gespaltene persönliche Struktur. Dadurch aber ist die Liebesgeschichte mit der Grundthematik des ganzen Romans verknüpft: der Gespaltenheit der Elsässer, »die mit der doppelten Liebe zu Deutschland und Frankreich zur Welt kommen«.

Im zweiten und dritten Band der Trilogie wird aus dem *Erbe am Rhein* ein politischer Roman. »Jeder Mensch«, so heißt es, »war von der Politik gezeichnet, auch in seinem persönlichen Leben.« Aus der elsässischen Perspektive wird die gesamte Nachkriegsgeschichte in den Roman eingebracht. Aber er ist ein vielschichtiges Werk, er enthält in kunstvoller Verschränkung auch einen Familienroman, der das Schicksal der weitverzweigten Familie Breuschheim erzählt, und einen

Heimatroman, der eine farbenreiche Vielfalt elsässischer Menschen, Lebensformen und Landschaften vorführt. In diesen Teilen freilich gewinnen bei Schickeles Detailfreude nicht selten die Einzelheiten, flüchtig auftretende Randfiguren und Nebenumstände zuviel Selbstwert, so daß die Erzählung zuweilen auszuufern droht.
Claus, der vor der rigorosen Gewalttätigkeit der neu etablierten französischen Herrschaft und vor der Korruption seiner Landsleute in ein Asyl im Schwarzwald geflohen war, kehrt auf das väterliche Gut in Breuschheim zurück und erlebt, wie sein Stiefbruder Ernst, der einst als deutscher Offizier ruhmreich gekämpft hatte, diese Vergangenheit jetzt verleugnet und zum fanatischen französischen Patrioten wird. Doch er zerbricht an dem Zwiespalt und endet durch Selbstmord.
Diese Variante der elsässischen Problematik macht das Hauptgeschehen im zweiten Teil aus, der *Blick auf die Vogesen* betitelt ist. Im dritten Teil, *Der Wolf in der Hürde,* steht im Mittelpunkt ein ehrgeiziger Parvenü, der rücksichtslos mit allen Mitteln seine Wahl zum Deputierten des Elsaß in der Pariser Kammer betreibt. Seiner männlichen Verführungskraft erliegt die zarte, wirklichkeitsfremde Dichterin Aggie Ruf, eine besonders liebenswerte unter den vielen anziehenden Frauengestalten Schickeles.
Er spricht den Elsässern die Aufgabe und auch die Fähigkeit zu, das anscheinend Unvereinbare dennoch zu vereinigen. Indem sie Französisches und Deutsches in sich verschmelzen, sind sie dazu bestimmt, die verfeindeten Nationen zu versöhnen, zu erkennen: »Das Land zwischen Schwarzwald und Vogesen ist der gemeinsame Garten, worin deutscher und französischer Geist ungehindert verkehren.«
Die Zeit nach dem Ersten Weltkrieg ist heute ferngerückt, die Situation im Elsaß nicht mehr aktuell, der deutsche Gegensatz zu Frankreich ausgeglichen. Das steht der heutigen Wir-

kung des Romans wohl entgegen. Doch er hat inzwischen eine geschichtliche Dimension gewonnen – und die Gespaltenheit des Elsässers ist nur ein extremes Beispiel für Gegensätze, die schließlich jeder von seiner Herkunft aus zu vereinigen hat.

Privates Paradies auf Zeit

Günter Kunert über Kurt Tucholsky:
Schloß Gripsholm (1931)

Schloß Gripsholm habe ich zu einer Zeit gelesen, da der Name des Autors in deutschen Landen fast vergessen war: kurz nach 1945. Ich besaß die schönen alten Rowohlt-Ausgaben von *Lerne lachen, ohne zu weinen, Mit 5 PS, Das Lächeln der Mona Lisa* und sogar das von Heartfields Montagen und Collagen begleitete *Deutschland, Deutschland über alles ...*

In einem winzigen Antiquariat unter der Bahnunterführung des Bahnhofes Friedrichstraße erstand man damals für zwei Reichsmark *Fromme Gesänge* von Peter Panther, ladenneu und von einem mindestens fünfzig Exemplare enthaltenden Stapel: ein Schatz, auf ungeklärte Weise der Vernichtung entgangen und blind verhökert. Für den Gegenwert von zwei amerikanischen Zigaretten bekam man *Abrechnung folgt* und *Das Gesicht der herrschenden Klasse* von George Grosz, ebenfalls nahezu druckfrisch – das nur zur Illustration eines Zustandes, der, in Hinblick auf die Kultur, zu Recht *Stunde Null* heißt.

Damals schien die politische Aktualität Tucholskys passé. Aktuell geblieben war der Spott über den Spießer, die durchaus sentimentale Ironie des Großstädters, des Berliners; der Glanz sprachlicher Prägnanz und die Genauigkeit des Chronisten: Diese Aufsätze, Glossen, Anekdoten und Marginalien las man als Geschichtsunterricht, überzeugt, was da aufgespießt und dingfest gemacht sei, wäre ab jetzt Historie.

Wenig später erhielt ich *Rheinsberg*, mit den Illustrationen von Kurt Szafranski, die Tucholsky selber gelobt hatte und die mir kitschig erschienen, was hieß: noch mehr als der Text

des verehrten Satirikers, und danach *Schloß Gripsholm*, das mir – unter dem Aspekt der Nachkriegsjahre – wie ein altbakkener Spritzkuchen vorkam: ungenießbar.
Akzeptieren ließ sich nur der diesem Bändchen vorangestellte Briefwechsel mit Rowohlt, und zwar als Alibi. Da hatte einer Geld gebraucht und sich das zusammengeschrieben; über Tucholskys Lebensumstände wußte ich nichts, verstand aber, was Geldknappheit bedeutete. Während anderes sich unauslöschlich einprägte, registrierte das Gedächtnis in diesem Fall eine rührselige, mäßig witzige Geschichte, und daß sich darin eine erotische Dreiecksgeschichte begab, die im Kontext damaliger Lesestoffe nahezu sensationell wirkte.
Nach weit über dreißig Jahren hat sich *Schloß Gripsholm* in zweierlei Hinsicht für mich verändert: Es hat zwar nicht an literarischer, wohl aber bemerkenswert an menschlicher Substanz gewonnen, und das auf eine Weise, die einem jungen, zum ästhetischen Rigorismus neigenden Leser leicht zu entgehen vermag.
Vielleicht betont auch die gegenwärtige Ertaubung und der Verlust akustischer Differenzierungsfähigkeit ganz besonders Tucholskys unglaubliches Talent, gesprochene Sprache, Alltagssprache, Dialekt exakt zu erfassen und schriftlich wiederzugeben. Mehr als das: mittels dieser Wiedergabe eine Figur, eine Type mit wenigen von ihr verlautbarten Sätzen vorstellbar und lebendig zu machen.
Tucholsky hat so etwas wie das »absolute Gehör« für Sprache gehabt. Es funktioniert stets und nutzt selbst minimale Details zur Charakterisierung, ja, Dekuvrierung: Wie während des Besuches in jener obskuren Gemälde-Ausstellung auf dem Wege nach Gripsholm, wo ein Deutschbalte die dilettantischen Werke seines verstorbenen Freundes, auf denen viele gewappnete, nackte Jünglinge umherspringen, erklärt (und damit auch seine Person): »Was Sie hier sehn, ist der völlich verjäistichte Militarrismus!« Dahinter werden eine

Welt und eine Weltanschauung sichtbar, die am Rande des Irrwitzes blüht.

Diese spezifische Begabung setzt Tucholsky instand, seine weibliche Hauptfigur Lydia, die »Prinzessin«, mit einer Sprache auszustatten, die nicht nur als Kontrast der drohenden Kitschnähe entgegenarbeitet, sondern sie erschafft überhaupt erst diese Frauengestalt, von der optisch kaum etwas einprägsam dargestellt wird, denn Tucholsky ist kein Erzähler, und wenn es von der Herzdame heißt: »Sie hatte so verläßliche Hände«, bleibt das eine Behauptung, die der Leser glauben kann oder nicht. Nichts zwingt ihn, diese Formulierung (und viele andere) für ein unvergeßliches Wesensmerkmal dieser »Prinzessin« zu halten.

Allein durch ihre Sprechweise bildet Lydia sich zu einer Vorstellung im Leser aus: ein sportiver, nicht mehr ganz junger, fraulicher Typ, leise vom Leben enttäuscht, selbständig, maßvoll emanzipiert, von beherrschter Emotionalität – und das resultiert aus nichts anderem als aus einem auf Hochdeutsch polierten Platt, dem »Missingsch«, das dieser Frau aus Rostock einen festen Rahmen verleiht, der zugleich ihre Kontur herstellt. Das Nüchtern-Trockene, Ironisch-Distanzierte, mit dem sich die Liebe Lydias zu ihrem temporären Gefährten ausdrückt, gibt ihr die innere Spannung zwischen Gefühlsaufschwung und verbaler Zurückhaltung.

Das schreibende oder beschreibende Ich tritt dahinter zurück; nicht zuletzt aus der Hemmung des Moralisten, aufzudecken, was er für menschliche Schattenseiten hält, der Preis ist eine gewisse Blässe. Gleichzeitig – und das mag weniger der besonderen Sichtweise des Moralisten als einer maskulinen entspringen – erweist sich Lydia als das Porträt der Idealfrau. Keine Spur vom »Lottchen«, nur höchst gediegene Eigenschaften, aus denen sie besteht: ohne Schwächen, ohne Scharten und Untiefen.

Nicht zuletzt, und darin gipfelt ihre »Idealität«, kommt sie dem Wunsch ihres Gefährten nach sexueller Libertinage, nach dem Spiel mit ihrer eigenen Freundin, zuvor, bevor er noch artikuliert wird, indem sie die Gelegenheit selbst herbeiführt: eine geradezu »klassische« Männerphantasie, der die Wirklichkeit nur selten günstig ist.

Und wie die »Prinzessin« eindeutig die Wunschvorstellung ist, so das Kind – das man, um allzu vieles Licht durch etwas Schatten zu ergänzen, aus einem gefängnisähnlichen Kinderheim befreit – der Anti-Wunsch, die pure Idiosynkrasie. Dieses kleine Mädchen, dessen Leid als Kontrapunkt zur sonstigen »Sommerseligkeit« gedacht ist, wird dementsprechend zum bloßen Gegenstand und sogar wörtlich, wenn auch in Anführung, so bezeichnet. Und das Kinderheim steht stellvertretend und in abgewandelter Form für ein Objekt, mit dem sich der Satiriker häufig befaßt hat: die Kaserne, die Zuchtanstalt der Nation. Die Heimleiterin, übrigens keine Schwedin, sondern Deutsche, um ihre anachronistische Bösartigkeit in der friedlichen, friedfertigen Umgebung des Mälar-Sees hervorzuheben, gibt sich als Mischung aus Hexe und weiblichem Hitler, die ihre Lust in der Unterdrückung ihrer Zöglinge findet.

Und so, wie beim genaueren Hinschauen hinter den freundlichen Farben des Buches ein Mensch mit ziemlich allgemeingültigen Sehnsüchten, Trieben und Blindstellen kenntlich und uns dadurch vertrauter und sympathischer wird – eben weil dieses schwächere Werk, liest man es nur auf rechte Art, Annäherung bewirkt –, zeichnet der Text von der ersten bis zur letzten Seite etwas auf, das man die Utopie des deutschen Kleinbürgers nennen könnte, zu dessen Verwandtschaft wir mehr oder weniger alle, Tucholsky eingeschlossen, zählen. Sonst hätte er ihn kaum derart treffend attackieren können, ohne in sich selber dessen Züge zu wissen.

Utopie – und damit meine ich den eingangs erwähnten zweiten Aspekt – ganz im Sinne vorangegangener: Konflikte existieren nicht oder werden, wo sie entstehen, wie in der Kinderheim-Linie, zur Zufriedenheit gelöst; die Projektion ins Exotische ist mit dem seinerzeit unbekannten Marifred gegeben: Und die guten Schweden (am Rande) sind wie die guten Wilden von einst. Doch unterscheidet sich die Tucholskysche Utopie von wirklichen Gesellschaftsutopien durch das Fehlen einer ethischen Voraussetzung, der Pflicht zur Arbeit, was vermutlich den großen Erfolg des kleinen Büchleins mitbestimmt hat: Mein Taschenbuch-Exemplar vom Februar 1978 vermerkt das 713. Tausend.

Im *Schloß Gripsholm,* dem absoluten Gegensatz zu einem anderen weniger populären »Schloß«, geht es hedonistisch zu: Man ißt gut und trinkt gut, man liebt sich und freut sich, man ruht aus und in sich selber und ist aller Lasten ledig. Freunde tauchen auf und Freundinnen, ohne daß Verpflichtungen oder Komplikationen entstehen, und sogar die schon zitierte Liebelei zu dritt löst sich auf wie im Märchen: ohne bleibenden Eindruck, ohne Bodensatz.

Alles, was man im Jahre 1931, dem Erscheinungsjahr des Buches, sorgenvoll vermißte, auf dem fernen schwedischen Eiland schien es nur darauf zu warten, in Besitz genommen zu werden: die persönliche Idylle. Und mehr als eine subjektive Verheißung stellt es auch nicht dar. Sein Versprechen – und insofern ist das unleugbar Utopische daran kleinbürgerlich – avisiert lebenswertes Dasein nicht als einen der Allgemeinheit erreichbaren Zustand, daran glaubte Tucholsky gewiß nicht mehr, wohl aber als Möglichkeit eines privaten Paradieses auf Zeit. Die Erreichbarkeit scheint glaubhaft, da ein großer Satiriker, wenn auch mit einem Augenzwinkern, dafür bürgt.

Und wie die mächtigen und späterhin menschenverschlingenden Utopien ihre Attraktion aus der theoretisch fundierten Zusage einer generellen Versöhnung beziehen, bestätigt die kleine Utopie, es ließe sich versöhnlich miteinander auskommen. Aber während die großen Utopien unter Schmerzen erlöschen, wärmt das Flämmchen ihres subjektiven Gegenpols auch weiterhin: Für die Stunden des Lesens teilt sich das Versöhnliche und Harmonische der freundlichen Vorgänge dem Leser mit, der eigentlich nach nichts anderem verlangt, als an ihnen teilzuhaben, statt an den täglichen Katastrophen seiner engeren und weiteren Umwelt.

Es ist nicht der Mangel an Intelligenz oder Aufklärung, der nach solchen Büchern greifen läßt, es ist vielmehr der ehrwürdige, seit Bloch zur Standardformel gewordene »Vor-Schein« dessen, was erst werden soll. Darum hat nach dem Wiederlesen der »Sommergeschichte« der Text eine Dimension angenommen, die mir vordem entgangen war. Gewiß: Solche Überlegungen gehen weit über den Anlaß hinaus, aber bestätigt das nicht die Tatsache, daß Unterhaltungsliteratur, jedenfalls ab einer bestimmten Qualität, mehr über den Hoffnungs-Horizont seiner Leser mitteilt als »große« Literatur, die ja von ihnen weitaus unabhängiger ist?

Es werden solcherart die latenten Sehnsüchte, durch das Medium des Autors zum bildhaften Niederschlag geronnen, zu Warntafeln, daß, wer ihnen auch nur den Schein von Realisierung verspräche, sie als dynamische Kraft für seine Pläne verwerten könnte. Denn, so sagt ein russisches Sprichwort: Die Völker werden nicht an ihren Lastern in den Untergang geführt, sondern an ihren Tugenden, und die Sehnsucht nach Harmonie gehört nachweislich zu den gefährlichsten.

Tucholsky hat am Schauplatz seines Buches, man könnte es so entziffern, dieses durch seine Selbsttötung widerlegt. Und ohne Vorahnung den Friedhof beschrieben, auf dem er selber ruht:

»Es war ein alter Friedhof; man sah das an den verwitterten, ein wenig zerfallenen Gräbern auf der einen Seite. Auf der anderen standen die Gräber hübsch ordentlich in Reih und Glied... gut gepflegt. Es war ganz still; wir waren die einzigen, die die Toten heute nachmittag besuchten – die wen besuchten? Man besucht ja nur sich selber, wenn man zu den Toten geht.«

Das stimmt nicht ganz, zumindest nicht in dieser aphoristischen Wendung, denn die Toten sind zu einem Bestandteil unserer selbst geworden, und wo wir sie aufsuchen, stärken wir sie in uns.

Vor zwei Jahren habe ich neben dem Grab gestanden, auf dem eine Granitplatte mit einer Inschrift liegt, über die Tucholsky sich geärgert haben würde: »Alles Vergängliche ist nur ein Gleichnis.« Hier irrt Goethe! Alles Vergängliche weist nicht über sich hinaus, sondern immer nur auf sich zurück: als auf das ewig Uneingelöste.

Wer Marifred mit eigenen Augen sieht, das Schloß und den Mälar-See, die felsige Einöde, Gräue des Himmels und des Wassers, die Verlassenheit eines Provinznestes, dem wird klar, wie dieser Flecken, vergeblich zum *Buen retiro* erhoben, zur letzten Station absinken mußte: Ein Weltmann, wie krank und verzweifelt auch immer, hat am Ende der Welt nichts zu suchen. Und was den spielerischen, leicht hingeworfenen Roman atmosphärisch durchzieht, das glückliche Einverständnis mit dem Exterieur, mußte sich zwangsläufig ins Gegenteil verkehren.

Jede Idylle ist unbewohnbar, auch wenn sie künstlerisch darüber hinwegtäuscht: Als Ort der Geborgenheit verbleibt sie im Niemandsland der Unbetretbarkeit – selber unerlöst.

Das Gesetz der Ratten

Werner Fuld über Ernst Weiß:
Georg Letham – Arzt und Mörder (1931)

Als Ernst Weiß erfuhr, daß Stefan Zweig bei seinem Aufenthalt in Paris 1939 zuerst das Grab von Joseph Roth und danach ihn aufgesucht hatte, sagte er bitter: »Der tote Roth war ihm wichtiger als der lebendige Weiß.« In dieser sarkastisch-resignierten Bemerkung verbirgt sich das Lebensproblem des Arztes und des Schriftstellers Ernst Weiß: Stets fühlte er sich übergangen, vergessen und verkannt. Daran konnten selbst seine Erfolge nichts ändern; wie auch seine späteren Bücher wurde bereits sein erster Roman *Die Galeere*, im angesehenen S. Fischer Verlag 1913 erschienen, von der Kritik positiv aufgenommen. Ernst Weiß schrieb fünfzehn Romane, drei Theaterstücke, zahlreiche Erzählungen, Gedichte und Essays. Er war zu Lebzeiten ein hochgeschätzter Autor, aber in einer Umfrage antwortete er 1928: »Ich bin den meisten Lesern völlig unbekannt. Auf tiefere Anteilnahme habe ich verzichten gelernt, ohne ein Gefühl der Verbitterung.«

Leicht läßt sich hinter einer solchen Antwort gekränkte Autoreneitelkeit vermuten. Aber bei Weiß lag das Problem tiefer: Kein Erfolg konnte ihm die Anerkennung der einzigen Autorität ersetzen, die er gebraucht hätte – die seines Vaters. Der 1882 in Brünn geborene Ernst Weiß hatte seinen Vater im Alter von vier Jahren verloren. Da die Mutter nicht wieder heiratete, wuchs der Sohn ohne die erziehende Fürsorge eines Vaters auf. Dieses Defizit hat er nie verwunden: man kann sogar sagen, daß er dem Vater dessen frühen Tod niemals verziehen hat.

Dieses intensive Gefühl des Verlassenseins hat vor allem im Spätwerk seinen literarischen Reflex hinterlassen, einerseits in Gestalt der extremen Vaterbindungen und Erziehungsgeschichten, aber auch in der Darstellung seiner egozentrischen, oft gefühlsarmen und antisozialen Hauptfiguren. Auch die ursprüngliche Berufswahl von Ernst Weiß war durch den Verlust des Vaters bestimmt, wie man es aus der frühen Erzählung *Fragment der Kindheit* (1918) herauslesen kann. Dort beginnt der verwaiste Erzähler aus Protest gegen den Tod des Vaters ein Medizinstudium: er »mußte Arzt werden«.

Der Arzt Ernst Weiß gab diesen Beruf 1920 auf, um ausschließlich als Schriftsteller zu arbeiten. In mehreren Romanen hat er einen Arzt als Hauptperson oder Erzähler gewählt, doch wäre es voreilig, autobiographische Bezüge herstellen zu wollen. Gewiß gibt es in seinen Büchern, wie bei jedem Schriftsteller, Verwertungen eigenen Erlebens, aber eigentlich sind seine Romane pseudobiographisch, weil Ernst Weiß sich in ihnen ein ungelebtes Leben erfunden hat – vor allem in den Vater-Sohn-Geschichten, wie sie auch sein bekanntester Roman *Georg Letham – Arzt und Mörder* erzählt.

Es ist ein Buch des Grauens. Fünfhundert Seiten voller entsetzlicher Szenen der Lebens- und Todesqualen von Tier und Mensch, kalte Schilderungen abscheulicher und sinnloser Experimente, grausame Kämpfe ums qualvolle Überleben – aber keine Zeile kann man missen in diesem Meisterwerk. Immer noch ist die Lektüre dieses 57 Jahre alten Buches eine peinigende Zumutung, denn gegen die Kraft solcher Literatur können uns die täglichen Schreckensbilder der Nachrichten nicht abhärten.

Aber die Schärfe einzelner Szenen ist nicht der eigentliche Grund für die nachhaltige Wirkung des Romans auf den Leser. Das Buch fesselt vor allem deshalb, weil man fürchten muß, daß diese unglaubliche Geschichte, erzählt von einem Mann, dessen Freund man nicht sein möchte, in ihrem psychologischen Kern wahr sein könnte. Die Rücksichtslosigkeit, mit der jener Georg Letham die Geschichte seines Lebens und seiner Forschungen erzählt, ist widerlich und doch faszinierend. Er ist eine Ratte und zugleich ein Retter. Der schon im Titel *Arzt und Mörder* fast kolportagehaft angekündigte Antagonismus ethischer und moralischer Extreme konstituiert das ganze Buch und hält den Leser in ständiger Spannung. Die Kunst des Schriftstellers Ernst Weiß zeigt sich darin, daß man ihn vergißt und nur noch dem Erzähler Georg Letham zuhört, an dessen Geschichte glaubt – und schließlich vielleicht sogar auf seine heroische Selbstinszenierung hereinfällt.

Dieser umgekehrte Hamlet Letham ist ein zum konsequenten Handeln gezwungener Mensch. Er rächt nicht seinen Vater, sondern er vollendet, auf eigene Art, dessen schon in frühem Alter gescheiterten Lebensentwurf als Forscher und Entdekker. In allen Motiven und bis ins kleinste Detail eines Hundebisses ist Georg Lethams Geschichte ausgerichtet an der seines Vaters, dem der Erzähler die vorurteilsfreieste Ausbildung verdankt. In Opposition zu Hamlets Satz »Gewissen macht Sklaven aus uns allen« wurde Letham zur Skrupellosigkeit erzogen und zu jeglichem Glauben, aber auch zum Selbstbetrug »von Kindesbeinen an unfähig gemacht«. Er lernt, mit Genuß zu sehen, »wie sich die Menschlein in ihrem Jammer und in ihrer Niedertracht mit grauenhafter Possierlichkeit bewegten«; er übernimmt von seinem Vater die Einteilung der Menschen in »Ratten« und »Frösche«, in Täter und Opfer, und er schlägt sich auf die Seite der schlauen Ratten.

Die Tiere mit ihrem unzerstörten Überlebensinstinkt haben einst den Vater erzogen: Seine Nordpolexpedition scheiterte, weil die Ratten das Schiff übernahmen und kein Mittel gegen sie half. Nur drei Menschen haben diesen monatelangen Krieg überlebt, aus dem der Vater als Misanthrop zurückkehrte. Seinem Sohn bringt er das Überlebensgesetz der

Ratten bei; Gier und Eitelkeit, Grausamkeit und Stupidität seien die einzigen Triebfedern auch der menschlichen Existenz. Und er bekräftigt seinen Unterricht durch Anschauung am lebenden Material: Der Sohn muß die Kämpfe gefangener Ratten beobachten. So lernt er, die Welt als Experimentierfeld und die Menschen als Testobjekt zu sehen. Er wird Arzt: »Die Krankheiten interessierten mich, die Kranken interessierten mich nicht.«

Als Bakteriologe unternimmt er zahlreiche und kostspielige Tierversuche, die er sich zunächst aus Glücksspielgewinnen finanziert. Ihn reizt die Herrschaft über die Natur: »Niemand konnte mich hindern, zu tun, was ich tat – so wenig in der heutigen Welt irgendwo moralische Hindernisse für den Forscher bestehen.« Er heiratet eine wesentlich ältere, aber sehr reiche Frau, deren Geld ihm eine ungehemmte Forschungstätigkeit ermöglicht. Bald ist er ein anerkannter Experte, der sich im Ersten Weltkrieg große Verdienste in der Seuchenbekämpfung erwirbt. Als Georg Letham seine Frau tötet, geschieht dies weniger aus Ekel vor ihrer allzu menschlichen Anhänglichkeit, sondern um ein von ihm erstmals isoliertes Toxin im Lebendversuch zu erproben. Vor dem Strang retten ihn seine Verdienste im Krieg. Er wird zu lebenslanger Zwangsarbeit auf eine südamerikanische Sträflingsinsel deportiert.

Nun beginnt, mit der zweiten Hälfte des Romans, eine scheinbare Wandlung des Charakters. Der Arzt und Mörder Georg Letham wird das Gelbfieber auf der Insel bekämpfen und ein Gegenserum entwickeln. Manche Interpreten sprechen von einer allmählichen Lösung Lethams aus seiner egozentrischen Hybris, von einer Wandlung zum Sachwalter des Humanitären. Gewiß läßt sich mit einer solchen Deutung die Kälte und Grausamkeit der Darstellung von Kranken und Sterbenden besser ertragen, aber ich halte sie für falsch. Georg Letham ändert sich nicht. Er bleibt ein besessener Experimentator, dem es gleichgültig ist, ob er mit dem Ergebnis seiner Forschungen auch Menschen retten kann. Ihn interessiert nur das ungelöste Problem, das unerkannte Virus.

Für Letham ist die Sträflingsinsel das Paradies: ein einziges Labor, in dem er sich als Arzt die infizierten Patienten wie Versuchstiere halten kann. Das Gelbfieber wütet furchtbar unter den Ankömmlingen; nach zwei Wochen sind von einem oft nur noch »ein Klumpen verfaultes Fleisch und die Knöpfe an seiner Sträflingshose übrig«. Der unbekannte Krankheitserreger wird Letham zur idealen Herausforderung: »Forschertätigkeit ist ein Glück, das an Tiefe nur dem Lieben (nicht dem Geliebtwerden!) zu vergleichen ist.«

Aber liebt Letham jenes halbwüchsige portugiesische Mädchen, das seiner Pflege anvertraut wird, wirklich – oder studiert er am lebenden Objekt nur den Verlauf des Gelbfiebers? Es sind Szenen des Grauens, die dem Schriftsteller Ernst Weiß hier gelingen, erbarmungslose Darstellungen des menschlichen Verfaulens und der ärztlichen Hilflosigkeit. Aber läßt er Letham dieses arme Geschöpf lieben und die Unrettbare erlösen? Gibt es eine Befreiung Lethams aus der Kälte seiner Forscherhybris? Es scheint nur so. In Wirklichkeit benutzt er das Leiden des Mädchens: »Ein Teil meiner abzubüßenden Strafe war es, dem qualvollen Ende meines Lieblings zusehen zu müssen und nicht helfen zu können.« Ein unveränderlicher Narzißmus zwingt ihn, das fremde Sterben als selbstauferlegte Strafe zu verstehen, der er sich nicht entziehen will. Nicht das Mädchen liebt er, sondern sein Leiden.

Er bleibt ein Egomane. Erst als sich Letham im Selbstversuch infiziert hat und durch die Fieberhöllen deliriert, lernt und fordert er Mitleid: »Der Leidende gehört dieser Welt nicht mehr ganz an. Man muß ihn mehr lieben, als es der Mensch sonst zu verlangen hat. Mehr, als er es verdient. Viel mehr.«

Lethams Experimente sind erfolgreich, weil er sie mit äußerster Skrupellosigkeit durchführt. Er läßt zu, daß eine schwangere Frau, Mutter von fünf unmündigen Kindern, deren Mann soeben gestorben ist, durch einen Mückenstich infiziert wird, weil er wissen will, ob sich das Virus auch auf ungeborene Kinder überträgt. Für ihn rechtfertigt der endliche Sieg über das Gelbfieber alle Mittel; als einziges Gesetz erkennt er nur das der Hygiene an.

Am Ende seines Lebensberichts fühlt sich Georg Letham als freier Mann, aber nur durch eine selbstgerechte Absolution: »Ich hatte viel durchgemacht. Mochte ich getan, was immer, ich hatte meine Schuld bezahlt.« Bei dieser apologetischen Selbststilisierung einer »inneren Befreiung durch äußeres Leiden« sollte sich der Leser vom Erzähler nicht darüber täuschen lassen, daß die hier aufgeworfenen Fragen nach der moralischen und ethischen Verantwortung des Wissenschaftlers keineswegs durch Lethams Erfolg beantwortet sind. Das macht das Buch unvermindert aktuell; es enthält keine Lösung, sondern, wie der Titel ursprünglich lauten sollte: Experimente. Sie dauern an.

Fett und kurz von Atem

Hans Bender über Georg Britting:
Lebenslauf eines dicken Mannes, der Hamlet hieß (1932)

1954 hat mich Carl Hanser in seinem Münchner Haus Georg Britting als Mitherausgeber der Zeitschrift *Akzente* vorgestellt. Britting schien schlecht gelaunt. Er ließ bayerische Kraftausdrücke hören; war mürrisch, sarkastisch, aggressiv. Später erwähnte er, wie miserabel der Verkauf seiner Bücher sei. Er sehe es an der Honorarabrechnung: »Pro Monat vier Exemplare.«
Britting war damals dreiundsechzig Jahre alt. In München achtete man ihn als bedeutenden Autor. Die Akademien in München und Berlin hatten ihn zu ihrem Mitglied gewählt. Mehrere Preise wurden ihm zugesprochen. Junge Autoren besuchten ihn und zeigten ihre Gedichte. Die Naturlyrik hatte Nachfolger. Im Dritten Reich hatte er sich nicht schuldig gemacht. Kein Geburtstagsgedicht auf Hitler verfaßt. Kein Bekenntnis geliefert. Nie trieb ihn Ehrgeiz, in der vordersten Reihe zu stehen. »Zu so was tauge ich nicht«, war eine seiner Redensarten. Und doch schien er unzufrieden zu sein mit dem Verlauf der Literatur in den Jahren des Nachkriegs. Andere Autoren verstellten seine Person und sein Werk. Er hatte weniger und weniger Leser.
In den dreißiger Jahren, als ich anfing, mich für die Literatur zu interessieren, zählte Britting selbstverständlich zu den Autoren, die man las, schätzte, ehrte. Er war Autor – schon das hatte Gewicht – des Verlags Albert Langen/Georg Müller in München. Seine Gedichte und Erzählungen standen in Anthologien, Zeitungen und Zeitschriften; und auffallend oft im *Inneren Reich*. Rezensenten und Kollegen rühmten »die Männlichkeit« des Dichters; »das Barocke«, das »Baieri-

sche«, »das Sinnenhafte« seines Wesens. Der Großgermanist Josef Nadler lobte in seiner *Literaturgeschichte des Deutschen Volkes*, nach Landschaften und Stämmen geordnet, den jungen Britting. Seine Werke hätten sich »spät und reif und schön entfaltet«.

Die kleine Welt am Strom war Brittings Bestseller: Gedichte und Erzählungen, die vielen Lesern, die nicht wahrnehmen wollten, was über Deutschland und die Literatur hereingebrochen war, damals gefielen, Gedichte und Erzählungen, die sich in die Natur versenkten, ins ursprüngliche Leben und in eine schönere Vergangenheit. Die Heimat Brittings war darin beschrieben: Land und Landschaft an der Donau und deren Nebenflüssen von Nord und Süd. Manchmal war das Idyll schwarz grundiert. Die Natur hatte ihre eigenen Gesetze. Kämpfe wurden ausgetragen zwischen den Elementen, zwischen Mensch und Tier. Pan und die Wasserjungfern trieben ihr Unwesen. In den Flüssen, Teichen, Tümpeln, erst recht in den Altwassern schwelte Unheil.

Brittings Gedichte und Erzählungen – und nicht allein die in der *Kleinen Welt am Strom* – beeindruckten mich und andere Leser durch ihre Szenerie, ihre Sprache, ihre Metaphorik. Ein Dichter, der keine Prosa- oder Gedichtzeile stehen ließ, die nicht geprägt war von seiner handwerklich sorgfältigen, strengen Kunst. Ungewöhnlich die Fülle der Bilder: mal impressionistisch zart, mal realistisch kräftig und deftig. Liebe zur Malerei schien sein Schreiben zu bestimmen. Hunderte von Adjektiven bezeugten es: gelb und blau, grün und rot, schwarz und weiß, silbern und golden. Manchmal verstärkt durch Vergleiche und Wort-Koppelungen. Wiederholungen schien er zu schätzen, um die *eine* Farbe, auf die es ankam, dem ganzen Bild aufzutragen; oder die vereinzelte andere Farbe desto kräftiger dagegen abzuheben.

Kenntnisreicheren Lesern fiel auf: Die Geschichten und Erzählungen in der *Kleinen Welt am Strom* waren eigentlich nicht zeitgemäß. Sie waren beeinflußt vom Expressionismus, den man von 1933 an, im Erscheinungsjahr des Buches, zu verdammen und zu verfolgen begann. Britting, 1891 geboren, hatte mit den Protagonisten des Expressionismus die Generationserlebnisse gemeinsam – Weltkrieg, Schock und Ernüchterung –, und er war, als er zu schreiben anfing, miterfaßt von den Programmen und Theorien des expressionistischen Aufruhrs. Darauf folgte – und er war auch da nicht allein – eine »Zeit der Wandlung und Entfaltung zum Individualtypischen«, wie Dietrich Bode nachgewiesen hat. Gegenrichtungen wurden mächtig: Neue Sachlichkeit, Magischer Realismus, Naturdichtung. Britting war dabei, als Martin Raschke um die Zeitschrift *Die Kolonne* (1929–1932) Dichter und Dichterinnen versammelte, die ihre Hinwendung zur Natur programmatisch bekundeten.

Ein Jahr vor der *Kleinen Welt am Strom* war Brittings einziger Roman erschienen. Er trug den langen, auffälligen Titel: *Lebenslauf eines dicken Mannes, der Hamlet hieß*. Zwei, drei Verlage hatten das Manuskript abgelehnt. Bei Albert Langen/Georg Müller riskierte man die Publikation – und gewann damit den Autor auch für die nächsten Bücher. Die zustimmenden Rezensionen überwogen die abwehrenden. Bergengruen, Hesse, Hanns Braun, Günter Herzfeld lobten den Roman angemessen. Ernst Wiechert hielt am 24. Januar 1933 in der Fichte-Gesellschaft Berlin eine Begrüßungsrede für den anwesenden Verfasser und pries das Buch »in seiner Mischung von Besessenheit und Gleichgültigkeit«, das wenig seinesgleichen habe in der deutschen Dichtung.

Als Britting 1925/26 die Erzählung *Das Landhaus* schrieb, konnte er noch nicht wissen, daß er sie in sieben weiteren Kapiteln fortsetzen werde zum Roman. Die Auskünfte über die Entstehung dieser Kapitel sagen: sie wurden in einer Art

Rausch geschrieben, in etwa fünf Wochen, in einem Dorf in Tirol: »...in einem wunderbaren Bauernhaus, voll Heuduft.« Bemerkungen in und zu Shakespeares *Hamlet* hatten ihn inspiriert und, wie er selber sagte, »amüsiert und fasziniert«. Zum einen das Ende der Duellszene, an dem die Königinmutter sagt: »Er ist fett und kurz von Atem.« Britting kannte aber auch die Seiten in *Wilhelm Meisters Lehrjahre,* die noch ausführlicher mit diesem Hamlet sich befassen. Wilhelm, der Theaterdirektor Serlo und dessen Schwester Aurelie sprechen über die geplante *Hamlet*-Aufführung, den Text und die Rollen. Wilhelm erläutert: »Ihm wird das Fechten sauer, der Schweiß läuft ihm vom Gesichte, und die Königin spricht: Er ist fett, laß ihn zu Atem kommen. Kann man sich ihn da anders als blond und wohlbehäglich vorstellen ... Paßt nicht auch seine schwankende Melancholie, seine weiche Trauer, seine tätige Unentschlossenheit besser zu einer solchen Gestalt, als wenn Sie sich einen schlanken braunlockigen Jüngling denken, von dem man mehr Entschlossenheit und Behendigkeit erwartet?« Aurelie widerspricht dieser Auslegung Wilhelm Meisters heftig: »Sie verderben mir die Imagination, rief Aurelie, weg mit Ihrem fetten Hamlet! Stellen Sie uns ja nicht Ihren wohlbeleibten Prinzen vor! Geben Sie uns lieber irgendein Quidproquo, das uns reizt, das uns rührt. Die Intention des Autors liegt uns nicht so nahe, als unser Vergnügen, und wir verlangen einen Reiz, der uns homogen ist.«

Aurelie sprach vor, was Britting zusätzlich reizte. Ein Roman, der gegen die konventionelle »Intention« verstößt; der dem »Vergnügen« und »Reiz«, die erwartet werden, sich widersetzt, indem er sie nicht erfüllt. In *Hamlet* konnte der Verfasser sich selber spiegeln. Nicht nur ein Hamlet »wohlbeleibt« und »wohlbehäglich«, sondern ein dem *Amor fati* zugeneigter Hamlet. Ein Fatalist, ein Melancholiker, ein Ironiker; der Spannung ausgesetzt zwischen Tat und Resignation, Aktivität und Kontemplation. All dem verschlossen, was die Menschen schätzen: der Liebe sogar. Nur wenn er ißt und trinkt, ist alle Spannung aufgehoben. Wieder die schwarze Grundierung, die zur hellen Sinnenfreude kontrastiert. Wer den *Hamlet*-Roman nur »humoristisch« nannte, hatte ihn nicht gründlich genug gelesen.

Ein anderer Hamlet also, eine andere Ophelia, eine andere Königinmutter, ein anderer Claudius und Polonius als im Shakespeare-Drama. Ophelia hat Hamlet einen Sohn geboren; ein Kronprinz, der dem Vater gleicht. Sie selber stirbt und treibt den Fluß hinunter. Weder Laertes noch Horatio treten auf; nicht mal Rosenkranz und Güldenstern. Kein Totengräber. Kein Fortinbras. Dafür schickt Britting Figuren ins Spiel, die er erfunden hat. Xanxres, den heringsdünnen, treuen Begleiter. Solonson, den Riesen und Sänger. Greta und ihre drei intriganten Brüder. Die Dienerin Anna, die Hofdamen. Die hohen Offiziere haben dänische Namen: Babubsen und Oldensleven. Die Norweger werden in der Schlacht von Sönheim geschlagen.

Hamlet tut sich dabei mehr als Zuschauer denn als Held hervor, und doch schreibt man ihm das Verdienst des Sieges zu. Hamlet tötet Stiefvater Claudius nicht mit Degenstich und Gift; beim Siegesmahl zwingt er ihn zu saufen und zu fressen, bis der Schlag ihn trifft. Hamlet regiert als König ein Jahrzehnt lang maßvoll und gerecht. Dann überläßt er der ehrgeizigen Mutter und dem eifrigen Polonius die Regentschaft. Mit seinem Sohn, dem der Vater Statur und Gemüt vererbt hat, zieht er sich zurück ins Kloster, »in einen Ort des Wohllebens«, hinter »eine lange, weiße Mauer, eine feste, beständige Steinmauer, rundherum, voll Sicherheit und Stärke rundherum«.

Hamlet, der Mönch, der jedoch nicht wie ein Mönch lebt, ißt und trinkt; er kann weder gehen noch stehen, nicht einmal zum Schlaf sich niederstrecken. Festgehalten in seinem

»Räderstuhl« hat er Zeit zum Räsonieren. »Es war schließlich kein großer Unterschied, ob man herumlief und schreien konnte oder ob man gelähmt war und stumm. Warum lief man herum, warum schrie man, warum sah man stumm dem blauen Himmel aufmerksam zu?« Hamlet, der Verweigerer, hat sein Ziel erreicht: Er ist allein. Er drückt – so ist das Schlußbild – das Nachtlicht mit den Fingern aus: »... um die Sterne besser zu sehen«.

Die Verwendung expressionistischer Technik und Optik ist offensichtlich. Bald Nah-, bald Fernaufnahmen. Kein Darstellungsmittel ist wichtiger als das Bild. Das Gesamtbild, viele Nebenbilder, die zusammenwirken, aber auch als Einzelbilder Bedeutung haben. Der Grundrhythmus ist durchgehalten. Nicht der Reihe nach wird erzählt; jedes Kapitel hat seine eigenständige Stellung und Stimmung. Die Welt, die Hamlet umgibt – die Landschaft, die Räume, Witterung, Jahres- und Tageszeiten –, ist bedeutsam als Charakterisierung der Personen und der Vorgänge. Die »Naturdichtung« ist gegenwärtig. Vor allem in den ersten Kapiteln breitet sie sich aus in ihrer Hypertrophie und Beschreibungslust der Landschaften, Pflanzen und Tiere.

Es keimt und sproßt, blüht und reift, duftet und riecht, und die Sprache, die Vergleiche, die Adjektive, die Verben bringen es zustande. Die Liebe zur Malerei bekundet sich zur impressionistisch modernen, aber auch zur realistisch altdeutschen Malerei. Die Beschreibung der Schlacht von Sönheim erinnert nicht zufällig an Altdorfers Gemälde *Alexanderschlacht*. Wie dort ist im *Hamlet*-Roman das große Panorama ebenso gleichwertig ausgeführt wie das kleine Detail.

Beim Wiederlesen nach über fünfzig Jahren vollzieht sich nach, wie der Roman früher gewirkt hat und warum er ein besonderer und wegweisender Roman war. Heute regt er zur genaueren Lektüre an; zugleich zur Erforschung der Umgebung, in der er erstand. Auch jungen Lesern, die diesem

Hamlet zum ersten Mal begegnen, müßte er gefallen; nicht nur, weil er »ein grünes Buch« ist, wie Ludwig Harig schwärmte; auch weil es ein provokatorisches Buch war, was man aus der weiten Entfernung noch viel besser erkennt als damals.

Romantisch, anarchisch, beutelüstern

Walter Hinck über Hermann Broch: *Die Schlafwandler* (1932)

Mit einem Überraschungscoup endet der erste Roman in Brochs Trilogie *Die Schlafwandler.* Nur vier Sätze umfaßt der vierte und letzte Abschnitt, Sätze, die den Leser zugleich brüskieren und herausfordern. An den ausführlichen und genauen Bericht über eine seltsam verkehrte Hochzeitsnacht schließt sich diese lakonische Mitteilung an: »Nichtsdestoweniger hatten sie nach etwa achtzehn Monaten ihr erstes Kind. Es geschah eben. Wie sich dies zugetragen hat, muß nicht mehr erzählt werden. Nach den gelieferten Materialien zum Charakteraufbau kann sich der Leser dies auch allein ausdenken.«

Eine Bankrotterklärung des Erzählers? Oder vielleicht ein Kunstgriff, die Einbildungskraft des Lesers beweglich und ihn so zu einer Art Mitschöpfer des Romans zu machen? Um ein Eingeständnis der Unfähigkeit oder der Ratlosigkeit kann es nicht gehen, denn der Erzählatem reicht ja noch für zwei weitere Romane. Und die Theorie vom Leser als Mitautor fände nirgendwo sonst in der Trilogie eine Stütze.

Immerhin hätte ein Offenbarungseid des Erzählers jenen kritischen Zeitgenossen ins Bild gepaßt, die sich auf Brochs Doppelexistenz als Schriftsteller und Direktor (Besitzer) einer Spinnfabrik bei Wien keinen Reim machen konnten und vielleicht auch der Meinung waren, daß sich für ein Vorstandsmitglied des österreichischen Textilverbandes die Schriftstellerei nicht schicke. Doch als die Romantrilogie erschien, 1931/32, hatte Broch die Spinnfabrik schon verkauft und ein spätes fünfjähriges Gaststudium der Philosophie, Mathematik und Physik an der Universtität Wien hinter sich.

Nein, der unvermittelte Abbruch des Romans ist nicht Zeichen künstlerischer Schwäche oder Raffinesse, sondern künstlerischer Unlust, des nicht mehr zu unterdrückenden Mißbehagens an der gewählten erzählerischen Form. Zwar beobachten wir bei Broch ein chronisches Ungenügen: von seinen ersten bis zu seinen letzten Prosaversuchen begleitet ihn der Zweifel, ein Gefühl der Unsicherheit, ob denn die erzählerische Form – auch die modernste – überhaupt ausdrükken kann, was er mitzuteilen hat. Doch hier verschärft sich das Ungenügen zur Weigerung, die Erzählung über den erreichten Punkt hin fortzusetzen.

So unterscheidet sich in der Romanform der zweite vom ersten Teil. Und von beiden hebt sich noch einmal entschieden der dritte ab. Die Formen werden immer komplexer, fordern eine immer stärkere Leseanspannung.

Die Handlungsschauplätze der *Schlafwandler* lassen nicht unbedingt auf einen österreichischen Autor schließen. Nicht »Kakanien«, nicht die Donaumonarchie wie in Musils *Mann ohne Eigenschaften* oder in den Romanen Joseph Roths, ist Brochs Thema, sondern das Wilhelminische Zeitalter. Die drei Romantitel der Trilogie deuten es an: *1880, Pasenow oder die Romantik, 1903, Esch oder die Anarchie* und *1918, Huguenau oder die Sachlichkeit*. Es sind drei Etappen, der Beginn, die Mitte und das Ende der Regierungszeit Wilhelms II., die dem Romangeschehen das historische Gerüst geben.

Dennoch ist die Trilogie keine epische Chronik dieser Epoche, jedenfalls nicht im buchstäblichen Sinne. Keine historischen Personen treten als Romanfiguren auf, keine politischen Ereignisse steuern das Romangeschehen, nur im dritten Teil lassen sich alle Handlungsverläufe als unmittelbarer Ausdruck des chaotischen Kriegsendes von 1918 verstehen.

Was die Trilogie sichtet, sind nach Brochs Kommentar Lebenshaltungen der Epoche: im ersten Roman, in der Figur des ostelbischen adligen Offiziers und Gutsherrn Joachim v. Pasenow, eine ethisch-ästhetisierende Lebenshaltung mit ihren religiösen und erotischen Problemen, im zweiten, in der Figur eines rheinischen Kleinbürgers, des Buchhalters Esch, die »anarchische« Zwischenstellung eines Menschen, der zwar noch den traditionellen »Werthaltungen« verhaftet, aber auch schon vom kommerziellen Geist ergriffen ist und auf die dumpfe Frage nach dem Lebenssinn Ersatzantworten in zwielichtiger Erotik und verquollener Mystik sucht. Im dritten Roman hat die Hauptfigur, der elsässische Textilkaufmann Wilhelm Huguenau, ein Deserteur, den seine »Odyssee« in ein Nebental der Mosel verschlug, ein irreligiöser und unerotischer Mensch, mit den überlieferten Werten nichts mehr zu tun.

Die Trilogie ist zu einer Zeit erschienen, da das Ende der nächsten geschichtlichen Periode, das Scheitern der Demokratie, schon abzusehen war, da die Machtergreifung Hitlers vor der Tür stand, die den »Zerfall der Werte« nun wirklich zu grauenhafter Deutlichkeit bringen sollte. Auch wenn Broch als Österreicher die Zuckungen der Weimarer Republik nur von außen beobachtete, hatte er ein Gespür für Kommendes, ja vielleicht bildete gerade die Distanz dieses Gespür aus.

Dennoch ist Skepsis angebracht gegenüber seinem Versuch, *Die Schlafwandler* im Rückblick zum prophetischen Roman schlechthin zu stilisieren, zu einem Werk, das »die Prädestination des deutschen Menschen zur Hitlerei« zeigt. »Es muß Ihnen ja bei der Lektüre aufgefallen sein«, schreibt er in den Vereinigten Staaten an den Verleger Kurt Wolff, »wie der soziale Querschnitt, der in den drei Bänden gezogen ist, fast in allen Charakteren sich als Nazi-Nährboden offenbart, wie da schon alle Elemente des Nazitums, das romantische wie das mystische wie das anarchische wie das pfiffig-beutelüsterne usw. bereitliegen.« Für eine wirkliche Analyse des

»Nazi-Nährbodens« bleibt Brochs Demonstration von »Lebenshaltungen« zu vage. Prophetisch allerdings ist der Roman darin, daß er den Durchbruch und die Herrschaft des Irrationalen ahnen läßt.

Broch glaubt, seinen geschichtsphilosophischen Entwurf durch Figuren und Handlungen allein nicht mehr sinnfällig machen zu können, er delegiert bestimmte Aufgaben an eingeschaltete philosophische Essays. So wird die Form des Gesellschafts- und Zeitromans von innen her durch den philosophischen Roman aufgebrochen. Mit dieser Abkoppelung der philosophischen Reflexion vom Erzählvorgang scheint sich der moderne Essay-Roman nicht nur die angemessene Ebene für den Ausdruck von Gedanken und Ideen, sondern auch den Freiraum für erzählerisches Fabulieren zu schaffen: indem sich der Autor als Theoretiker und Philosoph in Klausur begibt, kann er sich außerhalb der Essays und Exkurse ganz der sinnlichen Vielfalt des Lebens zuwenden: Er kann dem Roman ein intellektuelles Niveau sichern und braucht doch seine Figuren nicht allesamt Philosophen sein zu lassen.

Indessen haben diese Vorteile eine Kehrseite, die das Dilemma Brochs enthüllt: er verlangt für seinen Roman zwei verschiedene Leserhaltungen – sowohl die eines literarisch wie die eines rein philosophisch interessierten Publikums. Indem er den Versuch aufgibt, beiden Lesererwartungen erzählend gerecht zu werden, verschmäht er eine Lösung, wie sie Thomas Mann so überzeugend im Roman *Der Zauberberg* gelungen ist.

Der eigentliche Held der Trilogie und der eigentlich moderne Mensch, so kommentiert Broch, sei der aus dem Offiziersdienst geschiedene und in der Wirtschaft emporgestiegene Eduard v. Bertrand, ein Finanzmann großen Stils, der allerdings in der Resignation des Ästheten und schließlich durch Selbstmord ende. Für die Rolle, die Broch ihr zuerteilt, bleibt aber die Figur zu konturlos. Im ersten Roman noch handelnde Person, ist Bertrand im zweiten Hintergrundfigur, die nur einmal, in einer traumhaften Szene, gegenwärtig wird; in bestimmten Abschnitten des dritten Romans scheint sie sich im Ich-Erzähler Dr. phil. Bertrand Müller verlarvt zu haben. Die symbolische Allgegenwärtigkeit jedenfalls, die Broch und viele gutgläubige Interpreten der Figur zuschreiben, prägt sich dem Bewußtsein des Lesers nicht ein.

Das hängt auch damit zusammen, daß die Romanform eben im dritten Teil nicht mehr dieselbe ist wie im ersten. Was sich innerhalb der Trilogie spiegelt, ist ein literaturgeschichtlicher Prozeß im kleinen: aus der Form eines verhältnismäßig traditionellen Romans wickelt sich die des modernen Romans heraus. Broch legt einen Weg zurück, der von Theodor Fontane zu James Joyce führt.

Der ständige Wechsel zwischen Berlin, dem Garnisonsort des Premierleutnants v. Pasenow, und dem Sitz der Familie, Gut Stolpin; der ironisch erzählte Tageslauf des alten v. Pasenow, der ganz auf die Ankunft der Post fixiert ist; die Duellaffäre des Bruders, die den Widerspruch zwischen dem Zeitalter der Fabriken und Eisenbahnen und dem alten aristokratischen Ehrenkodex aufdeckt; die süße und dann bitter endende Liaison mit dem böhmischen Mädchen Ruzena; die schließlich nicht länger zu umgehenden Pflichten: Übernahme des Guts und standesgemäße Heirat – das alles zeigt den österreichischen Autor auf den Spuren des preußisch-märkischen Erzählers.

»Romantisches« äußert sich in der Gestalt v. Pasenows als eine Verinnerlichung und Übersteigerung ständischer, moralischer und religiöser Grundsätze. Das Erotische spaltet sich in die beglückende irdische Liebe zu Ruzena und die fast »himmlische Liebe« zu Elisabeth v. Baddensen, der Lichtgestalt über dem »Pfuhl«. Broch schildert das skrupulöse Gebaren v. Pasenows in der Hochzeitsnacht, die Furcht, »Beute unreiner Gedanken zu werden«, mit psychologischem

Scharfblick für eine letztlich dekadente Haltung, für eine Verfeinerung, die allerdings besser ins österreichische *Fin de siècle* paßt als ins wilhelminische Preußen.

Der zweite Roman führt sich gleich mit Gegensätzen ein. Der Schauplatz wechselt von Preußen ins Rheinland, von den Häusern des Adels zu denen des Kleinbürgertums. Der gebrochenen Erotik v. Pasenows steht Eschs handfeste, nicht eben wählerische Sexualität gegenüber, der sich erst später eine wirre Sehnsucht nach dem Absoluten und nach Erlösung beigesellt. Während die Wirklichkeit der Industriearbeit, Borsigs Maschinenfabrik in Berlin, dem Weltverständnis v. Pasenows völlig fremd blieb, gehören für Esch die Freundschaft zu einem Gewerkschafter, dessen Verurteilung und der Arbeiterstreik zur Alltagserfahrung.

Die Kommerzialisierung des Kleinbürgers, das Ausgreifen des Buchhalters ins Unternehmerische, nämlich Eschs Beteiligung an einem zweifelhaften Showgeschäft mit Damenringkämpfen in Köln und einem Duisburger Theater, scheitert im Bankrott. Eine utopische Hoffnung knüpft sich an den Wunsch, nach Amerika auszuwandern. Dem utopischen Hoffen verwandt ist jener Zustand sehnsüchtiger Erwartung, jener Schwebezustand zwischen »Noch-nicht-Wissen und Schon-Wissen«, den Broch »Schlafwandeln« nennt und – wie der Romantitel zeigt – als eine allen Figuren gemeinsame Verfassung versteht.

Mit dem Wechsel von Erzählerbericht und erlebter Rede, von Außen- und Innensicht, mit der Vermischung von Tages- und Traumwelt und einer ersten Verselbständigung der philosophischen Reflexion bildet der zweite Roman die Brücke zum dritten, in dem das Mittel der Montage verschiedene literarische Formen hart aneinanderrückt. Drei Reihen kreuzen sich ständig: das eigentliche Handlungsgeschehen, sechzehn Abschnitte der teils in Prosa, teils in Gedichtform erzählten Geschichte eines Heilsarmeemädchens und eines jungen Juden in Berlin sowie zehn philosophische Essays zum Thema »Zerfall der Werte«.

Das kaleidoskopisch vorbeiziehende Geschehen in einer Stadt des Moselgebietes bringt v. Pasenow, den der Krieg als Stadtkommandanten, und Esch, den eine Erbschaft hierher verschlagen hat, mit dem Deserteur Huguenau zusammen. Beide werden auch in Huguenaus kühne und schwindelhafte Finanzmanipulationen verwickelt. Das Erzählgeschehen erhält seine Farbigkeit durch die rasche, geradezu filmische Folge der Bilder. Auch hier wieder überschneiden sich die Reihen – Parallelgeschichten, die jeweils nur kurz beleuchtet werden: neben denen der Hauptpersonen die eines verschütteten, nun sein Ich nicht wieder annehmenden Soldaten, eines in Trunksucht und Zynismus fliehenden Offiziers und einer in der kriegsbedingten Isolierung völlig vereinsamten Frau.

So rettet gerade die scheinbar zersplitterte Form dem Roman etwas wie Totalität in der Darstellung des chaotischen Kriegsendes. Und mag sich auch Brochs Roman *Der Tod des Vergil* (1945) mit seinem durchgehenden Bewußtseinsmonolog der avantgardistischen Erzählform konsequenter bemächtigen und der ästhetischen, tiefenpsychologischen und philosophischen Fragen in umfassenderer Weise annehmen, so bleibt ihm doch die *Schlafwandler*-Trilogie als die »abgekürzte Chronik« einer an Lebenshaltungen kenntlichen Epoche überlegen.

Was heute klarer hervortritt als beim Erscheinen des Romans, sind seine Widersprüche: die kritische Darstellung eines verschwommenen, religiös-ethischen Mystizismus und seine Aufwertung zu einer Erlösungssehnsucht, die Warnung vor einem Irrationalismus und die neutrale Haltung ihm gegenüber – etwa wenn Huguenaus Mord an Esch als Durchbruch des Irrationalen erklärt und das Irrationale zu einem »Absoluten des Lebens« erhoben wird. Diese Neutralität ist nach den irrationalen Exzessen jener politischen Macht, die den

(katholisch getauften) Juden Broch selbst 1938 über England ins amerikanische Exil trieb, noch problematischer geworden.
Seine Geschichtsphilosophie, die das ideale Wertzentrum ins Mittelalter, in die Einheit des christlichen Glaubens verlegt, berührt sich mit Gedanken, die nach dem Zweiten Weltkrieg ihre Zeiten hatten und zu kritischen Parolen wie »Verlust der Mitte« gemünzt wurden. Merkwürdig blind bleibt Broch, mit seiner Theorie vom Zerfall der Werte seit der Renaissance, für die Bedeutung der Humanitätsidee, zumal des achtzehnten Jahrhunderts. Sie wird ihm erst deutlich im Angesicht der höhnischen Verletzung von Humanität und Menschenrecht durch den Hitlerstaat.
So bleiben Eindruck und Urteil nach der Lektüre gespalten. Daß die Trilogie etwas von Grund auf Verschiedenes in eins zwingt, hat Broch selbst zu verstehen gegeben durch seinen Wunsch, die zehn Essays zum »Zerfall der Werte« zusammenzufassen und gesondert als philosophische Abhandlung zu veröffentlichen. Die Einsicht, daß andererseits die Erzählpartien und die Essays wechselseitig aufeinander verweisen, wird den Verleger bewogen haben, sich den Anfragen des Autors gegenüber taub zu stellen.
Zum Großteil sind Handlungen und Figuren sehr konkret; das bestätigte auf indirekte Weise vor Jahren eine Fernsehbearbeitung des Mittelteils, *Esch oder die Anarchie*. Durch die spannende erzählerische Darstellung wirkt die Romantrilogie überzeugender als durch ihre Wertphilosophie, die, beim heutigen Leser mehr noch als beim früheren, der Bereitschaft zu kritischer Auseinandersetzung bedarf. Ich kann nur empfehlen, beides anzunehmen: das Angebot wie die Zumutung. Denn auch wo der Roman scheitert, geschieht es auf hoher Ebene.

Eine Welt voller Enkel

Hilde Spiel über Joseph Roth: *Radetzkymarsch* (1932)

Zu Ende des ersten Teils von Joseph Roths Roman *Radetzkymarsch* hängt der Leutnant Carl Joseph von Trotta einen Säbel in den Schrank, den ihm der jüdische Regimentsarzt Demant vermacht hat. Er hält das Portepee in der Hand. »Die metallumwobene Seide rieselte zwischen den Fingern, ein kühler, goldener Regen.« In diesem einen Satz wird für alle, die noch einen Hauch von ihr verspürten, die Habsburgermonarchie zur Gegenwart. Denn dieses Reich war geeint und versinnbildlicht nicht durch seine Regierung, seine Diplomatie oder seine Bürokratie, die in gleicher Weise seinem übernationalen Gefüge entsprachen, sondern durch seine Armee. Und die Armee wiederum wurde augenfällig in ihren Attributen und Emblemen, in jener Standarte etwa, mit deren Hilfe sie ein anderer Elegiker Altösterreichs, Alexander Lernet-Holenia, heraufbeschworen hat, oder in Joseph Roths Portepee, dessen rieselnder Regen als Herbstregen wiederkehrt und das Leben des Kaisers wie das gesamte Buch beschließt.

Diese Armee, seit 1866 nicht mehr im Kampf erprobt, erfüllte das Gegenteil ihrer ursprünglichen Funktion. Sie war ein Instrument der Völkerverständigung, des friedlichen Ausgleichs der verschiedenen Sprachen, Sitten, Religionen und Wesensarten aller, die in ihr dienten. Als sie in diesem Roman auseinanderzufallen droht, geschieht es in dem Augenblick bei dem Fest einer Grenzgarnison, da die Nachricht vom Attentat in Sarajevo eintrifft und mit einem Mal die magyarischen Offiziere des Jägerbataillons ungarisch miteinander zu reden beginnen. Daß sie dann auch noch auf deutsch den ermordeten Thronfolger – der ihnen die Tschechen vorgezogen hat – als Schwein bezeichnen, ist nur halb so schlimm wie dieser Ausbruch aus dem gemeinsamen Sprachverband. Es ist ein Beispiel für die Kunst Joseph Roths, einen konkreten Vorgang, ganz ohne überhöhten Anspruch, mit symbolischer Beweiskraft zu erfüllen. Je genauer die Schilderung und scheinbar unbewußter die Absicht, desto zwingender ihre allgemeine Anwendbarkeit.

Mit seinem *Hiob*, 1930 veröffentlicht, hatte Roth sich von der Feuilletonistik und dem Stakkato der Neuen Sachlichkeit endlich freigeschrieben und als Erzähler von langem Atem und erstem Rang etabliert. Als Kritiker, Essayist, Polemiker war er bereits außerordentlich gewesen: Günter Blöcker hat ihm eine »blitzende Schärfe und federnde Eleganz« attestiert, »mit der verglichen Tucholsky sentimental und schwammig wirkt«. Seine epische Prosa, beginnend mit dem Roman *Hotel Savoy* (1924), war zunächst noch durchweht von expressionistischer Ekstatik und gehorchte zugleich dem Auftrag, wahrheitsgetreuer Bericht, Stimme und Gesicht der Zeit, keinesfalls jedoch Fiktion oder gar Allegorie zu sein. »Im Roman hat nicht Abstraktes vorzukommen«, schrieb Roth 1925 an Bernard von Brentano. »Überlassen Sie das Thomas Mann.« Dichtung wurde nicht angestrebt. Und so mag man, in Grenzen, Robert Musils verächtlich formuliertes Lob – dem Schriftsteller Soma Morgenstern gegenüber ausgesprochen – verstehen und verzeihen: »Ihr Freund Roth ist in einem seiner Bücher einmal ein Dichter.«

Doch hier ging es bereits um den *Hiob*, und Musils Herablassung kam zu spät. In dieses Buch war die eine Hälfte der großen Thematik Roths in so poetischer wie gelassener Form eingeflossen, und er hatte selbst gewünscht, es möge zur Kenntnis genommen werden, daß zum erstenmal »meine Melodie eine andere ist als die der Neuen Sachlichkeit, die mich bekannt gemacht hat«. Im *Hiob* schrieb er vom Elend und der Würde des Ostjudentums, dem er selbst entstammte, das er durchschaute wie kein zweiter und zugleich verklärte: jenes Ostjudentums, dessen Lebenshintergrund er 1914 in einem Brief aus Galizien als einen »Augiasstall« bezeichnet hatte – »Im grauen Dreck sieht man bloß ein paar Judengeschäfte. Alles schwimmt, wenn es regnet, alles stinkt, wenn die Sonne scheint« – und dem er doch die höchste Leidensfähigkeit, die gläubigste Humanitas zugestand.

Es war nur die eine Hälfte des Stoffgebiets, das er durchwandern und seinen Lesern erschließen wollte, ein regionaler Opfergang, in dessen Verlauf er die Bedrückungen seiner Kindheit bezwang und überwand. Die zweite, gleichsam darübergelagerte Hälfte war bestimmt von der höheren Ordnung jenes Vielvölkerstaates, der ihm und seinesgleichen bis 1918 Schutz und Schirm gewesen war. Vielleicht waren die Juden seit Jahrtausenden keine Nation mehr, sondern ein mehr oder weniger integrierter Fremdkörper in den verschiedensten Ländern und Erdteilen, sogar die wahrsten Österreicher. Nicht anders hat sie auch Franz Theodor Csokor in seinem Drama *3. November 1918* aufgefaßt, als er die Offiziere eines gleichfalls zerfallenden Regimentes ihrem toten Oberst eine Schaufel »Erde aus Ungarn«, »Erde aus Polen«, »Erde aus Kärnten, slowenische und tschechische Erde« ins Grab streuen läßt, und nur den Regimentsarzt Grün – einen Verwandten von Doktor Demant – »Erde aus Österreich«.

Zu Beginn seiner Studien hatte der Biograph Joseph Roths, David Bronsen, sich gefragt, wie ein und derselbe Verfasser den »erzösterreichischen *Radetzkymarsch* und den erzjüdischen *Hiob*« schreiben konnte. Er merkte bald, daß es lediglich zwei Schichten in Roths Bewußtsein bloßzulegen galt, deren eine ohne die andere nicht denkbar war. Es gibt der Selbstzeugnisse genug, in denen Roth sich zu jenem Österreich bekannte, das er ebenso durchschaut und gleichzeitig verklärt hat wie das Ostjudentum. In seinem Vorwort zum Vorabdruck des Romans *Radetzkymarsch* in der *Frankfurter*

Zeitung schrieb er unumwunden: »Ein grausamer Wille der Geschichte hat mein altes Vaterland, die österreichisch-ungarische Monarchie, zertrümmert. Ich habe es geliebt, dieses Vaterland, das mir erlaubte, ein Patriot und ein Weltbürger zugleich zu sein, ein Österreicher und ein Deutscher unter allen österreichischen Völkern. Ich habe die Tugenden und die Vorzüge dieses Vaterlandes geliebt, und ich liebe heute, da es verstorben und verloren ist, auch noch seine Fehler und Schwächen. Deren hatte es viele. Es hat sie durch seinen Tod gebüßt.«
Bronsen hat sich mit dieser Erklärung nicht zufriedengegeben und den sehr persönlichen Gründen für die Bindung Roths an das Habsburgerreich, mehr noch, an dessen Monarchen, nachgespürt. Roth habe, so Bronsen, den Verlust des vor seiner Geburt entschwundenen Vaters nicht verwinden können, und die Trauer um ihn »wurde zum eigentlich erst im Rückblick empfundenen Schmerz über den verstorbenen ›Landesvater‹, den Kaiser Franz Joseph I.« Immer und allezeit habe er den ihm unbekannten Vater mythologisiert, ihm die verschiedensten Daseinsformen – ein hoher österreichischer Staatsbeamter, ein frühzeitig pensionierter und im Wahnsinn geendeter Eisenbahnbeamter, ein Offizier, ein Edelmann – zugeschrieben. Schließlich erzählte er sogar, er sei der natürliche Sohn eines polnischen Grafen gewesen. Und hier berührt Roth sich auffällig mit jenem anderen Dichter einer Nänie auf Österreich, Lernet-Holenia, in dessen Werk eine ähnliche Ungewißheit über die väterliche Herkunft immer wieder abgewandelt wird.
Das weitverbreitete Syndrom läßt ahnen, daß der Untergang einer sechs Jahrhunderte währenden Dynastie zumindest im Bereich ihrer Hausmacht lange nicht geheilte Wunden oder schwer verwischbare Spuren hinterlassen hat. Ein Identitätszweifel, wenn nicht Identitätsverlust war die häufige Folge. Roth seinerseits identifiziert sich mit mehr als einer seiner

Figuren: mit dem Leutnant Trotta, Enkel eines Helden und selbst ein »passiver Held« wie Grillparzers Rustan, Hofmannsthals Hans Karl Bühl, Musils Ulrich und Doderers Melzer; dann mit dem Grafen Chojnicki, dem er sowohl die nötige Kritik an dem vergreisten Kaiser wie die zynische Verzweiflung über den Fall des Hauses Österreich in den Mund legt und den er im Irrsinn enden läßt; zuletzt unvermeidlich mit dem Doktor Demant, dessen Großvater »ein König unter den jüdischen Schankwirten« gewesen war. In allen dreien hat er seine eigenen Wunschträume und Angstträume verdichtet und die vielfältigen Wurzeln seiner Existenz enthüllt.

Als der Roman, ein Jahr vor Hitlers Machtergreifung, in Berlin erschien, gab es immer noch genügend Menschen in Deutschland, die seine Bedeutung zu würdigen vermochten. 25 000 Exemplare der Originalausgabe wurden verkauft, bevor die neuen Reichsgesetze die Auslieferung unterbanden und den Autor noch dazu um seine Einnahmen aus den Auslandsrechten prellten. Hermann Kestens Rezension vom September 1932 hatte den Erfolg auf den Weg gebracht. Er fand, der *Radetzkymarsch* enthalte eine »epische Verzauberung« und einen »epischen Reichtum an Welt«, die geschaffen würden durch »Gleichmäßigkeit und Ruhe der objektiven Darstellung« und jene »klassische Fähigkeit« der Betrachtung, »die zugleich Weltanschauung und Technik« ist. Daß es sich bei der Geschichte des Leutnants Trotta um den »beispielhaften und symbolischen Lebenslauf eines ganzen Landes von Enkeln, einer Welt von Enkeln« handle, hat Kesten sofort erkannt.

Gleichwohl gab es zurückhaltendere Urteile, etwa das von Emil Faktor, einem einflußreichen Publizisten der Weimarer Republik. Der Roman, meinte er, habe »sehr starke Partien, Visionen von Reiz«. Naturbilder seien mit Dichteraugen gesehen. Eine Anzahl von Kapiteln jedoch sei »Atelierarbeit,

Feuilletonismus, Stilkunst, Interpretationswillkür«. Und dann kamen die bösen, für den Autor, der sie las, einen Augenblick lang gewiß vernichtenden Worte: »Das eigentliche Buch über Österreich schreibt seit Jahren Robert Musil, dessen Großprojekt *Der Mann ohne Eigenschaften* ein Werk von tausend Seiten ergab und sich in ebenso dicken Bänden fortsetzen wird. Dort ist ein geniehafter Mensch an der Arbeit. Joseph Roth ist hochbegabt, inmitten seiner Entwicklung... Man erhofft von seinen Fähigkeiten einen Aufstieg, der über Stimmungsregie hinauswächst.«

Wir sind heute nicht mehr geneigt, Musil gegen Roth auszuspielen und noch weniger seine eigene hochfahrende Bezeichnung des *Radetzkymarschs* als »sehr hübsch geschriebenen Kasernenroman« hinzunehmen. Beide Schriftsteller haben ihren gesonderten Platz im Pantheon der deutschsprachigen Literatur. Musils Monumentalroman, so scheint es mir, kann man bewundern, Roths schlichteres Buch darf man lieben, mit einer ebenso zärtlichen Liebe, wie er sie selbst an seinen Gegenstand gewendet hat, wie sie aus jeder seiner Zeilen spricht. Er war mit gleicher Aufrichtigkeit dem alten Kaiser und den streikenden Arbeitern der Borstenfabrik zugetan, dem spartanisch-ärarischen Bezirkshauptmann von Trotta und den galizischen Judenältesten mit ihren »lange wehenden silberweißen, kohlschwarzen und feuerroten Bärten«. Jene Widersprüchlichkeit, jene Inkonsequenz, die man ihm vorgeworfen hat, war das unabdingbare Grundmuster seiner Wesensart. Die Concordia discors, eine Einheit in der Vielfalt, jahrhundertelang das geheimnisvoll wirkende Rezept der Habsburgermonarchie, wohnte in seiner eigenen Brust.

So hatte Roth bereits 1919, als seine sozialistische Überzeugung stark und ungebrochen war, zum dritten Todestag von Franz Joseph ein Feuilleton »Schönbrunn« verfaßt, in dem der Herbstregen aus dem *Radetzkymarsch* bereits als Motiv der Trauer um Unwiederbringliches anklingt. Für die *Frank-*

furter Zeitung beschrieb er 1928 einen Sommermorgen, an dem Seine k. u. k. apostolische Majestät Schönbrunn im Wagen verläßt, um später mit der Bahn in seine Sommerresidenz Ischl abzureisen. An der vielleicht bezauberndsten Stelle des Romans, Leutnant Trottas Besuch in Wien mit jener Ausfahrt Franz Josephs zur Fronleichnamsprozession, an der dieser dann zu Fuß teilnimmt, kehrt die Schilderung wieder – eine wahre Apotheose kaiserlich-königlicher Herrscherlichkeit in einem »Himmel aus Melodie«, mit dem »Gott erhalte« als »Baldachin aus schwarzgelben Tönen«.
Die vorsätzliche Knappheit, Klarheit und Wirklichkeitsnähe – »Das Wort Realismus«, sagt Ludwig Marcuse in diesem Zusammenhang, »ist gar nicht mehr brauchbar; es gab schon zuviel Sorten davon« –, die Roth in der Schule der Neuen Sachlichkeit lernte, kennzeichnen auch diesen großen, epischen Wurf. Ein einziges Mal fällt er sogar in das Präsens zurück, auf den vier Seiten des so wortkargen und herzzerreißenden Kondolenzbesuchs des Leutnants Trotta beim Wachtmeister Slama, dessen tote Frau seine Geliebte war. Es ist ein früher und im Grundton monochromer Höhepunkt des Buches. Die späteren sind farbiger, suggestiver – etwa jenes sommergelbe Wien oder die Kaisermanöver in der silbrigen Herbstsonne an der russischen Grenze, bei denen Franz Joseph wie im Märchenbuch den Rittmeister Kaunitz zurechtweist, der »seine« Juden beleidigt hat; das Abendessen des Grafen für den Bezirkshauptmann, der sonst nur Nudelsuppe und Tafelspitz speist und hier adlig bewirtet wird mit Trüffelpastete, Fasanenbrust und Kaviarperlchen in kristallener Vase; das Fest im Schloßpark, gewittriger und chaotischer Auftakt zum Zusammenbruch der Monarchie.
Streng und anmutig wurde Roths Sprache genannt. Ungekünstelt und eindringlich war seine Metaphorik. Wenn der Held von Solferino »im fremden und fast unheimlichen Glanz der kaiserlichen Gnade« umhergeht »wie in einer gol-

denen Wolke«, wenn die Briefe einer verstorbenen Geliebten nunmehr wie die »frühen Künder ihres plötzlichen Endes« wirken, »von der geisterhaften Feinheit, die nur todgeweihten Händen entströmt«, wenn Akten sich häufen, weil sie »von jeder Stelle jedes Amtes noch mit etwas Tinte bespritzt werden, wie man Blumen begießt, damit sie wachsen«, wenn der Himmel einmal so nahe scheint wie »eine gute, vertraute irdische Schale aus einem vertrauten blauen Glas«, dann greift das Bild uns an und läßt uns so leicht nicht los. Der Berichterstatter, wie er einst mit Geusenstolz sich genannt hat, ist nun wirklich zum Dichter geworden. Um die Zeit aber, da diese Wandlung sich vollzog, war Roth auch schon auf dem Weg zu einem rührend gegenwartsfremden Monarchismus, flüchtete er in diese Anschauung vor der Oligarchie der Sowjetunion wie vor der faschistischen Drohung und trank sich allmählich in die rückwärtsgewandte Utopie hinein.
Nicht nur viele seiner Anhänger haben ihn, auch er selbst hat sich oft in Gegensatzpaaren definiert. »Ich bin ein Franzose aus dem Osten, ein Humanist, ein Rationalist mit Religion, ein Katholik mit jüdischem Gehirn, ein wirklicher Revolutionär.« In den letzten acht oder neun Jahren seines Lebens aber war er nur noch Legitimist, glaubte an eine mögliche Rückkehr des Hauses Habsburg, freundete sich mit dessen Erben und Thronanwärter an. Er, der früher politisch hellsichtiger gewesen war als so mancher, der noch die kommunistische Weltherrschaft herbeisehnte und Hitler für einen lächerlichen Popanz hielt, meinte nun Sicherheit vor dräuender Gefahr zu finden in der Idee eines österreichischen Kaisertums. Im fünfzehnten Kapitel seines Romans *Radetzkymarsch* hatte er den Menschen hinter dem Monarchen geschildert, Seine Majestät von Gottes Gnaden Franz Joseph, der im Nachthemd am Fenster steht, auf den Sternenhimmel blickt und sich sehr winzig vorkommt im Angesicht der unermeßlichen Nacht. Dieser

Kaiser, so schreibt Roth, »verbarg seine Klugheit in der Einfalt«. Und weiter: »Er gönnte den Leuten den Irrtum, und er glaubte weniger als die Witzbolde, die in seinem Reich Anekdoten über ihn erzählten, an den Bestand seiner Welt. Aber es ziemt einem Kaiser nicht, sich mit Witzbolden und Weltklugen zu messen. Also schwieg der Kaiser.«
Denke niemand, Joseph Roth hätte in seinem Innersten an die Möglichkeit einer Restauration geglaubt. Zu genau wußte er um die Unaufhaltsamkeit der Zeit, um zu meinen, daß man die Uhr wieder und immer wieder zurückdrehen konnte. Doch er holte ein Wunschbild aus der Vergangenheit hervor, um darin einzutauchen und in ihm zu verschwinden. Im vorigen Jahrhundert hatte der tschechische Historiker Fantišek Palacký den Ausspruch getan: »Wahrlich, existierte der österreichische Staat nicht schon längst, man müßte im Interesse Europas, im Interesse der Humanität selbst sich beeilen, ihn zu schaffen.« Als er nicht mehr existierte, dieser österreichische Staat, hat Joseph Roth ihn neu zu schaffen versucht. Aber nur im Roman, in seinem *Radetzkymarsch*, ist es ihm geglückt.

Ein Schelm, ein Narr, ein Weiser

Horst Bienek über August Scholtis:
Ostwind (1932)

Wer erinnert sich noch an den Namen August Scholtis? Ein deutscher Schriftsteller, 1901 im schlesisch-mährischen Bolatitz geboren, in Berlin 1969 verarmt gestorben. Er veröffentlichte als Einunddreißigjähriger seinen ersten Roman *Ostwind* bei S. Fischer; sein letztes Buch *Die Reise nach Polen* erschien 1962. Ein abgeschlossener Roman *Schloß Fürstenkron* befindet sich im Nachlaßarchiv der Landesbibliothek Dortmund und ist 1987, fast zwanzig Jahre nach seinem Tode, endlich erschienen. Scholtis ist heute so gut wie vergessen. Und doch ist er einer der originären Schriftsteller deutscher Sprache. Mit ihm ist noch eine Entdeckung zu machen.
Und ich glaube, vor allem mit seinem Roman *Ostwind*. Jedes Buch hat seine Zeit, sagt man. Dieses Buch hatte keine. Es erschien im Herbst 1932 als das Debüt eines jungen, gänzlich unbekannten Autors. Es bekam auch ein paar erste, zögernde Kritiken und Ermunterungen, von Ihering, Fechter und Bruno E. Werner. Doch bevor es in seiner ganzen Thematik überhaupt diskutiert werden konnte, war es im Januar 1933 bereits verboten. Obwohl Scholtis damals in einer Art schöpferischen Schubs innerhalb weniger Jahre drei Romane herausschleuderte, nützte das seiner Reputation wenig. Denn die beiden anderen Bücher *Baba und ihre Kinder* (1934) und *Jas, der Flieger* (1935) erschienen bei Bruno Cassirer, einem jüdischen Verlag, wo Max Tau als Lektor wirkte, dem auch der junge Wolfgang Koeppen seine Manuskripte übergab.
Aber Bücher aus jüdischen Verlagen wurden damals kaum noch besprochen und hatten keine größere Verbreitung mehr.

Wenig später erhielt Scholtis auch Schreibverbot. Er hat dann, später, noch einen Roman veröffentlicht und nach dem Krieg Erzählungen und Novellen, die, wie etwa *Die Zauberkrücke*, als Beispiel eines phantastischen Realismus angesehen wurden. Sie konnten aber nur kurze Zeit darüber hinwegtäuschen, daß seine schöpferische Kraft in den Zwängen der Nazizeit zerbrochen ist.

Ostwind ist auf seine Weise, ja, ich scheue mich nicht, das zu sagen, ein Geniestück. Oskar Loerke, der es für S. Fischer lektorierte, muß es geahnt haben. Er schrieb in sein Tagebuch: »Ein merkwürdiges Buch, teils roh und dilettantisch, teils von volkstümlich ergreifender dichterischer Kraft.«

Da war ein ganz neuer Ton. Die zornige, aufrührerische Gestik des späten Expressionismus wurde überwunden von der kühlen Vivisektion der Neuen Sachlichkeit. Und durchgehend die glühende litaneihafte Mystik der östlichen Erde. Dabei ein Schelmenroman aus dem Geiste de Costers. Schnoddrig, frech, trocken, humorvoll und in grotesker Übertreibung erzählt. Ganz anders als Bronnen in seinem spektakulären Roman *O/S*, der drei Jahre vorher erschienen war und der Schlagzeilen gemacht hatte. Das war von außen gesehen und im Grunde politischer Boulevard.

Scholtis schrieb von innen. Er kam aus jenem Land, das durch Nationalitätenhaß, religiöse Gegensätze, Aufstände, Plebiszit und schließlich Teilung für jahrelange Unruhe in Deutschland, ja Europa gesorgt hatte. Er kam aus dem mährischen Teil, den sich die Tschechen einverleibt hatten und der zwischen den Kriegen »Hultschiner Ländchen« genannt wurde. Er kam von der Grenze, und er wußte sein Lebtag nicht, wohin er wirklich gehörte. So wählte er auch als Motto für den Roman einen Satz von René Schickele, dem Elsässer, dem er sich in der nationalen Ambivalenz verbunden fühlte: »Mein Herz ist zu groß für ein Vaterland und zu klein für zwei.«

Er war ein Häuslerssohn, hatte nur die Volksschule besucht,

war aufgeweckt und fiel dem Fürsten Lichnowsky auf, der ihn als Kanzleischreiber in Pless beschäftigte. Später wurde er Redakteur in Waldenburg und Gerichtsschreiber in Gleiwitz. Er hat die Versammlungen der Hakatisten besucht und die des Wojciech Korfanty, er war bei den Aufständischen wie bei den Freikorps-Kämpfern, nahm an den Grubenstreiks teil und an der Abstimmung. Dann ging er nach Berlin, wo er, arbeitslos, im Nachtasyl lebte und Hamsunsche Hungererfahrungen durchmachte.

Er schrieb das alles auf, besser: schrie, fluchte, betete und heulte es heraus, als *Roman der oberschlesischen Katastrophe*, wie es der Untertitel besagt. Es war eine zornige Litanei gegen die reichen Magnaten, die chauvinistischen Politiker, die demagogischen Priester und die ideologischen Verführer, hier und dort. Zugleich ein leidenschaftliches Plädoyer für die armen, ausgebeuteten kleinen Leute, die immer und überall die Verlierer waren. »Deutsche oder Polen: sie waren arm, auf beiden Seiten.«

Und er widmete das Buch »dem deutschen Volke. Ich widme es den sogenannten guten und auch den sogenannten schlechten Deutschen. Auch denen, die gegen ihr besseres Wissen dummes Zeug reden. Ich widme es meinem Vater, dem Wandermusikanten, Trompetenbläser, Bienen-, Kaninchen- und Taubenzüchter, Bauern, Händler, Trunkenbold namens Fritz Scholtis, wohnhaft im Dorf Bolatitz, früher deutsch, heute tschechisch im Hultschiner Ländchen. Ich widme es meiner Mutter namens Valeska, aus dem Stamme der Bauern und Trunkenbolde spitznamens: Herrfon, meiner Mutter, die meinem Vater spitznamens Zorniger Tomaschek treu diente wie ein Hund und beim Kartoffelhacken auf dem herbstlichen Acker vor Übermüdung tot umfiel. Ich, August Scholtis, Sohn des jähzornigen Tomaschek und seiner Valeska spitznamens Herrfon.«

Ein Schelmenroman nach dem Vorbild des niederländischen

Uylenspiegels. Solch eine Figur ist auch der Held des Buches: »Kaschpar Teophiel Kaczmarek, den das Dorf Tyll nannte«, ein Lumpensammler, der mit seinem Karren von Straße zu Straße, von Dorf zu Dorf, von Städtchen zu Städtchen zieht, durch das ganze Oberschlesien und Zweisprachenland, ein tumber Tor, in Wahrheit ein Schelm, ein Narr, ja, ein Weiser. Er schlägt nicht die Blechtrommel, aber er bläst in die Blechtrompete, und wo er sein Tatitata ertönen läßt, kommen die Leute zusammen, vor allem die Kinder und Halbwüchsigen, die schon immer die Sprache der Narren besser verstanden. Geboren wurde Kaczmarek von Milka Balzerowa, die auf dem Weg nach Tschenstochau ist, sich aber schon vorher zum Sterben in einen Chausseegraben legt und dabei das Knäblein zwischen ihren Beinen ausstößt. Tatitata!

Das könnte von Grass sein. Ist aber 25 Jahre früher. Und so sprachmächtig fängt das an: »Emilia, von den Kundigen Milka Balzerowa genannt, Landstreicherin im Namen der allerheiligsten Jungfrau Maria von Tschenstochau. Dreckig. Speckig. Klein von Wuchs. Gedrungen von Gestalt. Gedunsen von Gesicht. Weichselzöpfig. Krätzig zwischen den Fingern. Tochter des längst in Gott abgetretenen totgeprügelten Leibeigenen, Freiheitskriegers und Ackersknechtes Balzer, brach alljährlich entschlossen, einsam und allein gen Tschenstochau auf, dem berühmten Wallfahrtsort im Russisch-Polnischen, um dort der schwarzen, wundertätigen Lieben Frau zu danken, für abgewendete Epilepsie, etwelche ihr ungarische Honvedhusaren 1866 mutig, tapfer und fürs Vaterland, unweit Ratibor, nahe dem Österreichischen, in den dreckigen Leib gehauen ...«

Kaczmarek ist aus jenem Brotteig gemacht, der im Volke gärt. Aber er ist kein Schwejk. Ihm ist das Lachen längst vergangen. Er redet sich nicht um das Leben. Er redet überhaupt mit den Tieren lieber als mit den Menschen. Oder gleich mit der Mutter Maria. Und er streitet mit dem Teufel, der übrigens

(wie der völkische Lehrer mit dem schönen Namen Larrifari) stets mit dem Faschistengruß Heil sagt.
Kaczmarek ist einer, der gelernt hat, zwischen den Fronten zu leben, zwischen den Sprachen, zwischen den Göttern. Zwischen Mensch und Tier. Zwischen Mensch und Natur. Er muß sich anpassen. Mit List. Mit Verschlagenheit. Und mit Tücke. Aber hauptsächlich mit Mutterwitz. Er wechselt die Fronten, wechselt die Sprachen, wechselt die Götter. So kommt er durch Krieg, Abstimmung, Inflation. Wenn auch oft genug mit Blessuren. So konnte Kaczmarek zu einem Typ werden, ja, zu einem Begriff. Ihn gibt es auch heute noch. Ich sehe ihn vor mir, während der Nazizeit, im Nachkrieg, im heutigen Polen. Der Lumpensammler, der sich mit seiner Blechtrompete ankündigt. Tatitata! Der die Ideologien durchschaut. Der die Phrasen durchlöchert. Der das Pathos lächerlich macht.
Dieser Lebensweg des Kaczmarek durch ein reales und phantastisches Oberschlesien der Kaiserzeit, der Korfanty-Zeit und der Irredenta, wird nicht chronologisch erzählt, sondern sprunghaft, willkürlich, eruptiv, zerrissen – eine Inszenierung in Bildern, Episoden, Anbetungen, Anrufungen, Beschwörungen, Litaneien. Eine Kompositionstechnik, die, wie Hans Schwab-Felisch 1964 feststellte, »heute moderner wirkt als zur Zeit ihres Erscheinens«. Ich möchte sagen: die erst heute in ihrer Kühnheit und Modernität begriffen werden kann.
Das gleiche gilt für die politische Aussage. Sie war damals wohl zugedeckt durch die fabulöse, surreale Handlung. Wenn man von Handlung überhaupt sprechen kann. Heute wird deutlich, daß *Ostwind* auch ein eminent politischer Roman ist. Mit Scharfblick und Hellsicht hat Scholtis schon damals hinter dem Nationalitätenhaß die Konflikte als das erkannt, was sie tatsächlich waren, der Kampf zwischen reich und arm, zwischen Besitzenden und Besitzlosen, zwischen der vermeintlichen Herrenrasse und den »Wasser-Polacken«.

Deshalb nimmt er auch nicht eindeutig Stellung für Polen oder für Deutschland, für Katholizismus oder Preußentum. Diese Unentschiedenheit, die in Wahrheit ein Plädoyer für das Changierende, stets sich Verändernde ist, haben ihm alle, die an Grundsätze und Standpunkte glauben, übelgenommen. Bis heute.

Auch die vertriebenen Schlesier, die ihn doch als den Kronzeugen ihrer zerrissenen, ambivalenten Seele anerkennen müßten, haben Scholtis zwar im Deutschlandhaus in Berlin ein museales Zimmer eingerichtet, ihn aber nicht wirklich angenommen. Er hat ihnen die Masken des schönen Scheins und die Trachten des Brauchtums weggerissen, hat ihre Körper entblößt und ihre Seelen analysiert. Sie wollten es damals und sie wollen es heute so genau und schonungslos gar nicht wissen.

Achtunddreißig Jahre nach der ersten Ausgabe, im Jahre 1970, war *Ostwind* noch einmal erschienen. Mit einem informativen Nachwort seines oberschlesischen Landsmannes Hans Lipinsky-Gottersdorf. Die Ausgabe war schlampig gemacht. Die furiose Widmung fehlte. Der Verlag und die Zeit waren ihr nicht günstig, nicht förderlich.

Ich habe den Roman erst spät gelesen. Aber dann mehrfach. Für mich, als einen späten Nachfahren dieser Welt, war er, natürlich, weit über das Literarische hinaus interessant, ja, erregend und aufregend. Ein Spiegelbild meiner Herkunft. So vieles, was im Vagen, im Ungenauen geblieben war, wurde mir durch dieses Buch klar und deutlich. Aber ich glaube, darüber hinaus ist es ein literarisches Dokument deutscher Geschichte. Ein beredtes Zeugnis unserer zerrissenen Vergangenheit. Und es ist vor allem ein ganz originäres Kunstwerk. Ein sprachmächtiges Beispiel für jene Epoche des Übergangs vom Expressionismus zur Neuen Sachlichkeit. Eine Anarchie der Erzählung, wofür es beim frühen Céline Parallelen gibt, aber nicht in der deutschen Literatur.

Karl Korn hat schon 1959 Scholtis' »kräftige, pralle, breughelisch scharf gezeichnete Bolatitzer Volkswelt« gerühmt und darauf hingewiesen, daß wir es uns gar nicht leisten können, eine solch außerordentliche Begabung zu vergessen:
»Da rühmt man den Schwejk und ergötzt sich – mit Recht – an den weiter östlich sitzenden Prachtmenschen der Joseph Roth und Rezzori und weiß nicht, daß unser deutscher, in West-Berlin ziemlich einsiedlerisch, aber unentwegt losen Mundwerks und hellen Kopfes dahinlebender August Scholtis es mit denen allen an innerer und äußerer Souveränität, an Scharfsinn und schriftstellerischer Begabung aufnehmen kann.«
Von dorther ist der Roman *Ostwind* neu zu entdecken. Vielleicht sogar der ganze Autor August Scholtis.

Ein böses, ungestümes Lied

Peter Härtling über René Schickele:
Die Witwe Bosca (1933)

Immer, wenn ich Badenweiler besuche, wiederhole ich René Schickeles Blick: Über den manchmal unterm Dunst liegenden Rhein zum Wall der Vogesen, hinüber ins Elsaß. Es ist ein Blick, der die Spuren einander widerstrebender Geschichten aufnimmt, in zwei Sprachen denkt und zwiefach erinnert, unter dem aber auch, wie in einem überschwenglichen Traum, die Geschichten sich verbünden, die Sprachen ihre Wörter tauschen und die Erinnerungen ineinanderfließen, so wie es Schickele schon 1922 schrieb, nach einem Krieg, der ihm das Glück eines kindlichen Heimatgefühls geraubt und ihn zu einem rigoros pazifistisch denkenden Europäer gemacht hatte: »Das Land der Vogesen und das Land des Schwarzwaldes waren wie die zwei Seiten eines aufgeschlagenen Buches – ich sah deutlich vor mir, wie der Rhein sie nicht trennte, sondern vereinte, indem er sie mit seinem festen Falz zusammenhielt.«

Von Schickele wird gelegentlich noch gesprochen, er taucht auf in den Briefwechseln großer Zeitgenossen wie Joseph Roth und Thomas Mann, doch gelesen wird er, fürchte ich, kaum mehr. Das ist nicht zu verstehen, denn seine Prosa ist beweglich, klar und leicht.

Vielleicht irritiert die auffällige Verquickung von Emotion und Intellekt, aber sie könnte ja auch, weil sie Funken wirft, anziehen. Vielleicht hängt ihm, über Emigration und Tod hinweg, aus altem, üblem Vorurteil der Ruf eines Grenzgängers an. Er war es, und er wollte es sein, zu seinem Schaden, zu unserem Nutzen. In Gestalten wie ihm hat sich das Europa, das wir immer noch nicht haben, im voraus erfüllt. Er war –

wie Annette Kolb oder Heinrich Mann – ein Wegbereiter, aber den Weg, den er bereitete, hatte man für lange Zeit aus den Augen verloren.

Als Schickele 1932 mit der *Witwe Bosca,* seinem schönsten Roman, begann, hatte er seinen Badenweiler Auslug bereits verlassen und war nach Frankreich, nach Sanary-sur-Mer emigriert. Noch war Hitler nicht an der Macht, aber seine publizistischen Vasallen ließen ahnen, wie sie mit ihren Feinden umspringen würden. Im August 1931 kann Schickele in der SS-Zeitschrift *Deutsche Treue* unter dem Titel »Dolchstoß der Literaten« lesen, daß man ihn, den »elsässischen Juden«, zu den »revolutionären intellektuellen Kreisen« rechne, in denen man »jenes zersetzende geistige Gift« finde, »welches das Volk bis in die tiefsten Wurzeln seines nationalen Bewußtseins zerfressen hat«.

Wie wenige lebte er aus seiner Geschichte und mit ihr. Die Figuren seiner Kindheit und Jugend hat er viele Male in seine Erzählungen und Romane aufgenommen. Den Vater, der in Oberehnheim (oder Obernai) ein Weingut besaß, eine Zeitlang Polizeikommissar gewesen war und dessen Jähzorn das Kind fürchtete; die Mama, die, warmherzig und bieder, bis zu ihrem Tode kein Wort Deutsch sprach. Bald sprang er aus ihrer Hut, ließ sich nicht bändigen, ein widerborstiger Schüler, der seine Lehrer auf dem bischöflichen Gymnasium gegen sich aufbrachte, das Institut eine Klasse vor dem Abitur verließ, um mit Otto Flake, dem gleichaltrigen Freund, die Zeitschrift *Der Stürmer* zu gründen, die es allerdings nur auf neun Hefte brachte.

1905 zieht er nach Berlin. Er ist zweiundzwanzig und hat vor, mit Phantasie eine Weltstadt zu erobern. Zwar gelingt es ihm nicht auf einen Streich, doch sein beweglicher Verstand und seine Neugier auf Menschen helfen ihm als Lektor und als Redakteur. Er reist, lernt und korrespondiert für Zeitungen, sein Name wird bekannt.

Kurz vor dem Ersten Weltkrieg übernimmt Schickele die Redaktion der *Weißen Blätter,* einer literarisch-politischen Zeitschrift, deren Pazifismus dem martialischen Zeitgeist widerspricht. Der Krieg treibt ihn nicht nur in eine verzweifelte Neutralität – er geht mit der Zeitschrift in die Schweiz –, sondern trifft ihn tief in seiner Herkunft, seiner Existenz. Er kann sich nicht spalten, nicht Partei ergreifen. Inmitten des patriotischen Lärms ersehnt er nur Frieden.

1920 siedelt er sich in Badenweiler an, in der Hoffnung, es werde für ein Leben sein. Fünf Jahre lang schreibt er an der Romantrilogie *Erbe am Rhein,* deren letzter Teil, *Der Wolf in der Hürde,* 1929 in der *Frankfurter Zeitung* vorabgedruckt wird. Was er in einem an unverwechselbaren Figuren reichen, in einem die Landschaft beschwörenden Panorama wiedergibt, ist *sein* Elsaß: eine Utopie, der auch durch Haß und Gewalt unzerstörbare Keim Europas, die Versöhnung von Muttersprache und Vaterland. Aber zu diesem Zeitpunkt wird schon wieder verhöhnt, was er erhofft.

Um zu vergessen, dem Heimweh zu entrinnen, stürzt er sich in die Fülle der mediterranen Landschaft, blendet und betäubt sich gleichsam, reißt Gestalten an sich und flößt ihnen seine Alpträume ein. Die Witwe Bosca ist »gefunden«.

Das Buch beginnt, als wolle sich Schickele der beiden Sprachen – die, in der er schreibt und die, die er nun spricht – entledigen und musizieren: »Die Jahreszeiten der Provence wechseln leise in der Nacht. Du siehst, du hörst sie nicht kommen. Eines Morgens wachst du auf und hast einen neuen Schatz.« Wer diese Sätze gelesen hat, wird sie »nachsingen« wollen, sich ihrer leitmotivischen Kraft anvertrauen. Er tut gut daran. Denn die turbulente, Menschen aus Haß und Liebe verschlingende Handlung macht sie mitunter vergessen.

Nein, in diese Geschichte geht nicht allein die Glut der Provence ein. Der Flüchtling lastet den erfundenen Geschöpfen seine Furcht und Ausweglosigkeit auf. Es ist, vor einem strahlenden, sommerlichen Hintergrund, eine finstere Symbiose. Der Vorsatz war groß. Schickele wollte, wie er an den Grafen Kessler schrieb, sich mit dem Buch nicht »ablenken«, er wollte, im Gegenteil, der mordbrennerischen Epoche antworten: »Die todestrunkene Bosheit und Rachsucht einer götzendienerischen und entgotteten Zeit in einer auf der Straße aufgelesenen Gestalt darzustellen – darauf kam es mir an. Ausdrücklich wollte ich jede aktuelle Beziehung vermeiden und das Übel an der Wurzel zeigen. Denn für das, was heute geschieht, bildet die Politik nur den Vorwand – bestenfalls liefert sie das die innerste Triebfeder auslösende Ereignis. Ich sehe in alledem die *Katastrophe des Menschen, der sein Gewissen verlor*.«

Wer von solchen Bezügen, Verstrickungen nichts weiß, liest den Roman anders: Er bleibt auf *seine* Zeit konzentriert, auf die der Juliette Bosca und ihres Liebhabers Burguburu. Sie stehen auf ihrer Bühne und haben vieles, was ihnen ihr Schöpfer mitgab, abgestreift. Vor der vollkommenen Kulisse hebt sich ihr Elend um so deutlicher ab. Und sie spielen uns vor, was immer wieder geschehen kann, wovor wir uns ängstigen und wogegen wir uns wehren: daß die Leidenschaft Pläne und Hoffnungen frißt, daß sie zerstört und mordet.

Aber diese sich verzehrenden Geschöpfe leben aus einer Sprache, die auch in die finsterste Ecke Licht wirft. Sie werden geführt von einer Phantasie, die sich von Haß und Boshaftigkeit nicht einschüchtern läßt, unbeirrt nach Zärtlichkeit, nach Spuren von Liebe sucht. Wie empfindlich Schickele reagiert und beschreibt, wie sehr seine Genauigkeit zugleich genießerisch ist, wird vor allem in den Landschaftsbildern deutlich.

Eine Passage hat mich besonders bewegt, weil Schickele in ihr die Regeln der Erzählkunst vergißt, sich eine Blöße gibt. Er erzählt von einer Fahrt zwischen Ranas und Fréjus, auf der

Straße der Mauren: »... den Baumbestand bilden hauptsächlich Pinien und Korkeichen. Aus dem aufgeschlitzten Stamm der Pinien rinnt das Harz in kleine Tongefäße, und der Aderlaß scheint ihnen gut zu bekommen. Hingegen befinden sich die Korkeichen in kläglicher Verfassung. Zu ihrem unordentlichen Wachstum tritt noch ein verwahrlostes Blattwerk, und so erinnern sie an schlampige Frauen, die das Korsett abgelegt haben – der Abdruck des Panzers ist noch deutlich auf ihrem Körper abgezeichnet, sie sind schlechtweg anstößig. In Wahrheit handelt es sich um schwere Wunden, die man den Bäumen beibringt. Man schneidet einen breiten Gürtel aus ihrer Rinde und stellt daraus Korkwaren her.«

Und nun, ganz und gar unvermittelt, spricht der Erzähler jemanden an, der nichts mit der provencalischen Landschaft und der Witwe Bosca zu tun hat, einen Vertrauten von einst, ein Du aus Vergangenheit: »Wenn du von einer Anhöhe über die reichgegliederte Bergkette siehst, könntest du meinen, du seiest im Schwarzwald und dort, wo die Sonne untergeht, fließe der Rhein.«

Einen leise schwingenden Satz lang gibt er dem Heimweh nach, bricht er aus der Geschichte aus. Er kann es sich leisten. Seine Sprache ist nie sentimental. Selbst in solchen Momenten hält sie, klug und klar, den Schmerz aus.

Beraubt man die Geschichte ihrer Musik, wird sie in der verknappenden Nacherzählung beinahe platt: Juliette Bosca hat im Ersten Weltkrieg ihren Mann verloren. Seither lebt sie mit ihrer Tochter allein in einer opulenten Villa. Ihre Trauer legt sie nicht ab, sie spielt sie aus. In schwarzen Kleidern, mit wehendem Schleier wirft sie allen den Verlust vor, den sie längst verschmerzt hat und schon wieder als Lust auskostet. Die Tochter leidet unter dem Wahn dieser provencalischen Klytemnästra. Mehr noch, sie, die Schwache, wird zum Krüppel, weil die zwischen Geiz und Gier gespannte Mutter es versäumt, nach einem Unfall für ärztliche Hilfe zu sorgen. Den-

noch findet sich ein Romeo. Wie die Angebetete wohnt er bei seiner verwitweten Mutter, dem freundlicheren Gegenbild zu Juliette.
Die zarte Liebesaffäre feuert Juliette zu einer ungleich derberen Parallelaktion an. Sie gewinnt den Sonderling Burguburu, den Notar des Orts, für sich und genießt seine ihn demütigende Hörigkeit. Alles, was die Witwe faßt und packt, verdirbt und verendet. Ihr Glück korrespondiert mit dem Untergang des anderen. Sie ist die Unnatur, die der Natur verblüffend gleicht. Sie kann glühen wie das provencalische Licht, aber nichts wünscht sie sich mehr als Brand und Asche.
Die Tochter nimmt sich, betrogen, das Leben, und Burguburu bringt Juliette um, nachdem er sie geheiratet hat und in einem Katarakt von Streit und Lästerung zu ersticken drohte. Mit einem Mal bekommt dieser erbärmliche Schatten Konturen. Burguburu wird vom Gericht freigesprochen und der »Chor« der Dorfbewohner darf triumphieren. Aber wer weiß, ob er seiner Freiheit mächtig sein wird, denn Pauline, die bessere Witwe, holt ihn in ihr Haus, wohl nicht bloß, um das Leitmotiv zu erfüllen: »Eines Morgens wachst du auf und hast einen neuen Schatz.«
Der erste Leser des Buches reagierte zurückhaltend, mäkelte: »Man fragt aus den freien, rechtschaffenen Seelen derer, die um das Paar sind: warum sollen wir uns gerade mit diesen beiden Kuriositäten so eingehend beschäftigen? Wo ist der innere Gewinn? Sind sie exemplarische Bösewichter, sind sie Kranke, die mit ihrem Schicksalsfall viel beleuchten? Warum heiraten sie?... Begründet die erotische Verfassung der Witwe genug das Verhalten der andern?«
Oskar Loerke, der große Lektor von S. Fischer, liest, obwohl ein Freund der Musik, diese »Partitur« falsch. Er begreift nicht das vertrackte Widerspiel von Mensch und Natur, will nicht einsehen, daß Schickele nicht reflektieren, sondern nur »darstellen« möchte, ein böses, ungestümes Lied singen, in

dem das Sirren des Mistral ebenso hineinklingt wie die Klagen einsamer Frauen. Er läßt sich nicht ein auf die verschiedenen Tempi der Erzählung, auf kein Andante, kein Allegro, und so verkennt er das Wesen dieses Buches, das er trotz seiner Einwände lektorierte und das 1933, nach der Machtergreifung Hitlers, in Berlin erschien.

Ein anderer, Thomas Mann, hat es geliebt und gerühmt: »Es ist ein Brio in dieser Dichtung, wie es die deutsche Prosa selten gekannt hat«, wahrscheinlich, weil sie so deutsch gar nicht ist, weil sie auf dem Fond der Muttersprache sprüht, weil sie französisch empfindet und deutsch redet, weil ihr gelingt, wonach ihr Autor sich zeitlebens sehnte: die Versöhnung der zwei Geschichten und Sprachen. Dieser der Verwüstung abgerungene, Poesie gewordene Wunsch überträgt sich dem Leser bis auf den Tag.

Alphabetisches Verzeichnis der Romanautoren mit Lebensdaten

Baum, Vicki (1888–1960)
Menschen im Hotel
Borchardt, Rudolf (1877–1945)
Der unwürdige Liebhaber
Britting, Georg (1891–1964)
Lebenslauf eines dicken Mannes, der Hamlet hieß
Broch, Hermann (1886–1951)
Die Schlafwandler
Döblin, Alfred (1878–1957)
Berlin Alexanderplatz
Fallada, Hans (i. e. Rudolf Ditzen, 1893–1947)
Bauern, Bonzen und Bomben
Feuchtwanger, Lion (1884–1958)
Jud Süß
Erfolg
Fleißer, Marieluise (1901–1974)
Eine Zierde für den Verein
Frank, Bruno (1887–1945)
Politische Novelle
Glaeser, Ernst (1902–1963)
Jahrgang 1902
Grimm, Hans (1875–1959)
Volk ohne Raum
Herzmanovsky-Orlando, Fritz von (1877–1954)
Gaulschreck im Rosennetz
Hesse, Hermann (1877–1962)
Demian
Narziß und Goldmund
Der Steppenwolf
Horváth, Ödön von (1901–1938)
Der ewige Spießer
Jahnn, Hans Henny (1894–1959)
Perrudja

Jung, Franz (1888–1963)
Hausierer
Kästner, Erich (1899–1989)
Emil und die Detektive
Fabian
Kafka, Franz (1883–1924)
Der Verschollene / Amerika
Der Prozeß
Das Schloß
Klabund (i. e. Alfred Henschke, 1890–1928)
Borgia. Roman einer Familie
Kracauer, Siegfried (1889–1966)
Ginster. Von ihm selbst geschrieben
Lersch, Heinrich (1889–1936)
Hammerschläge
Mann, Thomas (1875–1955)
Der Zauberberg
Perutz, Leo (1884–1958)
Der Meister des Jüngsten Tages
Plievier, Theodor (1892–1955)
Das Kaisers Kulis
Reger, Erik (i. e. Hermann Dannenberger, 1893–1954)
Union der festen Hand
Remarque, Erich Maria (eig. E. Paul Remark, 1898–1970)
Im Westen nichts Neues
Roth, Joseph (1894–1939)
Hiob
Radetzkymarsch
Schickele, René (1883–1940)
Das Erbe am Rhein
Die Witwe Bosca
Scholtis, August (i. e. Alexander Bogen, 1901–1969)
Ostwind
Seghers, Anna (i. e. Netty Radvanyi, 1900–1983)
Der Aufstand der Fischer von St. Barbara
Seidel, Ina (1885–1974)
Das Wunschkind
Stehr, Hermann (1864–1940)
Der Heiligenhof
Torberg, Friedrich (i. e. F. Kantor-Berg, 1908–1979)
Der Schüler Gerber hat absolviert

Tucholsky, Kurt (1890–1935)
Schloß Gripsholm
Unruh, Fritz von (1885–1970)
Opfergang
Vring, Georg von der (1889–1968)
Soldat Suhren
Wassermann, Jakob (1873–1934)
Der Fall Maurizius
Weiß, Ernst (1882–1940)
Georg Letham – Arzt und Mörder
Werfel, Franz (1890–1945)
Barbara oder Die Frömmigkeit
Zweig, Arnold (1887–1968)
Der Streit um den Sergeanten Grischa

Bibliographie

Genannt werden die Erstausgabe und die zur Zeit lieferbare Ausgabe.

Baum, Vicki: *Menschen im Hotel.* Berlin (Ullstein) 1929. Köln (Kiepenheuer & Witsch) 1988.

Borchardt, Rudolf: *Der unwürdige Liebhaber.* In: *Das hoffnungslose Geschlecht. Vier zeitgenössische Erzählungen.* Berlin, Leipzig (Horen-Verlag) 1929. In: *Gesammelte Werke in Einzelbänden,* hg. v. Marie L. Borchardt, Stuttgart (Klett-Cotta) 1974.

Britting, Georg: *Lebenslauf eines dicken Mannes, der Hamlet hieß.* München (Langen-Müller) 1932. Stuttgart (Klett-Cotta) 1983 und in: *Sämtliche Werke,* hg. v. Walter Schmitz et al., München (Süddeutscher Verlag) 1987.

Broch, Hermann: *Die Schlafwandler.* 3 Bde., München, Zürich (Rhein-Verlag) 1932. In: *Kommentierte Werkausgabe,* Bd. 1, hg. v. Paul Lützeler, Frankfurt/Main (Suhrkamp) 1978.

Döblin, Alfred: *Berlin Alexanderplatz.* Berlin (S. Fischer) 1929. *Berlin Alexanderplatz. Die Geschichte vom Franz Biberkopf.* Frankfurt/Main (Suhrkamp) 1975 und in: *Ausgewählte Werke in Einzelbänden,* begr. v. Walter Muschg, Heitersheim (Walter) 1972.

Fallada, Hans: *Bauern, Bonzen und Bomben.* Berlin (E. Rowohlt) 1931. Reinbek (Rowohlt Taschenbuch Verlag) 1964.

Feuchtwanger, Lion: *Jud Süß.* München (Drei Masken-Verlag) 1925. Frankfurt/Main (Fischer Taschenbuch Verlag) 1988.
Erfolg. Drei Jahre Geschichte einer Provinz. 2 Bde., Berlin (G. Kiepenheuer) 1930. Frankfurt/Main (Fischer Taschenbuch Verlag) 1988.

Fleißer, Marieluise: *Mehlreisende Frieda Geier. Roman vom Rauchen, Sporteln, Lieben und Verkaufen.* Berlin (G. Kiepenheuer) 1931. *Eine Zierde für den Verein.* Frankfurt/Main (Suhrkamp) 1975 und in: *Gesammelte Werke,* 3 Bde., hg. v. Günther Rühle, Frankfurt/Main (Suhrkamp) 1986.

Frank, Bruno: *Politische Novelle.* Berlin (E. Rowohlt) 1928. Frankfurt/Main (Suhrkamp) 1981.

Glaeser, Ernst: *Jahrgang 1902.* Berlin (G. Kiepenheuer), 1928. Frankfurt/Main (Athenäum) 1978 und Berlin (Ullstein) 1986.

Grimm, Hans: *Volk ohne Raum.* 2. Bde., München (U. Langen) 1926. In: *Gesamtausgabe »Klosterhaus«*, 4 Bde., Wahlsburg (Klosterhaus) 1975.

Herzmanovsky-Orlando, Fritz von: *Gaulschreck im Rosennetz. Eine skurrile Erzählung.* Wien (A. Wolf) 1928. In: *Das Gesamtwerk.* Bd. 1, Berlin (Ullstein Taschenbuch Verlag) 1987 und in: *Sämtliche Werke,* Bd. 1, Salzburg (Residenz) 1983.

Hesse, Hermann: *Demian. Die Geschichte einer Jugend von Emil Sinclair.* Berlin (S. Fischer) 1919. Roman in der Urfassung, hg. v. Robert Conrad, Frankfurt/Main (Suhrkamp) 1986.

Narziß und Goldmund. Berlin (S. Fischer) 1930. Roman in der Urfassung, hg. v. Klaus Bahners et al., Hollfeld (C. Bange) 1985.

Der Steppenwolf. Berlin (S. Fischer) 1927. Frankfurt/Main (Suhrkamp) 1976.

Horváth, Ödön von: *Der ewige Spießer. Erbaulicher Roman in drei Teilen.* Berlin (Propyläen) 1930. Frankfurt/Main (Suhrkamp) 1976 und in: *Gesammelte Werke. Kommentierte Werkausgabe in Einzelbänden,* Bd. 12, Frankfurt/Main (Suhrkamp) 1984.

Jahnn, Hans Henny: *Perrudja.* Berlin (G. Kiepenheuer) 1929. *Werke in Einzelbänden. Hamburger Ausgabe,* Bd. 1, Hamburg (Hoffmann & Campe) 1985.

Jung, Franz: *Hausierer. Gesellschaftskritischer Roman.* Berlin (»Der Bücherkreis«) 1931.

Kästner, Erich: *Emil und die Detektive. Ein Roman für Kinder.* Berlin (Williams) 1929. Hamburg (C. Dressler) 1970.

Fabian. Die Geschichte eines Moralisten. Berlin, Stuttgart (Deutsche Verlagsanstalt) 1931. Hamburg (Atrium) 1985.

Kafka, Franz: *Amerika.* Hg. v. Max Brod, München (Kurt Wolff) 1927. Frankfurt/Main (Fischer Taschenbuch Verlag) 1987 und in: *Werke.* Frankfurt/Main (S. Fischer) 1986. *Der Verschollene.* 2 Bde., in: *Kritische Ausgabe der Werke. Schriften, Tagebücher, Briefe,* hg. v. Jürgen Born, Gerhard Neumann, Malcolm Pasley, Jost Schillemeit, Frankfurt/Main (S. Fischer) 1983.

Der Prozeß. Berlin (Die Schmiede) 1925. Frankfurt/Main (Fischer Taschenbuch Verlag) und in: *Werke.* Frankfurt/Main (S. Fischer) 1986.

Das Schloß. München (Kurt Wolff) 1926. Frankfurt/Main (Fischer Taschenbuch Verlag) 1982 und in: *Kritische Ausgabe der Werke*. Frankfurt/Main (S. Fischer) 1982.

Klabund (i. e. Alfred Henschke): *Borgia. Roman einer Familie*. Wien (Phaidon) 1928.

Kracauer, Siegfried: *Ginster. Von ihm selbst geschrieben*. Berlin (S. Fischer) 1928. Frankfurt/Main (Suhrkamp) 1973 und in: *Schriften*, Bd. 7, Frankfurt/Main (Suhrkamp) 1973.

Lersch, Heinrich: *Hammerschläge. Ein Roman von Menschen und Maschinen*. Hannover, Berlin (Sieben-Stäbe) 1930. Frankfurt/Main (Suhrkamp) 1981.

Mann, Thomas, *Der Zauberberg*. 2 Bde., Berlin (S. Fischer) 1924. Frankfurt/Main (S. Fischer) 1988 und in: *Gesammelte Werke in Einzelbänden. Frankfurter Ausgabe,* hg. v. Peter de Mendelssohn, Frankfurt/Main (S. Fischer) 1981.

Perutz, Leo: *Der Meister des Jüngsten Tages*. München (U. Langen) 1923. Wien (P. Zsolnay) 1975.

Plievier, Theodor: *Des Kaisers Kulis. Roman der deutschen Kriegsflotte*. Berlin (Malik) 1929. Köln (Kiepenheuer & Witsch) 1981.

Reger, Erik: *Union der festen Hand. Roman einer Entwicklung*. Berlin (E. Rowohlt) 1931. Frankfurt/Main (Scriptor) 1978.

Remarque, Erich Maria: *Im Westen nichts Neues*. Berlin (Propyläen) 1929. Berlin (Ullstein) 1988.

Roth, Joseph: *Hiob. Roman eines einfachen Mannes*. Berlin (G. Kiepenheuer) 1930. Köln (Kiepenheuer & Witsch) 1982 und in: *Werke in vier Bänden,* Bd. 1 u. 2, hg. v. Hermann Kesten, Köln (Kiepenheuer & Witsch) 1975.

Radetzkymarsch. Berlin (G. Kiepenheuer) 1932. Köln (Kiepenheuer & Witsch) 1979 und in: *Werke in vier Bänden,* Bd. 1 u. 2, hg. v. Hermann Kesten, Köln (Kiepenheuer & Witsch) 1975.

Schickele, René: *Das Erbe am Rhein. Eine Trilogie*. Berlin (S. Fischer) 1931. *Das Erbe am Rhein. Romantrilogie*. Frankfurt/Main (Fischer Taschenbuch Verlag) 1983.

Die Witwe Bosca. Berlin (S. Fischer) 1933. Berlin (Ullstein) 1985.

Scholtis, August: *Ostwind. Roman der oberschlesischen Katastrophe*. Berlin (S. Fischer) 1932. *Ostwind. Ein schlesischer Schelmenroman*. München (Deutscher Taschenbuch Verlag) 1986.

Seghers, Anna: *Der Aufstand der Fischer von St. Barbara*. Berlin (G. Kiepenheuer) 1928. Frankfurt/Main (Suhrkamp) 1975.

Seidel, Ina: *Das Wunschkind.* 2 Bde., Stuttgart, Berlin (Deutsche Verlagsanstalt) 1930. Berlin (Ullstein Taschenbuch Verlag) 1987.

Stehr, Hermann: *Der Heiligenhof.* 2 Bde., Berlin (S. Fischer) 1918.

Torberg, Friedrich: *Der Schüler Gerber hat absolviert.* Wien, Berlin (P. Zsolnay) 1930. *Der Schüler Gerber.* München (Deutscher Taschenbuch Verlag) 1973.

Tucholsky, Kurt: *Schloß Gripsholm.* Berlin (E. Rowohlt) 1931. Reinbek (Rowohlt Taschenbuch Verlag) 1950 und in: *Gesammelte Werke,* Bd. 9, Reinbek (Rowohlt Taschenbuch Verlag) 1975.

Unruh, Fritz von: *Opfergang.* Berlin (E. Reiß) 1919. In: *Sämtliche Werke,* Bd. 17, hg. v. Hanns M. Elster, Bodo Rollka, Berlin (Haude & Spener) 1979.

Vring, Georg von der: *Soldat Suhren.* Berlin (J. M. Späth) 1927. München (Schneekluth) 1980.

Wassermann, Jakob: *Der Fall Maurizius.* Berlin (S. Fischer) 1928. München (Langen-Müller) 1985.

Weiß, Ernst: *Georg Letham – Arzt und Mörder.* Berlin, Wien (P. Zsolnay) 1931. Frankfurt/Main (Suhrkamp) 1982 und in: *Gesammelte Werke,* hg. v. Peter Engel, Volker Michels, Frankfurt/Main (Suhrkamp) 1982.

Werfel, Franz: *Barbara oder Die Frömmigkeit.* Wien (P. Zsolnay) 1929. Frankfurt/Main (Fischer Taschenbuch Verlag) 1988.

Zweig, Arnold: *Der Streit um den Sergeanten Grischa.* Potsdam, Berlin (G. Kiepenheuer) 1927. Frankfurt/Main (Fischer Taschenbuch Verlag) 1987 und in: *Ausgewählte Werke in Einzelausgaben,* Bd. IV, Berlin, DDR (Aufbau Verlag) 1987.

Biographische Notizen zu den Interpreten

Baumgart, Reinhard: Jahrgang 1929, Romancier und Essayist, lebt in Grünwald bei München.

Bender, Hans: Jahrgang 1919, Erzähler und Anthologist, lebt in Köln.

Bieler, Manfred: Jahrgang 1934, Romancier und Novellist, lebt in München.

Bienek, Horst: Jahrgang 1930, Schriftsteller und Filmemacher, lebt in Ottobrunn bei München.

Blöcker, Günter: Jahrgang 1913, Essayist und Kritiker, lebt in Berlin.

Burger, Hermann: (1942–1989) Schweizer Romancier, Lyriker, Essayist und Literaturwissenschaftler.

Demetz, Peter: Jahrgang 1922, Professor für Germanistik und Vergleichende Literaturwissenschaft an der Yale University in New Haven, lebt dort.

Ferber, Christian, (i. e. Seidel, Georg): Jahrgang 1919, Journalist, Satiriker und Hörspielautor, lebt in Petersfield, England.

Fest, Joachim: Jahrgang 1926, Essayist und Mitherausgeber der *Frankfurter Allgemeinen Zeitung,* lebt in Kronberg bei Frankfurt.

Fröhlich, Hans J.: (1932–1986) Romancier, Essayist und Kritiker.

Fuld, Werner: Jahrgang 1947, Literaturwissenschaftler und Kritiker, lebt in Wörthsee/Steinebach.

Gregor-Dellin, Martin: (1926–1988) Romancier, Biograph und Essayist.

Harig, Ludwig: Jahrgang 1927, Romancier und Lyriker, lebt in Sulzbach an der Saar.

Härtling, Peter: Jahrgang 1933, Erzähler, Lyriker und Kritiker, lebt in Mörfelden-Walldorf bei Frankfurt.

Harpprecht, Klaus: Jahrgang 1927, freier Schriftsteller und Fernsehfilmautor, lebt in Croix Valmer, Frankreich.

Hartung, Harald: Jahrgang 1932, Lyriker, Essayist und Kritiker, Professor für Literaturwissenschaft an der TU Berlin, lebt dort.

Hinck, Walter: Jahrgang 1922, Literaturhistoriker und Kritiker, Professor an der Universität Köln, lebt in Rösrath-Hoffnungsthal.

Jens, Walter: Jahrgang 1923, Schriftsteller und Kritiker, Professor für klassische Philologie und Rhetorik an der Universität Tübingen, lebt dort.

Kleßmann, Eckart: Jahrgang 1933, Essayist, Biograph und Lyriker, lebt in Hamburg.

Krüger, Horst: Jahrgang 1919, Essayist und Publizist, lebt in Frankfurt.

Kunert, Günter: Jahrgang 1929, Lyriker und Essayist, lebt in Kaisborstel/Schleswig-Holstein.

Kurzke, Hermann: Jahrgang 1943, Professor für Neuere Deutsche Literaturgeschichte an der Universität Mainz, lebt dort.

Matt, Peter von: Jahrgang 1937, Professor für Neuere Deutsche Literatur an der Universität Zürich, lebt in Dübendorf bei Zürich.

Pinkerneil, Beate: Jahrgang 1942, Kritikerin, Anthologistin und Fernsehautorin, lebt in Königstein bei Frankfurt.

Rasch, Wolfdietrich: (1903–1986) war Professor für Neue Deutsche Sprache und Literatur an den Universitäten Münster und München.

Reich-Ranicki, Marcel: Jahrgang 1920, Literaturkritiker, Honorarprofessor an der Universität Tübingen, lebt in Frankfurt.

Ross, Werner: Jahrgang 1912, Publizist und Kritiker, Honorarprofessor für Vergleichende Literaturwissenschaft und Literaturkritik an der Universität München, lebt in München.

Schneider, Michael: Jahrgang 1943, Romancier, Essayist und Dramatiker, lebt in Wiesbaden.

Schneider, Rolf: Jahrgang 1932, Erzähler, Dramatiker und Publizist, lebt in Berlin (DDR).

Spiel, Hilde: Jahrgang 1911, Essayistin, Erzählerin und Übersetzerin, lebt in Wien.

Uthmann, Jörg von: Jahrgang 1936, Essayist und Journalist, lebt als Kulturkorrespondent der *Frankfurter Allgemeinen Zeitung* in New York.

Walser, Martin: Jahrgang 1927, Romancier, Dramatiker und Essayist, lebt in Überlingen am Bodensee.

Weinrich, Harald: Jahrgang 1927, Professor für Linguistik und Literaturwissenschaft an der Universität München, lebt dort.

Weinzierl, Ulrich: Jahrgang 1954, österreichischer Kritiker und Journalist, lebt in Wien.
Wellershoff, Dieter: Jahrgang 1925, Romancier, Essayist, Hörspiel- und Fernsehspielautor, lebt in Köln.
Wirsing, Sibylle: Jahrgang 1936, Journalistin, lebt als Kulturkorrespondentin der *Frankfurter Allgemeinen Zeitung* in Berlin.